"研"途揽胜
——首都师范大学附属密云中学校本研修探索

李文平 主编

吉林大学出版社

图书在版编目（CIP）数据

"研"途揽胜：首都师范大学附属密云中学校本研修探索 / 李文平编著． -- 长春：吉林大学出版社，2024. 9. -- ISBN 978-7-5768-4111-4

Ⅰ．G632.0

中国国家版本馆 CIP 数据核字第 2024HD0183 号

书　　　名	"研"途揽胜——首都师范大学附属密云中学校本研修探索
	"YAN" TU LANSHENG——SHOUDU SHIFAN DAXUE FUSHU MIYUN ZHONGXUE XIAOBEN YANXIU TANSUO
作　　　者	李文平
策 划 编 辑	米路晗
责 任 编 辑	张　驰
责 任 校 对	白　羽
装 帧 设 计	新梦渡
出 版 发 行	吉林大学出版社
社　　　址	长春市人民大街 4059 号
邮 政 编 码	130021
发 行 电 话	0431-89580036/58
网　　　址	http://www.jlup.com.cn
电 子 邮 箱	jldxcbs@sina.com
印　　　刷	长春市中海彩印厂
开　　　本	787mm×1092mm　　1/16
印　　　张	22.75
字　　　数	330 千字
版　　　次	2024 年 9 月 第 1 版
印　　　次	2025 年 4 月 第 1 次
书　　　号	ISBN 978-7-5768-4111-4
定　　　价	88.00 元

版权所有　翻印必究

序

众所周知，校本研修不仅具有帮助教师更新教育理念、提升教学技能、丰富学科知识、改进教学方法和策略、提高课堂教学效率、增强教师职业认同感和满意度的重要作用，而且具有提升学校教科研质量、在学校内部形成创新的文化氛围、增强学校竞争力和影响力、加强学校与社区之间的联系，进而促进学校优质、特色、可持续发展等的重要功能。无疑，科学规范、从实际出发、特色有效地开展校本研修具有十分重要的价值及意义。

首都师范大学附属密云中学（以下简称"首师附密云中学""我校"）是一所拥有70多年办学历史，文化底蕴深厚、办学特色鲜明、办学质量优异的北京远郊优质学校。多年来全体教师在学校领导的带领下，聚焦教师专业成长中存在的突出问题，分析、反思，充分认识到教师校本研修在教师专业成长中的作用。研究教师学习特点、发现个体学习与团队学习的相互融合是教师学习效能提升的核心要素，聚焦这一核心，努力打造教师成长共同体。旨在通过集体智慧的力量，打破教师间的孤立状态，形成学习、研究、创新的良性循环。其核心思路在于促进资源共享、强化同伴互助、鼓励跨界合作交流，从而增强团队凝聚力、激发教育创新、最终实现教学相长、共同进步。首师附密云中学持续探索17年，形成了完善的校本研修体系和特色鲜明的研修策略、路径、突出的成果，为在深度课程变革中的学校发展提供了有意义的借鉴。

成果中具有较大影响力的是基于"学生视角"开展的育人方式变革的整体探索。学校深刻认识到要培养有理想、有本领、有担当的时代新人，仅靠传授课堂知识的教学是远远不够的，必须重建育人观念、变革育人方式、重塑育人场域。由此，他们围绕"如何通过生活实践场域的构建，实现学科育人方式变革，进而促进教育高质量发展"这一核心主题，以及与此存在内在逻辑联系的三个子问题——学科育人转型内在机制问题、现有资源如何转化为实践场域支撑系统问题、通过生活实践场域实现育人生态变革问题，进行了深入系统、长期持续的探索，并得出了一系列有价值的研究结论，提出了值得关注的若干具体建议。

该成果经历了17年的理论研究与实践探索（含9年实践检验完善及推广），以"变革课堂教与学的关系→超越课堂教学→构建并不断拓展生活实践场域→完善场域支撑系统→变革学校育人生态"为具体路径，通过有关课题研究、课例分析、教师行动研究、研究共同体重构等多种方法，以及边实践、边反思、边改进的不断完善，终于形成了一套完整的从问题出发、基于理论支撑、研究框架合理、研究方法科学、研究结果富有启发意义的高质量的研究成果。具体而言，一是在理论与实践基础上形成了"基于生活实践的学科育人理论模型"；二是基于理论模型构建了生活实践场域的支撑系统；三是基于生活实践场域支撑系统形成了互动协同育人的有效路径；四是在有效育人路径基础上进一步完善了育人的新模式、新策略、新方法，以上四个方面紧密连接、层层递进、相互支撑，并经实践检验取得了颇为显著的育人成效，有效促进了学生自主、个性、可持续地全面发展。

本书共分四章，第一章校本研修的基础理论；第二章校本研修的实践探索；第三章团队研究成果；第四章教师专业发展。从全部成果来看，该书有三个突出的特点值得关注——选题新颖、内容丰富；问题导向、研究规范；结论科学、注重实效。

本书承载着首都师范大学附属密云中学众多师生员工的智慧与心血，寄托着他们对未来教育发展的追求和殷切期望。基于学校实际、为了学校，在学校中进行的这一深入研究，具有极强的针对性、实效性，它不仅为广大教师提供了可借鉴的实践模式，更为学校管理者指明了引领校本研修深入发展的方向。

希望通过本书的出版，回顾以往、总结经验、提升认识，既有效促进校本研修模式、方式方法的深度变革，也让更多的学校和教师积极投身其中，不断总结、反思与创新，为培养出具有创新精神和实践能力的一代新人奠定坚实的教研基础。

愿此书成为教育领域的一颗启明星，照亮校本研修前行的道路，引领我们走向更加美好的教育未来！

是为序！

楚江亭
2024 年 7 月 6 日

（楚江亭，北京师范大学学校特色发展与实验研究中心主任，北京师范大学教育家成长研究中心副主任、教授、博士生导师）

引 言

普通高中教师的专业成长对于提高教育质量至关重要。在高质量发展的视域下，校本研修作为促进教师专业成长的重要途径，需要不断探索和创新。本书旨在探究适合普通高中教师专业成长的校本研修新模式，并在首都师范大学附属密云中学进行实践。通过校本实践，我们希望解决我校以及其他学校聚焦校本研修出现的主要问题。在探索校本研修的基础理论基础上，梳理学校研修路径、策略，并提供一些研修案例和研修成果，期待能为普通高中教师的专业成长提供实践参考，进而推动学校教育高质量发展。

目　录

第一章　校本研修的基本概况 ··· 1

第一节　研究的背景 ·· 1

一、时代、国家发展的要求 ··· 1

二、校本研修对教师专业发展的重大作用的必然 ······················ 2

三、学校教师专业发展现状的现实需要 ··································· 2

第二节　研究的意义 ·· 3

一、理论意义 ·· 3

二、现实意义 ·· 4

第三节　研究现状与前瞻要求 ··· 5

一、国内外研究现状 ··· 5

二、研究的理论基础 ··· 8

三、相关概念的理解 ··· 9

四、高质量发展视域下普通高中校本研修的特点 ···················· 10

第二章 校本研修的实践探索

第一节 校本研修的内容及目标

一、研究的主要内容······13

二、研究的目标······14

第二节 校本研修的案例······15

一、提升教师课堂教学变革能力的校本研修案例······15

二、提升教师地理学科能力的校本研修实践案例······36

三、提升教师科学教育能力的校本研修案例······45

四、提升教师课堂教学设计与实施能力研修案例······51

第三节 校本研修的实践策略······59

一、校本研修实践框架模式构建与研修策略······59

二、校本研修中学习支架的研发与应用······69

第三章 团队研究成果······83

导言······83

第一节 育人方式变革研究······84

从学科教学到学科育人：普通高中生活实践场域构建与实施······84

第二节 教师研修模式研究······101

"N+X"多元融合，打造高水平青年教师队伍······101

第三节 课程建设研究······110

一、国家课程校本化实施研究······110

（一）知行合一：多场域协同"参与式"思政课程的构建与实施······110

（二）基于"乡土资源"的情境教学设计与实施：高中地理国家课程校本实施……137
　二、特色校本课程研究……………………………………………………………166
　　（一）"小剧大成"：多元融合体验式教育戏剧课程……………………………166
　　（二）行走在"绿水青山"之间：首师附密云中学多元融合型校本实践课程……189

第四章　教师专业发展……209

导　言………………………………………………………………………………209
第一节　教学设计能力提升………………………………………………………210
　一、人民当家作主…………………………………………………………………210
　二、运动的规律性…………………………………………………………………219
　三、析瓷都兴衰，探发展之路……………………………………………………226
　四、椭圆及其标准方程……………………………………………………………234
　五、机械能守恒定律………………………………………………………………243
　六、人类遗传病复习课……………………………………………………………257
　七、水溶液中的离子反应与平衡…………………………………………………264
第二节　教育研究能力提升………………………………………………………268
　一、大中小思想政治教育一体化背景下高中阶段协同育人研究——以首都师范大学附属密云中学为例………………………………………………………………268
　二、从"历史"中立志，于"时代"中立行——以考试评价浅谈学科核心素养………………………………………………………………………………………275
　三、素养导向下高中数学多元化作业设计策略与实施…………………………282
　四、例析思维可视化工具在落实高中生物学概念中的应用……………………288
　五、浅谈RMI（关系映射反演）方法在高中数学解题中的应用………………297

六、单元主题意义探究中融合听说能力提升的教学设计与实施探索……303
七、显性化物理思想方法的单元教学初探——以高一直线运动单元复习为例 311
八、课程思政视域下高中英语阅读教学的实践研究——以《北师大英语》必修一 Unit2 Lesson1　The Underdog 为例……………………………………320

第三节　实践反思能力提升……………………………………………**329**
一、探"生命"课程，促"研"途生花——生物教研组建设的路径探索……329
二、思维研究促我成长——个人专业成长之路…………………………336
三、撬动思维发展引领智慧生长…………………………………………341

后记……………………………………………………………………**347**

参考文献………………………………………………………………**349**

第一章 校本研修的基本概况

李文平　王海金　马家冀

第一节　研究的背景

一、时代、国家发展的要求

随着全球化进程的加速和知识经济时代的到来,教育质量已成为国家竞争力的重要指标。"党的二十大"报告明确指出:"教育、科技、人才是全面建设社会主义现代化国家的基础性、战略性支撑。"普通高中教育作为连接义务教育和高等教育的重要阶段,其质量直接关系到人才培养和国家未来发展。高中教师的专业化提升,成为保障教育高质量的核心。校本培训作为当前提升教师专业水平的重要手段和必要模式,受到空前的重视。2011年《教育部关于大力加强中小学教师培训工作的意见》(教师〔2011〕1号)指出教师培训是加强教师队伍建设的重要环节,是推进素质教育,促进教育公平,提高教育质量的重要保证。2013年为主动适应深化基础教育课程改革、全面实施素质教育的现实需求,着力解决存在的突出问题，教育部颁布《教育部关于深化中小学教师培训模式改革全面提升培训质量的指导意见》（教师〔2013〕6号）。2018年中共中央、国务院颁布《关于全面深化新时代教师队伍建设改革的意见》（中发〔2018〕4号），明确提出坚持兴国必先强师，强调要提高教师培养质量，建立健全校本研修制度，促进教师专业发展。2018年教育部等五部门印发《教师教育振兴行动计划（2018—2022年）》（教师〔2018〕2号）提出要实施教师教育改革实验区建设和教师教育协同创新计划，推动教师校本研修工作。2022年中共中央、国务院印发的《中国教育现代化2035》指出要建设高素质专业化创新型教师队伍，加大教师培训和研修力度，提升教师专业素养。校本研修作为提升教师教育教学能力的重要途径，被赋予了重要的战略地位。

二、校本研修对教师专业发展的重大作用的必然

校本研修作为五级教研体系中的最后一环，也是距离教师最近、最贴近学校教学实际、最体现学校教师队伍建设水平和质量的工作，是连接学生发展和教育质量的关键环节。校本研修是促进教师的专业成长、提升教师的教育教学能力、增强教师的团队合作和创新能力、提高教师的职业幸福感和归属感的核心工作。但是调研发现目前校本研修的效果参差不齐，校本研修出现研修目标不明确、研修内容随意性强、碎片化、研修形式单一、研修成果难以转化为教学实践等各种问题。在高质量发展背景下，在教育深度变革过程中，以上问题将严重影响教育质量的提升。改革创新研修模式，探索新的策略、路径势在必行。

三、学校教师专业发展现状的现实需要

在当前普通高中教育发展的现实背景下，我校作为一所位于北京远郊的普通高中，教师专业发展的现状亟待关注。学校专任教师共计177人，其中40岁以下青年教师占比高达62.1%，副高级及以上职称教师占比27%，本科及以上学历教师占比更是达到了99.4%。然而，尽管教师基数大、年龄跨越大、青年教师比例大，但教师普遍面临经验不足、内驱力缺乏以及可借鉴案例稀缺等问题。在深化教育教学改革的新时代背景下，这些问题愈发凸显，如知识结构不完善、教学

底蕴不足，以及教育、教学、管理能力水平有待提升，还有学科专业的快速迭代和数字化背景下教育理念的更新变革等挑战。

教师的专业化发展无疑是学校发展的基石，然而，受到社会环境和客观办学条件的制约，我校在校本培训方面遭遇到了"三难"的困境。首先是学用转化的难题，即教师在校本研修中常常难以实现理论知识与实践应用的有机结合，出现了"听时激动、看时感动、说时想动、回去不动"的现象。其次是成果固化的困境，学校的研究成果往往因人员变动而中断，难以形成持续稳定的教学实践。最后是个体学习转化为组织学习的挑战，教师个体学习热情高，但难以实现知识共享和资源整合，从而难以形成共同的学习理念和价值观，影响了整个组织的绩效和创新能力。

这些困难和问题不仅仅是我校的问题，其实也是制约很多学校校本研修成效提高的普遍问题。面对这些挑战，我们迫切需要深入探索普通高中创新校本研修策略的实践与应用。本研究旨在引入新的观念、方法和技术，以解决学用转化难、成果固化难以及个体学习转化为组织学习难的问题，推动学校的创新和变革，以适应高质量发展对普通高中教育的新要求，推动学校教育的整体提升和可持续发展，也为其他同类学校提供理论和实践的借鉴。

第二节　研究的意义

一、理论意义

目前学术界对于教师校本研修的策略研究比较少，本节旨在运用"OBE理论""行动学习理论""成人学习理论""组织学习理论"等理论，通过借鉴、整理我校以往校本研修实践，融合我校发展的实际，寻找促进我校教师校本研修成果转化的有效策略，最终丰富校本研修教育理论成果，突破校本研修的难点，让学校研修效果更加有效、合理，进而形成具有首师附密云中学特色的校本研修理论，并为其他同类学校提供借鉴。

二、现实意义

在当前教育背景下，创新校本研修策略的重要性和实践价值日益凸显。随着知识更新速度的不断加快和教育改革的深入推进，传统的教师研修模式已经难以满足现代教育发展的需要。因此，创新校本研修策略成了提升普通高中教育质量、促进教师专业发展、推动学校可持续发展的关键举措。

创新校本研修策略有助于促进教师专业发展。教师是教育事业的中坚力量，他们的专业素养和教学能力直接关系到学生的成长和发展。创新校本研修策略能够为教师提供更多的学习机会和发展空间，帮助他们不断更新教育理念、掌握先进教学方法和技术手段，实现自我超越、推动职业发展。

创新校本研修策略有助于推动学校可持续发展。通过优化资源配置、完善研修机制、提升教师素质等措施，可以推动学校的整体发展和进步。同时，创新校本研修策略还能够增强学校的凝聚力和向心力，形成良好的学校文化和办学理念，为学校未来的发展奠定坚实基础。

创新校本研修策略有助于提升普通高中教育质量。通过设计具有创新性和可操作性的研修活动，可以激发教师的学习热情和教学动力，提升他们的教育教学能力和专业素养。同时，创新校本研修策略还能够促进学校内部的教学交流和合作，形成良好的教育教学氛围，为学生提供更加优质的教育服务。

创新校本研修策略在当前教育背景下具有重要的理论和实践价值。它不仅有助于提升普通高中教育质量、促进教师专业发展，还能够推动学校的可持续发展和进步。因此，本研究具有重要的现实意义。

第三节 研究现状与前瞻要求

一、国内外研究现状

1. 国外的相关研究

校本研修作为一种贴近实际、注重实践的教师专业发展模式，在国际上已经得到广泛的应用和认可。20世纪初叶以来，欧美一些国家开始关注"以校为本"的教育改革，而"校本"一词来源于国外，其英文是"school-based"，来源于20世纪80年代初美国掀起的"校本"运动，提出在中小学推行"以校为本"的管理模式。到了90年代，"校本"思想与提法已经渗透到教育的各个方面。

在欧美发达国家，校本研修强调教师个人的自我反思与同伴间的协作交流，形成了以校为本、以教师为主体的持续发展机制。例如，英国通过建立教师学习社区（Teacher Learning Communities），鼓励教师在日常教学中相互观摩、反馈和研讨，以实现知识的共享和教学策略的创新。美国则侧重于教师个人的职业发展计划，结合学校的发展规划，实施有针对性的研修活动。张贵新在《对"校本培训"的思考》中提道："在美英等国的校本培训中，充分体现了培训对象的全员性。"易红郡在《探讨英国教师职前、入职培训和在职进修的一体化及其基本特征》中指出英国教师参与有两个目的，其一是为了锻炼教师在教育教学过程中实践操作水平，其二就是促进教师职业技能发展。关于校本研修模式的研究，朱玉东在《论国内外中小学教师培训的基本走向》中提到英国于20世纪80年代提出了以中小学为基地的六阶段培训模式：确定需要、谈判、协议、前期培训、主体培训、小结。郡海霞在《20世纪90年代以来我国学者对国外教师教育研究综述》中进行了说明，国内学者也对国外的校本研修模式做了归纳、分类。黄汉杰认为，西方国家的中小学教师在职培训主要有以下三种模式：课程中心模式、学校中心模式、以学校为中心的在职培训或以学校为定向的在职培训模式。

由于文化、制度的背景原因，笔者发现可供学习借鉴的国外的校本研修理论与实践不是很多，更多的只是在某一方面提出思考。但是国外对成人学习、组织学习理论的研究较深刻（具体在理论部分详述）。

2. 国内的相关研究

关于校本研修，华东师大杨九诠在《论五级教研体系的校本教研》中，梳理校本教研的发展历程，指出2002年教育部颁布《教育部关于积极推进中小学评价与考试制度改革的通知》（教基〔2002〕26号），要求建立以校为本、自下而上的教学研究制度，要基于学校、在学校中、为了学校。2019年教育部颁布《教育部关于加强改进新时代基础教育教研工作的意见》（教基〔2019〕17号）强调建立五级教研体系，将校本教研纳入教研体系。要求立足学校实际，以实施新课程新教材、探索新方法新技术、提高教师专业能力为重点，着力增强教学设计的整体性、系统性，不断提高基于课程标准的教学水平。上海教育科学研究院的顾泠沅教授于2004年首次公开提出"校本研修"这一概念。截至本书写作时，"校本研修"在中小学教师专业发展中依然起着不可替代的作用。在概念发展演变中，"校本教研""校本培训""校本研修"几个概念在不同时期出现，所指内容又大多相同。

国内关于校本研修理念、方法、内容的研究很多，尤其近几年，各中小学校都有自己的理论与实践。陈大伟在其著作《校本研修面对面》中指出，校本研修的理念包括以灵活性总结为研修内容的主要选择方式，教师是研修活动的主体并努力促进分享与交流。周东祥在其著作《校本研修：理论与实务》中指出校本研修理念是坚持以"以校为本""教师即研究者"和"自主提高专业修养为核心理念"，组织教师结合学校的教育改革特别是自身的课程教学改革实际，开展校本研修活动，促进教师走专业化发展道路。唐文静在其硕士论文《苏北地区农村中小学教师校本研修研究》中提到校本研修的主要特征有四点：自主性、实践探索性、生成性和开放性。熊焰在其《中小学教师校本培训的设计思路》一文中提到，校本研修在内容选择上分为两个层次：一是现代教育理论、教育观念和教育技术的理解、掌握；二是教师在教育教学实践中遇到各种实际问题和点滴经验在理论层面上的提升。

关于校本研修模式的研究，郭东岐在《校本研修的实施与推进》中认为校本研修过程中，教师从发现教学实践中的问题开始，经过分析问题，实际解决问题的方法和策略，其间经过各种对话和交流，最后总结反思解决的过程与结果，对问题解决有了更成熟的策略。所以他认为，校本研修的基本模式是"问题—设计—实践解决—反思总结"，再加上各个环节中的合作交流。孟庆焕、李盈慧在《新课程与中小学校本研修》中认为有效的校本研修类型模式主要包括：自我规划研修模式、问题解决研修模式、课题研修模式、教育案例研修模式及集体备课研修模式。校本研修的策略，重点提出的是顶层设计、研训一体、基于问题、以校为本等，这些策略旨在改变教师在培训中的被动地位，突出教师的自主学习和自主发展，促进教师专业发展。

关于已有研究中的创新校本研修策略和实践案例，宋朝华在《基于 PBL 的"3343"校本研修模式的构建和实践》中介绍了珠海市文园中学的青年教师校本研修培训模式，包括青苗工程、青蓝工程、继教工程和名师工程。通过自主研修、同伴互助和专家引领三条路径，促进青年教师的专业成长。

周建立在《"双减"背景下"三层级"模式校本研修探索与实践》中探讨了教师素养提升的途径和实践方法，包括立足校本调研建立教师发展信息库、三方联动多元培训的全员轮训计划以及分层示课提升技能的方法。通过这些途径和方法，可以促进教师的专业能力和教学实操技能的提升，进而提高教学效果和质量。

储美琴的《辩课：从"被动参与"到"深度卷入"》中提出了基于"辩课"教研活动为载体的校本研修方式。该方式能够较好地解决教师培训中存在的问题，促进学校整体教研力和教学力的提升。

综上所述，我们认为国内外关于校本研修的研究有深厚的理论基础和实践案例，但是，总体看，专家教授的研究偏理论，一线学校的实践偏实践经验。而且，虽然大多建立了研修体系，但随着时代发展，对教育、教师的要求不断提高，校本研修仍停留在研训一体、问题导向的层面，不能满足时代对教师成长的要求。

同时，校本研修中的一些痛点、难点问题并未完全解决。如学习成果转化为教学实践的能力、如何以组织学习促进个人学习、让教师形成终身学习的能力、研修内容与教师实际需求脱节、研修形式单一缺乏创新等。我们的研究致力于在现代教育理论、学习理论的指导下，创新研修模式和研修策略，在实践中探索出提升校本研修质量促进学校高质量发展的路径和方法。

二、研究的理论基础

1.OBE（Outcome based education，OBE）教育理念

又称为成果导向教育、能力导向教育、目标导向教育或需求导向教育。OBE教育理念是一种以成果为目标导向，以学习者为本，采用逆向思维的方式进行的课程体系的建设理念，是一种先进的教育理念。

2. 成人学习理论

成人学习理论可为解决如何有效开展教师校本研修提供科学的理论指引。成人学习理论呈现了教师作为成人学习者的学习取向，把成人学习理论运用于教师研修工作中，积极调动教师的自我指导学习，充分激发教师自主学习的积极性；以解决教学问题为导向，重视发挥教师原有教学实践经验的价值和作用；以满足教师需求为价值取向，重视激发教师的学习动机；遵循成人学习特点，探索教师参与式校本研修的模式。

3. 组织学习理论

组织学习理论的奠基人通常被认为是克里斯·阿吉里斯（Chris Argyris）和彼得·圣吉（Peter Senge）。阿吉里斯提出了单环学习和双环学习的概念，强调了组织学习中的个人行为和认知过程。组织成员的学习动力来源于组织承诺和赞同组织的发展方向、共同的愿景。成员必须对学习内容有非常清晰的认识，了解组织的绩效衡量的内容和标准，并且充满学习激情，从这个角度说，分享愿景在组织学习中起到方向性指导作用。彼得·圣吉则在其著作《第五项修炼》中提出了学习型组织的五项核心技能，即组织可以通过系统思考、个人精进、心智模式、共同愿景、团队学习的方式提高其适应和竞争能力。组织学习理论提供了一个框架，帮助组织理解和管理知识资源，以适应不断变化的环境并提高绩效。通过实

施有效的学习策略和实践，组织可以培养出更强的创新能力和竞争优势。

4.行动学习理论

行动学习的概念由全球第一位"艺术管理"大师，被誉为"行动学习法之父"的英国管理大师雷格·瑞文斯（Reg Revans）提出。行动学习是从解决组织发展中实际问题出发，以团队为单位，在统一的逻辑结构和思维框架下，运用结构化的工具和方法进行集体学习，达成团队共识，解决实际问题采取行动的学习方式。瑞文斯教授用公式 L=P+Q 来描述行动学习，其中 L 代表学习，P 代表结构化的知识，Q 代表有见解的问题。后续的研究者对这个公式进行了扩展，加上了反思（R）和执行（I）的元素，即行动学习 = 程序性知识 + 洞见性提问 + 反思 + 执行。在这种方法中，参与者通过小组合作，从彼此的失败和胜利中学习，而不是单纯依赖专家指导。行动学习是一种组织内部共同解决实际存在的问题的过程和方法，能够实现三个层面的系统思考，激发参与者的内生智慧，改善心智模式，建立共同愿景以及实现团队学习。行动学习已经被广泛应用于企业和政府部门，在全球范围内广泛使用，特别是在领导力发展、团队建设和组织变革中表现出显著效果。这种学习方式也非常适合校本研修的团队学习。

综上，这些理论聚焦成人学习特点、学习型组织的建设、学习成果的存储与转化、行动学习的具体实施等领域，对于研究教师专业成长中的校本研修策略与路径有较好的指导作用。我们可以在这些理论的指导下，结合学校实际，探索具有学校特色的、行之有效的校本研修策略，助力学校高质量发展。

三、相关概念的理解

1.高质量发展视域

本研究是在当前教育追求高质量发展的背景下展开的。首先，"高质量发展"意味着对教育质量提出了更高的标准。在这一视域下，研究将关注如何通过创新校本研修策略来满足这些高标准的教育质量要求。其次，"高质量发展"也反映了当前教育改革的深化方向，这包括课程改革、教学方式创新、教育评价改革等多个方面。在这一视域下，研究将探讨如何在校本研修中融入这些改革理念，促进学校教育的整体优化和升级。最后，"高质量发展"还强调学校发展的可持续性，这意味着在校本研修策略的设计和实施中，需要考虑到学校的长期发展目标和战略规划。研究将探索如何在满足当前教育质量要求的同时，为学校的未来发展奠定坚实基础。

综上所述，"高质量发展视域下"的界定涉及教育质量、教育改革、资源优化和学校发展等多个方面。在这一视域下，本课题将深入研究普通高中创新校本研修策略，旨在促进学校教育的整体提升和可持续发展。

2. 校本研修

校本研修是一种基于教师所在学校，紧密结合学校工作实际，以提高学校教学质量和办学效益、促进教师专业发展和职业修养为目的的教师在职培训形式。它强调以学校为单位，面向全体教师，注重教师的教育教学实践和个人发展，旨在提升教师的教育教学综合素质和能力。

在校本研修中，学校作为教育教学的主阵地和平台，其根本或基础在于学校教育教学的质量和效益。而"研修"则意味着钻研、研究、探索和反思，以实现教师自身的提升。因此，校本研修可以理解为以学校为本，以教师为主体，以研究、探索和反思为主要手段，以提升教师教育教学能力和个人修养为目的的一种教师在职培训形式。

3. 校本研修策略

校本研修策略可以定义为：一种以教师任教学校为场所，以教师为主体，以研究学习为途径，以组建包括专家教授、学校领导、教研人员和普通教师的共同体为研修平台，以促进学生、教师和学校的自主发展为主要目的，融教学研究与教师培训于一体的教师教育形式。这种策略注重教师的积极参与和主动发展，以提高教师的综合素质和教学能力为目标，强调教师的专业成长和学校的整体发展。同时，校本研修策略也突出了教师的主体地位和研修活动的实践性、研究性，以解决实际问题为导向，以课堂教学为载体，促进教师的专业发展和学校的可持续发展。

四、高质量发展视域下普通高中校本研修的特点

在高质量发展视域下，普通高中的校本研修需要具备以下特点。

1. 针对性

校本研修应针对学校和教师的实际需求和问题，结合学校的教育教学目标和学生的特点，开展有针对性的研究和实践。

2. 实效性

校本研修要注重实效性，通过切实可行的方法和策略，解决学校和教师面临的实际问题，促进教育教学质量的提高。同时，探索出一套行之有效的研修成果转化策略，确保成果转化为教学实践。

3. 协作性

校本研修鼓励教师之间、学科之间、学校与外部资源之间的协作与交流，通过共同研究和分享经验，提高教师的专业能力。

4. 持续性

校本研修是一个持续的过程，需要形成长效机制，使教师能够不断学习和进步，适应教育教学改革的需求，形成终身可持续发展的素养。

5. 创新性

在高质量发展视域下，校本研修要鼓励教师进行创新实践，探索新的教育教学方法和策略，以适应时代发展的要求。

第二章　校本研修的实践探索

第一节　校本研修的内容及目标

一、研究的主要内容

我们旨在深入探索高质量发展视域下普通高中创新校本研修策略的实践与应用，具体内容如下。

第一，梳理校本研修、教师专业发展的理论，并结合学校实际找到应用模式，提出基本原则和实施路径，为校本研修的持续发展提供实践依据和理论支撑。

第二，策略设计与实践：结合理论框架和现状分析，设计具有创新性和可操作性的学校教师专业发展课程体系和校本研修策略，并进行实践应用。通过不断调整和优化，确保策略的有效性和可持续性。本研究将促进普通高中校本研修策略的创新与发展，推动学校教育质量不断提升，为学生的全面发展和终身学习奠定坚实基础。要有长期、完备的顶层设计，要有聚焦问题解决的研修主题，要有任务驱动的研修方式，要有及时调控的研修现场，要有持续积淀的研修成果。

二、研究的目标

1. 打造一支专业可持续发展的高水平教师队伍

校本培训的关键在于促进教师专业发展，形成完善的教育机制以及完备的校本培训策略。因此，校本培训需要从教师专业发展需求的角度出发，注重组织教师根据自己的现状、工作要求和发展目标，通过校本研修活动，建构具有个性特色的经验体系。并且以建立和完善教师成长档案的形式，自主全程记录研修活动和专业成长足迹，以增强自主建构过程的目标性、系统性和可持续性。解决教师培训供需矛盾的问题，满足不同层次、不同类型、不同阶段教师的发展诉求。

2. 形成一整套科学有效的"校本研修课程体系"

针对目前我校校本培训存在的学科"独立化"、形式"单一化"、思维"封闭化"的问题，本节以"OBE理论""组织学习理论""知识管理理论""成人学习理论"等为理论基础，根据学校未来发展需要，结合实际，探索形成我校的校本研修课程体系。同时形成系列研修策略。(将校本研修活动与变革研修方式相结合，整体构造校本研修模型)

3. 探索落实校本研修成果转化、固化的路径

教师是学校发展的支柱。通过对教师校本培训成果转化的落实与研究，有助于促进教师提高持续学习的意识与观念，提高学校教师团队对校本培训的重视程度，帮助教师树立终身学习的观念，以期引导教师团队树立明确的职业生涯规划意识，增强其对教师职业的满足感和自豪感，并帮助教师解决日常工作中的教育教学问题，提高教师专业发展水平。

第二节 校本研修的案例

案例（一）

提升教师课堂教学变革能力的校本研修案例

李文平

一、案例背景

党的二十大报告指出，教育、科技、人才是全面建设社会主义现代化国家的基础性、战略性支撑。在"双减"背景下，轻负高质必须构建和增强学习动力系统。习近平总书记在中共中央政治局第五次集体学习时也特别强调："基础教育既要夯实学生的知识基础，也要激发学生崇尚科学、探索未知的兴趣，培养其探索性、创新性思维品质。"2017 年开始的新一轮课程改革，关注重心从关注"教"的过程转型聚焦"学"的发生。而思维力是学习力的基础，在这样的大背景下，2018 年我校在北师大思维联盟的支持帮助下，开始建构"思维发展型"课堂。面对全新的教育理念、教学实践，如何构建高效的校本研修支持体系，成为改革成功的关键环节。

二、案例描述

长期的应试教育常忽视或搁置思维品质培养。课堂常见的是对碎片化知识的细致讲解，靠大量练习巩固知识，仅有识记、理解等低阶思维，鲜少涉及综合、分析、评价等高阶思维活动。随着高考改革的指引，近年教师教学理念虽不断更新，对课堂教学培养思维品质有一定重视，但课堂教学实践多属无意识应用。此外，教师课堂教学实践多在教学技巧层面，未形成有意识策略，教学策略单一，不能随教学内容与学情灵活应用，导致课堂教学效率低，几乎无学生思维发展。再者，课堂缺乏激发学生思维发展的方法手段，教师缺乏系统教学策略理论知识与规范实践操作，多数课堂策略使用随意盲目，不能依所学知识恰当选择，且策略选择不能聚焦思维发展提升，多聚焦知识学习与成绩提高。故而，为培养未来社会所需人才及促进学生终身发展，于课堂教学主渠道，期望通过研修探索有效课堂教学策略促进学生思维品质提升，此为系统工程。当前现状为如何使全校专任教师齐步走，同时投入变革，需强有力校本研修体系与适切研修策略，确保理念转化为实践及成果固化。但教师个体学习色彩浓，起点与掌握理解能力各异，如何将个体学习良好转化为组织学习以促成高质量研修成果，以及如何将理论理念转化为教学实践是当下亟须解决的问题。

在前期调研中，发现校本研修存在三个问题：一是教师层面，研修操作缺方法，经验缺萃取提炼；二是研修团队层面，研修主题不聚焦，研修缺乏引领；三是学校层面，缺乏校本研修模型整体构建。因此，如何构建校本研修模型解决研修组层面和教师个人层面的问题，引领教师提升自己的综合素质、专业化水平和创新能力，是学校领导层一直在思考和探索的问题。

在成人学习理论、行动学习理论、OBE 教育理论、组织学习理论等指引下，我们肩负任务，探索具备学校特色的校本研修体系与研修策略，并借此指导研修实践，形成高质量研修成果，构建特色校本研修模式。

校本研修伊始，学校教师发展服务中心依常规安排集体理论学习，如《高中课程标准》、学科核心素养落实、新课程理念等，同时带领教师阅读余文森教授的《基于学科核心素养的教学》、钟启泉教授的《课堂教学研究》等书籍，还邀请相关专家入校开展讲座，众多教师在理论和理念上有显著提升。然而，当进入要实施促进学生思维发展的课堂教学时，教师们暴露出诸多问题："什么是思维发展型课堂""此课堂与当下课堂模式本质区别何在""如何落实""怎样判断思维已发展""学科核心素养落实与思维发展的关系是什么"等，还有教师索性以不变应万变，也有人表示听着理论新鲜，靠个人自学实践太难……

显然，许多教师在如何更好地将理论与实际工作相结合方面仍存在较多困惑，这引起学校高度重视。我们发现仅用常规方法进行研修难以完成课堂教学变革这项重大任务。故而，我们共同探讨如何助力教师更好地运用理论知识指导实践。

学校针对40岁以下教师开展问卷调研，在广泛搜集教师问题与困惑的基础上，决定以"思维发展型课堂"教学变革为核心，探索创新研修策略，重塑学校研修模式。通过关注、学习并运用相应教学策略，让课堂教学始终将发展学生思维作为重要目标。在教学过程中落实思维发展，做到有理论、有方法、有技术、有途径，进而不断提升教师专业素养，培养学生学科核心素养，推动学生自主发展，提高课堂实效性。为此，我们做了以下尝试：

【环节一】提升认知——学校整体顶层设计。全体专任教师从单环学习开始，提升认知水平，知识融入经验（知识与经验结合），聚焦理论学习提升教师基础理论理解能力。本研究的落脚点是提升思维品质的教学策略，支撑主题是思维品质，因此对思维、思维品质的理解，教学策略制定的理论依据以及落实策略都需要在深入和规范的基础上寻求创新。通过多种形式进行理论学习和培训，理论培训每学年不少于20学时。如思维品质的特点、影响因素等培训，以自主学习、专家解读、书籍引路（共读余文森的《核心素养导向下的课堂教学》、房超平的《思维第一——全面提升学习力》）等各种方式，提升理论水平。我们先后进行了如何提升思维力、深度学习等理论系统学习培训，深入研究奠定基础。这期间首先是教师的个体单环学习，先从转变理念入手，采用OBE教育理论，反向设计研修方案，提升教师认知水平。

结合"成人学习理论""成果转化理论"，我们制定了"首师附密云中学思维发展型课堂校本研修整体方案"。我们的培训遵循成果导向教育理念，以终为始，以学习产出构建基础，然后利用反向设计、正向施工的方式来设计方案，始终以学习结果为驱动力，并执行有效的评价。例如，初期教师对各类思维图示的使用存在很多问题，小到工具的应用情境，大到工具如何促进思维发展。据此，我们的培训以人人都应学会思维图示的准确绘制、应用原则等为目标，以培训、测评、复训和考核的"学—考—评—改"的方式推进。我们所有教师都跟随北师大思维联盟团队进行了比较系统的学习，根据具体的问题，选择不同的图示进行梳理和表示；根据学科特点，布置相关的作业，现场给出问题，给出作答时间，然后以电脑抽签的方式进行现场展示，随后专家进行现场点评，效果显著。通过第一轮学习结束的考试结果反馈发现，教师的八大图示（包括圆圈图、气泡图、双气泡图、树形图、括号图、流程图、复流程图、桥形图）、思维导图和概念构图掌握得不错，但是在核心思维工具和创造性思维方面还有待提高，所以我们根据考试的情况，对全体教师进行了复训，把知识融入教师教学经验中，内化知识，提升认知水平。

【环节二】应用实践——以双环学习、现场学习、案例研究的方式，将理论融入实践。"成人学习理论"告诉我们，成人学习主要有以下四个特点：重"实践逻辑"而非"学术逻辑"；重"问题解决"而非"知识习得"；重"任务驱动"而非"求知驱动"；重"以例释理"而非"以理释例"。因此，案例研究、现场学习至关重要。

为了更好地开展研修，研修活动由校外专家主导，针对大部分教师进行入门式整体介绍与实践。随着教师们积累了一定的经验和案例，开始与专家、同伴一起探讨，共同设计研修工作坊，并针对已经做过的典型案例进行剖析。例如：要理解跨学科项目设计的核心要点，可以抓住大概念进行课程的逆向设计方法。为了解决研究过程中出现的各种问题，我们还辅以日常的常态课、研究课近百节。

常态课堂与典型课例互促。全员参与的常态教学实践为教学诊断提供了鲜活完备的资料，教学干部在常规听课过程中及时捕捉教师创造性设计成果，及时宣传表扬反哺学科教研组。学校也积极为教师发展搭建各类平台。例如：2020年5月22日成功举办"立足学生发展，探索深度学习"的思维发展课堂市级大型研讨活动。推出九节研究课，并从学校、教研组、教师个体三个层面总结汇报研修的思考与实践。2019年12月，刘啸老师在第十六届全国思维发展型课堂观摩会中荣获一等奖，赵宁老师在全国化学基础教育新课改年会中荣获特等奖；2020年12月我校成功举办思维发展型课堂文、理科专场展示，教研网全程直播，其中李赛老师的《儒道互补思想探究》，柴丽萍老师的《超重与失重》均在第十七届全国思维发展型课堂观摩会中荣获一等奖。2023年10月全国思维联盟第二十四期现场观摩活动在我校成功举行，与来自全国各地的教师同课异构、展示学校研究成果。这些平台进一步促进了研究的深入。我们通过学科课堂实践研究，明确影响思维品质提升的主要因素及有效激发方法，并在理论指导下进行跨学科统整，提炼促进思维品质提升的课堂教学策略及应用原则。

【环节三】重塑心智——以行动学习为核心，个体学习转化为组织学习，建立学习文化、教师学习共同体，重塑心智。在深度培训过程中出现了研修成果难以转化为教学实践和因人员变动引起的成果固化困难的问题。为此，我校以行动学习理论为指导，以同因素理论、激励推广理论和认知转化理论等成果转化理论为依托，创新研修机制，保障课堂教学变革的持续深入。

具体实施过程与项目研修前、中、后流程结合，分别辅以问题调研、计划评价、成果分享、制度激励等机制，逐步建立研修文化，于熏陶渐染中转化、固化成果，建立教师学习共同体。

例如：在研究整体化策略时，学校以大单元教学策略为核心推动此项研究。

训前摸底调研：调研教师在工作中遇到的典型问题，并根据自己的理解实际撰写一份教学案例，由学校和专家分类整理，挑选出具有普遍性和典型性的案例作为课程设计资源，从而使课程内容最大限度地为实际工作服务，提高成果转化效果。训中聚焦问题解决：针对问题开设讲座，并逐一点评典型问题案例。训后建立支撑系统：撰写个人和学科成长落实计划。为保障培训成果的顺利转化，我们还组织核心团队成员研制校本"大单元"教学教案模板，并推广应用。在用中学，在学中改，在改中提高。

将原有的"单一课时教案"创新为"单元—课时教案"。在单元教案中，我们以"课标要求、必备知识、关键能力、核心素养、本主题（单元）知识结构图"这五个环节作为课时教案的指导思想，在绘制单元知识结构图中，我们鼓励教师们用"概念地图"进行梳理，并将这一项内容作为教案检查量化中一项重要的评价指标。在单元教案的指导下，备课组统一划分课时，再进行课时教案的设计与书写。在课时教案中，要求教师们按照我们梳理的思维发展型课堂四环节进行设计。从教师们备课开始，就将"思维发展型课堂"的教学变为老师们的日常工作与教学的常态。在这一过程中辅以成果分享交流、评价表彰奖励等激励机制。因此，学校培训成果显著。类似于这样的还有很多，如学校共同研究制定的思维发展型课堂评价标准、思维图示点评标准、大单元计划制定模板等。截至本书写作时，仅关于全学科阅读方面，我们一共组织了4期培训，2场以学科阅读为主题的赛课活动，教研组内关于学科阅读的骨干教师讲堂、教研组长专题讲座数十次，教研组内常态课、研究课近百节，教研组长层面的交流6次，各教研组已经梳理形成了5万余字的文本材料，成果转化效果明显。在研修过程中不断地将个体学习转化为组织学习，强化分享交流。教研组坚持每学期一轮次的推进课研讨，结合我校课例式校本研修要求，从课标出发，大单元教学背景下依托整体化策略、情境化策略构建课堂。几轮研究下来，各教研组都聚焦几个主要策略，如情境化、整体化、可视化策略等，也在不断地反思中形成了各学科独具特色的课堂评价量表和听课记录单，极大地丰富了校本研究成果。

我们以共建、共享、共进、共创的原则，营造学校思维文化。首先设计构建以思维发展型课堂研究为主题的科研、教研体系。教师们以研究的思维工作，以课题研究促进专业发展。启动"教师思维教学科研能力提升工程"，在专家指导下，确定16个覆盖九学科的思维课题，以课题研究反哺课堂教学。两项课题成功申报了北京市"十四五"规划办课题，一项课题成功申报了北京市教育学会课题。同时，地理组也依托思维发展型课堂的情境创设问题，获批北京市特色课程。

举办以课堂教学研究为核心的教学节、学科节，截至2024年已经举办了四届。每一届教师们展示交流成果、分享经验，每个教研组都形成了自己的研修文化。学生们说思维、写思维、展思维，以辩论赛、整本书阅读介绍、科学答辩、"我最得意的一张知识图谱"等学科特色活动，彰显外化思维，提升学习力，展示学习成果。整个学校营造"思维发展型课堂"的学习与应用氛围，最终实现我们师生共同的"学思维、懂思维、应用思维"的目标。

建立及时评价反馈表彰机制。例如：在学校领导和教学干部日常的听课过程中，每个人手中都有一份"基于思维发展型课堂"的课堂观察量表的电子问卷，在观察量表中，除听课人授课人等基本信息以外，共有10个问题，例如：课堂中对"情境"的应用情况、教师对学生的阅读指导情况、课堂上思维工具的应用主体、课堂上应用思维工具的主要类型、教师在课堂上思维工具的应用场景、学生应用思维工具的情况、教师对学生思维工具应用的评价等。我们利用问卷的形式进行信息填写和收集，并定期将观察量表的报告在学校例会和教备组长月例会中进行公布和总结，以此来帮助教师将"思维发展型课堂"变为日常教学的常态。学校积极搭建平台，举办校级展示课、观摩课、研究课，区级的宣传讲座，更大舞台的思维联盟交流等，无不让教师体会到专业成长价值实现的幸福。以思维文化重塑心智，实现教师专业自觉的远大目标。

三、案例成果

（一）明确课堂教学中促进思维品质提升的主要因素

1. 思维品质提升的本质

思维品质是思维活动中智力和能力在一个人身上的表现，又叫思维的智力的品质，而智力能力又属于个性的心理品质特征，可以说思维是智力和能力的核心，思维品质实质是思维能力的个性差异与特征。在高中学生核心素养的总框架中，文化基础里的人文底蕴与科学精神、社会参与中的实践创新、自主发展中的学会学习等，所有这些都强调学习的过程不仅仅是学习知识，同时要发展学生的智力，培养学生的能力，形成核心素养。因此，我们认为思维品质的提升是差异化、个性化思维的激发与促进，是发展智力、培养能力的关键，更是课堂教学的主要目标。

2. 思维品质特征的内涵

林崇德先生的研究认为思维品质主要指思维的深刻性、灵活性、创造性、批判性、敏捷性等五个特征（本课题重点研究的品质）。根据林崇德先生在《中小学生心理能力发展与培养(修订版)》中的阐述，思维品质的这五个特征，各有不同的外在表现。第一概括能力是思维的第一属性，概括就是能够在认识问题的过程中舍去所有的非本质的现象，抓住事物的本质加以综合分析问题。概括是思维品质的基础，是依据科学的出发点。概括能力强与弱能够分析一个人的知识水平、能力特点。第二，思维品质特征的外在表现还包括逻辑推理能力、分析能力、理解能力、比较能力、论证能力、综合能力、反思能力、判断能力等。[1] 换句话说，

---

[1] 林崇德：《林崇德教育演讲录》，人民教育出版社，2015，第202页。

思维品质就是对诸多思维能力的本质归纳，而不同的思维能力又构成了思维品质特征的外在表现。思维品质具有个化、差异化特征。

（二）探究促进思维品质提升的课堂教学策略

通过课题的深入研究，我们清楚地知道，在厘清与思维品质特征相对应的关键思维能力后，课堂教学必须要匹配高价值、高投入的深度学习活动，来实现促进学生思维品质提升与发展的目标。

几位美国当代心理学家会同人类学、教育学、文化与学校教育等领域16位顶尖研究人员撰写的研究成果《人是如何学习的：大脑、心理、经验及学校》一书，从认知科学、发展心理学、神经科学、人类学等方面，探索了学习如何发展。很多观点颇具影响力，有利于我们的研究。作者认为，教育的目的是帮助学生发展习得知识所必备的认知工具、策略，并帮助他们成为自我维持的终身学习者。据此，我们开始探索研究促进思维品质提升的有效课堂教学策略和课堂教学范式。

学习科学对于知识的建构性、社会性、情境性、复杂性、默会性的判断已经得到国内外学者的普遍认同。[1] 单纯的知识被认为是"惰性"知识，被激活的知识可以叫作"条件化"知识（知道它用在哪——只是本身包括对应用知识的情境的具体要求，以及它支持理解和迁移即迁移到其他情境）。我们可以理解为激活知识的条件之一是情境。否则，知识就是惰性的知识。惰性知识对于问题解决没有帮助作用，也不会真正产生学习。同时，研究也表明，"有用的知识（条件化的知识）"不同于一连串无联系的事实。学习是要建立知识间的联系。已有知识对于学习新知识的意义是什么？《人是如何学习的》一书中也明确地指出：如果学生的前概念没有被卷入课堂，那么他们也许不能掌握所教新概念和信息，否则他们会为了考试而学习，但仍会回到课堂之外的前概念，这里强化了课堂要为学生的前期理解提供建构。如何发展学生的探究能力？书中谈到三个方面：一是具有事实性知识的深入基础；二是在概念框架的情境中理解事实和观念；三是用促

---

[1] ［美］约翰·D. 布兰斯福特：《人是如何学习的：大脑、心理经验及学校（21世纪人类学习的革命专辑）》，程可拉译，华东师范大学出版社，2002，总序第3页。

进提取和应用的方式组织知识。

根据学习科学的这些重要理论，结合我校学生学习的实际以及我校教师的研究能力、实践能力，我们探索梳理出四个主要策略：情境化策略、可视化策略、整体化策略、融合化策略。

策略一：情境化策略

问题情境是思维发展的依托。情境理论认为，知识是情境性的，学习是知识与情境动态相互作用的过程，思维是对知识的组织和加工，脱离具体的问题环境，思维能力难以真正形成，即使形成也毫无用武之地。好的问题情境可以充分激发学习者的学习动机，成为思维发展的依托。马扎诺在其提出的人类行为模式图中指出，自我系统是人类学习的"总开关"，个体在面对新任务时，首先由自我系统对任务进行重要性、自我效能感以及情感反应检查并形成总体动机，从而决定是否接受新任务，只有通过了自我系统这一"总开关"，个体才会调动自身的元认知系统和认知系统来加工处理相关信息。因此，创设的问题情境正是影响学习者进行自我系统预判的重要依据。当问题情境不足以激发学生的学习动机时，学习者自我系统的大门也就不会被打开，知识的学习都难以进行，思维发展也就更无从谈起。

情境化策略主要为知识的学习和应用提供条件和环境，同时激发学生深入学习的欲望，将学习的惰性知识转化为条件化知识，提升思维的灵活性、灵敏性，提高学生的理解、分析、论证能力，加强知识学习理解的深刻性，从而提升思维品质。

对应情境化策略实施：思维发展的课堂首先要引发思考，激活思维。通过课题研究，我们总结出，课堂教学中的"情境"创设要满足刺激学生的学习需求，激起学生认知和情感，增加学习活动的生动性等功能要求，所以需要人为创设的工具性情境，即相对真实的有目的有意义的情境生活化，这样更有利于激活思维，促使深度学习发生。基于此，我校在马扎诺认知理论的指导下，具体实践了情境化创设的四种类型与实施策略，梳理了若干种表现形式，并初步归纳了情景化策略的实施要点。

创设问题情境的四种类型与实施策略：

学科情境：以学科知识、学科实验、学科历史发展等体现学科特征的素材信息为情境；

社会情境：以社会生活、文化现象、焦点热点话题作为情境创设的内容主核；

科技情境：以科学技术应用、科技进步、科学研究与探索作为情境创设的内容载体；

理论情境：以理论阐释、观点论述、文章、故事抒情达意为情境创设的核心素材；

通过以上四种情境为生动载体，匹配引起思考、触动思维、激发学习者元认知的问题设置，创设出丰富的问题情境。

情境化策略课堂主要表现形式：

生活化再现的情境。

即把学生带入社会，带入大自然，从生活中选取某一典型场景，作为学生观察的客体，并配以适当的描述方式（视频、图片、文字、音乐等），帮助学生建立起生活实际与学科知识的初步关联。思维培养：建立联系。

实物（实验）演示的情境。

即以实物实验的实施为核心，设置必要背景及条件，演示或展现一个事物（事件）在特定情境下的发展经过，促进学生关注现象或结论的形成过程。思维培养：建立逻辑。

图画、图形、图示描述的情境。

图画、图形、图示是展示事物形象的主要手段，用图画、图示形象表现文本情境，用图形、表格或学科符号等呈现情景的主题信息，让学生体会多元化的概念要义表述。思维培养：建立方法用表演、表述体会的情境。

情境教学中的表演有两种，一是进入角色，二是扮演角色。"进入角色"即"假如我是课文中的……"；扮演角色，则是担当课文中的某一角色进行表演。前者增加共情体验，后者表达自我判断。这样的情境运用，激发学生的内心感受并引导多维视角的建立。思维培养：辩证思考。

情境化策略的实施要点：

第一，注重功能性，情境的选择与创建要有可追问、可延展的价值空间，它让知识有丰富的附着点，具备现实的生长点，激发创造性思维。

第二，注重真实性，有效情境的创设是现实生活的提纯与真实场景有意义的提取，而不是脱离实际的凭空假设，它应具有可验证性和适用范围，引导辩证思维。

第三，注重体验性，情境设计要有完整的任务线，能满足学习者的多感官体验，丰富情感关注，激活逻辑思维。

策略二：整体化策略

知识是联系的、可迁移的。碎片化的知识很难提升思维。因此，提出整体化策略，即运用联系、组织、整合的方式使知识系统化、结构化，使知识学以致用、融会贯通，促使其真正转化为素养。思维发展的课堂核心是要产生认知的冲突，并尝试解决。整体化策略的实施首先让学生的原有知识体系统化，将认知冲突的产生导向深入，并让新知识的学习、新问题的解决更聚焦于根本冲突。整体化策略有利于学生反思能力、比较能力、逻辑推理能力、概括能力的培养，从而提升学生思维的灵活性、深刻性、创造性。

整体化策略的实质：一是防止知识和能力的碎片化；二是改变以知识为导向的传统教学模式，彻底改变从单个知识点的识记到理解到应用的认知路径。例如知识点式教学：一个定义、三项注意、几个例题、大量练习，双基本位教学 [基本概念 + 基本技能（解题技能）]，例如语文，学生看似完成了识字、阅读、写作等任务，但语文素养始终没有形成。

整体化教学策略辅助创设的工具：

第一，知识树，统整学科知识（一个学段、一个单元、某部分概念），完成知识间有机的联系，学生的元认知不同，知识树可以各不相同；

第二，概念图，节点（概念）、连线（概念间建立联系）、标注（描述关系阐述概念）关系；

第三，思维导图，强调多维视角研究主题词或核心概念，有思维的发散、聚焦、深化，再创造过程（带有明显的主观认知性与判断）。

第四，大单元教学设计、整本书阅读、议题式教学等。

策略三：可视化策略

可视化是思维过程、思维结果的显性载体。思维可视化即"让思维看得见"。可视化的实质是将人们的思维过程和思维结果以某种方式呈现出来，形成能够作用于人的感官的外在表现形式，从而促进两个或两个以上人之间的知识创造与传递。思维可视化的客体可以是对象、对象的属性或者对象之间的关系，但最大的价值还是体现在对对象之间关系的表征上。

可视化策略实施：思维的可视化策略运用从广义上说只要能有效反映思维过程与结果的方式都是可视化策略。它可以通过语言、文字、图像或动画等多种形式展现，但我们主要研究的是以表征概念间的联系、呈现内在逻辑关系为主旨的狭义可视化策略。

可视化策略的主要实施工具：包括概念图、思维导图和思维地图（也叫八大思维图示法，由八种图示组成）。

可视化策略的功能：完成知识的联系与建构，思维导图等可视化认知工具实现了学习者新旧知识之间的连接，促进了有意义学习的发生。

减轻认知负荷：从认知负荷理论看，可视化通过将小的组块组装成大的组块，在工作记忆容量有限的情况下加大了加工处理的信息量，降低了大脑的认知负荷。

丰富提取过程：从卡皮克记忆理论提出的"重复提取胜过细化学习"的观点看，绘制思维导图等可视化过程包含了更为丰富的提取过程，能够更清晰地帮助人们认识到知识间的"缝隙"从而有意识地去"填平"这些"缝隙"。

加深对象间的联系：在课堂任何可能的地方努力实现思维的可视化，学生思维的可视化让教师了解学生的想法，提高指导的精准度，教师思维的可视化也让学生能够清晰看到教师的想法，增加理解的深入度。

策略四：融合化策略

学习迁移（简称迁移）是指"已经获得的知识、动作技能、情感和态度等对新的学习的影响"，也是思维发展的一种常见表现。对新学习产生影响的不只是两个学习内容之间的相似性，贮存在个人长时记忆中的认知结构变量更为重要，认知结构是产生迁移的重要中介，原有认知结构的清晰性、稳定性、概括性、包容性、连贯性和可辨别性等组织特性都始终影响着新的学习的获得与保持。学生在建立各种联系中发现问题、思考问题、创造性地解决问题。融合化策略有助于学生思维的灵活性、敏捷性、批判性、深刻性、创造性等品质的形成。

融合化策略实施：通过研究实践，我校初步探索应用融合化策略使学生的认知活动和情意活动相互融合、互为促进，以达成思维迁移。

融合化策略的校本实施分类：

1. 聚焦概念的形成，关注概念定义与边界的内容式融合

内容式融合：目的在于通过对概念的多角度、多侧面描述与呈现，促进学生对概念的确切理解掌握。

校本实践具体操作：包括在课堂教学中有意识进行学科知识本身的内涵挖掘与知识体系的建构引导，促进对概念的本质属性及变式的理解。尽可能调取概念的相关学科间联系与应用，丰富理解与认知，以促进对概念的对立面（矛盾）及外延的明确，激发思维的迁移。

2. 关注教学活动与学习任务，实施多种方式的应用式融合

应用式融合：目的在于借助有层次的活动推进，增加学习体验的丰富性与层次性，以促进知识运用经验的增长。

校本实践具体操作：包括运用如信息技术、网络媒介技术等多种学习方式的整合以及艺术、技术手段的辅助运用，促进学生思维技能的迁移，帮助学生思维技能方法在不同场景间的应用转化，以促成跨越学科广义的思维方法迁移运用。

（三）应用教学策略提升思维品质的案例解析

案例一：历史学科课堂教学提升学生思维品质研究案例

1. 以思维导图为载体的思维教学，提升学生的认知力

案例：人教版必修二《明清农耕经济发展》复习

自主学习，系统整理

自学：学生先自学整理必修、选修中明清"农耕经济发展"的表现，再整理

明清"农耕经济受阻"的史实。

互学：学生展示自学成果，检视知识整理的完整性，相互交流整理心得。

转换视角，开发潜力

师：（教师在检视了学生学习成果后提出）"历史学习要以历史唯物史观为指导，按照生产力、生产关系的要素来整理史实，体现辩证的逻辑思维。"请同学们按照辩证逻辑生产力与生产关系原理来重新组合并以思维导图形式重构知识系统，学生们整理优化结果如图2.2.1。

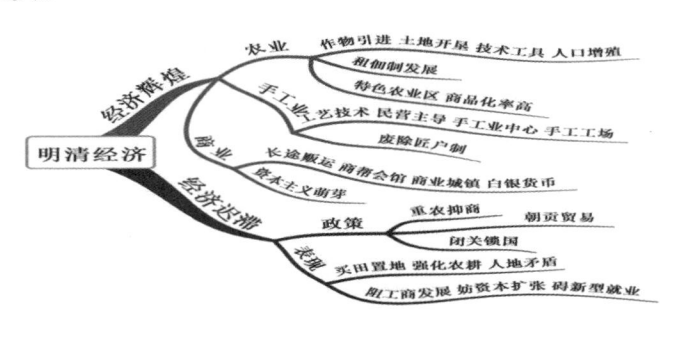

图 2.2.1　明清经济（1）

学生以辩证逻辑为指导，通过自学、展学和互学，借鉴别人的长处，利用思维逻辑，借助思维导图，合作重构认知。教学要求学生将左脑理性逻辑与右脑形象和创意思维有机结合，这种以逻辑为引领，以思维导图为外化形态的教学，坚持了"以知识生成和发展衍生为线索进行的教学活动，每一个思维节点对应知识的节点，都具有逻辑上的意义，这更符合人的认知规律，更利于学习者意义的理解，利于锻炼学生的思维力、联想力和创造力，对其综合性逆向思考应用，提升学习者的问题解决力。"[1]

2. 以逻辑关系为载体的思维教学，深化学生认知力

师：同学们能不能将整合的农业、手工业和商业经济发展的表现再提炼成几个关键词，并厘清它们之间的内在逻辑关联，重构"经济辉煌"和"经济迟滞"的内在逻辑关系。如农业与手工业及商业的关系，"经济迟滞"因素与经济辉煌的关系。

学生讨论，重新整理和系统化设计，公认最佳结构（详见图2.2.2）。

学生叙述结构图中内在逻辑关系如下：

---

[1] 朱学庆：《概念图的知识及其研究综述》，《上海教育科研》2002年第10期，第31-34页。

农工商三大产业关系：农业发展促进手工业拓展和商业扩张；手工业拓展推动商业扩张和反推农业进一步发

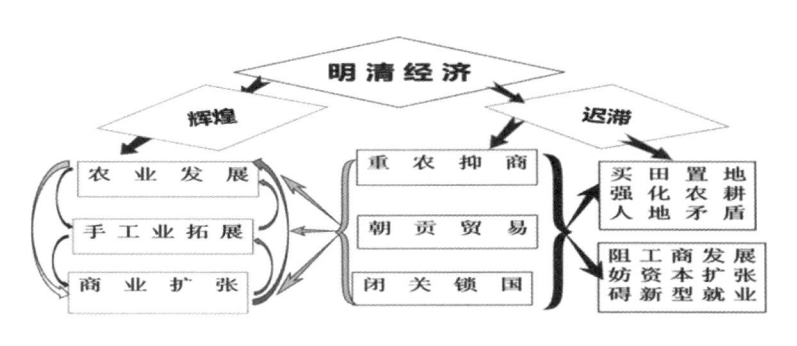

图2.2.2 明清经济（2）

展；商业扩张又进一步促进手工业拓展和农业升级。总之，中国古代经济以农业为基础，手工业和商业为补充，三者应当是相互关联、相互影响、互为促进的关系。明清消极的经济政策措施阻碍农业升级、手工业拓展和商业继续扩张，从而结束经济辉煌，转向"经济停滞"，妨碍商业资本扩张和经济转型。明清前期农工商三者之间在发展进程中本来已经形成了正向的良性循环，但国家的经济政策却人为地阻碍它的正常运行，人为造成经济走向恶性循环之路，使中国丧失了向近代经济社会转型的有利时机。

师：同学们能否利用这幅图，在唯物史观原理指导下，得出你的结论？

学生讨论整理展示优化，节选如下：

生产力进步和经济发展的惯性造就了传统经济的辉煌。国家权力的误用恶化了营商环境，构成了对新经济的打压，导致了经济发展的迟滞。推论一：明清生产关系严重阻碍了生产力发展，妨碍经济可持续发展和经济转型。推论二：传统封建制度已经成为社会发展的严重阻碍，传统社会走向没落。

反思：知识之间的关系是连贯的、系统的和与内在逻辑相关联的。教师教学引导的核心必须以揭示信息与信息、知识与知识之间的内在的、本质的逻辑关系为根本，从而构建由初始到纵向与横向、深度与高度间相互关联的知识逻辑结构网络。在教学中教师第一步是围绕核心知识，以思维导向为中心，通过诱导和追问的方式启发学生思考，让"思维"这根针，牵引知识之线，由表及里，由浅层到深度，由现象到本质及规律，编织思维、知识及情感耦合之网，让思维引导，让知识呈现层次性展开、立体性组建，形成以核心知识为主干，以相关知识为枝叶，环环相扣、前后联系、左右关联、上下联通，构建成具有逻辑性、系统性的知识和思维及技能共生系统。教师在教学中第二步是引导学生以逻辑为载体，运用辩证逻辑思维工具中的作用与反作用关系原理，使知识在时间上的连续性、延伸性和思维所涉及的信息在空间上的联系性、延展性得以有机结合。如商业扩张由国内延伸到国外，商业扩张的反作用传导到手工业并渗透到农业，借助时空，构建了相互关联、相互影响的可视化关系网络。在学习认知过程中知识的生成伴随着思维的延伸，思维的延伸又支持着新知识的生成，呈现动态交互、层级提升的态势，深化了学生的认知力，提升学生的思维能力。

3. 以情境转换为载体的思维教学，延展学生认知力

师：假设时光倒流动，你属于当时清王朝最高决策层的一员，依据你现有的知识水平，应当如何治理当时的中国经济？并说明理由。

学生独立思考，集体讨论结果梳理如下：

（1）找准问题，抓住关键

中国经济发展的新趋向应当是顺利实现由农耕经济转型为以工商业为主体的市场经济。导致经济迟滞，阻碍经济转型的因素众多，但最关键因素是国家力量误用的经济政策所致。

（2）遵循规律，调整政策

遵循生产关系要适应生产力发展，上层建筑要适应经济基础发展的客观规律，应废除重农抑商、朝贡贸易和闭关锁国政策，鼓励发展工商，对外开放，发展对外贸易，激活经济发展新动能。

（3）全面治理，协调发展

对外开放，大力发展工商，一方面拓展工商业，扩大就业，缓解人地紧张，缓和社会矛盾，促进农业结构调整升级，迈向专业化、区域化和商品市场化。另一方面，扩张国内外市场，拓展资本增值空间，逐步消除买田置地，促进手工工场发展，主动参与国际竞争，掌握国际贸易主动权。多管齐下，促进中国经济走出迟滞，实现经济全面转型，协调发展。

反思："创造性思维是在问题情境中对当前的信息和回忆的信息改造加工，揭示它们之间的内在联系，生成新的信息的高级反映过程，它是一种有创见性的思维活动。"[①]教学中应用了具身认知理论，情景虚拟再造方法，让学生回归"历史现场"，增强体验，使学生有了问题发现，找到了问题重点和解决问题的理论依据，有了解决问题的整体思考和实施方案并指向解决问题的最终目标，折射出学生的情感倾向和价值选择，培养了学生的创造性思维力，进一步延展了学生的认知力。

案例二：英语备课组应用整体化策略培养思维能力的实践研究

英语教研组聚焦整体化策略，探索通过单元内整合、单元间整合、跨学段整合等策略，整合教学内容，重新设计教学和实践活动，从而达到提升学生思维能力和品质的目的。

1. 跨学段整合教材使用

人教版英语教材有三册都涉及"人物"，分别是第一册五单元，曼德拉（自由平等），第四册一单元简·古道尔（动物保护学家）和林巧稚（妇幼专家，万婴之母），第四册二单元袁隆平（杂交水稻之父）、四模块三单元卓别林（幽默大师）和五模块二单元约翰·斯诺（打败霍乱的科学家）。这几个伟大人物在不同领域对国家甚至全人类作出了巨大的贡献，经过整体化构思，能从多个角度梳理出异同点，如主题方面：人物之间的共性，如善良、严谨、无私奉献、坚忍不拔等优秀品质和高尚品格。语篇特点方面：总分总的结构，典型事例选择，侧面描写，时间顺序，语言特点等。梳理后整体设计单元教学目标、课时目标。在课堂中帮助学生更加深刻、全面地理解伟大人物这一主题的内涵，学习描写人物的写作方法等。学生学习的知识呈现整体化、结构化的特点。在比较分析中提升学生的分析能力、比较能力、概括能力等，从而提升思维的深刻性、灵活性、创造性等。

[①] 刘寅仓：《学生的创造性思维及其培养》，《西北师大学报（社会科学版）》1990年第6期，第4页。

2. 跨学段整合拓展项目

教学中以整体化的策略指导，聚焦同一主题，开展综合性学习实践活动。例如：高一年级的健康生活大讲堂活动，是整合了人教版必修三第二单元 Healthy Eating（健康饮食）单元和选修六第三单元的 A Healthy Life（健康生活），围绕"健康"这一主题，把教材内容整合并拓展，包括了教材中的健康饮食、健康生活（不吸烟，加强锻炼），结合青少年现实中的健康生活方式如（作息规律，保证睡眠，不玩手机等），同时要求学生自主学习整理出他们关注的中西方传统节日美食及特点。活动包括自制宣传健康的海报（英文撰写）、写劝诫戒烟书信、撰写健康生活方式的英文诗歌、中西方传统节日美食宣讲赏析等主题明确、形式多样的活动。活动中的介绍宣传等有意识要求学生使用思维图示展示，在这个过程中，学生的思维的广度、深度、灵活度等都得到了锻炼和提升，甚至在其中尤其是文化冲突中，感受到了学生批判性接受能力的提升。

（四）提出课堂教学改进建议，构建思维发展型课堂

在教研组组本化研究基础上，学校进行跨学科统领，聚焦学科核心素养的共性价值"学生思维品质提升与促进"，尝试探索"思维发展型课堂"校本化实施的有效策略，并取得初步成果。

基于认知科学、学习科学、脑科学理论的学习，通过研究发现，对于思维发展型课堂，思维能力发展依托于丰富的问题情境，发生于潜在的认知冲突，依赖于思维技能的显性化，并在举一反三的变式运用中实现迁移。思维发展型课堂的四大核心要素为：问题情境、认知冲突、可视化策略、变式运用，在课堂实施过程中要以核心要素的凸显与全面落实为执行标准，匹配有效的课堂实施策略，充分实现思维发展型课堂的核心素养目标。

1. 思维发展型课堂的校本化表述

我们的思维发展型课堂是以师生思维能力、思维品质提升为目标，以"两基两高"为原则（基于情境、基于整体；高效互动、高阶思维），以知识学习为载体，依托丰富的问题情境、潜在的认知冲突、显性化的思维技能、层次性的迁移设计

四大要素的共同参与，通过与思维品质特征相对应的关键思维能力的有效训练，提升思维品质，增强学习力。在课堂中落实四个主要策略，初步构建了课堂实践的基本范式。

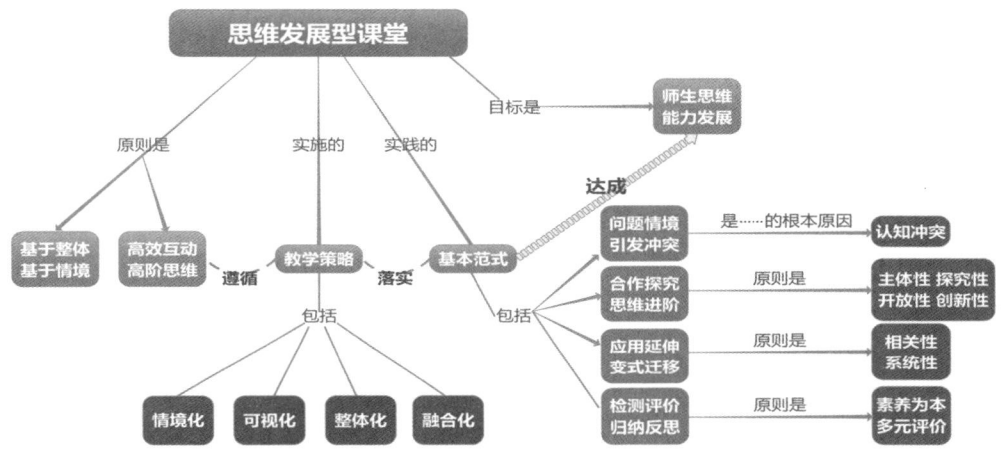

图 2.2.3 思维发展型课堂的基本架构

2. 思维发展型课堂的校本实施基本范式

第一阶段：问题情境的创设（强化认知冲突、整体化创设）。认知冲突是思维发展的根本原因。创设一个富含认知冲突的教学情境，从而引发学生深入思考。

第二阶段：合作探究、思维进阶。在知识相对碎片化的环节，要引导学生通过合作探究，并且学习运用思维可视化工具对碎片化知识进行有效梳理，生成"知识大图景"，深度思考明确具体知识在大图景中所处的位置、知识间的联系等，实现思维进阶。遵循主体性、开放性、探究性和创新性的原则。

第三阶段：应用延伸、变式迁移。迁移延伸是思维发展的基本状态。在需要学生深入分析的环节，适时引进思维策略工具作为思考的支架，举一反三，形成思维链。通过设计概念性变式或过程性变式实现学生对知识点的多角度理解和应用迁移。遵循相关性、系统性原则。

第四阶段：检测评价、归纳反思。遵循素养为本、多元评价的原则。这里谈到的范式不是模式，是希望不同学科可以据此结合学科特色，深入研究，希望百花齐放。

思维发展型课堂教学的关键是以知识为基础，以适当的载体为依托，以情景问题为诱引，以创设认知冲突和提供认知中介引导为方式，在对话沟通中重叠性交互耦合，触动新的思维，获取新经验、新知识和新方法，实现知识奠基思维、思维导航新知、创新知识与创新思维，创新能力与创新技能相互渗透，无缝整合，创造性地解决问题，以唤醒思维意识，训练思维技能，开发思维潜能，提升思维品质，加速认知的生成和认知力的提升。

3. 几点教学建议

第一，在日常教学中遵循学生学习的规律，以知识为学习载体，而不是目标。要把思维导学置于最重要、最核心的位置。

第二，尊重科学，应用学习科学知识指导教学，而不只凭直觉经验教学。学习思维的相关知识，熟知概念、判断、推理。了解形象思维、抽象思维、灵感思维、发散思维、聚合思维、递进思维、辩证思维、创新思维、转化思维等不同形式。

第三，要深入学习研究，掌握思维发展及其规律，在课堂上指导学生应用直接思维工具（思维图示、概念图、核心思维工具即三维分析法、因素分析法、可能分析法等）思考，结合学科知识开展融入式思维教学，拥有多元化的思维引导技能，给学生思维建设提供技术支架。

第四，训练与指导相结合发展思维。在教学中能得心应手地借助思维图示、逻辑关系、新式情境等各种载体来进行教学，科学地引导学生养成多角度、多层次、多方式发现问题、分析问题的能力，形成大胆想象、思维发散、思维链接、差异填充、断裂搭桥的习惯，创造性地解决问题的思维习惯和思维能力。

总之，思维发展型教学能使学生体验联系自然，逻辑严密，成果共享，思维共振，情感共鸣，使学生认知力在长期训练强化中得到质的提升，促进学生学习力的发展。

四、案例分析

1. 理论指导下的实践——高质高效

本项目的校本研修从开始就有明确的顶层设计。以 OBE 成果教育理论、成人学习理论等为指导，以终为始、反向设计。从理论学习研究入手，以读书分享、教研组和备课组集体研讨、展示等形式学习学科素养、思维品质培养理论、策略等，提升认知，转变理念。明确课堂建设"两基两高"的总原则，在各种教学理论、思维训练培养理论指导下，构建基本课堂范式，以组本化方式研究，实践与理论对接，回归现场学习，在实践中发现问题、解决问题，取得出色研修成果。

2. 提供学习支架，助力深度研修

为提升研修活动效率、效果，引入双环学习理论、引入组织学习工具，应用三维分析法、因素分析法等核心思维工具，强化在非专家参与的情境下的自我研修、团队合作中的分享交流。实现无目的学习向问题导向学习转变；学习从认知、态度到行动的转变；学习从胜任工作到创造价值的转变。

3. 融合教研、科研，变工作思维为研究思维

我校研修理念是引导教师变"工作思维"为"研究思维"，在日常工作状态下生成研究，在科研探究状态下精进工作，最终以研修促进教师专业的自觉与成长。开展项目研究，以项目驱动聚拢团队、聚集智慧，形成基本的项目研究模式。

同时，我们梳理、提炼了一套流程，即"问题诊断—课例带动—形成范式—策略积累—模型提炼—理论提升"，按照这样的流程，指导教师深度参与。

4. 熏陶渐染涵养教师学习共同体文化

多年研究实践的积淀，促进形成了教师学习共同体、学校的"三YAN"文化。即："研"，指师生聚焦教育教学中的真实问题，对课堂上生成、生活中衍生的实际问题进行探究，并梳理出规范、有序的流程，变工作思维为研究思维，研究真问题、真研究问题。以2021年为例，"十四五"开局之年，我校就申报了26个区级课题，仅一个暑期，我校学生就开展了7个项目式课题。"严"，即研修工作开展，严格、规范、有序。在学校建构的项目研究模式、基本范式的指导下，无不以严谨的科研态度、严格的管理制度，稳步开展。"言"，首先指师生能将、善将自己的研究过程、研究成果说出来、表达出来、输出出来。其次，能将、善将研究过程中的启发、收获、感悟撰写成文，写就出来。如我校语文教研组在张建玲组长的带动下，业已形成"一课一文"的组内氛围，有力地促进广大教师理论水平、专业能力的提升；此外，就学生而言，以我校一次性提交的共计99项的北京市科学建议奖为例，不仅直接提升了学生核心素养、落实学生核心知识，而且对学

生价值观的塑造、家国情怀的培育产生了持续性影响。目前各个教研组均已形成具有学科特色的研修文化。在教师发展层面，我们正努力探索除职务擢升、职称晋级之外的第三条道路，即依托学术启导、专业话语的自我实现之路，教师的专业自觉逐渐形成。

5. 个体学习与组织学习高效互动、完美转化

在项目研修中，从教师个体学习出发，加之组织学习的各种策略介入，例如推动双环学习、行动学习等方式，让个体学习融入组织学习。强化个体学习的目标与组织学习目标的契合，促进了学习成果转化为教学实践，尤其是组织学习激发教师学习的积极性、持久性，有力支撑了研修成果的固化。

综上，教师把校本研修与自身的专业成长关联起来，在教师专业化发展中，提升自身教学水平，提高学生学习质量，将问题融入研究过程中，边实践边反思边研究，收到实效。迭代升级的教师专业研修其实也是学校教师开展校本化研究的一个过程，从借助外力来探索一个新的教与学方式，到开始培养学校自己的研究团队，发展到全员式参与的研修反思，让跨学科的项目式学习从一个陌生遥远的新生事物，变成教师们的日常家常，更让学校教师的课程领导力得到充分的成长与释放。

案例（二）

提升教师地理学科能力的校本研修实践案例

褚春霞

一、案例背景

自新课程实施以来，地理高考越来越注重对学生能力的考查。《国家中长期教育改革和发展规划纲要（2010—2020年）》在战略目标和战略主题中明确提出"坚持能力为重。优化知识结构，丰富社会实践，强化能力培养。着力提高学生的学习能力、实践能力、创新能力。"尤其是在2019年12月发布的《中国高考评价体系》中，强调了对"关键能力"的落实，而基于地理学科能力评价和指向的地理课堂教学是促进学生能力发展的重要途径。

二、案例描述

高中地理课程是一门基础性课程，教材中涉及的知识较为广泛，地理原理、地理过程和地理规律多，对学生的学习能力要求很高。通过分析我校 2020、2021 年高考成绩，发现学生对新高考的变化适应力不是很强，尤其是在图文信息获取与整合、地理现象判断与解释、阐释与运用等能力方面都低于市平均水平，这就要求教师在日常的教学过程中着重培养自身及学生的学科能力。所以"学生能力提升"成为我校地理教学研究的重要任务。

此外，为督促教研组教师的自我学习、合作学习，打造一支同伴互助、学习共进、共同发展的教研队伍，我组以"地理学科能力提升"为教研主题，通过"从实际需求出发，分层辐射引领教研""从实践研究出发，闭环管理落实教研"两种途径，开展校本教研的研修活动。

三、案例实施

（一）多方学习　骨干先行

骨干教师、教备组长是一个教研组的核心力量，也是教研组研究学习的先头部队。了解了我校地理学科高考教学中能力所存在的欠缺后，我们主要采用研读文献、专家讲座、网络微课三种方式进行学习。

首先我们就《基于学生核心素养的地理学科能力研究》[①]一书及《高考评价体系系列丛书》进行学习研讨，将新高考改革中强调"学习能力、实践能力、创新能力"与从学科素养角度划分的学习理解能力、应用实践能力、迁移创新能力相结合，并对高中地理教学中所涉及的内容进行解构（见表 2.2.1）。

[①] 王民、高翠微、杨洁、蔚东英：《基于学生核心素养的地理学科能力研究》，北京师范大学出版社，2018，第 20 页。

表 2.2.1 地理学科能力二级能力要素的界定[1]

学习理解能力 A	A1 观察和记忆	掌握地理基础知识；了解家乡、中国和世界的地理概貌；了解人类所面临的人口、资源、环境和发展等重大问题；了解人类与环境的相互关系；能够理解简单的地理概念；识别常见的地理符号和工具（如天气符号）
	A2 比较和联想	能够比较异同点；能够理解一个地理概念和相关概念之间的关系；能够认识人口、经济和文化发展的区域差异
	A3 概括和归纳	说明某地理事物的地理意义；概括某地理要素的分布规律，概括某地理事物的特点；能够概括某地理事物的影响因素，能够归纳地理要素之间的相互影响
应用实践能力 B	B1 解释和实践	学生能够用目标知识去解释其他知识和原理；能够运用目标知识解释实际的生活现象
	B2 计算和技能	能够掌握简单的地理观测、地理实验、地理调查等技能；能够掌握获取地理信息并利用文字、图像等形式表达地理信息的基本技能
	B3 综合和推论	能够运用已获得的地理基本概念和地理基本原理，对地理事物和现象进行分析，做出判断
迁移创新能力 C	C1 迁移和探究	学生能迁移（跨区域迁移）、跨场景（从熟悉场景到不熟悉场景）的使用地理知识，解决地理问题
	C2 区域判断和定位	通过自然景观、人文景观、地图、遥感图片等其他材料进行区域判断和定位
	C3 评价规划	地理评价、从人地关系角度进行多角度评价、规划制定地理规划

通过学习，我组骨干教师和教备组长一致认为，当下高考正处在从能力考查逐步向素养考查的过渡阶段，主要表现为在新情境、新问题的背景下考查学生运用知识、技能解决问题的能力，尤其是迁移探究能力。越来越重视思维能力的考查，我们原来所重视的获取解决信息能力、描述阐释能力的培养，远远不能适应当下高考改革的发展。在今后的教学中不仅要进一步落实学习理解能力、应用实践能力，更要着重发展学生的迁移创新能力。那么如何让这些能力落地，让教师在课堂中通过有效的教学手段促进学生能力发展，就是我们教研活动的重点内容。

接下来，我们聘请专家对我区、我校高考数据进行分析，明确学生在高考中所暴露的能力欠缺点，并提出教学建议。专家强调，在今后的教学中要培养学生利用地理图像提取信息的能力，尤其是解读地理事物相互关系的能力，提升学生地图素养和综合思维水平。通过创设真实情境和加强地理实践活动，提升学生地理学习的体验，培养学生观察地理事物、发现问题的能力，以及运用相关地理知识、地理思想和方法解决实际问题的能力。

除聘请专家现场培训以外，我们还利用网络搜集了由东北师范大学袁孝亭教授团队主持的《地理学科特质的关键能力及培养》系列讲座。骨干教师、教备组长利用空闲时间自己学习领悟，并将所学知识融入实际教学之中。

（二）学习实践　骨干辐射

1. 骨干讲堂，传授学习经验

在学习的基础上，骨干教师结合自己的学习体会，利用"骨干讲堂"，就某一方面进行宣讲，探索学科能力的培养方法及教学策略。

例如，笔者作为区级学科带头人，首先就"地理高考核心素养中的四层"进行解读，并借助典型例题进行分析，说明对能力的要求，以及课堂实施策略。并提出在撰写教学设计时，教学目标、设计意图中明确对能力的要求，在学案、练习中标注关键能力，引起教师、学生重视。

再如，区青年骨干教师安老师，结合自己学习感受以及主持的市级青蓝课题《基于提升高中生图文信息获取和解读能力培养区域认知素养的实践研究》，重点就在阅读中提高学生图文信息获取和解读能力的方法、手段进行宣讲介绍。安老师强调地理学科阅读是一种教学方法，旨在将阅读技能与地理学科知识有机地结合起来，以促进学生对地理概念、原理和现象的深入理解，培养学生的阅读理解能力、分析能力以及对地理知识的应用能力，更注重培养学生的思考能力、批判性思维和解决问题的能力。

2. 骨干实践，探索教学策略

在学习的基础上，由骨干教师上研究课、展示课，将所学习领悟的内容与实际教学相结合，探索在教学过程中对学生能力培养的主要策略。

在课堂展示过程中，组内教师全员听课，并记录课堂感受，我们初步总结出以下提升地理学科能力的策略：

（1）以地理概念、规律、原理作为教学重点，绘制基本地理图像、原理，规范答题语言和方法，有助于提升学生学习理解能力。

（2）以地理事实作为教学情境，采用问题导学的方式加强对情境的探究，有助于学生参与学习过程，并提升运用已有知识解决实际问题的能力。

（3）以图文资料作为教学载体，明确资料中的关键地理信息，有助于学生从图文中获取与解读有效信息，提升归纳概括、观察记忆等能力。

（4）以思维图示作为教学手段，运用图示梳理分析过程，有助于学生构建知识联系，提升综合推论、迁移探究等能力。

（三）辐射带动　青年尝试

1. 全员探究，确定教学模式

在全员讨论的基础上，我们又分年级进行探讨，构建不同年级、不同课型的提升学科能力的教学模式。

从不同年级来看：

（1）基础年级

教师层面：首先，要明确能力要求，在集体备课过程中有落实关键能力的意识，同时在教案中有标注，养成对关键能力的重视；其次，在教学过程中要设计有梯度的问题，利用问题导学等方式培养学生的关键能力，尤其是学习理解能力和应用实践能力；最后，加强情境研究，结合热点情境、生活情境、高考情境等，在情境中落实关键能力。

学生层面：在学案、练习中标注能力要求，让学生形成对能力的重视；利用问题导学，让学生有文字表达、语言表达的机会。

（2）高三年级

除与基础年级要求相同外，在二、三轮复习中，利用思维导图、概念图等，构建单元知识结构，提升迁移创新能力。

从不同课型来看，我们初步设计了三种课型的教学流程。

新授课：案例分析→小组汇报→概括归纳→迁移应用→完善思路

实践课：任务设计→实践活动→论证探讨→归纳概括→迁移应用→完善思路

复习课：案例分析→问题引导→解决问题→构建思路（知识、能力）→迁移应用（新情境）

2. 青年尝试，开展闭环教研

确定好本组的授课模式后，由组内青年教师尝试操作，验证模式的可行性，找出存在问题，并提出改进建议，进行不断修改完善。

组内青年教师利用研讨的教学策略和教学模式，结合各年级的学生情况和教学内容，自主确定授课主题，在备课组长的带领下进行反复的磨课。依据"上课—评课—上课—反思"的闭环管理，对所确定的教学策略和教学模式进行修正完善。

例如，在学科阅读方面，对于知识性阅读，要重视圈画关键信息、解读图例，明确考查的概念、原理、规律，进而落实学习理解能力；对于情境性阅读，要注意将生活、学术语言转化为学科语言，将关键信息解读为教材知识、概念（即还原知识文本）并建立联系，调用地理术语，进行描述阐释，解决问题，进而提升应用实践能力；对于拓展性阅读，要联系学科知识进行分析，输出理解内容，进而落实迁移创新能力。

又如，利用问题导学的教学方式中，教师引导学生运用地理的思维方式，构建与"问题"相关的知识结构，并能由表及里、层次清晰地分析问题，合理表达自己的观点。通过设定实际情境以及相关"问题链"使教学内容的结构化与关联性更加突出，更利于激发学生学习和探究的兴趣，创造性地解决问题。在"问题链"的解决过程中，学生的学习理解、应用实践等能力不断提升。

通过组内不断地研讨、修正，我们一致认为合理的情境创设、科学的问题导学、准确的思维工具运用等，都是提高学生学科能力的有效手段。

（四）全组推广　夯实成果

经过多轮的实践探索，我们最终形成具有本组特色的学科能力培养方式。

例如，在学案、练习中强化能力要求；在教案中明确能力要求以及达成情况；对高三期中、期末、模拟、等级考等题目进行分析，确定题目的能力要求及本校得分率，并有针对性地指导在下一阶段进行改进。

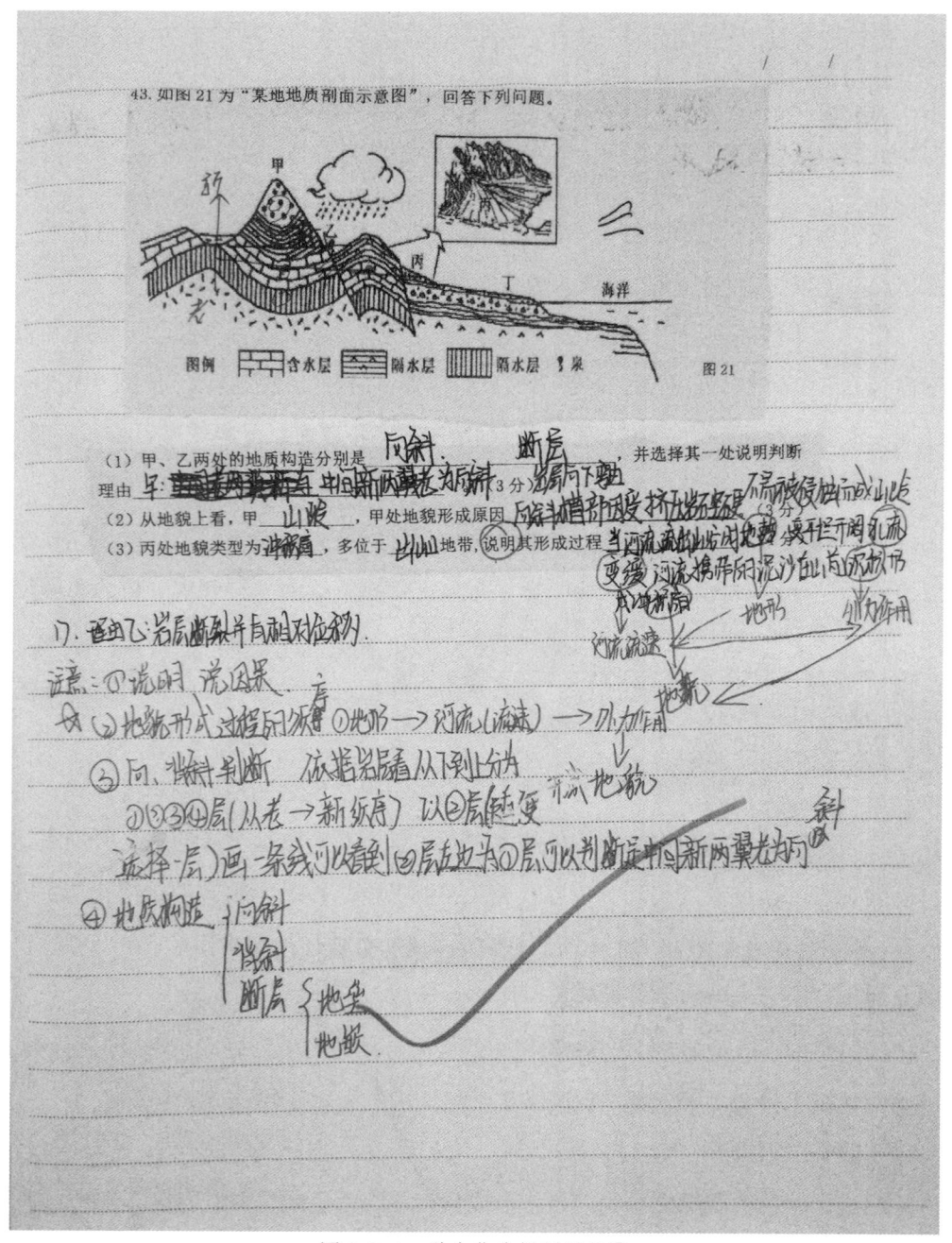

43. 如图21为"某地地质剖面示意图"，回答下列问题。

(1) 甲、乙两处的地质构造分别是 向斜 、 断层 ，并选择其一处说明判断理由：甲：岩层中间新两翼老 3分 岩层向下弯
(2) 从地貌上看，甲 山岭 ，甲处地貌形成原因 向斜槽部受挤压岩石坚硬 （3分）不易被侵蚀成山岭
(3) 丙处地貌类型为 冲积扇 ，多位于 山口 地带，说明其形成过程 当河流流出山口地势变开阔流更缓 河流携带的泥沙沉积成冲积扇

图2.2.4 学生作业样例展示①

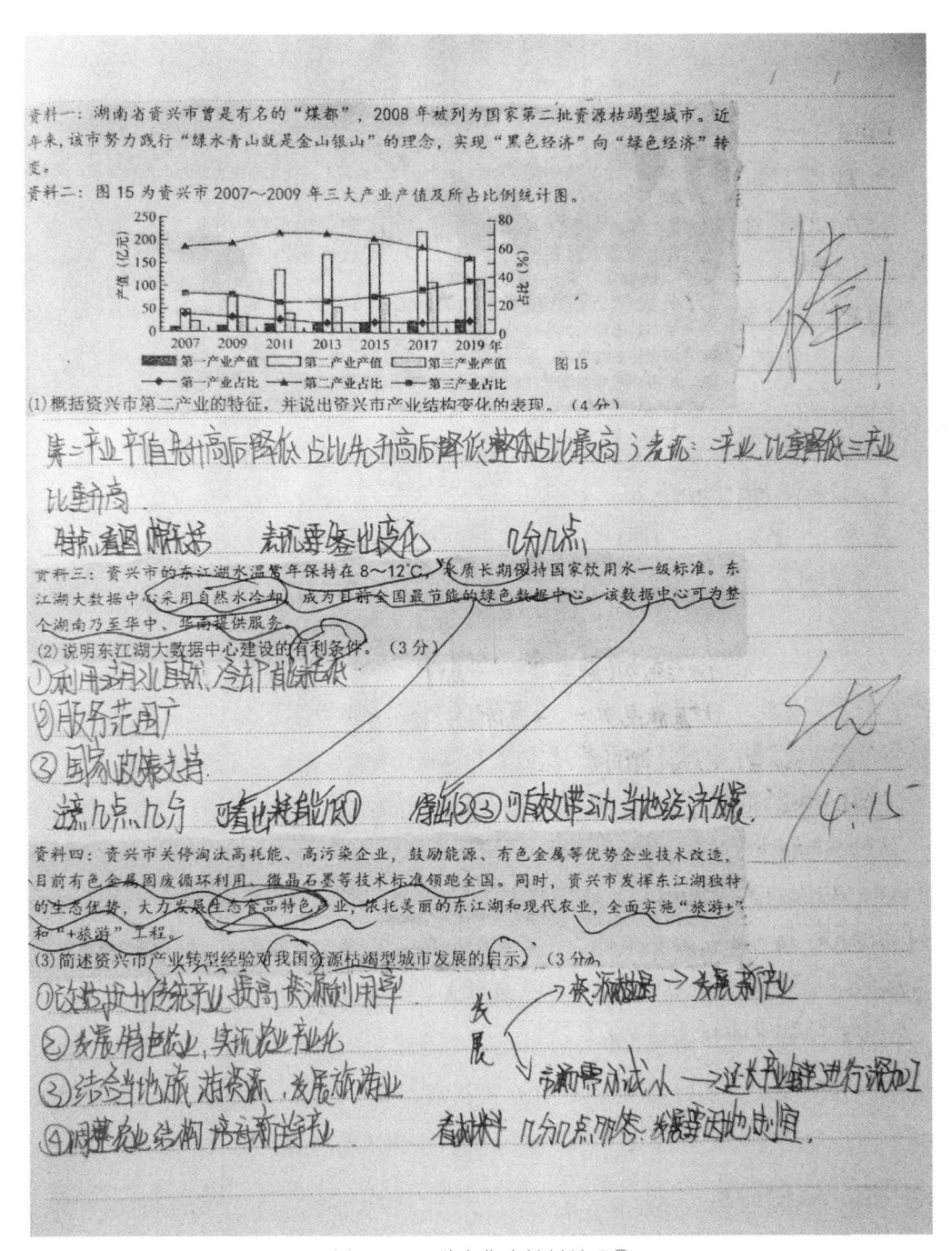

资料一：湖南省资兴市曾是有名的"煤都"，2008年被列为国家第二批资源枯竭型城市。近年来，该市努力践行"绿水青山就是金山银山"的理念，实现"黑色经济"向"绿色经济"转变。

资料二：图15为资兴市2007~2009年三大产业产值及所占比例统计图。

（1）概括资兴市第二产业的特征，并说出资兴市产业结构变化的表现。（4分）

第二产业产值先升高后降低，占比先升高后降低，整体占比最高。表现：一产业比重降低，三产业比重升高。

资料三：资兴市的东江湖水温常年保持在8~12℃，水质长期保持国家饮用水一级标准。东江湖大数据中心采用自然水冷却，成为目前全国最节能的绿色数据中心。该数据中心可为整个湖南乃至华中、华南提供服务。

（2）说明东江湖大数据中心建设的有利条件。（3分）

① 利用湖水冷却，节能环保
② 服务范围广
③ 国家政策支持

资料四：资兴市关停淘汰高耗能、高污染企业，鼓励能源、有色金属等优势企业技术改造，目前有色金属固废循环利用、微晶石墨等技术标准领跑全国。同时，资兴市发挥东江湖独特的生态优势，大力发展生态食品特色产业，依托美丽的东江湖和现代农业，全面实施"旅游+"和"+旅游"工程。

（3）简述资兴市产业转型经验对我国资源枯竭型城市发展的启示。（3分）

① 改造升级传统产业，提高资源利用率
② 发展特色农业，实现产业化
③ 结合当地旅游资源，发展旅游业
④ 调整产业结构，培育新兴产业

图 2.2.5　学生作业样例展示②

表 2.2.2　（地理）学科海淀期末试题能力模块

（地理）学科海淀期末试题能力模块得分情况统计									
		A1 观察和记忆	A2 比较和联想	A3 概括和归纳	B1 解释和实践	B2 计算和技能	B3 综合和推论	C1 迁移和探究	C2 区域判断和定位	C3 评价规划
海淀期末	能力名称及题号	5	12	2、3、18（1）	1、4、10、14、16（1）（2）（1）（2）、18（2）、19（1）（2）、20（1）（2）	7、8、14、15、17（1）（2）	6、8、9、10、11、13、16（3）、18（1）、19（3）（3）、20（3）	19（3）	5、12	19（3）
	小题分别得分	2.64	2.01	2.94、2.69、1.83	2.27、2.59、0.9、1.57、1.42、2.47、	2.84、1.38、1.57、2.48、1.78、2.49	2.83、1.38、2.44、0.9、2.94、2.11、	1.85	2.64、2.01	1.85
	该能力各题实际得分	2.64	2.01	7.46	21.37	12.54	22.18	1.85	4.65	1.85
	该能力各题试卷总分	3	3	11	44	21	37	3	6	3
	该能力得分率	88.00%	67.00%	67.82%	48.57%	59.71%	59.95%	61.67%	77.50%	61.67%

注：表中已有数据请勿删减；"该能力得分率"请设置为百分比模式

历次统计		A1 观察和记忆	A2 比较和联想	A3 概括和归纳	B1 解释和实践	B2 计算和技能	B3 综合和推论	C1 迁移和探究	C2 区域判断和定位	C3 评价规划
	海淀二模	66.00%	67.67%	62.17%	54.53%	41.42%	80.27%	50.82%	54.26%	45.25%
	海淀一模	31.59%	61.50%	56.35%	87.52%	57.87%	48%	43.15%	54%	25.51%
	海淀期末	**98.66%**	**88.44%**	**66.83%**	**49.00%**	**66.10%**	**65%**	**无**	**90%**	**57.73%**
	海淀期中	68%	67.00%	67.82%	59.71%	59.95%	61.67%	77.50%	61.67%	
	平均	65.42%	72.54%	61.78%	63.68%	55.13%	64.56%	46.98%	66.14%	42.83%

各位教师在课堂教学中，重视培养学生学科能力的方法和习惯，强化对图文材料的阅读、对分析过程的表达，利用思维工具的归纳整理。学生在学习过程中利用思维图示进行归纳整理、分析问题，并能够积极主动参与课堂的绘图、表达、评价等环节，学生各项学科能力在不断提升。

四、案例成效

通过教研组教师的学习研究，并尝试实践，学生的学习能力在不断提升。2022 年至 2024 年，我校基础年级在期末考试中，总有一些班级的平均分名列区级前茅，合格考通过率几乎都为 100%。高三年级的教学成绩在应有位置，并不断缩小与一类校的差距。同时，有个别教师平均分位于区内前列。学生在学习能力提高的同时，参与创新大赛、科学建议奖等活动获奖比例也在不断提高，近三年学生各种获奖达 50 项。教师专业水平提高，骨干级别不断提升，新的骨干教师不断涌现，各种获奖达 98 项，教师专业自豪感不断增强。

五、案例分析

通过对"地理学科能力提升"的校本研修，我们确定了"从实际需求出发，分层辐射引领教研""从实践研究出发，闭环管理落实教研"两种研修路径。

在研修过程中，以地理教学中存在的问题为切入点，由以骨干教师为代表的个人先进行有目的的学习，可以促进教师在自己教学实践中进行深入思考，加深对"学科能力培养"的深刻认识，同时反思教学实践中存在的问题，并结合所学理论，制定行之有效的解决措施，进而促进专业成长。在骨干教师的带领下，年轻教师有学习目标、学习榜样、学习模式，加之自身具备较高的学习领悟能力，其专业知识和专业能力提升迅速。

教师个人的学习研究及组内的团队合作、质疑反思，以改进教学实际、解决教学中的问题为目的，促进了整个地理教研组团队的共研共进。我们通过"发现问题—学习探索—实践研究—反思提升"的校本教研方式，推动了教师的专业成长和专业发展，为教师提供了一条有效的职业发展路径。

案例（三）

提升教师科学教育能力的校本研修案例

曹丽娜

一、案例背景

党的二十大报告强调，必须坚持科技是第一生产力、人才是第一资源、创新是第一动力。具有创新能力是当代中国对新一代青年所提出的基本要求。

生物学是自然科学中的一门基础学科，生物是研究生命现象和生命活动规律的科学。生物学不仅是一个结论丰富的知识体系，也包括人类认识自然现象和规律的一些特有的思维方式和探究过程。生物学教育的宗旨是培养全体学生的生物科学素养。

刘恩山教授指出，科学教育以两个方面的认识为基石：一方面是对儿童的特点和他们的学习规律的认识，另一方面是对科学的性质、特点和科学思维方法的认识。从这个意义上说，科学本质观是科学教育（包括生物学科教育）的基础之一。

《普通高中生物学课程标准（2017年版）》明确提出"教学过程重实践"的基本理念，强调让学生积极参与动手和动脑的活动，加深对生物学概念的理解，提升运用知识的能力，能用知识探讨或解决现实生活中的某些问题。从生物学科教学的维度，教师在日常的教学中渗透建构主义的科学本质教育，让学生理解科学的本质，有助于学生更深刻地理解和运用科学知识，有助于学生更合理地掌握和运用科学方法，有助于学生实现学习方式转变，有助于培养学生的科学情感和科学精神。

二、案例描述

科学素养日益得到重视，在《普通高中生物学科课程标准》中也明确提出倡导探究性学习、注重与实际生活的联系等课程理念。但在高考压力下，很多教师和学校的科学教育流于形式，缺乏实效性。到底如何在高中落实科学教育？如何借助教研组的力量推广科学教育？

我们进行了思考和尝试。经过研究，我们发现多样化的科学教育活动有助于学生更好地形成科学素养，且将科学教育渗透生物教学，通过创设情境，引导学生提出问题并设计创新性方法解决问题，有利于他们创新能力的培养，进而落实立德树人。

（一）环节一：汇聚集体智慧，设计多样化的科学教育活动

利用教研组活动，汇聚集体智慧，设计多样化的科学教育活动、教研组活动一直以来都是教师专业发展的重要平台，通过开展丰富多样的教研活动，不仅可以提升教师的教育教学水平，还能激发学生的学习兴趣，培养他们的创新能力。

首先，任务先行。每学期期末，布置相关任务，各位教师利用假期进行独立学习和思考。

其次，集思广益。在学期初的教研组会上，大家集思广益，对本学期的科学教育活动进行规划。教研组会充分考虑学生的实际情况、教学目标以及课程内容，确保科学教育活动的针对性和实用性。经讨论和分析后，将科学教育活动划分为不同的主题和模块，以便于学生系统地学习和掌握科学知识。针对每个主题和模块制订详细的教学计划，包括教学方法、教学资源、课堂活动以及评价方式等。为了提高教学效果，教研组会积极引入先进的教学理念和教学技术，如信息技术、项目式学习等，使学生在课堂中感受到科学的魅力。

最后，相辅相成。教研组还会定期组织丰富多彩的年级或校级科学教育活

动,如科普讲座、实验演示、科技竞赛、学生讲堂、科技嘉年华等,以拓宽学生的知识视野,提高他们的科学素养。这些活动不仅有助于激发学生对科学的热爱,还能培养他们的科学思维和批判精神。

(二)环节二:以研促教,加深理念学习与实践

在当今时代,科技发展日新月异,知识更新迅速,教育教学改革也势在必行。为了更好地适应这一变革,我们坚持以研促教,不断深化教育理念的学习和实践。在此背景下,我们积极申报并参与了多个课题研究,以推动科学教育的普及与发展。

首先,我们以教研组为单位申报了校级课题《关于生物学科核心素养提升的实践活动课程设计与实施的研究》。在这个课题中,我们深入探讨了如何通过实践活动课程的设计与实施,提升学生生物学科核心素养,从而提高教育教学质量。在研究过程中,我们不断学习新知识,总结经验,为课程改革提供了有力支持。

其次,我们参与了市级课题《生态文明视角下基于密云湿地公园的跨学科实践活动研究》,该课题从生态文明的角度出发,利用密云湿地公园的资源优势,开展跨学科实践科学教育活动,以提高学生的环保意识和生态文明素养、科学素养。还参与了区级课题《融入生态文明教育的跨学科活动课程的开发与实施研究》,该课题的研究,使我们更加明确了以科学教育活动为平台的跨学科教学的优势和意义。

(三)环节三:注重传承与发展,构建生命科学课程体系

立足如何"教"才能更适合学生"学"的目标,对国家生物课程进行解析,并构建具有我校特色的生物科学课程体系。该体系包含国家必修课程、国家选修课程、校本选修课程和校本实践课程。

第一阶段,鼓励教师个人发展。通过教研组活动,我们对国家课程进行解析,由擅长不同领域的教师牵头开设校本选修课。

第二阶段,号召个人带动群体。以选修课跟踪听课、选修课助教等方式提升教师的课程开设和实施能力,让不同的教师可以胜任不同的校本选修的开课。随着校本选修课经验的积累,我们本着传承与发展的理念,开设了生命的力量系统

校本选修课，并对校本选修课进行固化，校本选修课的授课教师会随着教师所教授年级而改变，但课程保持不变的。

第三阶段：循环与创新。在校本课程的循环过程中，不断地推陈出新，逐渐完善课题体系。例如，随着学生能力的提升和教师经验的积累，单纯的校内校本选修课慢慢无法满足教师和学生的需求，于是，我们开始走出校园，进行校本实践课程的研究。在校本实践课程中，我们开设了以学生为主体，以问题为导向，以创新为引领，以多学科知识为支撑，以保护家乡绿水青山为切入点，以项目式学习、课题式探究为主要方式的多元融合型"绿水青山"校本课程。随着学生提出问题的指向，不断地拓展出更多的主题研究的项目，我们围绕密云优异的环境条件，开展跨学科融合课程研究，逐渐形成具有我校特色生命课程体系。

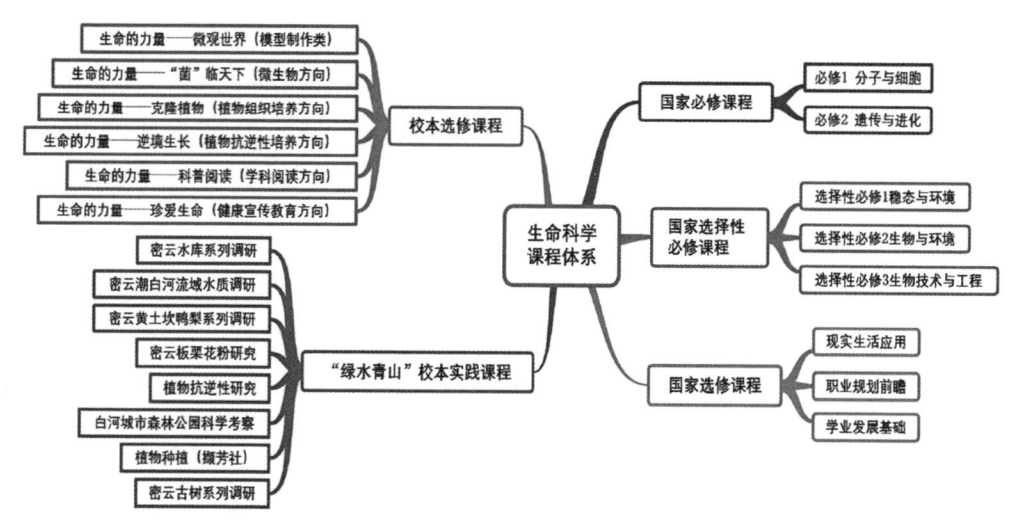

图 2.2.6 生命科学课程体系

（四）环节四：全员相互学习，借助科学教育提升师生科学素养

在教育领域，生物教师团队始终致力于为学生提供更加全面、深入的学习体验，让他们在探究活动中收获知识与技能，同时也培养他们的社会责任感和创新精神。为了实现这一目标，全体生物教师都积极承担起辅导学生课外课题研究的任务，并制定了一套系统的教学模式。通过不间断的培训引导每位教师掌握辅导学生课题研究及参加各类比赛的条件和要求。

①利用骨干教师讲堂，给其他教师进行经验分析。通过骨干讲堂，启迪教师多渠道地引导学生提出问题。号召教师引导学生关注生活和社会现象，培养他们用科学研究的眼光发现问题、提出问题。学生在广阔的生活实践场域中寻找问题，然后带着问题进入课堂，从教材和教师提供的资源中学习、获取解决问题所需的学科必备知识。

②号召教师录制微课，不断积累素材。例如，怎么用知网查阅文献、怎么确立课题、怎么运用软件处理数据、撰写论文的一般格式、答辩PPT的制作方法等。教师根据课题活动开展的需求录制相关微课，然后指导学生通过教师提供的课程资源进行自主学习，以及运用中国知网进行信息检索，获取解决问题所需的必备知识和技能。这一环节激活了学生的内驱力，实现从被动学习向主动学习的转变。

③引导学生依据实践活动的成果和活动中的感受，提出保护和建设家乡的科学建议或提案。这样既能潜移默化地增强学生爱祖国、爱家乡的社会责任感，也能让他们用具体行动代替传统价值认同。在这个过程中，我们每一个生物教师都承担着课题导师的职责，发挥引导、辅导作用。

为了确保每一位教师都能胜任课题辅导工作，我们会在每次活动的开展前，对组内教师进行理论辅导，然后采用一带二的形式，每三个教师为一组，利用教研组活动定期对教师进行跟踪辅导。每次活动后，由获奖老师进行经验分享，不断地优化辅导学生的各个环节。这样一来，教师们在不断提高自身教育教学水平的同时，也能为学生提供更优质的教学资源和服务。

三、案例成果

1. 教师成果辅导学生成果丰硕

帮助学生通过质疑、思考、实验、创新的学习过程，获得知识和培养能力，培养学生的实验探究能力和创新思维。辅导学生进行课题研究，撰写论文参加比赛获得市级奖项300多项。组内教师每年多次获得市级优秀辅导教师称号。

2. 教师论文撰写水平提升

教师们在辅导学生撰写论文的过程中，积累了大量经验，并不断吸收新知识，提升自己的能力。组内交流对教师论文撰写能力的提升起到了重要作用，通过分享和讨论，教师们完善自己的知识体系，注重论文与教学实践的结合，论文撰写能力得到了显著提升。近5年里，论文发表9篇，各类获奖52篇，主编出版教辅材料6本。

3. 教师课程设计和实践活动设计能力增强

随着实践活动的经验积累，教师的实践活动设计能力不断地提升。其中，实践活动在北京市青少年创新大赛第39届、第40届、第42届、第43届均获得一等奖，在第34届全国青少年科技创新大赛获得国家级一等奖。此外随着对课程的理解的加深，教师的课程设计能力也在不断地提升，在各类课例评比中屡获佳绩。2020年至2024年，生物教研组共做区级及以上教材分析讲座73次，各级各类课例118节。

"研"途走来经历了风风雨雨，但也收获了无数的精彩。成绩的取得离不开我们持之以恒的教研组活动。

四、案例分析

1. 个人学习与集体研讨相辅相成

在每个项目开展的过程中，都是遵循先进行个人学习，再进行集体研讨，最后再进行个性化实践的路径开展的。例如，在设计多样化的科学教育活动时，我们教研组采用"任务先行—集思广益—相辅相成"的形式先调到组内教师自己学习和思考，然后，再汇聚集体的智慧共同研究和讨论，进行团队学习，最后把结合研讨的结果，由教师进行个性化实施或教研组进行整体规划实施。

2. 做有"文化"的教研组，注重传承与发展

独木难成林，一个教研组要想得到好的发展，必然需要借助集体的力量，注重传承与发展。例如，在构建生命科学课程体系时，我们鼓励教师个人发展，形成一些具有特色的校本选修课，然后号召个人带动群体。以选修课跟踪听课、选修课助教等方式提升教师的课程开设和实施能力，让不同的老师可以胜任不同的校本选修的开课。最后，在循环中，不断地创新，使课程变得更优，逐渐完善起来。

3. 理论学习与教学实践相结合，让教研成果落地

以教研组为单元申请各级别课题，以课题研究为核心指导本组内的教研活动，

以教研活动的效果来验证课题研究的成果，将理论与实践紧密相连。在这些课题研究的过程中，我们不仅加深了对教育理念的理解，还积累了丰富的实践经验。我们将以此为契机，继续以研促教，推动教育教学改革，为培养具有全面发展、生态文明素养、科学素养的新一代贡献力量。

案例（四）

提升教师课堂教学设计与实施能力研修案例

高中辉

一、案例背景

为贯彻落实全国教育大会、全国基础教育工作会议精神，深化教育教学改革，全面提高基础教育质量，教育部于2019年11月20日发布了《关于加强和改进新时代基础教育教研工作的意见》，就进一步加强和改进新时代基础教育教研工作提出了意见。

在总体要求中指出，教研工作要服务学校教育教学，引领课程教学改革，提高教育教学质量；服务教师专业成长，指导教师改进教学方式，提高教书育人能力；服务学生全面发展，深入研究学生学习和成长规律，提高学生综合素质；服务教育管理决策，加强基础教育理论、政策和实践研究，提高教育决策的科学化水平。

在完善教研工作体系中指出要强化校本教研。校本教研要立足学校实际，以实施新课程新教材、探索新方法新技术、提高教师专业能力为重点，着力增强教学设计的整体性、系统性，不断提高基于课程标准的教学水平。学校要健全校本教研制度，开展经常性教研活动，充分发挥教研组、备课组、年级组在研究学生学习、改进教学方法、优化作业设计、解决教学问题、指导家庭教育等方面的作用。

在深化教研工作改革中指出要加强关键环节研究，加强对课程、教学、作业和考试评价等育人关键环节研究。要创新教研工作方式，根据不同学科、不同学段、不同教师的实际情况，因地制宜采用区域教研、网络教研、综合教研、主题教研以及教学展示、现场指导、项目研究等多种方式，提升教研工作的针对性、有效性和吸引力、创造力。

二、案例描述

《关于加强和改进新时代基础教育教研工作的意见》中指出，校本教研要立足于学校实际。我校加入了思维联盟，将思维发展型课堂融入日常的课堂教学中，在正式进入课堂之前，学校对全体师进行了三个轮次为期半年的培训，通过与北师大的专家团队面对面的学习和内化，化学组教师初步了解了思维发展型课堂的理念，有了一定的理论基础，在课堂教学实践中边实践，边总结，对思维发展型课堂的教学设计与实施也有了一定的感悟，但教师对思维发展型课堂理解程度不同，能力水平参差不齐。学校通过听评课的观察，对教师和学生的问卷调查，汇总出思维发展型课堂教学设计与实施过程中的主要问题有：

第一，教学目标不明确，教师仍关注知识目标确定，不能将必备知识和关键能力进行很好的关联，对思维能力发展目标不清晰；

第二，在课堂教学设计中，教师不能恰当运用思维冲突的呈现与解决，培养学生的思维能力；

第三，在课堂教学实施中，教师和学生落实隐性思维显性化出现困难。

为解决上述问题，化学组开展了固定时间、固定地点、固定主题的一系列教研活动。在明确阶段任务后，将化学组教师分成多个小组，各小组及每位教师领取任务，在教研活动中展示自己的成果，教研组教师相互质疑和补充，教师再反思汇总形成成果，为全组所共用。

（一）第一阶段：通过组内研修，确定化学学科思维发展型课堂的教学目标

经过前期的学习、培训、教研以及实践过程，我们的教师已经基本掌握了高中化学必备知识体系，但是对关键能力的认识还不够深刻，在化学课堂教学设计中不能将必备知识和关键能力进行很好的关联。经过核心成员组研讨后，决定首先将教研活动主题定位为让关键能力在化学学科具体化，研究学科关键能力在不同知识主题下的具体表现，形成具有可操作性的评价指标体系，为思维发展型课堂的推进建立目标体系。

1. 确定化学学科思维发展型课堂教学目标的依据与方法（见图 2.2.7）

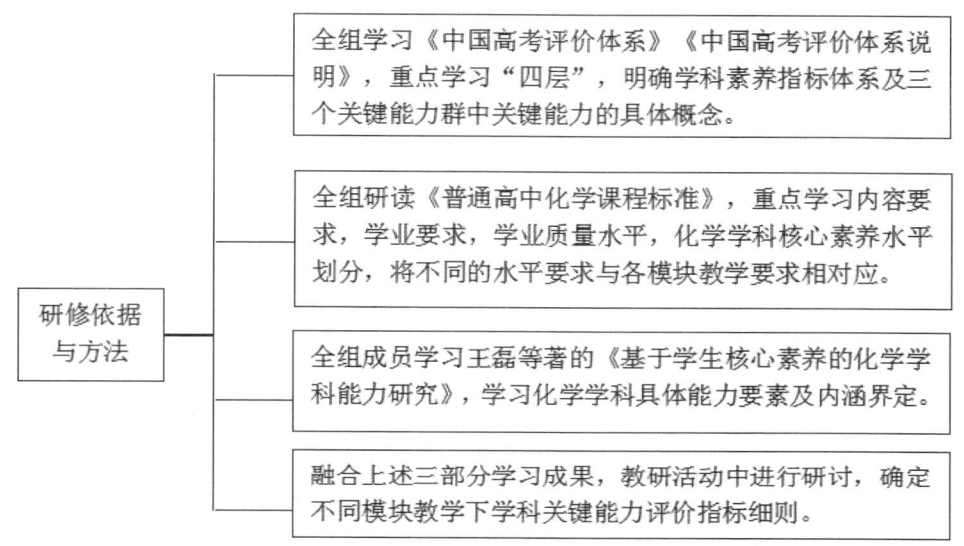

研修依据与方法：
- 全组学习《中国高考评价体系》《中国高考评价体系说明》，重点学习"四层"，明确学科素养指标体系及三个关键能力群中关键能力的具体概念。
- 全组研读《普通高中化学课程标准》，重点学习内容要求，学业要求，学业质量水平，化学学科核心素养水平划分，将不同的水平要求与各模块教学要求相对应。
- 全组成员学习王磊等著的《基于学生核心素养的化学学科能力研究》，学习化学学科具体能力要素及内涵界定。
- 融合上述三部分学习成果，教研活动中进行研讨，确定不同模块教学下学科关键能力评价指标细则。

图 2.2.7　确定化学学科思维发展型课堂教学目标的依据与方法

（1）以备课组为单位进行讨论（见表 2.2.3）

表 2.2.3　备课组为单位讨论计划表

时间段	任务	负责人
9月1日—9月14日	任务一： 明确"物质结构与性质"模块教学中的"内容要求"和"学业要求"	高中辉 李国丽 吴艳
	任务二： 将"学业质量水平""化学学科核心素养水平"与任务一中结果相对应	高中辉 李国丽 吴艳
10月30日—11月9日	任务一： 明确"化学反应原理"模块教学中的"内容要求"和"学业要求"	高中辉 李国丽 吴艳
	任务二： 将"学业质量水平""化学学科核心素养水平"与任务一中结果相对应	高中辉 李国丽 吴艳

(2) 教研活动研讨并确定评价指标（见表 2.2.4）

表 2.2.4 教研组活动计划表

教研活动时间	任务	负责人
9月15日	青年教师展示备课组讨论成果，全组教师讨论制定草稿（物质结构与性质模块）	马骏飞 孟祥添
9月28日	全组教师研讨，将上次教研活动制定的草稿与关键能力层次水平相对应，展示对应结果草稿	崔立金 吴伟平
10月13日	核心团队成员展示讨论后定稿成果，并对标准进行解释	高中辉
10月27日	应用定稿成果，对同一套期末试题进行解构，分析考查的必备知识及体现的关键能力，在展示讨论中，统一判断标准	霍翠翠 王浩颖
11月10日	青年教师展示备课组讨论成果，全组教师讨论制定草稿（化学反应原理模块）	杨娜 姚安娜
11月24日	全组教师研讨，将上次教研活动制定的草稿与关键能力层次水平相对应，展示对应结果草稿	赵宁 李国丽
12月8日	核心团队成员展示讨论后定稿成果，并对标准进行解释	高中辉
12月22日	应用定稿成果，对同一套期末试题进行解构，分析考查的必备知识及体现的关键能力，在展示讨论中，统一判断标准	马骏飞 孟祥添

（二）第二阶段：通过组内研修，落实隐性思维显性化过程，形成有化学学科特色的思维发展型课堂模式

"隐性思维显性化"阶段主要依托八大思维图示法、概念图和思维导图等思维可视化工具实现认知思考，所以要形成思维发展型课堂的一般模式就要以思维可视化工具的应用为出发点。经过听评课和组内讨论我们发现：有些教师思维图示表达重形式，但内容逻辑关系没有表达或表达不够准确；有些教师虽让学生参与思维图示的制作与点评，但侧重点大多停留在图像、线条、颜色等"美术特征"上，"思维特征"未能得到有效彰显。于是，我们展开教研组活动，解决上述问题。

第一，以备课组为单位，在备课组活动中，发挥每位教师的作用，规范备课组活动流程，学会使用和点评思维图示。

备课组长分配任务，绘制小单元思维图示 → 备课组活动主备人展示思维图示 → 小组其他成员进行补充与点评，主备人完善思维图示 → 小组成员研讨最终确定统一内容与方法

图 2.2.8　备课组活动流程

第二，在教研组活动中，由青年教师展示备课组研讨的思维图示，教研组成员讨论点评，展示者修改后整理，作为整组备课资源，按照模块形成思维图示体系。

第三，形成有化学学科特色的基本课堂模式。

经过学习和实践，我们认识到思维可视化工具的最大作用在于将思维过程和思维结果进行可视化呈现。那么在课堂教学活动中如何引发冲突、指引思考、激发思考、组织思考呢？化学组成员在教研活动时，进一步学习和展开讨论，结合案例进行研究。

例如，李国丽老师的《海带中真的含有碘吗？》，首先由李国丽老师独立备课，经过试讲，组内成员听评课并多次研讨后，确定课堂教学流程再第一次提出问题，设计实验，实验验证后发现异常现象，引发思维冲突，通过思维策略工具，全面思考、分析产生异常现象的原因，而后提出新的问题假设，再次设计方案，实验验证假设。

例如，路平老师的《菠菜，你吃对了吗？》，由原来的设计实验检验 Fe^{2+} 和 Fe^{3+}，改为以"如何吃菠菜补铁效果更好"这一情境线贯穿课堂，再上升到如何吃菠菜补铁效果更好。在课堂中构建了完整的实验探究模型，培养了学生科学探究与创新意识、证据推理与模型认知的化学学科核心素养，培养了学生的思维能力。

通过研讨我们发现，化学学科特色的思维发展型课堂的亮点在于通过情境设置，引发思维冲突，通过思维可视化工具表达构建知识体系，通过思维策略工具分析冲突产生的原因并解决问题，通过设计实验方案，进行实验验证进而得出结论。经过一系列案例研究，将思维可视化工具与思维策略工具应用于课堂教学设计，形成有化学学科特色的基本模式（见图2.2.9）。

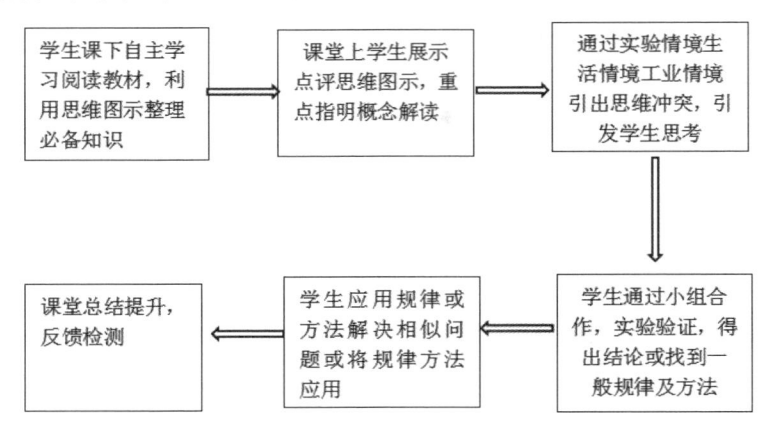

图2.2.9　化学学科思维发展型课堂基本课堂模式图

三、案例成果及分析

1. 通过组内研修，实现了个人能力和集体智慧的融合，提升了化学组教师的专业水平

在组内研修过程中，我们采用行动研究法，全体组员明确自己的任务，经过组内其他成员讨论并给予补充，给出建议和意见，由任务主要承担者记录反思并汇总，形成组内研修的最终成果。主要流程（见图2.2.10）。

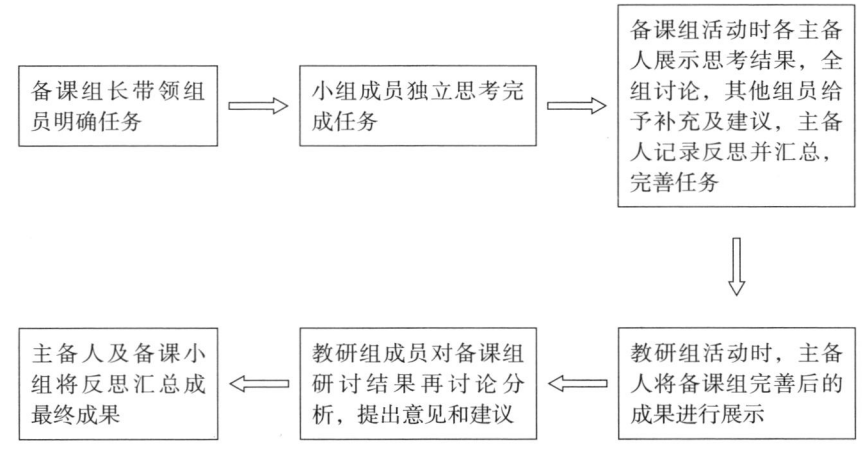

图2.2.10　化学组组内研修流程图

在成果形成的这个过程中，组内成员都经历了个人的思考，吸取了他人的经验，与他人智慧产生了碰撞再反思总结，组内成员的专业能力得到发展。新教师路平入职一年后，在密云区新入职新教师"启航杯"教学风采展示中荣获一等奖，在北京市中小学新任教师第六届"启航杯"教学风采展示活动中获得三等奖；新教师马骏飞入职两年后，在思维发展型课堂全国思维年会中展示，获得好评，《化学反应速率与化学平衡》教学设计获密云区二等奖；新教师孟祥添成长迅速，在密云区新入职教师培训中被评为"优秀学员"，其课例在密云区优秀案例征集中获二等奖；骨干教师吴艳的教学设计《工业合成甲醇》在北京市化学教学评比中获二等奖；骨干教师高中辉的《物质的分类及转化》被评为北京市基础教育精品课；骨干教师赵宁在"中国化学会全国基础教育化学新课程实施成果与征集活动"中荣获特等奖。

2. 通过组内研修，解决了课堂教学改革过程中的实际问题，形成了一系列可以固化和推广的成果

①通过解读课标，研修讨论形成的评价指标体系成了全组教师在课堂教学设计、课后作业设计过程中参考的具体的、可执行的目标。骨干教师高中辉的论文《基于学习评价指标的单元作业设计》获北京市课程教学类优秀论文，并在密云区"十四五"时期教师研修微课程中承担了授课任务，课程名称为"精心设计单元作业，精准制定测评指标"，使研究成果得以推广。

②通过高三备课组成员按分工独立完成，而后在教研活动中合作研讨，最后呈现的高三复习校本资料中，用思维图示表示大单元知识框架与思维框架，梳理了典型问题的解决方法与策略，是全体化学组成员研究的成果，是组内成员集体智慧的结晶，完善后的成果更具有科学性，更有说服力，对没教过高三的青年教师的知识体系，化学核心思想方法体系的构建有很重要的意义，对今后高三化学复习有指导性的作用。

③通过多个案例展示与研讨，形成的有我校特色的思维发展型课堂一般模式，被化学组教师所认可，解决了在情境化教学过程中如何设置思维冲突、设计有效的学生活动、培养学生思维能力的困惑，在课堂教学设计中应用广泛。在国家课

程校本化实施过程中，化学组教师开发了一系列优秀的情境化教学案例（见表2.2.5）。

表 2.2.5 "真的"系列

课例	作者	获奖情况
海带中真的含有碘吗？	李国丽	思维年会展示课
水杨酸苯酚贴膏中真的含有苯酚吗？	赵宁	研究课
菠菜，你真的吃对了吗？	路平	市级三等奖
甲醛，你真的除对了吗？	高中辉	研究课
膨松剂，你用对了吗？	姚安娜	研究课
自制84消毒液真的会中毒吗？	吴艳	市级二等奖

3. 通过组内研修活动，在化学组形成了良好的研究氛围，化学组教师将在活动中遇到的难点问题，汇总成专题，进而提炼成课题进行长期的研究

化学组成员将所研究的问题汇总成课题《以思维图示促进高中化学知识理解和建构的实践研究》，截至本书写作时正在研究中。随着新高考的改革，我们发现高考试题对学生的学科阅读能力要求越来越高，那么思维可视化工具的应用能否提升学生的化学学科阅读能力？如何将学生阅读能力的培养融入思维发展型课堂？我们在教研活动中提出这些问题，把这些问题提炼成课题《思维可视化工具在高中化学阅读能力培养中的应用研究》进行系统探究。目前正在研究中。课题成果举例见图2.2.11。

图 2.2.11 课题成果举例

第三节 校本研修的实践策略

一、校本研修实践框架模式构建与研修策略

李文平　张波　王又一

多年的校本研修实践探索，使我们积累形成了具有学校特色、能够高效高质量促进教师专业发展的研修策略。

（一）建立策略优化的理论依据和框架模式

基于前述的理论框架和实践经验，对我校校本研修策略的优化建议主要依据以下几个理论观点：首先，"知识管理"理论提倡建立教师之间的知识共享机制，这意味着研修活动应促进教师间的知识交流和协作创新。其次，组织学习理论，借鉴阿吉里斯的单环学习和双环学习的概念，以及 OBE 教育理论，"以终为始"建立校本研修的框架模式，通过系统思考、个人精进、心智模式、共同愿景、团队学习等方式提高其适应和竞争能力。最后，应用"成人学习理论""教师专业成长"模型为不同发展阶段的教师提供差异化的支持策略，这提示我们在设计研修计划时应考虑到教师个体差异，提供个性化的成长路径。

1. 建立校本研修教师培养体系

在学校整体治理体系下，构建教师培养体系。依据教师专业成长的理论和学校的实际情况，建立"三层五维度"的教师培养课程体系。三层分别是面向 1~3 年新手教师的基础性启智课程；面向 4~6 年青年教师的进阶性达智课程；面向名师培养的创新性睿智课程。五个维度分别是：政治素养、专业素养、管理能力、研究能力、评价能力（见图 2.3.1，2.3.2）。

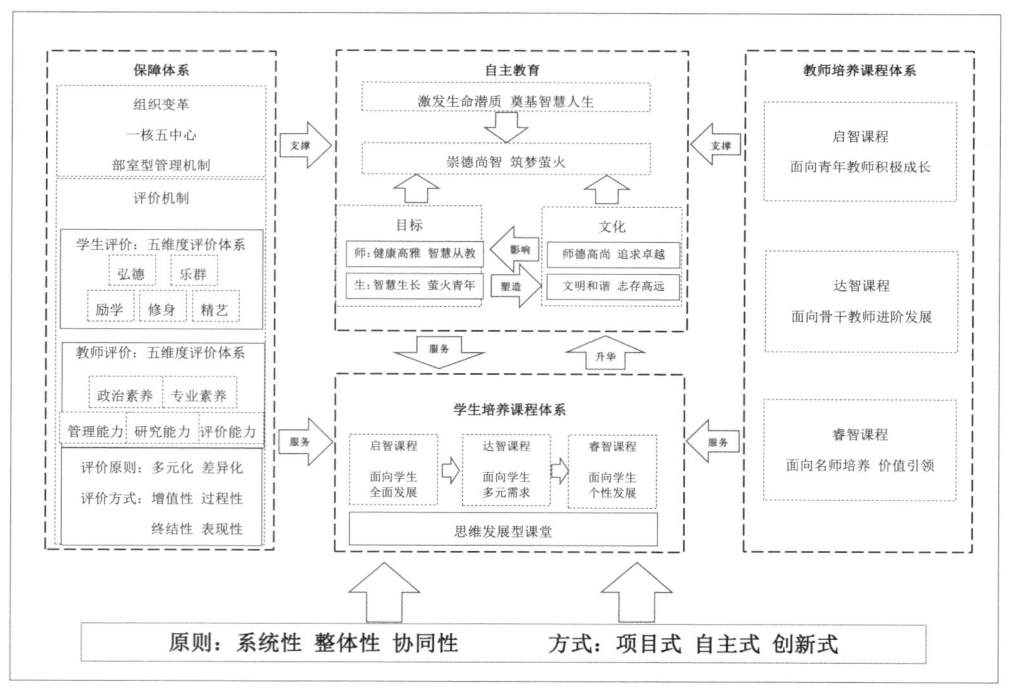

图 2.3.1 学校治理体系框架图

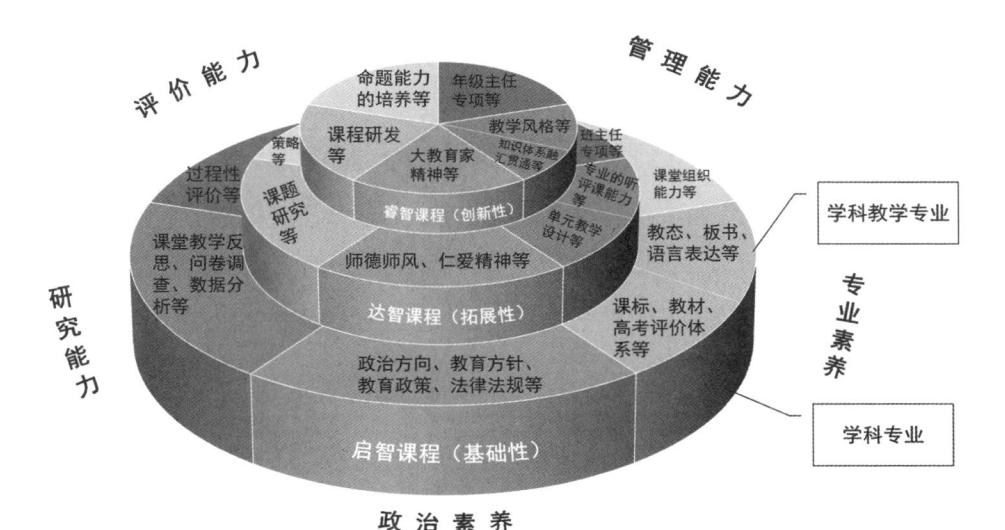

图 2.3.2　学校教师培养课程体系、教师评价维度图

2. 构建校本研修"三难"问题解决的理论模型

基于多年研修探索，我们总结了工作中的三难：即教育理念转化为教学实践难；研修成果固化难；个体学习与组织学习高效互动、成果转化难。在研修实践中，不断地进行理论学习、途径调整、策略修正。根据实践，聚焦校本研修中存在的"三难"问题，我们认为个体学习转化为组织学习是影响研修成果的主要因素，并依据研修中的实践探索，构建了校本研修中个体学习转化为组织学习的双"S"模型以解决此类问题。

我们从教师学习的特征出发，基于成人学习理论、组织学习理论、OBE教育理论、行动学习理论等相关理论，就校本研修中学用转化、成果固化、组织学习形成的内在机制进行深入研究。我们认为，解决"三难"问题的核心是组织对学习环境的影响。组织作为学习环境，其重要性主要体现在：首先，组织学习有助于有效地管理和共享知识资源，学习环境鼓励知识的积累、传播和应用，从而提高整个组织的知识能力；其次，一个强调学习和发展的组织文化能够吸引具有高度自我驱动和创新能力的教师，进而营造出一个积极向上、持续进步的组织氛围；最后，组织学习强调目标的一致性，在分享、交流中可以提升个体学习的效率，同时形成一致的价值追求，激励创新发展，在个体学习与组织学习的高效互动和转化中持续保持竞争力。探索从个体学习与组织学的高效互动和有效转化入手，解决校本研修中的难点问题。提出"校本研修中个体学习与组织学习双"S"模型。（S指深入学习研究：Study的首字母）

校本研修之初，基于问题导向、教师所需，学校明确研修目标，"以终为始"反向设计，制定学习计划、规划学习路径、研修整体框架。引入外部资源，提供培训，教师开始以单环学习的方式学习新的理念、知识、技能。在这一过程中教师处于个体学习状态。在外力作用下，将知识融入自身经验，用自身的思维、经验等对知识进行改造，使新知识在头脑中完成第一层转化——提升认知，即知识内化的过程。这里只完成了学的转化，但是不能确定是否可以应用于教学实践。于是研修就要进入重要的环节——现场学习。以例释理，以案例为载体，实现双环学习，建立学习社区资源整合、知识共享、建立反馈改进机制，在充满不确定性的现实教学环境中，将理论融入实践，在做中学，将知识以语言、行为、活动等方式外化出来，完成知识到应用知识的第二层转化——应用实践。将知识转化为个体经验，个人实践。这个过程中组织学习不断助力个体学习，是相辅相成的关系。但到这里，组织知识并不确定是否可以固化下来、传承下去，这就需要第三层转化——重塑心智，建立以行动学习为核心方法的团队学习文化。学校提供技术支撑、政策保障，研制研修工具箱营造研修环境、培育研修文化，形成组织学习支撑、机制保障、文化浸润，激发参与者的内生智慧，改善心智模式，建立共同愿景，促进团队成员之间的默契和协作，从而提高整个组织的创新与持续发展能力。在创中学，实现教师研修价值的体认，达到价值转化。在这个过程中个体学习表现更加灵活和高效，而组织学习的团队协作、知识共享和系统改进、价值共识形成的优势更加突出，根据具体需求和学习目标，灵活选择并综合运用个体学习和组织学习的方式，二者相互促进，相辅相成，呈现螺旋式上升状态的双"S"形式，从而解决校本研修中的"三难"问题（见图2.3.3）。

图 2.3.3 个体学习与组织学习转化双"S"模式示意图

（二）形成校本研修实践策略

结合"成人学习理论"和"知识管理理论指导下的成果转化理论"，我们制定了"首师附密云中学思维发展型课堂培训策略群"，主要包含以下三种策略。下面以学校思维发展型课堂建设为例予以解读。

1. 基于问题导向的"任务驱动策略"

"成人学习理论"告诉我们：成人的学习与青少年有所不同，在学习的过程中，成人更重"任务驱动"而非"求知驱动"。任务驱动是学习培训中重要的实施策略。我们的培训遵循成果导向教育理念，以终为始，以学习产出构建基础，然后利用反向设计、正向施工的方式来设计方案，始终以学习结果为驱动力，并进行有效评价。

例如，在我校思维发展型课堂建设过程中，为解决教师思维图示应用过程中的问题，小到工具的应用情境，大到工具如何促进思维发展都有所涉猎。据此，我们的培训即以人人都应学会思维图示的准确绘制、应用原则等为目标，以培训、测评、复训和考核的"学—考—评—改"的方式推进。我校所有教师都跟随北师大思维联盟团队进行比较系统的学习，根据具体的问题，选择不同的图示进行梳理和表示；根据学科特点，布置相关的作业，现场给出问题，给出作答时间，然后以电脑抽签的方式进行现场展示，随后专家进行现场点评，效果显著。

通过考试反馈发现，教师的八大图示、思维导图和概念构图掌握得不错，但是在核心思维工具和创造性思维方面还有待提高，所以根据考试的情况，对全体教师进行了复训。

再如，为明确核心素养导向下的课堂教学的理论与实践样态，更好地落实思维发展型课堂中"整体化与情境化"的教学策略。我们设计了"共读一本书"系列活动，选择余文森博士《核心素养导向的课堂教学》，以三个任务作为实施的具体过程。任务一，以思维导图的方式完成一份读书笔记；任务二，撰写一份500字的读书感悟；任务三，在全体教师例会上，以电脑滚动抽签的方式选择教师进行8分钟的读书分享展示。在培训过程中，通过一系列的任务驱动，让全体教师都能够沉浸式地参与其中，来确保教师们全员参与、深度参与。

2. 基于问题解决的1+2成果转化策略

"1+2"即在培训结束后结合学习内容制定一项以促进个人成长为目标的行动计划，两项以解决本学科课堂教学存在迫切问题为目标的行动计划。如：在思维发展型课堂的四个教学策略中，有一个非常重要的策略就是"可视化"，在课堂实践中，存在的问题主要是：师生在课堂中随意用图、画图，图示中学科内容的逻辑性较差，师生对于图示的评价标准不统一。为此，我们采取"1+2"的行动计划。首先以"提升教师画图、用图的正确性与精准性"作为教师个人的成长目标。

为了解决图示的评价标准不统一的问题，我们采取的第一项行动计划就是：每个教研组出台一份思维图示的评价标准，并将其应用于课堂教学。教研组长组织本组备课组长和骨干教师等进行多次研讨，调整分值，强化学科重点，突出学科逻辑，各组交流分享，最后由教研组长执笔，形成本组独有的思维图示评价标准。同时，还采取了第二个行动计划，从学校层面组织校级的研究展示课，对于研究与实施中出现的问题，邀请专家进行点评和指导。通过两项行动计划的实施，教师们在研究过程中、授课过程中、专家指导过程中，改变原有的认知，提高了应用图示的水平，将培训的成果很好地应用在教学实践中。

在整个过程中，教师点评、学生点评、师生互评，既提高了师生画图、用图的精准性，也提高了各教研组的研究能力，组长的组织协调能力，更重要的是，在评价图示的过程中，学生们能够运用批判性思维进行点评，提高学生的思辨能力与表达能力，让学生的精彩在讲台中绽放，这也是我校李文平书记所提出的"让出教师的讲台，成就学生的精彩"。

再比如，在落实整体化教学策略时，存在的问题是教师对大单元教学设计并不能够很好地落实，整体化的单元设计能力也不是很高。所以，在"1+2"的行动计划中，采取的一项行动计划，是通过变革教案的形式与内容，去促使教师思考。将原有的单一课时教案调整为单元课时教案，加入了单元（或主题）目标和本单元知识结构图的要求，并在教学设计过程中，加入了阶段性评价。类似这样的案例还有很多，例如在落实情境化策略时，为提升教师适应新高考的能力，解决课堂教学中如何指导学生进行学科阅读和如何在情境中进行知识的关联这两个问题，在高考9学科中开展学科阅读研究，截至本书写作时已有三年的时间。期间我们进行了多次的培训、研究。

通过交流、分享，为了将成果在教学实践中进行很好的落实，我们采取的其中一项行动计划，就是以学科阅读为主题，举办了大型的赛课活动，通过赛课的行动计划，在课例的设计、研磨、听评课的过程中，转化我们的培训成果。例如在2023年11月的时候，我们在思维联盟项目组，举办了线上的首师附密云中学专场展示课活动，当时参与的很多专家和领导也在今天活动的现场，当时的活动也得到了与会专家和教师的好评。

为了解决研究过程中出现的各种问题，我们还辅以日常的常态课、研究课近百节，在这个过程中，积累了5万余字文本材料。例如化学教研组，将学科阅读分为教材阅读、情境试题阅读等，分别梳理了不同的教学策略，并落实在我们日常的教学中。

在深入推进思维发展型课堂的过程中，我们利用"1+2"成果转化策略，解决了一个又一个的问题，使我们的培训成果顺利地应用到教学实践中。

3. 基于固化成果熏陶渐染的思维文化策略

例如：当我们用了大量的时间与精力进行思维发展型课堂的研究与培训时，如何将研究与培训成果进行长久的固化延续，不因为教研组长或者是教学领导的变更而受到影响或者是停滞。于是教研组采取了营造思维文化的策略。

（1）以思维为主题的教研和科研体系来营造研修文化

明确教研组研修活动的主题；开展以"学科阅读""思维图示的评价""单元教案撰写研讨"等为主题的骨干教师讲堂；定期进行教研组内常态课与研究课的推进等。

同时鼓励教师将自己在日常教学中遇到的问题以课题的形式进行研究，学校辅以文献综述、论文写作指导等方面的专项培训，来营造浓厚的科研氛围。截至本书写作时我校共有 25 个立项课题，2023 年 8 月份审批通过 7 项，其中有 5 项是与思维发展型课堂相关的，在这 5 项中，有 2 项是北京市规划办课题，1 项是北京市教育学会课题，2 项是区级课题，可以说是收获满满。

（2）以校园文化节为主题来营造我们的环境文化

学校定期举办校园文化节，包括教学节、学科节等，截至 2024 年已经五届。每一届文化节上教师们展示交流成果、分享经验，12 个教研组都形成了自己的研修文化。

在学生层面的萤火学科节上，学生们说思维、写思维、展思维。以辩论赛、整本书阅读介绍、科学答辩、"我最得意的一张知识图谱"等学科特色活动，彰显外化思维，提升孩子们的学习力，展示他们的学习成果。整个学校营造"思维发展型课堂"的学习与应用氛围，最终实现我们师生共同的"学思维、懂思维、应用思维"的目标。

（3）以评价表彰等为主题来建立我们的制度文化

如在学校领导和教学干部日常的听课过程中，每个人手中都有一份"基于思维发展型课堂"的课堂观察量表的电子问卷，在观察量表中，除听课人、授课人等基本信息以外，共有 10 个问题，例如：课堂中对"情境"的应用情况，教师对学生的阅读指导情况，课堂上思维工具的应用主体、主要类型、应用场景，师生对思维工具应用的评价等。利用问卷的形式进行填写和收集，并定期将观察量表的报告在学校例会和教备组长月例会中进行公布和总结，以此来帮助教师将"思维发展型课堂"变为日常教学的常态。

在这个过程中，我们以"共建、共享、共进、共创"为原则，营造了学生"学思维、用思维、善思维"，教师"有格局、有视野、懂科学、懂思维"的思维文化。是我们固化成果、持续发展的关键，让教师在文化中熏陶渐染，将课堂教学变革思想内化于心、外化于行。让思考成为一种习惯，让学习发生，让学生爱学、会学、善学，让师生形成优秀思维品质。

这一项目的研修活动取得了丰硕成果。首先学生们实现了智慧生长。每名学生都能够熟练应用思维图示、思维工具进行思考、学习、生活。在疫情期间，学生们应用思维工具主动进行研究，形成15万字的成果集《萤火星河》。2023年7月份，我校学生获得了全国第十八届青少年工程师过山车组决赛总冠军，是学生创造性能力的展现。

在教师层面，2023年教师在课例、教学设计、论文等方面的获奖级别和等次都有新的突破，12个教研组共获得国家级奖项27项，市级奖项127项，区级奖项138项，合计292项。同时，有8个教研组获得区级优秀教研组，10个备课组被评为区级优秀备课组。

4. 打造共同研究成长的学校软文化

研修在本质上是一种学习，当教师学习成为一种需求，甚至成为一种文化时，只有教师愿意参与、积极参与、主动参与，校本研修才有可能成为教师的一种自觉行为。教师能以开放的心态，以沟通合作、相互支持的方式一起面对和解决校本研修过程中出现的问题，不断创新，形成和谐平等的研修心理文化。

（1）形成"三YAN"文化

教师的校本研修不仅"论道"，更论从理论走向实践，沉浸课堂，聚焦学生，深耕教学。借助教师校本研修的文化之力来推动学校的教育教学改革和学校的可持续发展。不断完善校本研修管理机制，营造上下互动、纵横互联、层级助推、同步提升的研修新常态。如学习策略、组织策略、成果转化策略、行为策略等，培育形成"三 YAN"学校研修文化。学校也将研修融入教师日常学习生活中去，拓展了研修的意义和边界，促进、引领专业发展。

（2）建立"组本研究、三位一体"的研修机制

教师凝练出研修工作特有的学校基因：学校由书记、校长直接任组长的总研修主题，围绕这一学校总主题，各年级、各部门、各学科纷纷跟进，开展学科组、备课组、年级组的"组本化研究"，学校、教师与学生"三位一体"，无论是纵向上的衔接，还是横向上的贯通，在同心共济、磅礴主峰的同时，画出了学校整体科研工作的最美同心圆。

例如，正在推动的研修主题"普通高中提升学生思维品质的教学策略研究"，聚焦课堂教学，覆盖高考九个基础学科，全体教师参与其中。各学科积极开展基于学科特色的深入研究，取得了丰富的研究成果，在校本培训方面积累了大量的校本资源。例如：前移后续式的课例研修模式；校本的各学科课堂教学评价量表；校本化教案解构及模式等。

（3）构建评价体系，增效提质

学校本着"尊重师生个性，达成专业评价"的原则，从教师专业评价、校本课程建设评价、项目组课题组评价、学生反馈评价、定量与定性评价、过程性与成果性评价等角度，制定了整体化、多维度、多元化的科研评价体系。因探究而触动评价，因评价而修正研究。

作为一所北京远郊区重点校，我校在校本研修领域的深度探索、实践经验得到推广。2023 年 10 月 7 日、8 日，由数字学习与教育公共服务教育部工程研究中心和北京师范大学教育学部思维训练研究中心、北京市密云区教育委员会等主办的第二十四期思维发展型课堂现场观摩会在我校举行。我校教师在第三届湖南省教师培训师"同升论坛"做专题分享；学校迎来来自全国各地的校长、教师团队的参访；多次承办省、市、县级国培现场观摩活动；学校教师研修团队受邀赴河南新乡、广东韶关、安徽桐城、广西南宁等地分享研修经验，获得专家和同行好评，辐射影响力不断提升。2019 年我校成为第一批北京市教师教育基地学校。

正可谓"鼓校本研修之帆，行专业提升之船。主动、持续变革。从理论、实

践不同层面开展研究,在"实践、认识、再实践、再认识"的螺旋式上升过程中检验与完善。

尽管我们的研究提供了有价值的见解,但也存在一些局限性。例如,研究样本仅限于我校,可能无法完全代表其他学校的校本研修情况。未来的研究可以在更广泛的范围内进行,以增强研究结果的普遍性和适用性。同时,进一步的研究可以探讨如何有效整合线上和线下研修资源,以及如何利用大数据和人工智能技术优化研修过程。

二、校本研修中学习支架的研发与应用

张 波

学校自主研修不断追求教育本真,在时代的浪潮中,主动、持续地进行变革,聚焦教育变革,历经17年,以项目式形式开展校本研修。先后探索研究了"学科核心基础知识""自主—互助"课堂教学模式、特色班级文化研究、"思维发展型"课堂教学研究、全学科阅读、基于大数据的精准教学等诸多项目,取得了卓著成效。在这个过程中,教师专业素养和水平不断提升,学校教育高质量发展。

在长期的实践探索中,我校高质量校本研修的策略、路径也在"实践—认识—再实践—再认识"的螺旋式上升过程中得到检验与完善。

通过开展持久深入的校本研修工作,为提升研修质量,在组织学习理论、成人学习理论、行动学习等理论的指导下,学校聚焦组织学习过程中的难点问题,独立开发了很多实用的研修工具,即组织学习过程中的学习支架,用以保障、支持教师个体学习效率,保障实现组织学习目标。以如下两个方面为例进行说明。

(一)以集体备课记录单和学案为支架,支持教师研修的持久性

在校本研修过程中,不同教师所得的收获也不尽相同,例如我校教师队伍规模庞大、年龄跨度大、青年教师的比例大,部分青年教师的教学经验不足,对学科本质的理解不够,即使是教学经验较为丰富的教师,也要不断地与时俱进,适应时代对于教育的新要求,所以就需要全体教师不断地学习与研究。在研修形式上,我们也采取了很多不同的方式,例如在思维发展型课堂的推进过程中,经过

整体的学习与培训之后，因教师学习效果的不同，我们会以备课组为单位，以集体备课记录单为支架，帮助教师们进行深入研讨和实践。

我校集体备课的流程也经历了三个不同的阶段，第一阶段，是采用研修学院所给出的全区统一的集体备课记录手册，也就是集体备课记录单1.0版，主要包含活动主题、活动目的、活动内容和情况三部分内容，在区级统一要求的指引下，结合我校思维发展型课堂的实际情况，助力我校落实思维发展型课堂的基本原则，形成了学校个性化的备课组活动记录单，也就是2.0版，在这份记录单中，明确了思维发展型课堂集体备课的流程，具体内容包含活动目标、活动准备、备课活动内容（必须用思维图示来梳理备课成果，包括知识结构、教学内容和实施环节）、情境素材研讨成果，一共四部分内容。在2018年到2023年的5年时间里，集备活动记录单2.0版，见证了我校思维发展型课堂从无到有、从有到优的完整过程，为我校课堂改革从理念到实施进行了保驾护航。随着思维发展型课堂的不断深入，在2024年初，我们对集体备课记录单进行了再次优化，也就是3.0版，是在原有基础上，强调了"构建以促进学生'学'为中心的主备课人说课范式"的集备形式，目的是解决教师授课过程中的痛点与难点，从而落实教学重点与突破教学难点，优化后的集备记录单，明确了集备的六环节，具体内容包括活动主题与目标（含主题、课标要求、必备知识、关键能力）、主备人说课内容记录（含单元具体课时安排、单元教学重点及解决策略、单元教学难点及解决策略、某一重点课时的教学环节及学生活动实施），优化后的版本指向重点落实与难点突破，以及学生活动设计等。

不同时期的活动记录单都有其当时推进的主题与要解决的问题，从而督促我们教师进行深入的理解和思考，进行推动个体学习与组织学习高效互动（见图2.3.4至2.3.6）。

第二章 校本研修的实践探索

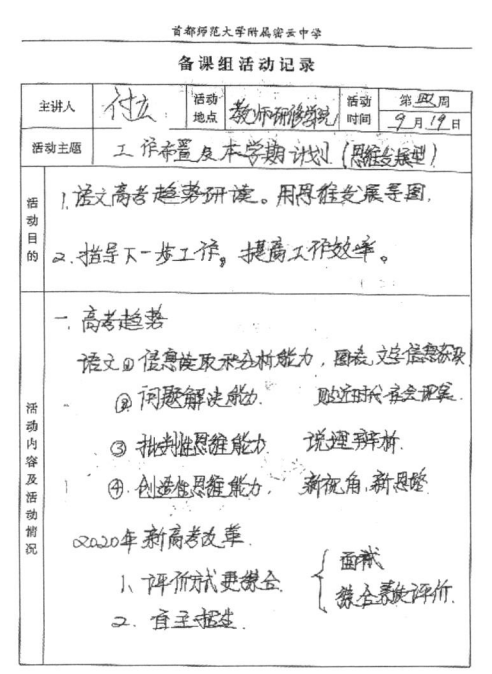

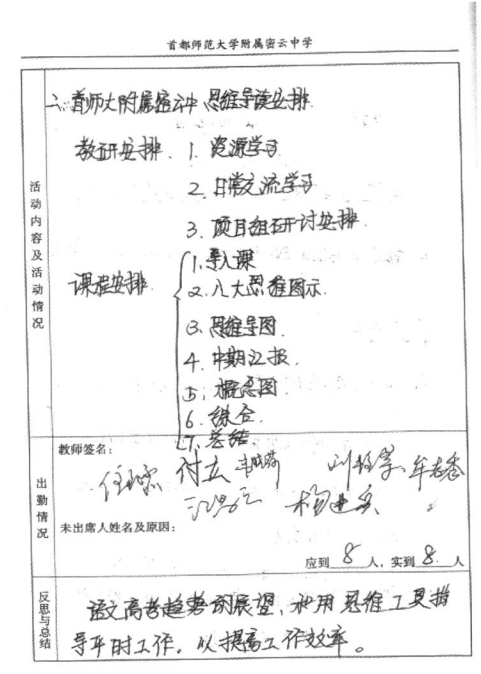

图 2.3.4 集体备课活动记录单 1.0 版

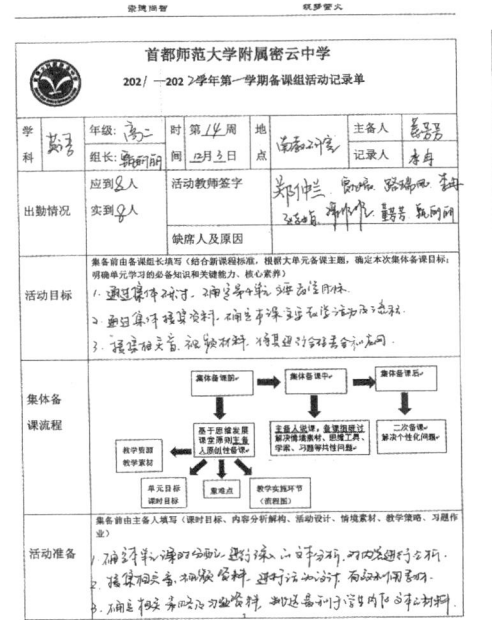

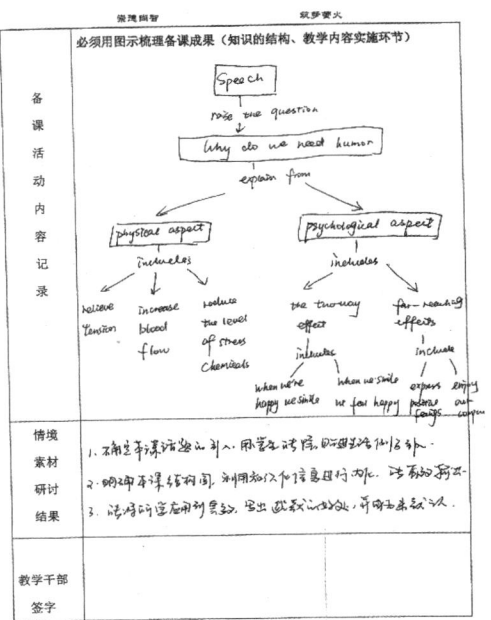

图 2.3.5 集体备课活动记录单 2.0 版

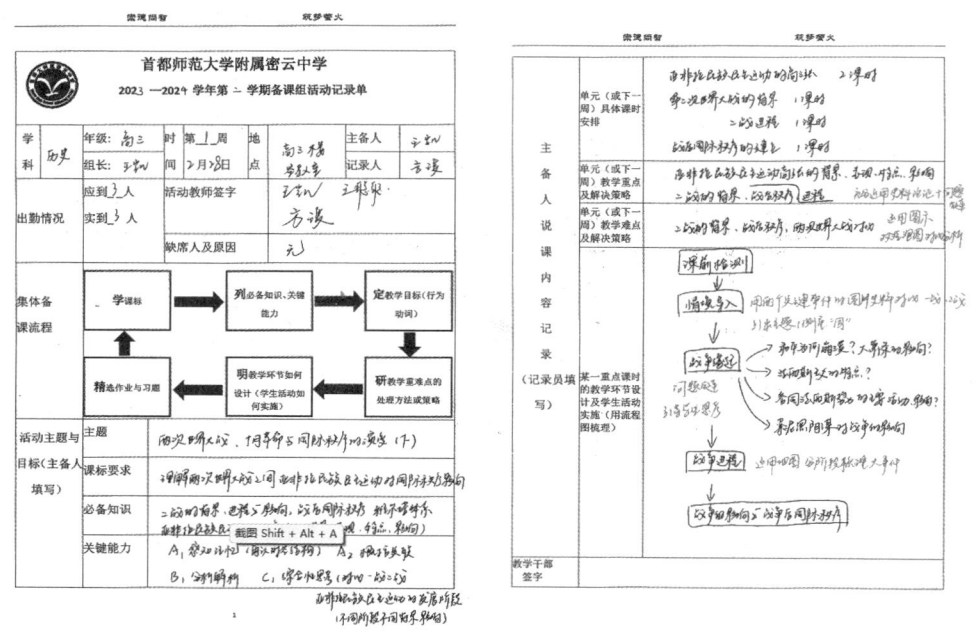

图 2.3.6　集体备课活动记录单 3.0 版

在集体备课过程中，还有一项工作就是研制课堂教学过程中发给学生使用的学案，我们的学案发展历程也体现了学校不同时期的课堂教学变革情况，例如在学校构建以促进学生自主学习、高效学习为核心目标的"自主—互助"式课堂教学的过程中，各教研组在学校的统一指导下，学案基本是按照六部分来编制的：学习目标、学习重点和难点、自主学习、合作探究、小结与反思。体现学生自主学习与合作探究的课堂教学模式（见图 2.3.7）。

3.2 立体几何中的向量方法（1）

一 学习目标
1. 会用向量方法判断直线与直线、直线与平面、平面与平面的位置关系
2. 会求平面的法向量

二 学习重点：会利用向量方法判断线线、线面、面面的位置关系

三 自主学习（先阅读教材第 102——104 页，再填空）

1. (1) 空间中任意一点 P 的位置可以用向量_____来表示.
   (2) 空间中任意一条直线 l 的位置可以用_____来表示.
   (3) 空间中任意一个平面 α 的位置可以用_____来表示.
   (4) 类似于直线的方向向量，我们可以用平面的_____表示空间中_____的位置。如下图，直线 $l \perp \alpha$，取直线 l 的_____，则向量_____叫做平面 α 的_____。给定一点 A 和一个向量 a，则过点 A 以向量 a 为法向量的平面是_____。

2. 设直线 l, m 的方向向量分别是 $\vec{a}, \vec{b}$，平面 α, β 的法向量分别为 $\vec{u}, \vec{v}$，则
   (1) $l // m \Leftrightarrow$ _____
   (2) $l \perp m \Leftrightarrow$ _____
   (3) $l // \alpha \Leftrightarrow$ _____
   (4) $l \perp \alpha \Leftrightarrow$ _____
   (5) $\alpha // \beta \Leftrightarrow$ _____
   (6) $\alpha \perp \beta \Leftrightarrow$ _____

3. 设 $\vec{a}, \vec{b}$ 分别是直线 l_1, l_2 的方向向量，根据下列条件判断直线 l_1, l_2 的位置关系：
   (1) $\vec{a} = (2, -1, -2), \vec{b} = (6, -3, -6)$ _____
   (2) $\vec{a} = (1, 2, -2), \vec{b} = (-2, 3, 2)$ _____
   (3) $\vec{a} = (0, 0, 1), \vec{b} = (0, 0, -3)$ _____

4. 平面 α, β 的法向量分别为 $\vec{u}, \vec{v}$，根据下列条件判断平面 α, β 的位置关系：
   (1) $\vec{u} = (-2, 2, 5), \vec{v} = (6, -4, 4)$ _____
   (2) $\vec{u} = (1, 2, -2), \vec{v} = (-2, -4, 4)$ _____
   (3) $\vec{u} = (2, -3, 5), \vec{v} = (-3, 1, -4)$ _____

5. 已知平面 α 内有三点 A、B、C，平面外有两点 D、E，且直线 DE // 平面 α，则与平面 α 的法向量 $\vec{u}$ 垂直的向量有_____。

6. 已知直线 l 的方向向量为 $(1, -3, x)$，平面 α 的法向量为 $(2, -6, 1)$，
   (1) 若直线 $l //$ 平面 α，则 $x=$ _____
   (2) 若直线 $l \perp$ 平面 α，则 $x=$ _____

四 互助学习

1. 设直线 l_1 的方向向量为 $a=(2,1,-2)$，直线 l_2 的方向向量为 $b=(2,2,m)$，若 $l_1 \perp l_2$，则 $m=$（　　）
   A. 1　　B. -2　　C. -3　　D. 3

2. 若平面 α 与 β 的法向量分别为 $a=(1,0,-2)$，$b=(-1,0,2)$，则平面 α 和平面 β 的位置关系是（　　）
   A. 平行　　B. 垂直　　C. 相交但不垂直　　D. 无法判断

3. 平面 α, β 的法向量分别为 $m=(1,2,-2)$, $n=(-2,-4,k)$，若 $\alpha \perp \beta$，则 $k=$ _____

4. 已知平面 ABC 中，$A(1,0,0), B(0,0,1), C(0,1,0)$，求平面 ABC 的一个法向量的坐标。

5. 已知平面 ABE 中，$A(1,0,0), B(0,1,0), E(0,0,\frac{1}{2})$；平面 CDF 中 $C(1,0,1), D(0,1,1), F(1,1,\frac{1}{2})$，求证：平面 $ABE //$ 平面 CDF.

6. 如图，在正方体 $ABCD-A_1B_1C_1D_1$ 中，棱长是 2，E 是 CC_1 的中点，O 是 AC, BD 的交点，连接 BE, OE, DE, AC_1，请建立适当的空间直角坐标系。

   求证：(1) $AC_1 //$ 平面 BDE　(2) $A_1C \perp$ 平面 BDC_1

五 小结与反思

图 2.3.7　课堂学案 1.0 版

随着思维发展型课堂的引入，我们聚焦学生的深度学习和思维品质提升的主题，在校本研修过程中，教师们学习了关于深度学习的理论知识，以及思维品质的内涵，但是我们也发现，教师们学习的理论只停留在表面阶段，所以为了解决这一问题，除了在备课组的活动记录单上进行改变与跟进，在学案中也进行了调整，形成了 2.0 版本的学案（见图 2.3.8）。

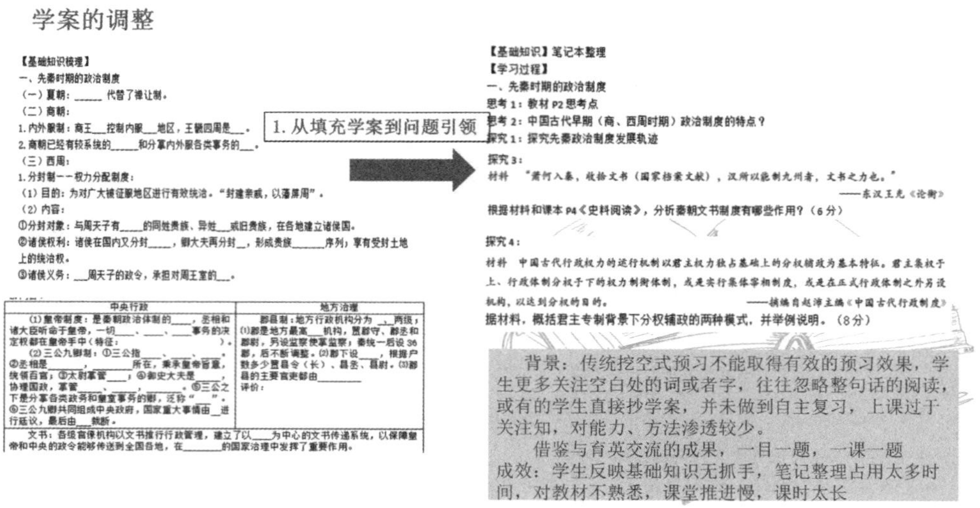

图 2.3.8　课堂学案 2.0 版

（二）以单元课时教案、课堂评价和作业设计为抓手，助力教师梳理研修成果体系，促进教师研修的学用转化和成果固化

校本研修是贯穿在每个教学阶段的、长时段的集体研修，主要集中在教师的寒假和暑假期间，同时也会在教学过程中进行跟进式的培训和研修，从长时间的校本培训效果来看，存在碎片化的问题，以及从培训后信心百倍到实践的时候处处碰壁，往往还会回到以往的教学常态，这也反映了学习与应用之间的转化难和成果固化难的问题。

在学校几次教学的变革过程中，我们都会经历理论学习、内化理解、课堂实践等环节，但是我们也发现，虽然教师在理论学习阶段也是非常认真，例如，认真记笔记、参与专家讲座时积极互动、勇于提出问题、分享学习感悟等，但是到了课堂实践环节，一开始，教师们积极应用所学理论进行实践，随着时间的变化，教师们会遇到一些问题，碰壁之后就会回到教学的原始状态，不愿意再突破自己的舒适圈，就造成了学与用的割裂，让"学以致用"成为一种空谈。为了解决这一问题，我们也采取了很多的方法，例如伴随式的研修方式等，同时也会通过一些"脚手架"，帮助教师们克服心理与实践方面的障碍，解决教师们在校本研修过程中的学用转化难和成果固化难的问题。

例如我们通过教案的变革，帮助教师深入理解思维发展型课堂的整体化和情境化原则，利用大单元、大情境进行教学，精心设计学生活动，我们的教案经历了三个时期。

集体备课以学科本质、课标要求、教学重难点的确定与突破的具体策略为主，但是具体到课堂实施，还需要经过教师的个人备课阶段，该阶段主要是依据所教班级学情，以教师个人对课标、对教材、对学科本质的理解，进行个性化的教学设计的过程。所以对于教师的教案，我们一直要求全员手写，手写教案更加有助于教师厘清教学设计的脉络，具有反思有痕等优势。随着我校课堂改革的不断深入，教案的样式也在不断变化，从最开始的区级统一样式，到落实思维发展型课堂的四项教学原则，再到现在所要重点突出的整体化与情境化原则，以及落实教学评一体化的课堂教学设计，也是经历了三个不同的版本（见图2.3.9）。

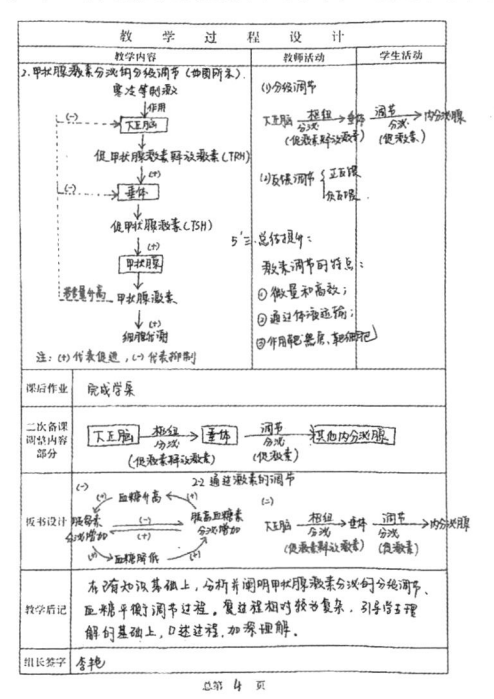

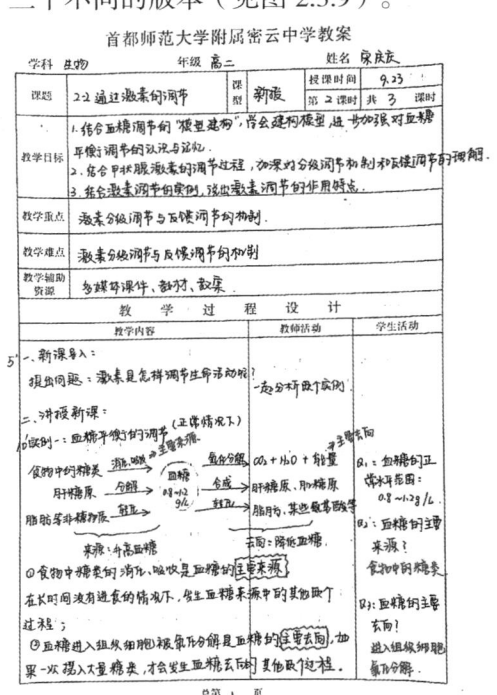

图2.3.9 个性化教案2.0版

在2.0版本的教案中，我们也是不断地调整，以解决实施中的具体问题，例如在二次备课一栏中，从最开始的没有要求，到后来的必须用流程图进行梳理内容线、活动线、情境线，在教学后记中，必须用优点、待改进点、收获三个方面进行反思。为了解决教学目标与教学过程匹配度不高的问题，我们进行了再要求：每一条教学目标要指向教学中的某一个环节，教师活动中突出策略的指导，学生活动中有评价的标准等，其实也就是从教师个人备课中，要体现教学评一致性的初级表现。到2022年的时候，为了进一步落实单元教学，落实素养与能力的培养，我们从教案的形式上再次进行调整，也就是3.0版的单元–课时教案。

3.0版本的教案，分为单元教案和课时教案，单元教案重在厘清单元教学的要求、学科必备知识、关键能力以及学科核心素养之间的逻辑关系，还有单元知识结构图的梳理。在课时教案中，单一的课时教案目标要在单元目标的指导下进行分解，从知识目标、能力目标和素养目标三个方面进行叙写，教学过程要符合我校思维发展型课堂的四个环节，即：问题情境引发冲突、合作探究思维进阶、应用延伸变式迁移、课堂检测归纳反思。在学生任务与阶段性评价部分，要写清每一个环节中，学生的具体任务是什么，如何进行评价（要在课标要求的指导下进行水平层级的划分）。课时教案见图2.3.10、2.3.11。

首都师范大学附属密云中学单元-课时教案

学科 生物　　　　年级 高二　　　　姓名 宋庆庆

内容单元（主题）	免疫调节	本单元（主题）共分为 7 课时
课标要求（或单元目标）	1.举例说明免疫细胞、免疫器官和免疫活性物质等是免疫调节的结构和物质基础； 2.概述人体的免疫包括生来就有的非特异性免疫和后获得的特异性免疫； 3.阐明特异性免疫是通过体液免疫和细胞免疫的两种成，针对特定病原体发生的免疫应答。	
本单元必备知识	免疫系统的组成与功能、免疫调节过程、免疫学的应用	
本单元关键能力	理解能力—比较、解读；应用能力—推理、归因；思辨能力—论证、评价；创新能力—假设。	
本单元核心素养	生命观念、科学思维、科学探究、社会责任	
本单元（主题）知识结构图	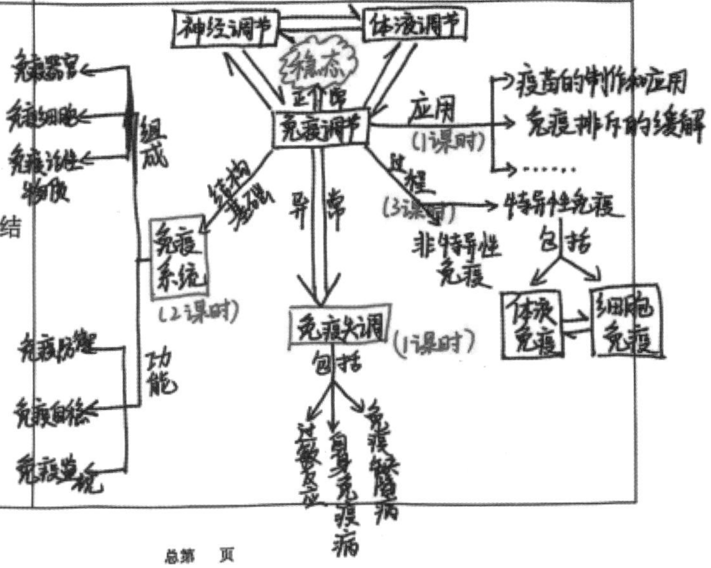 （思维导图：免疫调节——神经调节、体液调节；免疫系统（组成：免疫器官、免疫细胞、免疫活性物质；功能：免疫防御、免疫自稳、免疫监视）（2课时）；应用→疫苗的制作和应用、免疫排斥的缓解……（1课时）；过程→特异性免疫、非特异性免疫（包括体液免疫、细胞免疫）（3课时）；异常→免疫失调（包括过敏反应、自身免疫病、免疫缺陷病）（1课时））	

总第　页

图 2.3.10　个性化教案 3.0 版①

附页

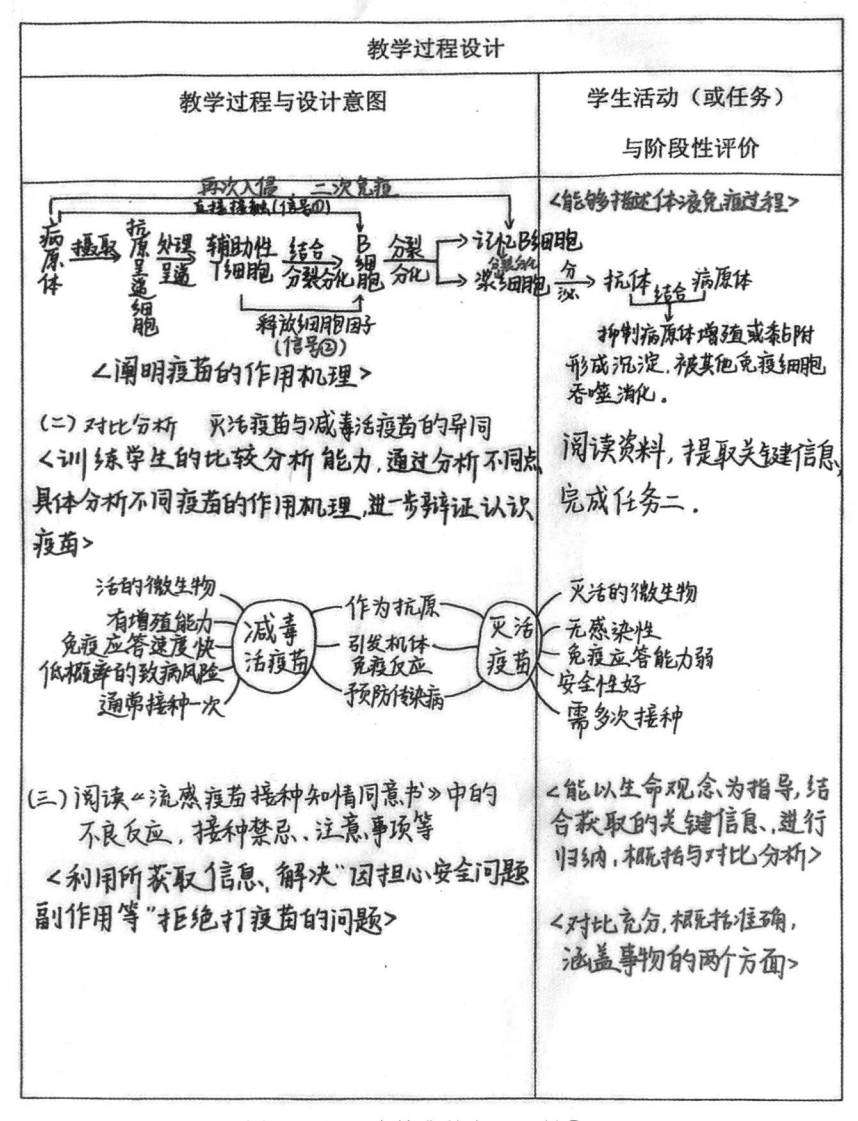

教学过程设计	
教学过程与设计意图	学生活动（或任务）与阶段性评价
（手写教学流程图：病原体→摄取→抗原呈递细胞→处理→辅助性T细胞→结合→B细胞→分裂分化→记忆B细胞、浆细胞→分泌→抗体→结合→病原体；再次入侵 二次免疫 直接攻击（信号①）；释放细胞因子（信号②）） 〈阐明疫苗的作用机理〉 （二）对比分析 灭活疫苗与减毒活疫苗的异同 〈训练学生的比较分析能力，通过分析不同点具体分析不同疫苗的作用机理，进一步辩证认识疫苗〉 减毒活疫苗：活的微生物、有增殖能力、免疫应答速度快、低概率的致病风险、通常接种一次 共同点：作为抗原、引发机体免疫反应、预防传染病 灭活疫苗：灭活的微生物、无感染性、免疫应答能力弱、安全性好、需多次接种 （三）阅读《流感疫苗接种知情同意书》中的不良反应、接种禁忌、注意事项等 〈利用所获取信息，解决"因担心安全问题副作用等"拒绝打疫苗的问题〉	〈能够描述体液免疫过程〉 抗体结合病原体，抑制病原体增殖或黏附，形成沉淀，被其他免疫细胞吞噬消化。 阅读资料，提取关键信息，完成任务二。 〈能以生命观念为指导，结合获取的关键信息，进行归纳、概括与对比分析〉 〈对比充分，概括准确，涵盖事物的两个方面〉

图2.3.11　个性化教案3.0版②

为了保障能够将研修的成果真正应用到课堂实践之中，我们除了在集体备课、学案、教案等层面与时俱进地进行优化，给教师们以工具支撑，也从制度保障和行政推动等方面，助力教师研修的学用转化。例如，学校领导、教学干部、教研组长和备课组长以及各级骨干教师，是监管和指导教师实施授课质量的关键群体，所以这个核心团队,必须深入课堂,因为在进行优质的集体备课和个人复备之后,授课的优劣则是直指教学质量的核心实施环节,教学质量的高低、教学效果的优劣,在很大程度上取决于授课的落实效果。所以在这个过程中,我们除了根据每一阶段学校重点推进的工作以及在重点工作实施过程中出现的问题进行调研、监督、调控等,也会观察和了解教师应用研修成果进行教学实践的真实情况,所以也在不同的阶段,研制了不同的课堂观察量表(见图2.3.12)。

首都师范大学附属密云中学思维工具促进深度学习项目展示课听课记录单

听课时间_____　　听课地点_____　　听课教师_____

教育核心目标是不断地更新和提高学习者构建知识的能力,即建构起从已知到未知知识间联系的能力。思维训练,特别是思维工具的运用,正是能够非常有效地提高这种能力的途径和方法。核心素养背景下教学目标的制定与实施是我们所有形式的课堂最终需要达到的目的,希望您能基于发现的问题及时记录,评课时互相交流,共同进步。

授课教师_____　　授课题目_____
本节课授课教师采用了哪些思维图示?教师和学生在使用思维图示中存在什么问题?
本节授课教师为达成教学目标采用了哪些策略方法?您还有什么建议? 1. 2. 3. ……
本节授课教师是如何检测是否达成教学目标的?效果如何?您还有什么建议?
研讨随笔(请您评课时填写):

图 2.3.12　思维工具促深度学习课堂观察量表

首都师范大学附属密云中学数学教研组听课记录单

听课时间_____   听课地点_____   听课教师_____

思维发展型课堂是我校本学期重点推进项目，学科核心素养是新课改背景下教学的导向，教学目标是影响教学质量的关键因素，是课堂安排一切活动的出发点和归宿点。希望您按要求观察课堂并如实记录，课后到指定地点坐下来与本组教师共同交流研讨，大家互相学习，共同进步，衷心的感谢！

授课教师_____		授课题目_____	
教学目标设计	体现核心素养		
	目标可测量性	目标中可测量的词语：	简要说明
	思维目标设计	无思维目标（　）　　　有思维目标，但不具体（　） 有思维目标，好操作（　）	括号内打√即可
	改进建议		简要说明
思维推进设计	所用思维图示	圆圈图（　）气泡图（　）双气泡图（　）树形图（　）括号图（　） 流程图（　）复流程图（　）桥型图（　）思维导图（　） 概念图（　）	括号内打√即可
	激活思维能力	发散（　）联想（　）类比（　）比较（　）分析（　）综合（　） 概括（　）抽象（　）判断（　）推理（　）其他（请列举：　　）	
	情境及冲突		简要说明
	改进建议		
学生活动设计	学生活动形式	听讲（　）回答（　）展示（　）讨论（　）自主学习（　）讲解（　） 合作学习（　）辩论（　）其他（请列举：　　　）	
	能力发展点		
	改进建议		简要说明
学生活动观察	活动广度	小于5人（　）　5—10人（　）　10—15人（　）　15人以上（　）	括号内打√即可
	活动深度	有探究（　）　有质疑（　）　有讨论（　）	
	特色活动		
	活动效果	优秀（　）　良好（　）　一般（　）　待改进（　）	
教学目标达成检测方式、效果			
研讨随笔			

***此表评课后填写完整交给授课新教师，他们会吸纳您的意见调整自己的教学设计，谢谢您的支持！

图 2.3.13　思维工具促深度学习课堂观察量表 2.0 版

图 2.2.13 是 2018 年我校在思维发展型课堂初始阶段的时候研制的课堂观察量表，主要从思维工具的使用情况、教学目标的达成度，以及课堂建议三个方面

进行观察，但是因为评价指标的指向不够明确，量化的清晰度不够，所以学校及时进行了调整，即2.0版本的课堂观察量表。

这一优化后的课堂观察量表，主要从教学目标设计、思维推进设计、学生活动设计、课堂活动观察以及目标达成效果等维度进行量化，在教学目标这一维度，重在观察教师落实目标的可检测性和思维目标的设计，在思维推进的维度，主要从思维工具的使用、思维能力的涵盖范围、情境设计及冲突等方面进行评价，也体现了区级教学工作和我校教学工作推进的重点内容的落实情况。但在思维发展型课堂的深入变革中，需要观察教师们落实思维发展型课堂教学四原则的情况，所以我们再次优化课堂观察量表，也就是现在正在使用的3.0版本，在这一版本中，主要应用问卷星进行填写，利用信息化手段大大提升了工作效率。

备课、上课及作业，是保障教学质量的三个重要环节，在"双减"背景下，坚持学生为本，遵循教育规律，着眼学生身心健康成长，要全面压减作业总量和时长，减轻学生过重作业负担，满足学生多样化需求等。所以作业的有效设计，就显得尤为重要。结合各级文件精神，以及学校特定的校情，我校在作业设计方面，大致经历了两个阶段，第一阶段是以练习题目为主，突出核心知识和方法的练习，作为课堂教学的延续。

随着课堂改革的不断深入，以及各级文件要求，我校将作业设计作为教学工作重点的研究内容。要突出分层教学，以满足不同学生的需求；要凸显个性化学习，发挥每个学生的优势；要结合实践，提高学生解决问题的能力；要学科间综合，培养现代化创新人才。所以对作业的要求就必须有分层，有综合，有实践和创新，各教研组将作业都设置为常规作业与综合实践类作业。在常规作业中，要标注学科关键能力的层级要求，也要体现分层作业设计。（案例见图2.3.14）

在综合实践类作业中，各教研组就根据学科的需要，进行个性化的设计。

一系列研修工具的开发与使用，助力教师们在校本研修活动中更好地学有所得、学有所用、学有所成、内化于心、外化于行，从而解决我们在研修活动中所存在的单一化、碎片化、浅层化和学用转化难以及成果固化难等问题，为我校教育教学高质量的发展和教师自身素养的提升，提供助力和支撑。

我校开展"漫游北京"文化实践活动，围绕"灿烂文明""红色记忆""魅力创新"等主题（可自创主题）向同学们征集北京一日游路线方案，请完成下表。

"漫游北京"文化实践活动	
路线主题	
路线地点	
路线价值	写出选择此主题、推荐游玩以上地点以及路线设计的理由。
过程记录	带领家人或小伙伴按照自己的计划走完路线，上传照片，并记录下游玩感受。

图 2.3.14　政治组实践类作业

第三章　团队研究成果

导言

在把握新时代脉搏、践行教育家精神的背景下，结合高质量发展视域下普通高中校本研修的一般化内容、目标以及策略，我校校本研修工作以系统思维布局落子，进行基础性研究、战略性布局、周期性安排、递进性实施，在最大化释放每位教师潜力的同时，让富含创意但却呈现散点状、分散性的个体最深度融入学校团队，并在学校团队的引领下，形成"团队前瞻化引领个体、个体能动性融入团队"的"双S"型校本研修共同体，研究喜结硕果。

既有育人方式变革领域荣获国家级基础教育教学成果大奖的惊喜，又有"'N+X'多元融合型教师研修模式"的市级荣誉，更有国家课程校本化实施、特色校本课程建设方面的突破。

学校顶层设计、全域引领，教师个体能动参与、创新突破，两者相互促进、相互补充、相互支撑，汇聚出我校校本研修的最大合力，扩大了全面育人场域，开阔了校本研修视野，点燃了研究型学校建设激情，夯实了高质量发展底气。

第一节 育人方式变革研究

从学科教学到学科育人：普通高中生活实践场域构建与实施

李文平　孟青　张歌　王海燕　王锐　曹丽娜

（一）问题的提出

1. 研究背景

作为一所有着 70 年校史的生态涵养区普通高中学校，我们经历了新中国成立以来教育改革发展全过程，特别是受到 2001 年基础教育课程改革、2017 年高中新课程改革洪流冲击后，在教育观念、教师专业水平、生源基础、软硬件等都存在一定落后性和局限性的现实条件下，学生培养和学校发展面临着前所未有的困难和挑战。要培养有理想、有本领、有担当的时代新人，单靠传统学科知识教学难以实现，必须重建育人观念、变革育人方式、重塑育人场域。

（1）负担重质量低，育人观念必须重建

调研发现，学校 80% 以上毕业生在大学毕业后会回到家乡，成为家乡建设的主力军，学校教育肩负着为生态涵养区建设和乡村振兴培养人的重要责任。而长期以来，受"唯分数论""唯升学论"等应试观影响，学校教育以提高分数为主要目的，学生负担重，学校育人质量低。因此，必须重建育人观念，明确学校教育旨在培养完整人、家乡人、社会人，实现为党育人、为国育才。

（2）单靠机械操练，育人方式亟待变革

2017 年高中新课程改革强调"学科育人"，使学生通过学科学习而逐渐形成正确价值观、必备品格和关键能力，即核心素养。但受传统教学观影响，学科教学以碎片化知识教学和解题能力训练为主，仅靠坐而论道、不断加大学习强度和增长时间难以实现育人目的，只有将知识与生活情境关联，在运用知识解决问题中才能发展核心素养，实现学科育人。因此，亟待变革育人方式，促进知行合一。

（3）学习生活枯燥，育人场域有待重塑

反思多年的课程改革发现，单靠改变教与学关系，促进学生课堂内外自主学习，并没有实质性改变学生"两点一线"枯燥的学习生活，因缺乏情感、温度和氛围，难以培育有理想、有本领、有担当的时代新人，还需从其他环节进一步深化改革。通过长期实践发现，学习场域的改变能够有效促进学校育人生态重构，是改革的重要环节和变量。理想的学习场域具有临场感、乡土性，自带温度、情感和文化底色，是最真实的学习情境，聚合了丰富的学习资源，有利于知识直接迁移应用，有助于促进学生对家乡的理解、认同与参与，是学科育人的重要载体。因此，有待通过重塑育人场域实现学科育人改革。

2. 解决的主要问题

基于数十年高中办学经验和教学实践的深刻反思，我校确定了"如何通过生活实践场域构建与实施，实现学科育人方式变革，促进教育高质量发展"的核心问题开展研究，具体解决如下问题：

第一，解决"学科育人转型内在机制"问题，探寻生活实践场域在促进学科育人改革中的关键作用。

第二，解决"现有资源如何转化为实践场域支撑系统"问题，探寻超越课堂的生活实践场域整体设计与构建。

第三，解决"通过生活实践场域，实现育人生态变革"问题，探寻生活实践场域促进学校课堂、课程、文化等育人生态全面变革的路径和实践范式。

为此，学校以学习环境这一要素为突破口，超越课堂教学，通过构建生活实践场域支撑系统，探索出育人路径和实践范式，形成学科育人方式变革新机制，进而变革了学校育人生态。

（二）解决问题的过程和方法

1. 过程与方法

图 3.1.1　解决问题的历程与路线

成果历经17年理论与实践研究（含9年实践检验与推广），以"变革课堂教与学关系→超越课堂教学→构建并不断拓展生活实践场域→完善场域支撑系统→变革学校育人生态"为路线（见图3.1.1），持续深入地运用课题研究、课程建设等方法，边实践、边检验、边改进，经历了三个阶段（见表3.1.1）。

表 3.1.1　三个阶段的具体研究内容

主要阶段	解决的主要问题	具体过程	主要方法	阶段性成果
第一阶段 超越课堂时空构建实践场域（2005—2013）	解决"学科育人转型的内在机制"问题	1. 从"改变教与学关系"角度，探索了学生主体的课堂模式 2. 从"改变学习环境、突出实践探究"角度，逐步明确学科育人内在机制，初步构建学生实践场域，并通过选修课、综合实践活动进行实践验证	课题研究 课程建设 课例研究 行动改进 资源建设 模型建构 文化建设 机制建设 ……	1. 形成"自主—互助式"课堂教学模式 2. 初步形成学科育人理论模型 3. 构建了生活实践场域促进学科育人的改革方案
第二阶段 支撑学科育人赋能实践场域（2013—2017）	解决"现有资源如何转化为实践场域支撑系统"问题	1. 进一步拓展场域空间和育人功能，以"教育戏剧"课程实践为突破口，从校园场域延展到自然、社会场域 2. 为场域各类资源赋能，激活场域的支撑力，进行资源环境建设 3. 探索场域对课堂学习的支撑作用，在大量课例实践与改进中，形成协同育人路径，成为学科育人重要载体		1. 构建生活实践场域支撑系统 2. 统整生活实践资源群组 3. 探索形成了生活实践场域与课堂的互动协同育人路径

续表

主要阶段	解决的主要问题	具体过程	主要方法	阶段性成果
第三阶段 立足实践场域重构育人生态（2017—2022）	解决"通过生活实践场域，实现育人生态变革"问题	立足生活实践场域，探索学校育人生态整体变革： 1. 学校课程改革：以课程整体建设为核心，通过构建"特色校本课程""探索国家课程校本化实施等，变革课程文化 2. 学校文化变革：进一步丰富课堂文化；构建支撑学科育人的环境文化；完善师生学习文化，从而整体变革学校育人生态		1. 形成立足场域的育人实践范式 2. 形成了"格·智"课程文化 3. 形成了集"课堂文化-环境文化-学习文化"为一体的学校育人文化

2. 理论依据

（1）知行合一的教育观

"知行观"是我国哲学思想重要范畴。孔子、朱熹、王阳明等都强调"知行合一"。陶行知结合杜威"教育即生活""学校即社会""在做中学"等实用主义教育观，将"知行合一"应用于教育实践。本节基于这一朴素的教育哲学思想，探索促进高中各学科必备知识的"知"与生活实践的"行"的"合一"，以此发展学生核心素养，实现学科育人。

（2）实践取向的课程观

20世纪80年代以来，派纳等人依据"实践经验取向"和"作为实践的课程"，强调学生主动实践。本节基于学生立场，构建生活实践场域，旨在将学生纳入课程中来理解，促进其在实践中丰富个体经验，与知识对话和互动，形成基于家乡场域的自我理解与认同，建构精神世界，实现终身发展。

（3）学习科学下的学习环境论

学习环境是支持和促进学习者学习的各种条件，是影响学习至关重要的因素之一，对促进学生知、情、意发展等方面有着重要影响。传统课堂"教师讲、学生听"的学习模式与单一学习环境，难以为学生经历高阶思维、运用知识解决问题提供情境支持。本节在变革教与学关系的基础上，进一步从学习环境要素寻求突破，力求通过改变学习环境推动学科育人方式变革。

3. 核心概念

（1）生活实践场域

生活实践即学生通过在生活中发现问题、分析问题、解决问题的主动实践，获得生活经验，发展综合运用知识的关键能力、必备品格，形成正确价值观的教育性活动方式。生活实践场域即为实现学科育人而构建的面向学生真实生活、凝聚教育价值、融通学校内外时空的综合学习实践空间与环境。

（2）学科育人与生活实践场域的关系

学科育人旨在培养学生正确价值观、必备品格和关键能力等核心素养，在学科知识教学基础上，必须通过生活实践，即在真实情景中，综合运用学科知识解决问题，促成知识内化，进而向核心素养转化。生活实践场域是学科育人实现的重要载体和有效路径。

（三）成果的主要内容

我校经过十余年持续不断研究与反复实践检验，形成了四项核心成果（见图3.1.2）。

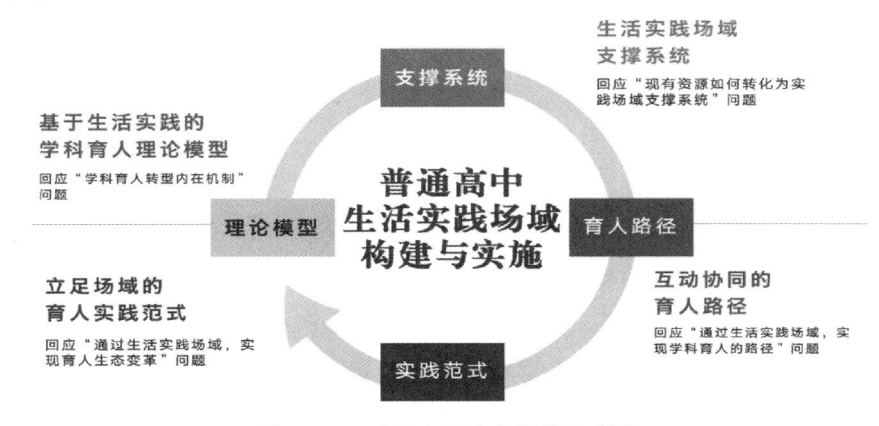

图3.1.2　成果主要内容逻辑关系图

一是在理论与实践基础上形成的"基于生活实践的学科育人理论模型"，二是基于理论模型而构建的生活实践场域支撑系统，三是基于生活实践场域支撑系统形成的互动协同育人路径，四是在育人路径基础上进一步形成了立足场域的育人实践范式。四个方面层层递进，相互支撑，经实践检验取得了颇为显著的育人成效，为解决"如何通过生活实践场域构建与实施，实现学科育人变革，促进教育高质量发展"问题提供了科学性方案。

1. 提出学科育人理论模型

从学习的本质出发，基于相关理论，就学科教学向学科育人转型的内在机制进行了深入研究，提出"从学科教学到学科育人过程的 W 模型"（见图 3.1.3）。

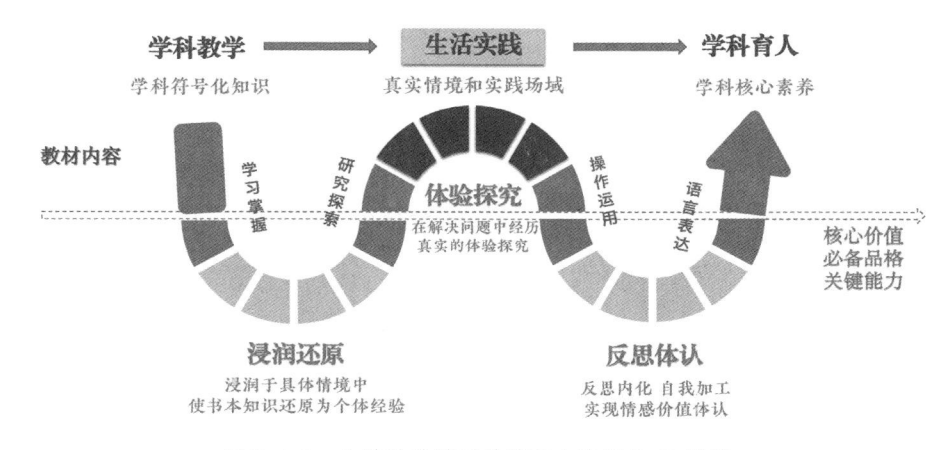

图 3.1.3 从学科教学到学科育人过程的 W 模型

课堂"学科教学"为学生提供基于教材内容的符号化知识；在对知识内容学习掌握的基础上，学生必须通过"生活实践"环节，在具有真实情境的实践场域中将抽象符号化知识浸润于具体问题情境中，使书本知识在实践中还原为个体经验，经历"浸润还原"的下沉内化过程；同时必须在解决问题中经历一次真实的"体验探究"，通过研究探索和操作运用等，进一步将知识转化为个体经验；最后，需要再次下沉，经历"反思体认"，即将个体经验进行反思内化、自我加工，实现情感价值体认，再通过言行表现外化出来，形成学科核心素养，将核心价值、必备品格和关键能力内化于心，达成"学科育人"。这个"外在—下沉—外显—再下沉—再上浮"的过程以"W模型"呈现，体现外在知识与内在经验的有机融合，即学科育人内在机制的理论模型。

2. 构建生活实践场域支撑系统

（1）构建生活实践场域支撑系统

依据"W 模型"，生活实践是促进学科教学到学科育人转型的关键环节。而生活实践单靠课堂教学难以实现，必须超越课堂，打破时空边界，构建面向学生真实生活、凝聚教育价值、融通校园内外的生活实践场域。为此，学校对现有各类条件资源进行了统整与规划，特别重视发挥学校地理环境（首都生态涵养区）的地域优势，注重对场域空间内各类资源进行激活、转化、赋能。挖掘其在课程教学中的育人价值，使天然的生活空间变成具有乡土底色、家乡温度、触手可及、自带引力的学习场景、平台等课程资源，转化为学习支撑系统，让学生"在场"，产生临场感、熟悉感、亲切感，自然卷入学习，主动探究，感受到学科知识在生活实践运用中的温度与情感，进而厚植家国情怀。

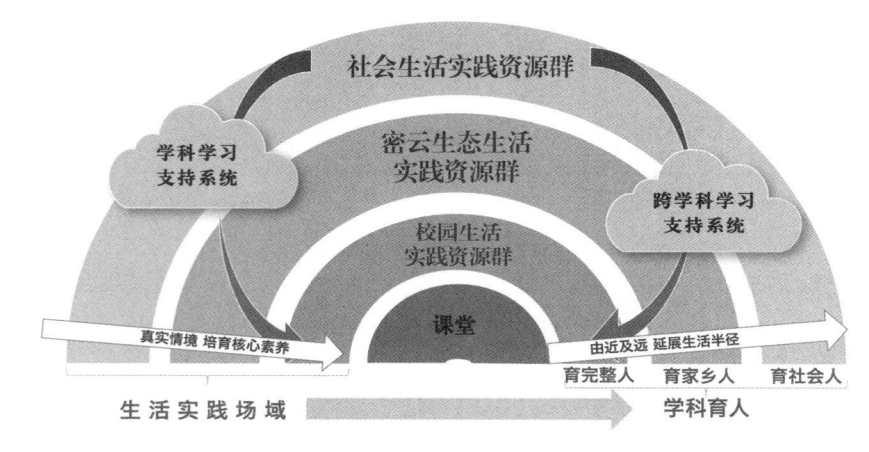

图 3.1.4 高中生活实践场域支撑系统

从学科教学到学科育人过程的 W 模型构建了高中生活实践场域支撑系统（见图 3.1.4）。从目标来看，学科育人是构建场域支撑系统的根本追求。基于不同场域资源，按不同育人功能，具体指向完整人、家乡人、社会人的培养。从结构来看，对场域内资源进行了再定义，使其标签化，有明确指向性，形成了"学科学习"和"跨学科学习"两大支持系统，满足学生多元学习需求和综合能力的发展，但二者并非截然分裂，而是相互支撑、开放灵活、彼此融合的支持系统。从内容来看，根据空间远近和主题不同统整了实践资源群组，分为校园生活实践资源群、密云生态生活实践资源群、社会生活实践资源群。打通各种类型资源，如自然环境、社区社会、校园文化、虚拟空间等，为场域空间赋能，充分促进各类资源的课程转化，使其为学生学习提供全面支持，使学科育人的落实成为必然。

(2) 统整多元的实践资源群组

在场域支撑系统中，特别要说明的是多元的实践资源群组（见表3.1.2），通过统整，使各种类型资源更具结构性、整体性和指向性，打破学习时空边界，实现"处处能学习，家园即教材，社会是课堂"。

表 3.1.2 多元的实践资源群组

支持系统	校园生活实践资源群	密云生态实践资源群	社会生活实践资源群
学科学习支持系统	"格致苑"阅读教室，"慧萤"科技创新教育基地，"匠心"创意坊，机器人教室，舞蹈教室，分子、微生物、化学物质检测、组培等实验室；萤火学科节，体育节等；各类常态化学科特色活动	白河森林公园自然景观调查实践基地、密云区巨各庄蔡家洼村玫瑰情园精油提取实践基地等	与首都师范大学、中国科学院、中国工程院等高校合作建立多个科学实验基地等
跨学科学习支持系统	占地800平方米的生物实践基地；科技节、"V-book"数字化课程资源平台、艺术节、"燃创空间"戏剧教室；特色戏剧节、萤火文化节等	"绿水青山"课程学生实践基地、潮白河流域实践基地、密云水库文化资源、密云区不老屯镇黄土坎村实践基地、密云水库展览馆实践基地等	密云区科学技术协会实践基地，密云区学府花园社区实践基地，密云区政协、法院、医院、工厂、公司等实践基地等

一是校园生活实践资源群，校园是学生最直接最亲近的实践学习场，因此在硬件方面，应超越传统班级教室，建立多个特色教室和实践基地，平均每学年承担约1000人次实践活动。在软件方面，建立并举办了各类校园实践展示平台和文化节，实现学生100%参与率，其中校园戏剧节连续举办了7年，累计约9000人次学生参与到戏剧节实践中。二是密云生态实践资源群，爱祖国要从爱家乡做起，只有走进家乡、理解家乡，在实践中研究、参与家乡建设，才能真正厚植家国情怀，成为社会主义的建设者与接班人。因此，以生态为轴心，深度挖掘密云地区在环境、产业、新农村建设等方面可供实践研究的资源，建立了多个实践基地，变熟悉的乡土为实践资源，用科研实践反哺家园建设。三是社会生活实践资源群，在学校周边社区和乡村建立了多个学生实践调研和志愿服务基地，与大学、

社会机构合作建立了多个实践基地，并充分挖掘了各类文化实践基地、博物馆、公园等实践资源，发挥协同育人功能，让社会成为学生大课堂。

3. 探索出互动协同的育人路径

依据"W模型"和生活实践场域支撑系统，进一步探索出"场域－课堂"互动协同的育人路径（见图3.1.5），直接改变了学生学习方式和教师育人方式，促进从学科教学到学科育人的变革。

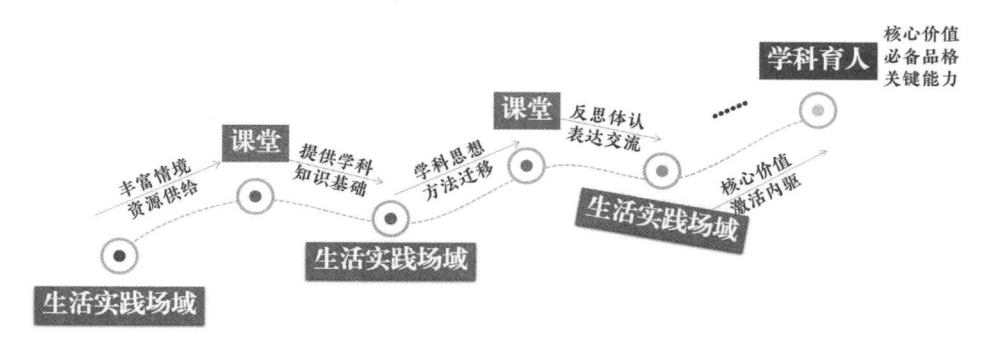

图3.1.5 "生活实践场域－课堂"的互动循环路径

学校构建的各类生活实践场域为学科教学创设了真实情境，聚合了丰富的学习资源，促进教师将生活实践主题与学科教材内容进行连接；课堂的学习为场域实践提供了学科知识基础，而学生在场域解决问题中，再一次发现新问题，到课堂内主动探究；课堂上完成的学习进一步在实践场域进行应用迁移，同时还支持了学生的社会参与，促进正确价值观的形成，激活了内驱力。学生在"课堂—场域—课堂—场域—课堂"的良性互动协同中，实现了核心素养发展。该路径使"W模型"落位到具体课堂教学中，实现场域与课堂双向供给，互动协同。具体表现如下。

（1）主题内容与学习资源的链接

场域自带丰富学习资源，直接为学生学习提供了话题和方向。例如在校园戏剧节中密云英雄母亲、密云水库历史等都成为学生戏剧创作主题。再如在密云水库主题多学科实践中，学生在地理课上通过水库案例分析探究"水循环"问题，在政治课上以水库建设为例，讨论"为什么绿水青山就是金山银山"，理解社会主义生态文明观，语文课基于水库周边访谈过程，主动探索访谈方法，融入家乡文化主题学习……主题内容与学习资源的连接联通了场域与课堂，在互动协同中实现育人目标。

(2) 必备知识与关键能力的迁移应用

课堂学习的必备知识和关键能力，需要场域支撑才能迁移应用，而场域实践又促使学生在面对真实问题时不断产生新问题，再到课堂主动探究，形成良性循环。例如在"绿水青山"研究实践中，学生们确定了密云水库水质、贡梨之乡、潮白河等若干研究课题。其中一位家住黄土坎地区的学生讲起了当地鸭梨的故事，引发了同学的好奇，产生了真实问题，于是学生们从对贡梨之乡文化考察，到对黄土坎鸭梨生长环境、鸭梨种植产业、食用保鲜、营销策略等进行了一系列研究，涉及生物、化学、地理、政治等多学科。通过自主发现问题、探究问题、解决问题，最终形成了调研报告、实验报告、论文等（见表3.1.3）。

表3.1.3　黄土坎鸭梨研究项目情况

研究分组	研究选题	涉及学科	形成的报告/论文	转化为的科学建议或提案	获奖情况
文化考察组	黄土坎鸭梨与不老屯长寿村(采访长寿老人)	历史	北京市密云区"长寿村"人居环境与健康关系调查报告		第四十届北京青少年科技创新大赛市级三等奖
生长因子分析组	与其他地区梨的对比研究(口味、特色等)	生物化学	关于黄土坎鸭梨石细胞的研究		北京市第二十届中小学生金鹏科技论坛活动市级三等奖
	土壤中麦饭石含量对黄土坎鸭梨品质影响	地理	密云黄土坎地区富含麦饭石土壤的孔性、肥力状况及蚯蚓对其的趋避性评价		第四十届北京青少年科技创新大赛市级三等奖
	树下土壤的动物丰富度的调查	生物地理			

93

续表

研究分组	研究选题	涉及学科	形成的报告/论文	转化为的科学建议或提案	获奖情况
科技种植组	解决黄土坎鸭梨的病虫害问题	生物	黄土坎鸭梨病虫害现状及解决办法初探	关于使用昆虫性外激素治理北京密云地区黄土坎鸭梨虫害的建议	北京市中小学生环境教育系列活动——环境调查报告中获市级一等奖
				关于改进密云区黄土坎鸭梨害虫生物防治的建议	第十一届北京市中小学科学建议奖评选活动二等奖和三等奖
	采摘的最佳时期	生物	密云黄土坎鸭梨室温条件下最佳食用时间研究		2019年北京少年科学院"小院士"活动市级三等奖
营销组	关于黄土坎鸭梨营销策略的调查研究(企业营销)	政治	关于黄土坎鸭梨营销策略规划研究		2019年北京少年科学院"小院士"活动市级三等奖
	储存和深加工	生物	多糖涂膜对密云特产鲜切梨保鲜效果的研究		2021年中国生物物理学会首届中学生卓越论坛卓越报告 北京市第二十届中小学生金鹏科技论坛活动市级二等奖

再以生物学科"种群及其动态"学习为例。调研种群的"样方法"在教材中只是介绍性质，学生在知识学习中很难形成素养。为此，学生们先按此方法对校园中的植物进行了"样方法"的取样，将过程录制成视频在课上展示；然后，学生们根据实践体验和课上讨论自主归纳出了"样方法"的具体操作要点，并制定了调研计划，全体到密云白河公园进行实地调研，经历实践探究过程，再回到课堂交流，进一步整理分析数据。在实践中，学生发现真实取样与书本知识不一样，遇到了许多实际问题，通过不断反思归纳理解了真实科学探究过程。学生在

场域与课堂之间，实现了对学科思想和方法的深度理解与运用，也通过亲身实践，用科学的眼光重新看待公园中的生态，对生态观念有了更直观的感受，促进了核心素养发展。

（3）价值观念与家国情怀的激活

场域空间的价值在于为学生的真实体验提供具体可感的情境，是物理环境、文化环境与心理环境的叠加。学生身边真实的场域情境比起书本来说，是自带生命色彩的，蕴含丰富的文化底蕴、精神气质和情感底色。只有置身于熟悉的故土，才能产生情感共鸣，有切身体验，增进家乡认同与文化理解，进而通过综合运用课堂知识直接参与家乡建设，实现社会参与。以政协提案为例，学生们在密云山区和社区调研和实践时发现了很多具体问题。回到课堂后，当政治老师讲到"政协"相关知识时，学生们产生了浓厚兴趣，于是将研究的问题和调查报告整理形成了 20 余项模拟提案，包括"关于潮白河环境保护以及北京地区水源饮用安全的建议""建立社区内幼儿园式老年公寓的建议""宣传并推广乡村振兴主体农民工的社会保障问题的建议"等。同样地，学生在研究黄土坎项目后，也积极将研究结论转化为政协提案和科学建议（见表 3.1.3）。在场域-课堂的互动协同作用下，学生们产生了"家乡建设有我、强国有我"的自豪感与责任感，实现了价值观念与家国情怀的激活。

4. 形成立足场域的育人实践范式

随着实践深入推进，生活实践场域的意义已经超越了学习环境、学习资源、学习方式，成为学校办学整体规划与布局的体现，丰富了原有育人观念、育人方式和育人场域，形成了"场域—课程—文化"育人实践范式，实现学校育人生态变革。

第一，基于场域整体布局和思路，学校秉持"自主教育"办学理念，构建了三层、五领域"格·智"课程体系（见图 3.1.6），据此形成了多个国家课程的校本化实施成果，如"多场域协同的'参与式'思想政治课程校本化实施等。以及多个特色校本课程群，如"绿水青山"生命科学多元融合课程、"小剧大成"教育戏剧课程等，发展了凸显"主动探究、智慧生长"的"格·智"课程文化，逐步形成了学校课程品牌。

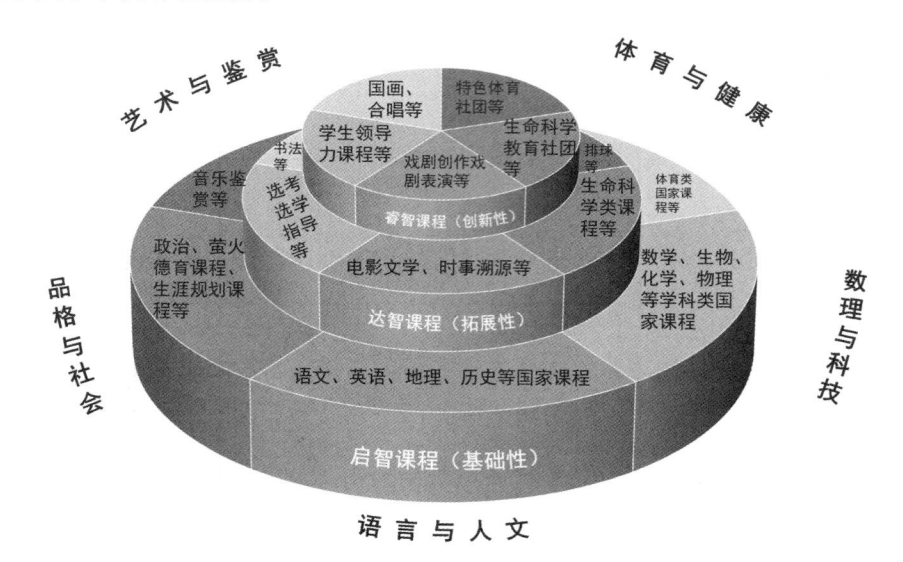

图 3.1.6　学校"格·智"课程结构图谱

第二，生活实践场域引领学校育人文化整体变革。重构了课堂文化、环境文化、学习文化，即：以学生为主体的集"自主互助、实践探究、思维发展"为一体的课堂文化；与实践场域相适配的各类资源群为主体的环境文化；以教师、学生"自主实践、协同研究、严谨求真"为特征的校园师生学习文化。在多年的实践检验中，实现了学校育人生态的持续优化。

（四）效果与反思

1. 主要成效

（1）学校教育生态实现了从学科教学到学科育人的转型

在办学基础薄弱的情况下，通过 17 年持续而深入的改革，学校教育生态面貌一新。教师育人观念和育人能力显著提升，从只关注"教"到关注"学"，再到关注"人"，在育人理念、教学能力、科研能力、课程开发与实施能力等方面实现了转型。近十年来，我校教师多次获全国劳动模范、北京市模范集体称号等荣誉，教学专业水平得到专家赞许，屡获市级及以上教学、科研荣誉，如获全国基础教育化学新课程实施成果特等奖等。学生学习品质和核心素养显著提升，从只知刷题到主动实践，再到社会参与，展现出新时代高中生的责任担当和家国情怀，如撰写了调查研究和实验报告（论文）200余篇，仅以抗击新冠疫情为背景就形成了40余篇研究报告，集结成《萤火星河》报告集；2022—2023年，学生自主向各级部门提出的科学建议和政协提案达160余项；创作了大量科技类、文学类、艺术类创意类作品，包括剧本360余个，其中学生戏剧作品《英雄母亲邓玉芬》《那山那水那情》等反映密云文化历史的剧目在全国推广，被"学习强国"App宣传报道；学生代表还在2021年"中国暨国际生物物理大会——首届中学生卓越论坛"上做学术发言。越来越多的学生在步入大学后展现出实践能力强、自信乐观、视野开阔等素养。学校教育为学生终身可持续发展奠基，真正实现了从学科教学到学科育人的转型。

（2）生活实践场域的构建成为推动育人方式变革的重要支撑

生活实践场域为学校育人方式变革提供了强有力的支撑，为课堂教学、课程建设、环境文化、师生学习文化等带来一系列改革。通过课堂观察发现，场域与课堂学习的互动协同已常态化；基于生活实践场域所构建的"绿水青山"生命科学特色课程和"小剧大成"教育戏剧课程被认定为北京市高中特色课程，面向全市高中学校做案例推广；基于场域所设计的各类校园实践资源群深受师生喜爱，利用频次达100%；学校还逐步成了师生共同学习的场所，教师积极围绕学科育人开展了各类研究，累计承担的市区级相关课题达40余个；学生基于场域研究所撰写的报告和论文共获市区级奖36项，学生"密云水库水质综合实践研究"课题荣获全国创新大赛一等奖等，形成了良好的校园学习文化。生活实践场域成为学校开展各类改革的重要路径。

（3）学校为远郊区学校教育改革提供了样板与范式

学校通过十余年艰苦卓绝的努力，成为密云地区率先全面系统进行改革的高中学校，为生态涵养区教育发展提供了改革样板与范式。连续多年获得市区级综合素质评价先进单位，先后获得北京市基础教育课程教材研究基地校、北京市基础教育课程建设先进单位、北京市金鹏科技社团等荣誉，郊区普通家庭万余名学生直接获益，育人新样态为郊区教育发展注入新活力。

2. 影响力

学校研究成果丰硕，公开出版专著4部，召开市区级现场会近20场，在各级各类会议上进行学校经验介绍的典型发言近30场；《中国教育在线》《中国教育报》《现代教育报》《教育家》《北京教育》等媒体进行了多次宣传报道。成果以现场会、研讨会、培训、观摩等形式辐射，范围从密云区中小学、少年宫，到北京市各区学校，特别是跨省市中小学合作共同体20余所成员校，包括英国的学校教育团队；为全国数千名干部教师提供了生动丰富的理论和实践资源成果，发挥了示范带动作用，获得2021年北京市基础教育教学成果一等奖。

3. 特色及创新

（1）反哺家园与社会，探索人才培养新路径

学校传承70年办学历史，基于区域文化和校情构建生活实践场域。引导学生行走于山水间开展实践，将所学所研转化为支持家乡发展的实际行动，实现让"家乡变前沿，前沿促科研，科研哺家园"。使学科知识在有温度、有情感、有底蕴的场域中转化为学生经验，知行合一，激发学生实现"以实践反哺家园，密云发展有我"的理想追求，为培养完整人、家乡人、社会人探索了新路径。

（2）基于生活实践场域，提出育人实践新范式

提出了从改变学习环境的角度构建生活实践场域，以支撑学科育人改革，进而推动学校育人生态全面变革的改革思路。通过长期实践形成了学科育人理论模型、场域支撑系统、育人路径和实践范式等创新性成果，在理论与路径上具有前瞻性和引领性，为高中育人方式改革提供新范式。

（3）回归学生主体，重构学习生活新样态

坚持学生主体立场，重新设计学生完整的学习生活。基于常态化学科学习，通过整体育人、协同育人、实践育人、环境育人等方式，拓展学生生活半径，突破"两点一线"，构建完整的生活实践场域，实现从学科教学到学科育人的整体变革，重构了高中学生学习生活新样态，学生通过学科教育真正成为有担当的时代新人。

4. 反思与展望

基于已有成果，学校将继续深耕实践，探索在生活实践场域基础上促进学生个性化发展和高中多样化特色发展，进一步拓展数字化场域的资源挖掘与利用，不断求索创新，肩负起高中教育"为党育人，为国育才"的历史使命。

（此成果获得2021年北京市基础教育教学成果一等奖；国家级基础教育教学成果二等奖）。

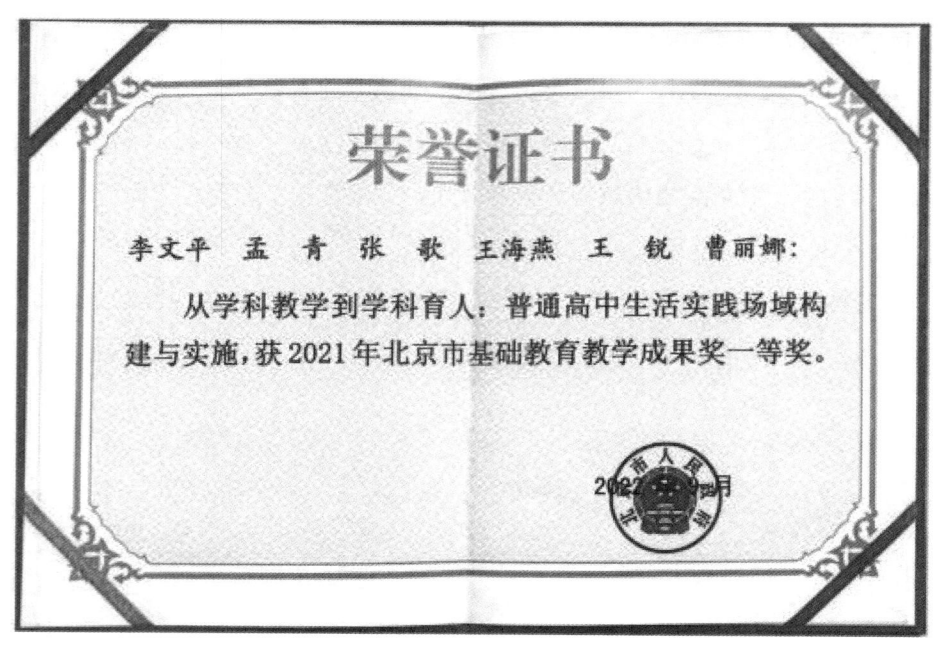

图 3.1.7　2021 年北京市基础教育教学成果一等奖证书

图 3.1.8　国家级基础教育教学成果二等奖证书

第二节　教师研修模式研究

"N+X"多元融合，打造高水平青年教师队伍方案

刘啸　李文平　王锐

（一）背景分析

1. 新教育改革的要求和理念——强教必先强师

高质量发展是基础教育的生命线，加强教师队伍建设是建设教育强国最重要的基础工作。习近平总书记高度重视教师发展和教师队伍建设，多次就教师的核心素养发表重要讲话。从"四有"好老师，到做教学生为学、为事、为人的"大先生"，再到大力弘扬中国特有的教育家精神，这一系列重要论述集中体现了党和国家对教育事业和教师发展一以贯之的高度重视，也为新时代教师队伍建设和教师成长发展提供了根本遵循。

2. 新时代青年人概述——功成不必在我，功成必定有我

"90后"和"00后"这两代年轻人在成长的过程中深受网络文化的影响，形成了与前辈们截然不同的价值观念和生活态度。他们更加注重自我价值的实现，不再满足于仅仅完成工作任务，而是追求在工作中展现自己的能力和才华，获得成就感和满足感。他们渴望快速成功，会制定明确的目标，并为之付出努力。此外，"90后"和"00后"大多数是独生子女，这使他们形成了鲜明的个性和较强的自我意识。

3. 学校背景的深入分析——青年教师强则校强

（1）学校文化和师资队伍建设方面

首都师范大学附属密云中学作为一所远郊区高中校，一直高度重视教师队伍

建设。根据教师专业发展的阶段理论，建立教师素养提升成长坐标，把全体教师分层培养，新教师组建"启智"班，青年教师组建"达智"班，骨干教师组建"睿智"班（见图3.2.1），制订教师的个性化成长方案，实现精准化、菜单式、阶梯状培养。

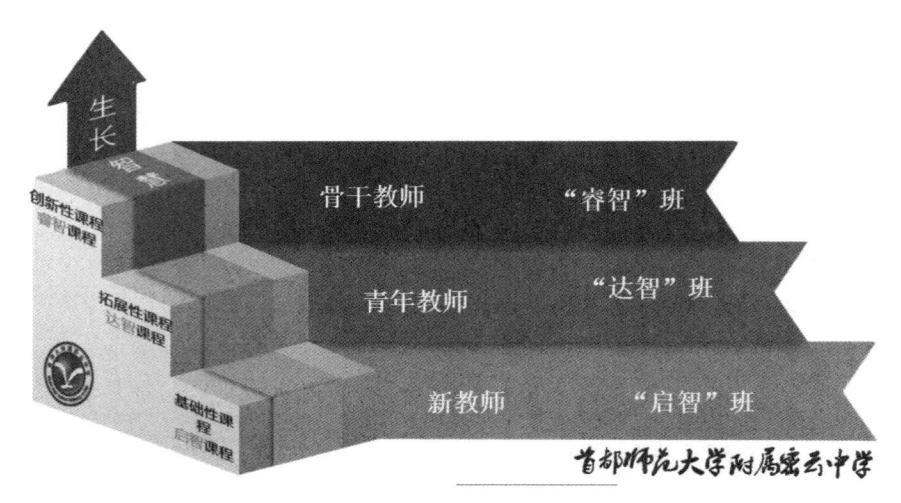

图3.2.1 教师素养提升成长坐标

（2）我校青年教师现状

在我校，青年教师群体庞大，共计90人，占全校教师总数的53%，他们充满活力，构成了学校教学团队中一道亮丽的风景线。但我们也必须正视面临的挑战，我校青年教师队伍在学历上呈现出较为均衡的分布，且党员教师在其中占据了相当大的比例，展现了他们较高的政治觉悟和职业素养。然而，在职称晋升和骨干教师培养方面，青年教师群体仍有待加强（见图3.2.2）。学校应助力青年教师突破发展瓶颈，实现个人价值，同时也为学校的长远发展贡献更多力量。所谓"青年教师兴则校兴，青年教师强则校强"。

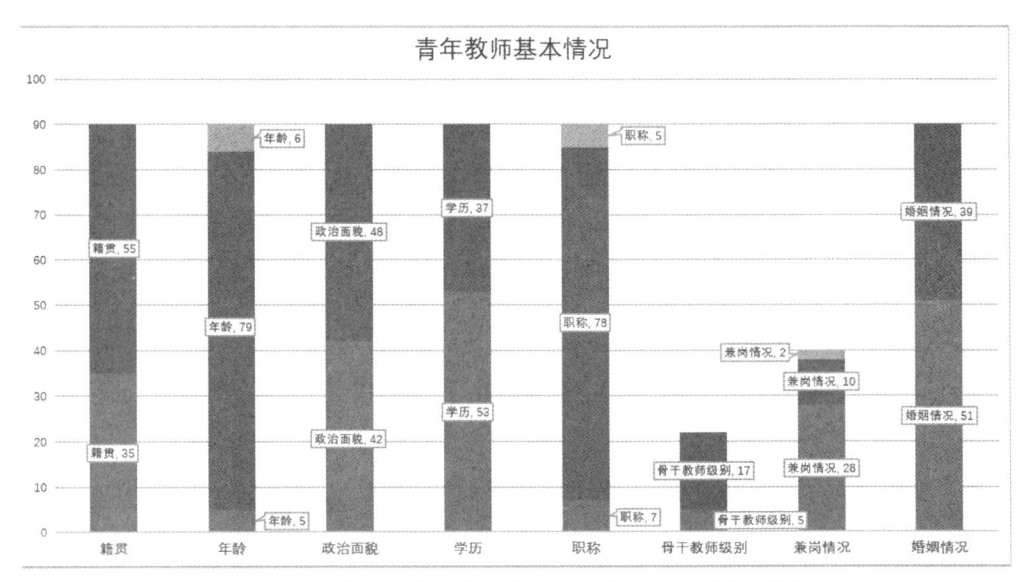

图 3.2.2　首都师范大学附属密云中学青年教师基本情况

（二）目标设计

基于以上背景分析，我校致力于创新青年教师培训工作，力争形成首都师范大学附属密云中学"青年教师画像"，形成"八个一"价值共识。具体为：拥有一份"为党育人，为国育才"的使命感和"躬耕教坛，强国有我"的责任感；保有一份对新政策、新理念、新变革的敏锐度；具有一个能长时间聚焦和专注做一件事的习惯和能力；拥有一套应用熟练、操作高效的思维工具；能有一种以解决实际问题为目标的有效方式和教育能力；拥有一个勤于动脑、善于动手、探索创新的实践力；富有一颗开朗乐观、积极进取的上进心；专有一些终身受用的各领域的技能、爱好。

（三）内容设计

根据学校高质量发展需要，我们科学地制定了"N+X"融合型青年教师研修模式（见图 3.2.3）。

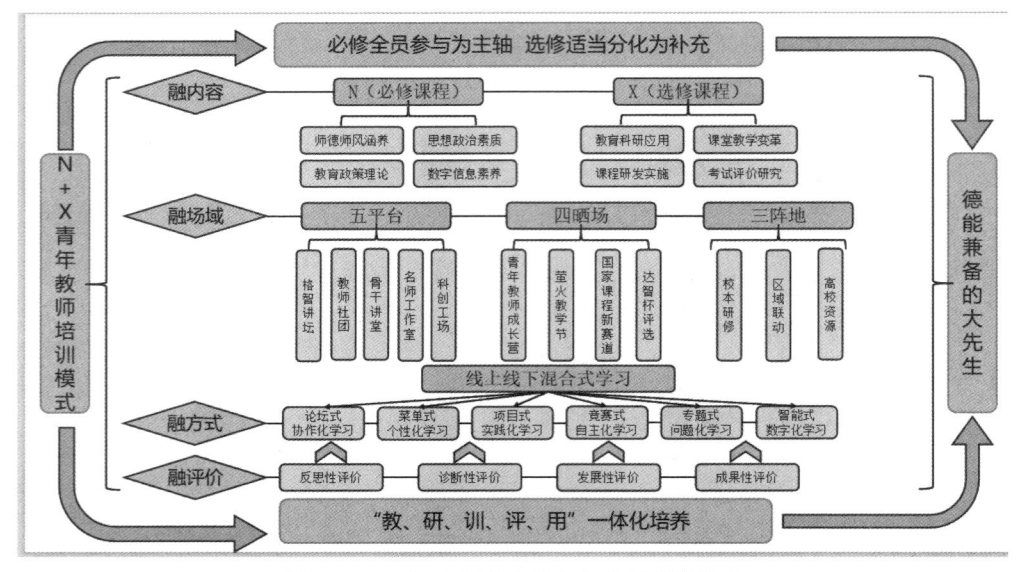

图 3.2.3 "N+X"融合型青年教师研修模式

1. 融内容

（1）必修为基，引导青年教师做德能兼备的"大先生"

从"塑师德"入手，为青年教师职业发展积蓄恒久动力。通过加强师德教育，引导青年教师树立正确的教育价值观、职业观和道德观，培养他们爱岗敬业、为人师表的精神风貌。

将"学理论"深入，为青年教师专业成长奠定坚实基础。通过组织系统的教育教学理论学习，帮助青年教师掌握先进的教育理念、教学方法和评价手段。

为"融思政"铺路，引导青年教师树立正确的教育观。通过加强思政教育理论学习和实践锻炼，帮助青年教师深刻理解思政教育的内涵和意义，掌握有效的思政教育方法和手段。

把"用技术"内化，鼓励青年教师提升教育教学效果。通过组织相关培训和指导活动，帮助青年教师熟练掌握多媒体教学、网络教学等现代教育技术手段的应用技巧和方法。

（2）选修为要，构建"教—研—训—评—用"青年教师成长新路径

以"履科研"为纲，为青年教师专业成长筑牢学术基石。青年教师通过积极

参与科研课题，得以深入探寻学科领域的最新动态与前沿趋势，进一步加深对学科知识的全面理解和灵活运用。

以"强课堂"为本，为青年教师专业成长打通关键路径。课堂教学是教师专业成长的主阵地，本方案强调以"强课堂"为本，通过优化课堂教学设计、提高课堂教学质量，为青年教师的专业成长打通关键路径。

以"研课程"为辅，为青年教师专业发展拓宽知识视野。通过组织课程研讨、编写校本课程等方式，引导青年教师积极参与课程研究和实践，为青年教师提供展示才华和发挥创造力的平台。

以"重评价"为导，为青年教师教学质量研究指明方向。带领青年教师研究《中国高考评价体系》，创新评价方式、优化评价手段和深化命题实践改革，从全局观视野看高考。

2. 融场域

（1）打造"一坛一团一堂一室一场"实训平台

学校注重教师梯队的培养，依托"格智讲坛""教师社团""骨干讲堂""名师工作室""科创工场"等教师成长平台，借智借力，让每个青年教师都能找到专业舞台、找准发展支点，推动青年教师的校本研修由单一走向立体（见图3.2.4）。

①格智讲坛，专家论道。学校设置"格智讲坛"，各领域的卓越专家和教师们进行线上线下经验交流、分享，青年教师在此平台拓宽学术视野，不断提升理论水平和专业修养。

②教师社团，彰显个性。学校工会为教师

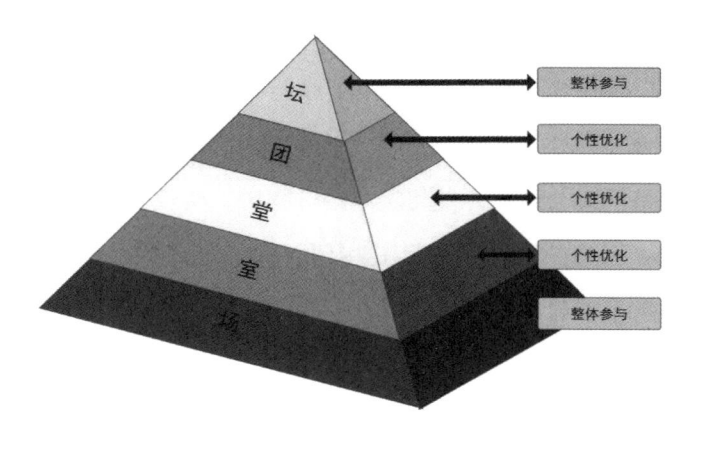

图3.2.4　教师培训平台"金字塔"

们开设了音、体、美、食等各个方面的社团，充分利用学校所有的活动教室和设备，定期开展活动。青年教师在此放松身心，增强归属感、幸福感。

③骨干讲堂，引领驱动。"骨干讲堂"各位教师立足课堂改革，定期进行教学研讨，为学科教学品牌创建作出贡献，为教师梯队的自我成长助力，给青年教师最精准的专业引领。

④名师工作室，示范辐射。名师展示优秀教学实践、成果与创新，为青年教师树立榜样。

⑤科创工场，赋能成长。这个平台为青年教师提供了智能化的教学环境和高效的学习平台，使其能够更轻松地获取、整合和运用教学资源，提升教学效果。

(2) 架设"一营一节一道一杯"实训晒场

学校专门为青年教师量身定制"青年教师成长营""萤火教学节""国家课程'新赛道'""'达智杯'评选"等活动，让每位青年教师都能够在不同的领域"晒、赛、比"，实现教学方式的创新与教学素养的提升。

①青年教师成长营，在"胜任力"上下功夫。在成长营中，青年教师通过专业研讨、读书分享等活动，不断更新自己的知识和技能。他们还与"营友"一起探讨教育教学中的问题和挑战，分享经验和心得，从而更快地成长为"睿智"教师。

②萤火教学节，在"专业力"上着重力。以"问题化学习"为切入点，引领青年教师改进课堂教学方式，基于最新教育改革理念设计不同学科的展示课。

③国家课程"新赛道"，在"研究力"上费心思。引领教师由课程实施者向开发者转变，积极打造"人人有项目，处处是课程"的教师发展势态。青年教师在共同参与课程开发与实施的过程中，实现卓有成效的校本研修。

④"达智杯"评选，在"内生力"上做文章。每学年专为青年教师开展"达智杯"教学素养提升工程，引导青年教师走专业化成长之路，夯实其教育教学素养技能。过程中进行"五个一"评比（见图3.2.5）。

(3) 联动"校本、区域、高校"研修阵地

①校本研修。学校充分利用自身的研修资源，包括优秀的教师团队、丰富的教学案例、独特的教学风格等，开展针对青年教师的校本研修活动。

②区域联动。充分利用我校所在区域拥有的丰富的教育研修资源和社会资源，如教师研修学院、手拉手校、实践基地等，通过开展联席培训活动，青年教师互听互评、共研共进。

③高校资源。在"大中小一体化建设"的引领下，我校加强与高校的沟通和合作，组织青年教师参加高校的专业培训课程、学术研讨会等活动，提升他们的学科知识和教育理论知识。

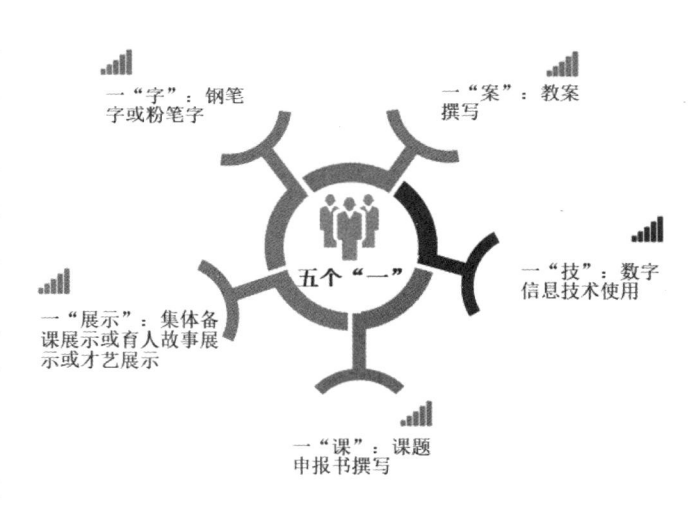

图 3.2.5 "达智杯""五个一"评比活动

3. 融方式

①集思广益、交流互动的"论坛式"，尊重青年教师的个体差异和学习需求的"菜单式"，以实际项目为载体的"项目式"，通过比赛活动激发青年教师学习动力的"竞赛式"，对特定主题或问题进行深入研究的"专题式"，用各种智能设备和数字化资源的"智能式"……不同的研修方式，都有其特点和适用场景，为青年教师的专业成长提供了多样化的路径。

②为突破传统培训的瓶颈，学校将线上网络教学与线下面授教学相融合，所有培训课程网络化，每节课生成二维码，完善"码课"体系，实现"码上"学习。

（四）评价设计

"评价"是帮助青年教师在参加研修过程中进行教育教学问题诊断、明晰专业发展方向的重要抓手。学校通过多元化的评价体系、创新的评价方法、丰富的研修活动以及及时的反馈机制，助力青年教师不断反思研修过程。

1. 评价标准

从只关注青年教师的教学成绩拓展到包括师德师风、教育教学、课程研发、教育科研等多个维度，构建出具有校本特色的"知行融合"的评价模型，细化评价维度，以提升青年教师反思力，确保知识与行动考核的有机统一。

2. 评价方式

将反思性评价与诊断性评价、发展性评价与成果性评价有机融合。在培训开始前，通过问卷调查、面对面访谈等方式，为制定个性化的培训方案提供依据。在培训过程中，通过互动、讨论、反馈等方式，掌握学习进度和存在问题，实时调整培训内容和方法。在培训结束后，对学习成果和实践应用情况进行持续追踪和评估，为未来青年教师培训提供更为精准、有效的指导。

（五）实施与反思

对标我校青年教师画像，在实施"N+X"青年教师培养方案的过程中，我们通过跟踪、观察、教研分析等方式，全面了解研修效果。大多数青年教师都能够在教学实践中不断提高自己的能力和素质，成为学校教育教学的中坚力量。

1. 潜心研修硕果累累

实训过程中，每位青年教师不仅全身心投入研修活动，还积极对所学内容进行梳理、反思和提炼，形成论文、案例、课例、磨课心得、研究总结等研修成果，各个维度的研修效果可谓立竿见影（见表3.2.1）。青年教师不仅"论道"，更从理论走向了实践，沉浸课堂，聚焦学生，深耕教学，层层相扣，上下传输，纵横互联，同步提升，多元化、融合型交流、成长。

表3.2.1 青年教师专业素养核心指标对比

评价维度	市级及以上获奖课例人数	区教坛新秀人数	各级骨干人数	区级及以上论文获奖论文篇数	参与课程研发人数	科研课题组长人数	参与区级以上工作室研修班等人数	参与微课制作人数
2022年	14	2	22	41	15	5	23	30
2023年	21	8	24	56	35	7	30	84
增加数	7	6	2	15	20	2	7	54

2. 研修模式尚存瑕疵

实施过程中，本方案还存在理论基础不深厚、评价机制不太健全等不足。同时，在如何关注青年教师育人能力的提升、如何形成强有力的保障机制、如何驱动青年教师的内驱力方面还有待进一步思考和研究。

3. 正视问题持续改进

①学校成立领导小组，组建"领航团"，学校教师发展服务中心将组建由校外专家、校内名师、骨干教师等组成的"智汇团"讲师专家库，以此保证"N+X"青年教师培训方案的落实。

②开展更有针对性的培训。根据青年教师在参加实训中表现出的不足，学校提出课堂、课题、课程相融合的要求，把课堂中的问题作为课题研究，把课题研究的成果转化为课程，课程再反哺课堂，真正形成"教—研—训—评—用"一体化培养。

③提供实践机会。包括观摩优秀教师的教学实践、参与教学研究和改革、担任副班主任、教研组长"秘书"、备课组长"助理"等，让他们在实践中锻炼和提高自己的教育教学能力。

（六）特色亮点

1. 重师德、强理论，点燃"新青年"教育情怀

整个方案始终贯穿着重视师德培养，紧跟新时代教育改革要求，不断学习先进教育理论。这有助于青年教师养成良好的职业道德和敬业精神，深刻理解教育的本质和目的，树立正确的教育观、学生观和质量观。

2. 问诊把脉，激发青年教师专业发展自觉

通过呈现青年教师培训真实的数据、精准的分析，以问题为导向，给教师们"对症下药"，对青年教师专业发展进行有效的引领和指导，进一步激发了青年教师锤炼教学基本功的热情。

3. 多元化培训，打通青年教师螺旋式上升的成长通道

本方案创新青年教师培训工作，对研修内容、方式、场域、评价等进行融合

优化与具体规划。通过必修内容（N）全员参与为主，选修内容（X）适当分化为辅，相互结合，提高认知水平。同时，通过创设教育教学实践场域——"五平台""四晒场""三阵地"的磨砺，提升实践水平。在学习与评价上持续优化与跟进，推动"教、研、训、评、用"一体化，打通了青年教师螺旋式上升的成长通道。

（此方案获得2023年北京市教师实训优秀成果）

第三节　课程建设研究

一、国家课程校本化实施研究

（一）知行合一：多场域协同"参与式"思政课程的构建与实施

课程名称：知行合一：多场域协同"参与式"思政课程的构建与实施

适用课程内容：思想政治必修1、思想政治必修2、思想政治必修3、思想政治必修4

授课对象：高一与高二年级全体学生

说明：此课程2022年获得北京市普通高中特色课程

课程开发者：李文平　张波　李琼　王柳　索安安

1. 课程建设背景分析

（1）学校整体课程建设背景分析

首都师范大学附属密云中学是有着70余年历史文化的区域重点高中校。现有1840名学生，200余名教职工。学校一直秉承可持续发展教育观，致力建设"教育品质一流，具有自主发展、实践创新特征的现代学校"。基于时代背景和国家政策、地域特色和地方发展定位、学校办学历史和师生的特点，确立"自主教育"

的办学特色。"自主教育"具体包括三个内涵:自主教育的根本是激发每个人的生命潜能,即激发内驱力;自主教育的方式是鼓励每个人的实践探究,即实现自觉做事;自主教育的目标是促进每个人的持续发展。在可持续发展思想引领下,围绕办学特色确定培养学生成为"崇德尚智的现代萤火青年"的育人目标,即培养具有"自尊自信、自我认知、自主实践"精神的时代新人,也是我校对"培养什么人"的校本化表达。

基于育人目标(见图3.3.1)构建了助力学生全面个性发展的"格·智"课程体系(见图3.3.2)。"格"是学习的方式和过程。"格",本意是推究探究,主动探究,对应的理念就是"自主实践",也就是通过自主实践和探究,获得直接和间接的经验,这是学习的过程和方式;"智"是学习的动机和结果,可以理解为学生能够通过"格"的过程,获得自尊自信,这是自主的来源,这样他才能够在各方面不断完善自我认知。

图3.3.1 学校学生培养目标结构图

在各方面不断完善自我认知。在这里,"智"可以说是"格"的结果,同时也是驱动进一步"格"的动力,只有不断往复,螺旋上升,才能促进学生全面而有个性地持续发展。"格·智"课程依据学生核心素养,横向从品格与社会、体育与健康、数理与科技、语言与人文、艺术与鉴赏五个领域,纵向每个领域分为面向全体学生的基础性启智课程、为满足学生的多元需求而开设的拓展性达智课程、主要面向有天赋有专长学有余力的学生开设的创新性睿智课程,满足学生多方面、多维度、多层次的发展需要。总体来说,我校课程遵循实践育人的核心规律,突出课程的实践性、探究性、综合性。

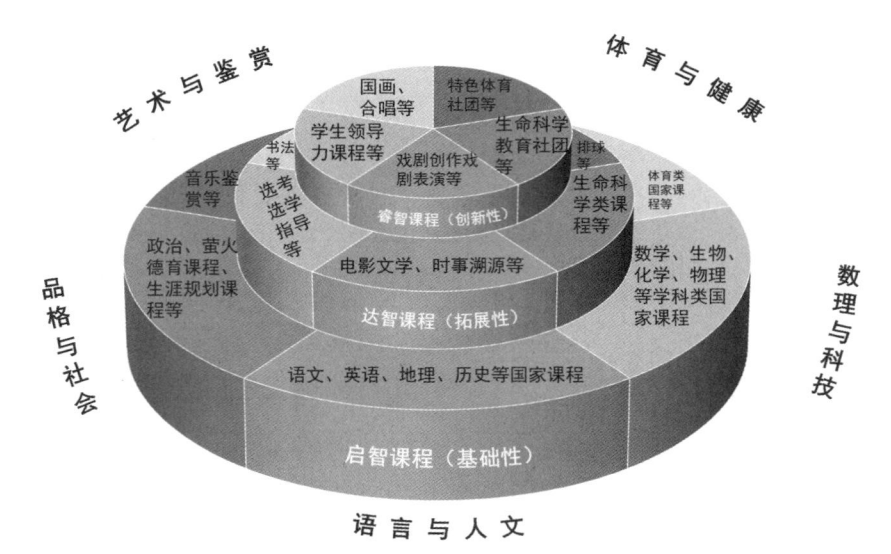

图 3.3.2 "格·智"课程体系结构图

(2) 多场域协同"参与式"思政课程背景分析

思政课作为国家课程，致力于培养学生政治认同、公共参与、法治意识、科学精神的学科核心素养。但是在素养培育过程中，目前还存在一些问题，基于此，结合学校课程整体特点，我校进行了国家课程校本化实施的尝试。

1) 培养学科核心素养过程中存在的问题

从本学科学习的内容角度：高中思想政治课程内容涉猎广泛，教材内容涵盖经济、政治、哲学、文化、国际社会、法律和逻辑等诸多方面内容，概念众多，理论性强，有些内容与高校思想政治理论课相互衔接，对于高中生来说学习起来具有一定难度。此外，目前高中思想政治课教材中呈现的内容多侧重于结果，即大篇幅结论性知识，缺乏结论的过程性说明和系统的过程性学习指导，学生在面对思想政治课程时，往往感觉枯燥难懂，只是死记硬背，学习浮于表面，学习兴趣和学习效率很难提升。

从学生以往的学习方式、学习场域和学习效果来看：受限于课时、教师教学理念、教学能力等因素的影响，以往的思政课往往以教师主导讲授、学生被动的学习方式为主，课程活动场域往往局限于"家—校"两个点，学生眼界不开阔，缺乏对社会生活和所学理论的真实体验、感知和实践，面对这样的学习方式，思政课程教育目标、正确的国家和社会观念很难形成,很难使思政课程"入脑入心"。

为改变长期以来思政课在学生心目中"假大空""不切实际"的印象,改变教师"照本宣科""一言堂"的教学方式,基于学校育人与课程建设理念与目标,推动教学效率提升,近年来,我校进行了国家课程校本化实施的初步尝试,形成了"知行合一:多场域协同'参与式'思政课程的构建与实施"的路径与模式。

2)本课程在学校整体课程中的位置

本课题组秉承学校"格·智"课程突出的实践育人理念,结合国家课程内容和学科核心素养目标,构建"知行合一:多场域协同的'参与式'思政课程"。就本课程而言,属于"品格与社会"领域,跨越"基础性、拓展性和创新性"三个课程层级的多元融合式综合课程群,力求通过实践参与的方式,最大化实现思政课程育人目标。

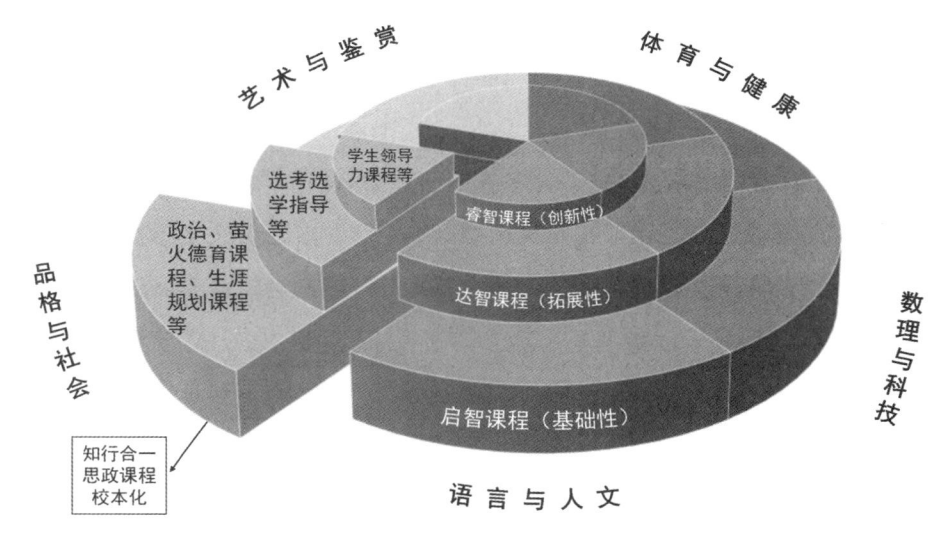

图 3.3.3　多场域协同"参与式"思政课程体系结构图

2. 多场域协同"参与式"思政课程理念、原则、思路

(1)多场域协同"参与式"思政课程整体设计的基本理念

1)构建课程实施的完整的参与场域

课程实施场域是指面向学生真实生活,凝聚教育价值、融通学校内外时空的综合学习实践空间与环境。为整体推进育人方式改革、拓展学生的学习生活空间,

"研"途揽胜——首都师范大学附属密云中学校本研修探索

以学习环境这一关键要素为突破口，我校通过顶层设计、多年实践，从场域空间（由近及远）、育人功能（由个体人到家乡到社会）、场域关联（场域内的实践、场域与课堂互动循环）三个维度出发，构建了完整化、系统化的高中生活实践场域结构模型，并且积淀了丰富的高中生活实践场域资源，该研究在2021年北京市基础教育教学成果评选中获一等奖。

就校园生活而言，我校超越了传统的班级教室设置，建设了特色阅读教室、戏剧教室、机器人教室、舞蹈教室、科技创新教育基地、创意坊等校内实践空间，通过多空间学习体验，丰富学生视野，拓宽学生认知；打造了各类展示平台，如每年定期开展的特色戏剧节、学科节、文化节、科技节、艺术节、体育节等，使学生在实际参与和交流中，感受科技之光、文化之美、学生之责任、祖国之强大。除此之外，思政学科还在学校资源的基础上开设了多项思政主题特色活动，如时政讲堂、热点述评、模拟政协、时政英语、红色文化剧展演等，使学生在本学科特色活动中获得学科技能，提升学科核心素养。就家乡密云生活而言，我们以服务学科教学为基础，深度挖掘密云的历史、文化、产业、生态建设、新农村建设等资源，建立了密云水库文化展览展示中心、承兴密联合县政府旧址参观访问基地；建立了邓玉芬、白乙化、古北口长城抗战纪念馆红色文化学习基地；建立了密云水库、潮白河、黄土坎生态民生调研基地等。就社会资源方面，我们在学校3个周边社区、5个乡村，以及与法院合作建立了学生民主、法治实践研究基地；与多家社会机构如政协、医院、工厂、公司等合作建立了多个综合实践基地等，充分发挥多场域协同育人功能（见图3.3.4）。

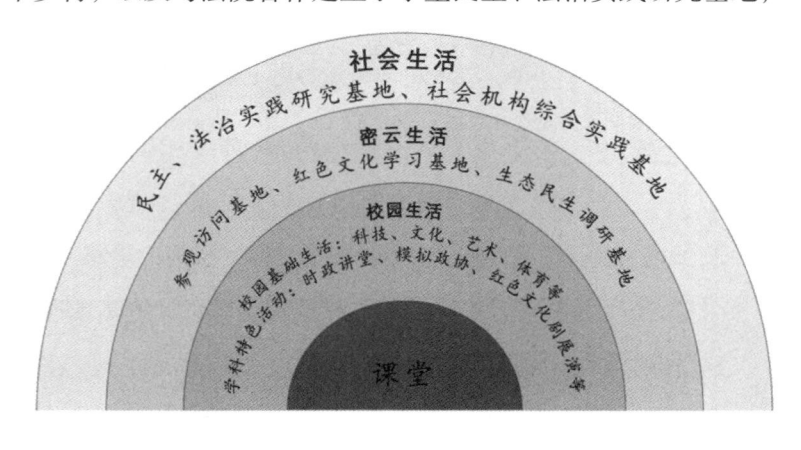

图3.3.4 多场域协同"参与式"思政课程实践场域资源结构图

本课程在校本化实施过程中，主要依托学校已有的学习场域体系和实践资源，并结合本学科特色活动和实践资源，组织、规划、设计本学科的参与实践活动，实现思政课程"参与式"教学。

2）探索多元进阶式的参与方式

参与方式是本课程在校本化实施过程中主要依托的方式方法，也是影响、凸显本课程校本化实施效果的主要因素所在。为此，在本课程校本化实施前，通过多方考查、论证、实践检验等方式，我们探索形成了课程学习和落实的三大基本方式，即按照师生在参与中的角色、分工、作用和活动目的的不同，分别形成了组织化参与、协同化参与和自主化参与方式。其中组织化参与主要由教师设计、组织学生参与；协同化参与更突出在教师主导下的学生自主的协同合作；自主化参与以强调学生为主体，自主参与实践。三者呈现进阶式发展的关系，同时依据不同的学习任务，在具体实施中相互补充。通过思政课程"参与式"教学的实施，实现学生学科素养和能力螺旋式上升和梯度化进阶。同时，最终的目的既实现学生自主自觉参与，又落实学校"自主教育"的理念和育人目标。

3）连接教材内容、活动场域及参与形式

思政课程的教学目标是培养具有政治认同、科学精神、法治意识和公共参与素养的学生，而素养单靠知识的教学难以形成，尤其作为肩负学生意识形态培养任务的思政课程而言，特别需要课程的学习入脑入心，特别需要将"枯燥"的理论生活化、现实化，使学生能够在真实情境的参与中获得真知，体悟真理，

促进知识的内化、观点的形成、素养的提升，从而实现知行合一。本课程在校本化实施过程中，力图通过课堂、校园、家乡、社会生活四大实践场域及三大实践参与形式的相互渗透、相互作用，解决必修1~4四本教材关于中国特色社会主义、中国特色社会主义经济、政治、文化等相关内容的学习问题，实现教材、场域与学生参与方式的有机统一，从而促进学生在相应内容学习过程中学习目标的达成。

（2）多场域协同"参与式"思政课程实施的基本原则

1）基础性：实现基本知识、基本技能、基本方法的教学

高中思想政治课程的一个重要目标就是要实现学科基本知识、基本技能、基本方法的教学，在这一目标指导下，本课程在校本化实施过程中，坚持在多场域协同作用下，通过开展形式多样的实践参与活动落实学科基础知识、基本技能与核心素养。强调要通过一系列活动及其结构化设计落实课程基本内容，使活动设计成为课程教学和承载学科基础内容教学的重要形式，避免"为活动而活动"。

2）全员性：面向全体学生、全员参与、全过程育人

高中思想政治课程是落实立德树人根本任务的关键课程，以培育社会主义核心价值观为目的，要帮助学生确立正确的政治方向，增强社会理解和参与能力，这一课程性质就要求思政课在进行校本化实施过程中坚持全员性，即在多场域参与活动中，面向全体学生，全员参与，实现全员育人。

3）主体性：学生主动思考、参与实践、深度学习

现代学习理论认为，学生是学习的主体，只有学生主动思考，参与实践，学习才可能发生。本课程在校本化实施过程中，始终坚持以学生为中心，坚持学生主体地位，坚持从学生实际出发，根据学生的困惑和问题，组织教学，开展参与活动，使课程、活动真正服务于学生学习、认知能力和学科核心素养的提升。

4）选择性：满足不同层次学生学习需求，学有所获

"以学生为中心"的一个具体体现就是课程的学习和活动开展，要体现选择性，满足不同层次学生的学习需求，使各类、各层次学生在学习过程中都能学有所获。本课程在校本化实施过程中，突出强调尊重学生个体差异，在活动设计、任务安排、教学实施过程中强调设置有选择性地多元参与的方式供学生选择，力求学有"余地"，让全体学生在学习过程中都能参与到不同类型、不同层次的任务中来，获得实践认知。

(3) 多场域协同"参与式"思政课程实施的基本思路

1）素养导向：通过多场域实践活动以知促行，以行求知，实现知行合一

高中思想政治课程是落实立德树人根本任务的关键课程，以培育社会主义核心价值观为目的，是帮助学生确立正确的政治方向、提高思想政治学科核心素养、增强社会理解和参与能力的综合型、活动型学科课程。本课程在校本化实施过程

中，坚持理论与实践相结合，注重通过多场域的实践活动，提供学生智慧生长的真实平台，使学生在真实生活体验、思想震荡和碰撞的基础上，感悟真理、体悟正能量，从而形成正确的道德认知和政治信仰，在人生道路和两难抉择中，做到"知行合一"。

2）实践导向：突出学生实践参与，通过实践实现"内化"与"外化"的统一

"实践出真知""实践是检验认识真理性的唯一标准"，要想真正发挥思政课在学生意识形态培养方面的作用，必须通过实践使学生真正体悟到中国特色社会主义的科学性和优越性。然而由于种种原因，长期以来思政课往往被局限在课堂内，学生缺乏社会实践的机会，缺乏生活体悟和感悟，缺乏直面生活问题、参与解决问题的渠道。为改变这一现状，增强思政课程的感染力、亲和力和影响力，促使学生通过思政课程学习，实现"知行合一"，本课程在校本化实施中，突出强调学生实践参与的重要性，突出强调要注重依托课堂活动、校园活动、家乡和社会生活，通过参观访问、志愿服务等方式，使学生走进烈士陵园及纪念馆，走进政协会议及政务办事机构，走进社区、村委会居委会，走进文化馆，走进大街小巷等方式，开展模拟招聘会、模拟人大会、模拟政协会、模拟村民会议、亲身参与区县或乡镇人大代表选举、参与村委会居委会换届选举等方式，使学生在实践、观察和反思过程中，增强政治认同，实现知识"内化"与行为"外显"的统一。

3. 多场域协同"参与式"思政课程整体设计

（1）多场域协同"参与式"思政课程实施目标

依据《普通高中思想政治课程标准》（2017年版，2020年修订）及思想政治学科核心素养（政治认同、科学精神、法治意识和公共参与），结合我校育人目标和"格·智"课程体系，我们构建了"知行合一：多场域协同'参与式'思政课程"的校本化育人目标体系，即：价值体认（价值体验、价值澄清、价值内化、价值引领）、问题解决（思辨探究、协调合作、批判质疑、实践创新）、责任担当（守法用法、家国情怀、服务人民、自我实现）（见图3.3.5）。

①价值体认：学生通过课程学习及多场域（课堂、校园、家乡、社会生活）

实践活动的参与，能够"以身体之，以心悟之"，并能够在教师引导、合作学习和个人独立思考下，在多元价值冲突中，理解法的精神和社会主义核心价值理念，拥护党的领导、坚持中国特色社会主义道路、把握正确的思想政治方向、做出正确的价值判断和价值选择。

价值体认的过程：价值体验—价值澄清—价值内化—价值引领。这是一条相互衔接、相互依存、相互支撑的价值链。

②问题解决：学生通过教师引领及主动作为，能够在课程学习及活动参与过程中针对课堂、校园、家乡和社会经济、政治、文化、生态文明建设、社会建设等方面的问题，进行思辨探究、协调合作、批判质疑、实践创新，能够在参与社会生活实践过程中逐步提升科学精神，提升自觉运用马克思主义立场、观点和方法参与社会问题解决的公共参与能力。

③责任担当：学生在参与、助力建设校园、发展家乡、服务社会的实践活动中，能够自觉增强法治观念和社会责任意识，增强政治认同，具有家国情怀，愿意为社会发展贡献自己的智慧，努力形成为人民服务的意识，自觉树立和践行社会主义核心价值观，知行合一，在努力成为社会主义合格建设者和可靠接班人的同时，促进自我实现。

④知行合一：多场域协同"参与式"思政课程的校本化育人目标（价值体认、问题解决、责任担当），

图 3.3.5 知行合一：多场域协同"参与式"思政课程育人目标图

虽然从形式上看是"相互独立""彼此分离"的，但实际上，三个目标在课程学习和育人过程中，是相互联系、相互融通、密不可分的。

（2）多场域协同"参与式"思政课程实施主要方式及途径

1）多场域协同"参与式"思政课程实施主要方式

本课程在校本化实施过程中，采取组织化参与、协同化参与和自主化参与方式开展"参与式"思政课程教学，三大参与方式的构建和设计是按照教师主导和引领构建的活动参与设计，教师逐步放手、学生在学习活动构建中主体作用逐步发挥的活动参与设计，以及教师完全放手，作为引领者、点拨者身份以充分发挥学生在学习路径选择和学习活动构建中主体作用的活动参与设计的思路，实现学生在学习过程中思维、能力及学科核心素养的阶梯式进阶。

组织化参与是指在教师主导下，综合运用教材、课堂、校园、家乡、社会生活等多领域资源，为提升课堂效率、深化学生认识、增强学生理解而开展的教学参与活动。其主要特点是教师主导，学生"受邀参与"，通过教师"精心设计和组织"的参与活动，使学生在动脑、动手、动笔、观摩、访问和模拟的过程中，提升教学效率。其主要优势是教师主导活动设计，能够避免学生参与的碎片化和形式化，避免参与过程"走过场"，提升活动实效。组织化参与的主要形式是：课堂讨论、课堂辩论、程序观摩、班团活动、参观访问等。

协同化参与是指在教师的动员和指导下，围绕特定教学目标和议题，发动学生走出教室、走出课堂，利用校园、家乡和社会活动场域，发现问题、收集资料、整合资源、设计参与过程、组织实施并且形成结论的参与方式。协同化参与与组织化参与相比，更加强调学生主体作用发挥，更加强调小组合作学习，其主要特点是"放手"。教师由活动的主导者变为动员者和指导者，活动的主题、过程和结果均由学生主导实施，目的是在教师和学生的双向互动中逐步培养学生独立发现问题、探究问题和解决问题的能力，使学生在自我参与和实践中获得深层次知识理解和价值体悟，提升学生的政治认同感和法治意识等。协同化参与的主要形式是：志愿服务、勤工俭学、走访调研、方案设计、生涯规划等。

自主化参与是指学生在社会生活和实践过程中，运用所学主动发现问题、探究问题、解决问题、反思体悟、形成经验并得出结论的参与形式。自主化参与较之组织化参与和协同化参与，突出强调学生在一定的课程学习的基础上，经过特定的学习和训练，能够自我发现问题并主动寻求解决途径和方案的意识和能力。

其突出特点是学生主体、主导和主动性作用的发挥，学习、探究和参与的"起点"是学生。自主化参与活动实施，其最终目的是培养具有独立思考精神、问题意识、科学精神和高水平政治参与素养的独立的新时代高中生。自主化参与的主要形式是：研学旅行、职业体验、场景模拟、主动探访、创意设计等。

2）多场域协同"参与式"思政课程实施具体路径

为实现"参与式"思政课程的实施，我们在实践探索、反思、重构的基础上，以大单元、专题等方式对思政课程必修1~4的教材内容进行了整合，共形成26个学习专题（必修1和必修2各设计4个专题，必修3和必修4各设计9个专题），每个学习专题根据学习需要设计相应参与活动，实现教学效率提升。具体课程内容及活动开展如表3.3.1所示。

表3.3.1 多场域协同"参与式"思政课程实施具体路径表

参与型	实施路径	主要形式	课程内容	目标
组织化参与	教师组织教学↓发现问题↓设计议题（或情境）↓设计参与活动↓学生参与↓反思、探究、归纳、整合	课堂讨论	必修1专题一 科学社会主义理论的诞生与实践	价值体认问题解决责任担当
			必修4专题一 哲学概论	
		课堂辩论	必修2专题三 新发展理念及现代化经济体系	
			必修4专题二 世界的物质性	
			必修4专题七 传承中华优秀传统文化	
		程序观摩	必修3专题六 我国的基本政治制度	
		班团活动	必修1专题四 只有坚持和发展中国特色社会主义才能实现中华民族伟大复兴	
		参观访问	必修3专题二 中国共产党的先进性	
			必修3专题八 法治中国建设	

续表

参与型	实施路径	主要形式	课程内容	目标
协同化参与协同化参与	教师或学生发现问题↓教师点拨、动员↓学生行动（社会服务、调查、走访或实地考察等）↓整理数据、反思或资料↓	志愿服务	必修3 专题九　全面依法治国的基本要求	价值体认问题解决责任担当
			必修4 专题五　社会历史观	
		勤工俭学	必修4 专题六　人生观与价值观	
		走访调研	必修1 专题二　只有社会主义才能救中国	
			必修1 专题三　只有中国特色社会主义才能发展中国	
			必修2 专题一　我国的基本经济制度	
			必修3 专题七　我国法治建设的历程、目标与原则	
		方案设计	必修3 专题三　坚持和加强党的全面领导	
	论证↓形成结论	方案设计	必修3 专题四　人民民主专政	
			必修4 专题八　学习借鉴外来文化的有益成果	
		生涯规划	必修4 专题四　认识论	
自主化参与	学生主动发现问题↓主动设计探究或解决方案↓教师适时适度点拨↓学生获得研究资料或形成相应感悟↓完整呈现解决方案或形成创意设计	研学旅行	必修2 专题二　我国的社会主义市场经济体制	
		职业体验	必修2 专题四　我国的个人收入分配方式、意义及社会保障	
		场景模拟	必修3 专题五　我国的根本政治制度	
		主动探访	必修3 专题一　中国共产党领导人民站起来、富起来、强起来	
		创意设计	必修4 专题三　把握世界的规律：联系观、发展观、矛盾观	
			必修4 专题九　发展中国特色社会主义文化	

(3) 多场域协同"参与式"思政课程实施安排与建议

1）课时安排

《普通高中思想政治课程标准》强调，思政课程教师要围绕议题努力设计和落实活动型学科课程，学校要确保社会实践活动的开展，同时又要防止思政课程活动泛化，"为活动而活动"。因此，根据课程内容、总体课时安排及不同参与活动的不同特点，本课程在校本化实施过程中，按照一个模块一学期"协同化参与"和"自主化参与"各不超过两次，两种参与方式一学期不超过四次的原则安排活动开展。由于必修1和必修2为同一学期完成教学，因此，必修1和2两本教材教学"协同化参与"和"自主化参与"按照一学期总计不超过四次的原则开展参与式教学。因"组织化参与"操作灵活，形式多样，可根据课堂需要灵活安排教学，次数不受限制。

2）操作建议

在充分调查学情基础上确定活动开展的次数和方式；

依据课程学习需要恰当选择活动场域；

教研组指导，备课组内形成合力开展相应学习活动。

3）典型案例

组织化参与的应用条件及情形：组织化参与是教师主导设计的参与活动，主要适用于教学难点或思维含量较高、在课堂教学过程中容易导致学生困惑发生的教学内容教学进行的活动设计，活动开展目的重在"辨析"，活动开展目标非常明确；同时也适用于在活动开展过程中，因场域资源较为复杂，需要借助教师或学校力量才能顺利实现的参与活动设计。如课堂辩论，市、区政协会议观摩、参观访问等。

在长期探索和实践过程中，目前我们形成了22节行之有效的组织化参与课例，在教学设计附件中，我们呈现了7节完整的教学设计案例。

典型案例：

必修3《政治与法治》第二单元第六课第一框题：

为使学生更好理解中国特色社会主义协商民主，理解中国共产党领导的多党合作和政治协商这一基本政治制度（必修3第二单元第六课第一框题），了解政协工作的程序和作用，培养学生的社会责任感和主人翁意识，坚定"四个自信"，教师借助学校平台主动与区政协取得联系，通过一系列结构化的参与活动设计，组织实施了《从模拟政协提案悟协商民主》一课，使学生在走进政协、观摩政协活动的过程中，深刻理解了政协的性质、职能和中国式政党协商的意义，促进了课程学习目标的达成，其具体教学设计过程如表3.3.2所示。

表3.3.2 组织化参与典型案例教学流程表

教学环节	教师活动	学生活动	设计意图
课前准备	指导学生课前预习并准备材料	查询资料：人民政协成立70多年来，具有影响力的提案	感悟政协职能
	调查学生理解政协性质、职能中的困惑点	填写调查问卷、口头反馈学习困惑等	了解学生本部分内容学习的问题
活动开展	教师制定"时代责任在肩，萤火青春发声"——首师附密云中学"走进密云区人民政协"实践活动方案	2020年1月4日—6日，10位学生在授课教师带领下现场观摩密云区政协第二届委员会第四次会议	通过现场观摩，了解政协会议程序、委员履职方式、提案相关内容等
	发动学生撰写模拟提案，组织课堂开展模拟政协活动	学生"化身"政协委员，分享各自"提案"，并在生生互动、师生互动中，讨论、完善"提案"	通过课堂模拟政协活动开展，使学生亲身体验委员履职过程，进一步深化对政协职能的认识
	教师组织学生归纳总结政协的性质、职能和作用，理解中国式协商民主	结合教材内容，以思维导图形式进行知识结构化梳理	通过活动总结及结构化知识梳理，使学生在深化知识理解的同时，真切理解中国式协商民主的优势追踪深化
追踪深化	教师设计拓展延伸任务	2021年1月21日—25日，14名学生在授课教师带领下列席北京市政协第十三届委员会第四次会议，学生结合所学和观摩感受，撰写心得体会，分享感悟和理解	通过课后延伸，使学生在活动参与中进一步深化对中国共产党领导的多党合作和政治协商制度的理解，提升制度自信

协同化参与的应用条件及情形：协同化参与强调在课程学习和活动参与过程中教师和学生协同合作，主要适用于在教师引导、支持和协助下，学生能够更多地参与活动的设计、组织、开展和实施的活动设计，探究活动内容相对"简单"、探究活动程序相对"明确"、探究活动目标相对"易达成"的活动设计，活动开展目的重在让学生通过体验深化理解、拓展原有认知。如：志愿服务、勤工俭学、走访调研等。

在长期探索和实践过程中，目前我们形成了15节行之有效的协同化参与课例，在教学设计附件中，我们呈现了5节完整的教学设计案例。

典型案例：

为使学生充分理解和体会我国人民当家作主的本质和依法治国基本方略，体会社会主义民主优势，充分发挥学生主体地位，让学生在真实情景中形成发现问题、分析问题、提高辨析和多角度解决问题的能力，教师在全面分析教材内容、充分考量学习资源和学情的基础上，组织动员学生参与校园及密云区垃圾分类情况调查研究，通过师生协作、志愿服务、方案设计等方式深化学生对我国民主政治的优势及各政治主体责任和作用的理解，很好地达成了教学目标，收到良好的教学效果，具体活动设计如表3.3.3所示。

表3.3.3 协同化参与典型案例教学流程表

教学环节	教师活动	学生活动	设计意图
课前准备	教师全面分析教材内容、学情和教学场域资源，确定学习主题：政治学视角下如何破解生活垃圾分类之困	配合教师完成课前学情调查	通过课前调查及学情分析，确定课程学习方式及目标，并进行教学设计

续表

教学环节	教师活动	学生活动	设计意图
活动开展	发动学生进行校园、社区、街道、市场、卖场、政府部门等区域的垃圾分类情况调查	学生自主设计调查方案和实施步骤，在教师辅助指导和建议下，修改和完善调查方案	充分调动学生参与课程学习的积极性，并在课程活动设计过程中，发挥学生主体作用，提升学生合作学习、合作探究的能力
	辅助学生按计划进行调研，指导学生撰写调研报告	学生自主分组、合作开展调研，通过走访调查、观察、访谈等方式获取一手资料，并在加工整理的基础上形成调研报告	通过实际走访、"一手"资料的获取，使学生能够从生活实际中获得对垃圾分类相应问题的认识和体会
课堂探究	教师根据学生获取的资料，组织设计教学议题，并组织学生开展课堂学习活动	学生围绕垃圾分类的相应问题及有效方法开展课堂讨论、辩论，形成多政治主体参与下的垃圾分类破解方案	通过课堂学习活动的组织和开展，使学生在合作学习和探究过程中，深化对垃圾分类问题的理解与认识，明晰各方主体责任，提升全面认识问题的能力及参与社会公共事务管理的主人翁精神，更好理解和体会我国基层群众自治制度的优势及法治国家建设

自主化参与的应用条件及情形：自主化参与最大的特点是活动设计及开展的"起点"是学生，主要适用于经过高中思想政治课程的学习和训练，针对具有一定学习方法、学习能力的学生开展的参与活动，其目的是通过课程学习及教师点拨、提示，引导学生主动运用所学知识服务社会，在培养学生主动探究、公共参与能力的同时，提升学生的社会责任感。如：研学旅行、职业体验、场景模拟、主动探访等。

在长期探索和实践过程中，截至本书写作时我们形成了13节行之有效的自主化参与课例，在教学设计附件中，我们呈现了6节完整的教学设计案例。

典型案例：

为深化所学，利用暑假时间，教师启发学生根据自身实际情况和身边资源开展研学活动，家住密云区黄土坎地区的学生，结合所学"我国的社会主义市场经济体制"的相关知识，针对家乡黄土坎贡梨销售难问题，自发结成学习小组，主动进行调查研究并帮助果农寻求到了行之有效的解决方案，教师在此基础上，受学生启发，针对学生提出的问题和搜集的资料，组织设计了一节综合探究课——《黄土坎贡梨营销策略探究》。通过该实践参与活动的设计和课堂研究，不仅深化了全体学生对于市场经济的理解，更加提升了学生在真实生活情境中主动运用所学和解决问题的能力。同学们最后还将研究成果写成提案，并在密云区第四十届北京青少年科技创新大赛中荣获三等奖，备受鼓舞，提升了主动参与社会经济建设、助力家乡发展的主人翁意识。

（4）多场域协同"参与式"思政课程实施评价

为适应并且更好地服务于"知行合一：多场域协同'参与式'思政课程的构建与实施"，我校思政课教师在长期课程实践过程中，探索出了多样化的课程评价体系，形成了包括课上、课下，组内、组间，校内、校外等多层次、多领域、多方面的多维评价体系，如政治学科关键能力素养评价（见表3.3.4）、政治学科社会实践活动评价（见表3.3.5）、政治学科课堂评价（见表3.3.6）、政治学科综合素养评价（见表3.3.7）、政治学科时事述评评价（见表3.3.8）、政治学科课件制作及汇报评价（见表3.3.9）、政治学科思维图示应用评价（见表3.3.10）等七大评价体系，来保障并促进多场域协同"参与式"思政课程的实施与开展。

表3.3.4 政治学科关键能力、素养评价标准表

政治学科关键能力、素养评价标准						
评价内容	A	B	C	D	自评	教师评价
描述、预测与评价维度的运用力	只能用常见的一个维度进行分析	能够从常见的多个维度进行分析	能够用新的维度进行分析	能够根据任务要求恰当选择合适的维度		

续表

评价内容	A	B	C	D	自评	教师评价
学科知识的理解力	只能够准确表述学科知识原理	能用恰当事例加以阐释	能够知道理论原理成立的条件且对学科知识的理解是结构化的	能够提出批判性意见		
学科知识的应用力	从只能够正确运用一个知识	到能够正确运用多个知识	能够综合运用知识	最优地或创造性地运用知识		
命题或方案的论证力	只能用典型事例加以论证	能够用学科原理加以逻辑论证	能够选择合适的证据（事例或理论）加以论证	能够选择合适的证据，而且具有结论与证据的检验意识和能力		
方案的设计与选择力	只能够设计出一项合理可行的方案	到能够设计出多项合理可行的方案	再到不仅能够设计多项合理可行的方案，而且还能够清楚各个方案的优缺点	能够根据实际情形从多个方案中选择出最佳方案		

表3.3.5 政治学科社会实践活动评价标准

政治社会实践活动评价标准			
学生姓名		时间		地点	
活动内容			
评价内容	评审标准		教师评价
一、主题选择（20分）	A. 主题鲜明，创新性强，实践价值高，弘扬社会主义核心价值观（16~20）		
	B. 主题较突出，有一定创新性，实践价值一般，正确价值观的引领（10~15）		
	C. 主题不突出，缺乏创新，实践价值低。（0~9）		
二、报告内容（30分）	A. 内容丰富具体，取材广泛，材料翔实可靠。推理严密、有序、系统性强。报告的观点与实践紧密结合并反映了正确的价值观，能够解决实际问题。（21~30）		
	B. 内容具体，取材较宽广，材料较可靠，实践性比较紧密，观点较新颖。（11~20）		

续表

二、报告内容（30分）	C.内容一般，有一定的材料说明，实践性一般，观点基本正确，系统性较差。（0~10）	
三、文章组织与语言表达（20分）	A.层次清晰，知识准确精练，语句流畅。(16~20)	
	B.结构层次安排一般，知识较准确，语句通顺。（10~15）	
	C.结构层次安排较差，文字拖沓冗余，表述不准确。(0~9)	
四、理论水平(20分)	A.理论的逻辑结构严谨，研究方法独特，联系实际，学有所用。（16~20）	
	B.理论的逻辑结构一般，研究方法较先进。（10~15）	
	C.理论的逻辑结构较差，研究方法陈旧。（0~9）	
五、附加(10分)	形式新颖精致，运用多种有效的形式如：DV光盘、幻灯片、图片、媒体正面报道等。	
总分(100分)		
实践地负责人评价		

表3.3.6 政治学科课堂评价

政治学科课堂评价																
评价内容		组内互评					组间互评					教师评价				
		成员1	成员2	成员3	成员4	成员5	1组	2组	3组	4组	5组	1组	2组	3组	4组	5组
课前准备及参与状态	A.积极主动，并能高效完成教师所留任务或能自主发现问题、具有主动探究问题的愿望，合作意识强															
	B.较为积极，能顺利完成教师所留任务或在教师启发动员下，愿意进行问题探究，合作意识较强															
	C.态度不够积极，教师所留任务基本完成，合作意识不够强															
	D.教师所留任务未按时完成，合作意识欠缺															
活动参与过程表现	A.积极、高效参与各项活动，并能通过各种方式独立收集或通过合作学习高效获取相应研究资料															

续表

活动参与过程表现	B.较为积极,并能比较高效地进行活动参与和主题研究资料的收集											
	C.态度不够积极或实践方法欠缺,活动参与不理想或资料收集情况不理想											
	D.未能按时完成活动参与或资料收集											
研究成果及汇报	A.研究逻辑清晰,问题研究深入,能够综合运用多媒体设备,汇报完整到位											
	B.问题研究较为透彻,能够运用一种多媒体设备,汇报较为清晰、到位											
	C.能够基本完成研究任务,能够完成成果汇报											

表 3.3.7 政治学科综合素养评价标准

一级指标	二级指标	评价细则	评价结果(优秀、良好、尚待改进)			
			自评	学生互评	教师评价	总评
宏德	爱国	1. 尊敬国旗、国徽,唱响国歌 2. 参加升国旗仪式(天安门) 3. 践行社会主义核心价值观内容 4. 弘扬正能量,不发表不传播反动言论 5. 了解时事政治,铭记传统历史				
	诚信	1. 与他人真诚相处,言出必行 2. 诚信课堂 3. 诚信考试 4. 诚信作业				
	明礼	1. 文明礼貌助人为乐 2. 爱护公物保护环境 3. 关心集体,尊敬师长 4. 团结同学,正常交往 5. 就餐文明				

续表

一级指标	二级指标	评价细则	评价结果（优秀、良好、尚待改进）			
			自评	学生互评	教师评价	总评
乐群	社会	参加社区志愿者服务（每学期至少两次）				
	学校	为学校、班级或同学做自己力所能及的事情（每学期不少于两次）				
	家庭	为家庭或父母做自己力所能及的事情（每学期不少于两次）				
励学	明志	1. 走访大学 2. 职业体验 3. 生涯规划				
	笃行	1. 预习习惯 2. 课上表现 3. 课下完成作业情况 4. 复习习惯 5. 学业成绩				
	致知	1. 自我价值 2. 社会贡献				
精艺	科技	1. 完成信息、通用、等课程 2. 理化生实验 3. 参加科技类培训、比赛、展示				
	文体	1. 上好两操一课 2. 掌握一到两项体育技能 3. 积极参与艺术类活动（戏剧节、艺术节、比赛） 4. 积极参加选修、社团				
修身	守纪	遵守学校各项规章制度				
	正心	心理健康教育活动				
	安全	1. 注意交通安全，饮食安全、防溺水教育、防火防盗、网络安全、校园欺凌 2. 不携带管制刀具，易燃易爆物品等违禁物品 3. 积极参加消防、法制、禁毒教育				

表 3.3.8 政治时事述评评价标准

评价内容	优秀 7 分以上	良好 5~7 分	需再努力 2~4 分
主题内容	观点鲜明，能明确表达自己的见解；紧扣问题，综合运用所学知识展开论述；逻辑严密，条理清晰	观点比较明确，能表达自己的见解；能扣住问题展开论述，知识运用比较准确；逻辑性较强，有条理	观点不明确；论述不能集中指向问题，罗列知识；知识运用不正确；论述缺乏逻辑，条理性差
格式书写	格式标准，书写工整	简单分段，书写较工整	无格式，书写潦草
任务提交	按时提交	拖延提交（1~2 天）	拖延提交（2 天以上）

表 3.3.9 政治课件制作及汇报评价标准

评价内容	优秀（22 分以上）	良好（18~22 分）	需再努力（16~18 分）
小组合作	合作意识强，主动帮助其他同学	合作意识强，主动帮助其他同学	合作意识差，不与其他同学交流
资料的搜索选取	资料典型多样，与时俱进，图文并茂	资料典型多样，图文并茂	资料不典型，单调
对问题的分析和理解	思路清晰、观点明确、有自己的见解	思路清晰、观点明确	思路一般，有观点
汇报的语言表述	语言清晰、能吸引学生	语言清晰	语言表达一般

表 3.3.10 政治思维图示评价

维度		评分标准	分值	得分
形式	颜色	颜色使用不规范，视觉效果较乱	0~2 分	分
		颜色较单一，但能够清楚表达	2~3 分	
		颜色使用正确、美观，能清楚表达	4~5 分	
	文字	层级之间文字大小没有区分，书写潦草	0~2 分	分
		层级之间文字大小适当，或书写工整	2~3 分	
		层级之间文字大小适当、工整	4~5 分	

续表

内容	图示选用	图示选用不正确	0~2 分	分
		所选择图示能准确表达事物之间的关系	3~5 分	
	主题词	主题词选用不准确，不能涵盖图示要义	0~2 分	分
		主题词准确但不够精炼（可以被替换）	2~3 分	
		主题词确定准确（不能被替换），能涵盖图示要义	4~5 分	
	层次关系	图示中层级关系混乱	0~2 分	分
		层级关系准确，但不够全面	2~3 分	
		准确表达各级事物之间的关系	4~5 分	
	语言描述	语言描述不准确	0~2 分	分
		语言描述啰嗦或过于简洁	2~3 分	
		描述准确、恰当、详略得当	4~5 分	
	图像图标	所添加的图像图标没有实际意义	0~2 分	分
		所添加的图像图标意义不大，或喧宾夺主	2~3 分	
		所添加的图像图标使用合理，有实际意义	4~5 分	
	完整性	所表示内容不全面，缺乏主要部分	0~2 分	分
		所表示内容不全面，缺乏次要部分	2~3 分	
		所表示内容完整、全面	4~5 分	

（5）多场域协同"参与式"思政课程实施保障措施

1）组织保障

为确保多场域协同"参与式"思政课程的有效落实与实施，我校三个中心（教师发展服务中心、学生发展服务中心和后勤保障服务中心）、四个部（课程研发部、教学指导部、科研指导部、信息支持

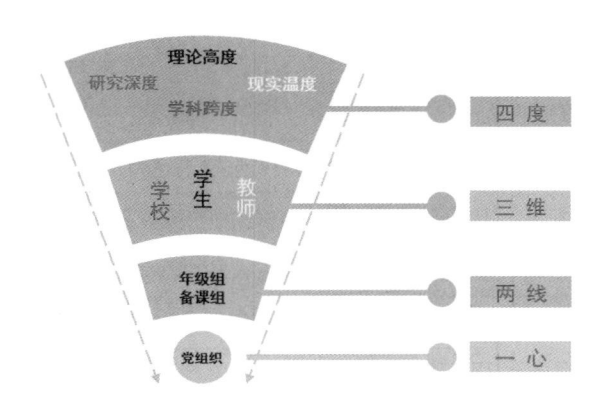

图 3.3.6　多场域协同"参与式"思政课程实施组织保障体系图

部）、五个工作室（科学教育工作室、人文教育工作室、艺术教育工作室、体育与健康工作室、学生成长指导工作室），与政治教研组通力合作，形成了"3-4-5全覆盖"的课程保障体系，像 Wi-Fi 信号一样，全面覆盖保障课程有效实施（见图 3.3.6）。

2）资源保障

特色教室：学校革新了课程的空间环境，超越了传统班级的教室设置，建设不同种类的特色教室，为各类课程的实施提供更全面的支持和保障。建设了特色阅读教室、戏剧教室、机器人教室、科技创新教育基地、创意坊等校内实践空间，为保障学生人文社会、艺术科技、品德修养、身心发展等不同领域的兴趣提升、个性选择和展现提供了有力保障，通过在不同空间内的体验式学习，拓宽学生视野。

校园文化：除硬件环境外，学校还在校园文化"软实力"的打造方面提供支撑。学校每年定期开展特色戏剧节、学科节、科技节、体育节等活动，这些多样的活动丰富了校园生活，为学生提供了展示自我、张扬个性的平台，学生在参与的过程中获得自我的综合素质的提升。除此之外，思政学科开设学科特色活动，时政讲堂、热点述评、模拟政协、时政英语等活动深受学生喜爱，使学生在参与学科活动中自觉融入学科知识，提升学科核心素养。

学习基地：为了拓展学生课程资源，我们深入挖掘密云家乡生活和社会生活，建立了两大参观访问基地（密云水库文化展览展示中心、承兴密联合县政府旧址）、三大红色文化学习基地（邓玉芬广场、白乙化烈士陵园、古北口长城抗战纪念馆）、三大调研基地（密云水库、潮白河、黄土坎生态民生）、五大领域综合实践基地（法院、政协、医院、公司、社区）。通过家乡与社会资源的构建，拓宽了学生的实践场域，为不同特长学生提供丰富的平台，实现全员、协同育人。

3）制度保障

为了保障发挥教师集体智慧，提高备课组活动的质量与效果，学校教师发展服务中心制定了教研组、备课组活动方案，每周五在不开例会的情况下，教研组长组织本组活动，学校领导分学科进行检查督促；每周每学科固定时间、固定地点进行备课组集体备课，邀请教学干部参加，并由教学指导部教师检查督促。

为了激励各级骨干教师的辐射带动作用，学校制定《骨干教师考核方案》，从师德表现、岗位履职、示范引领、带动辐射、教育科研和附加分六个方面进行考核，并将考核结果进行公示。以上制度有助于提高教研组和备课组活动的实效，发挥骨干教师的示范引领作用，提升整体教师队伍的质量。

4）经费保障

一方面，学校制定《教师奖励评定标准》，以奖励、激励、鼓励广大教师接续奋斗，不断提升自身专业素质，促进学校各项工作的开展实施。另一方面，学校为学生进行的各类项目式研究、实地参观考察等提供资金支持。

4. 多场域协同"参与式"思政课程主要成效

在新课程方案、新课程标准及课程理念指导下，我校思政学科积极行动，结合本校实际及学生情况积极探索构建"知行合一：多场域协同'参与式'思政课程"，经过多年努力，获得良好效果。

（1）以知促行、以行求知，助力知行合一

多场域协同"参与式"思政课程改变了学生以课堂被动学习为主的传统学习方式，通过学习场域及空间拓展，通过活动参与、亲身实践、互助合作，在"观、察、体、悟、思"的过程中，学生对学科知识的理解与内化得到加强，学生的学习兴趣与综合素养得到提升。突出表现在学生主动发现问题、解决问题的意识不断增强，助力家乡发展、社会发展、为人民服务的担当意识不断增强，科学研究的能力和水平不断提升。以科学建议为例，近些年来学生主动参与、乐于调研，向有关部门主动提交的密云区科学建议和模拟政协提案达130余项；2020年学生的"绿水青山"生态密云建设调研报告走进了密云区政协会议、2021年学生提交的"关于建立社区托老所的提案"被董敏委员作为主提案带上了北京市政协会议，并得到了相关部门的回复。新冠疫情期间学生主动行动、主动作为，责任担当意识也等得到了充分彰显，学生们结合生物学、化学等学科知识，自发自觉发起了多项有关疫情的调查和研究，仅以疫情为背景自主研究的报告就达40余篇，均入选我校《萤火星河》报告集。此外，在密云区的大街小巷，在敬老服务、垃圾分类、交通协助、助力创城等各个角落，经常能够看到我校学生志愿服务的身影，也因此，近些年来我校有越来越多的学生获得了"密云区美丽中学生"、北京市三好学生荣誉称号。

就学术研究和科研能力的提升而言，近些年来我校学生在各级各类大赛中，逐渐崭露头角，获奖比例和级别越来越高，如张昕冉同学撰写的研究报告《多糖复合涂膜对密云特产鲜切梨保鲜效果的研究》、刘婧同学撰写的研究报告《不同防晒霜隔离紫外线效果差异探究》都被评选为2021年第十九届中国生物物理大会首届中学生卓越论坛"卓越论文"；2019年、2021年、2022年在北京市中小学生环境教育系列活动——环境调查报告作品征集中，雷一鸣、马元伯、钱思源等9位同学获市级一等奖；郭昊煊、付洪滔、郑融欣等同学在北京市第二十一届中小学生金鹏科技论坛中获一等奖；在2022年北京"小院士"科技教育活动中学生张昕冉、刘婧、孟子麒获得一等奖；等等。

坚持知行合一，在"实践—认识—再实践—再认识"的螺旋式上升过程中体验与训练，我校学生的政治信仰更加坚定，公共参与能力不断增强，有了较强的社会责任感、使命感。部分学生在升入大学以后回想高中生活甚至也会发出"政治课学习使我受益终身"的感慨。

（2）实践中研究、研究中改进，实现专业成长

多场域协同"参与式"思政课程的构建与实施，提高了思政课教师的课程开发与建设意识，教师们在经历了国家课程校本化实施的规划、设计、整合、创新与实施的整个过程以后，在不断深挖教材、研讨交流、申报相关课题、撰写论文、观课、议课、磨课的过程中，思政课教师的课程意识和教学能力得到了不同程度的提升，教师教学的成就感、积极性与热情，也都相应得到了极大提升。近些年来，我校思政课教师积极围绕"高中自主互助式课堂研究""高中议题式教学""高中经典文献阅读"等展开课题研究，以课题促发展，以课题带动自身教育教学水平提升。各类、各级获奖不断增多，2019年至2022年，国家级、市级、区级各类获奖就达90多项，在北京师范大学教育学部主办的第八届全国思维教学年会上，李琼老师投递的《如何把握共享发展，实现共同富裕》教学设计被评为二等

奖；索安安老师撰写的《推进节能减排工作，创建生态文明校园》在北京市中小学"节能减排与生态校园建设"主题征文评选活动中获一等奖；王柳老师的《如何做出正确的价值判断与价值选择》教学设计及课例在2021年北京市基础教育优秀课堂教学设计评选活动中荣获三等奖；李琼老师撰写的《新高考下高中政治议题式教学实践与反思》在2020年北京市思政学科教学论文评选中获二等奖，王雪纯老师获得北京市中学政治课教学专业委员会组织的"党史教育融入思政课"教学论文评比活动三等奖。此外，思政教师指导学生科学建议获奖比例不断提升，思政教师带领学生进行的模拟政协实践活动已经成为我校特色思政实践活动，不断实现新的突破。

（3）课程实践提质增效，促进学校发展

多场域协同"参与式"思政课程的构建与实施，使思政课程教学真正回归学生的真实生活实际与过程，贯彻了新的教学理念，落实了新的教学方法，遵循了学生学习的本质与规律，适应了学生"终生发展""终身学习"的时代要求，不仅拉近了学生与思政课的距离，提升了思政课的教学效率与学生喜爱程度，而且为其他学科教学观念和教学方式的转变，为其他学校思政课程校本化的实施提供了经验与借鉴。近些年来，我校教师在各级各类场合多次进行经验分享与教学实例交流，影响辐射作用不断扩大，如2020年12月，我校王柳老师首次通过中国教研网进行课例直播《价值判断与价值选择》；2021年5月，我校李琼老师赴四川成都进行《如何消除绝对贫困，实现共同富裕》议题式教学现场展示，并在当地进行网络直播。此外我校多位教师的示范课在密云教育云平台进行展示，供全区政治教师学习研讨交流。学生基于密云红色资源自编自导自演的话剧《英雄母亲邓玉芬》《丰碑》等在"学习强国"《现代教育报》等媒体得到宣传报道。近年来，经常有来自全国各地的教育团队到我校观摩学习，学校教育教学质量持续提高，学校社会满意度不断提升，使得我校已成为老百姓家门口的优质学校。

5. 多场域协同"参与式"思政课程主要特色

（1）回归学生主体，探寻育人本质，重构学生学习空间

本课程在校本化实施过程中，坚持回归学生主体，探寻教育本质，将学科育

人的思考与行动贯穿始终,以所构建的丰富而有特色的实践场域回应育人本质和高中学习方式的变革。通过整体育人、协同育人、实践育人等方式,拓展学生的生活半径,从课堂学习到校园生活到家乡密云生活再到社会生活,突破"两点一线",重构了高中学生思政课学习的学习空间,让学生在多场域资源协同作用下,成为具有高水平政治素养、理论素养的坚定的家乡建设者和社会发展推动人。

(2) 基于多层次参与活动,探索学科育人新方式

本课程在校本化实施过程中基于组织化、协同化、自主化等不同形式的参与实践活动,探索出一条思政课程校本化实施的可行性新路径。即通过师生互动、生生互动和学生的"独立行动",使学生在真实情景中,通过体验、参与、调查、建言等方式,拓展教材学习空间,创新课程学习方式,使课堂所学与社会生活实际有机结合,让学生在参与实践中获得深层次感悟,使思政课理论入脑入心,并能在思维深化和拓展过程中,深化所学,学以致用。

(3) 基于热点探究、多场域实践,提升学生社会责任感,助力家乡与社会发展

本课程在校本化实施过程中,基于多场域参与实践活动的开展,使学生在走出课堂、走出校园、走入家乡、走进社会的过程中,自觉关注时事,关注热点,并在参与、思考过程中潜移默化培养学生正确的观念和社会责任感,带动学生用所学所研参与社会、建设家乡,从而提升学生的社会责任感,促进建设家乡、助力社会发展能力的提升。

(二)基于"乡土资源"的情境教学设计与实施:高中地理国家课程校本实施方案

褚春霞　王　静　王红英　李明月　刘晓燕

课程名称:高中地理课程创新性实践研究——基于"乡土资源"的情境教学设计与实施

适用学科/领域/模块:地理必修1、地理必修2、地理选择性必修1、地理选择性必修2、地理选择性必修3

授课对象：高一年级全体学生、高二年级选学地理学生

课程简介：在知识经济的时代背景下，为落实学科育人价值，培养学生解决实际问题的能力素养，新课标明确提出的情境教学已成为落实核心素养的重要途径。为了更好地发挥情境教学的作用，该课程结合国家课程和乡土资源自身的特点，对基于"乡土资源"的情境教学进行了深入研究。该课程以乡土资源选择的真实性、利用的典型性、更新的时效性、教师情境教学的针对性为原则；以问题解决式教学、主题式教学、项目式教学为课程实施途径；以培养未来创新型人才、落实地理核心素养、培养学生家国情怀等为目标展开。在进行一轮实施后，该课程也分别在区域、学校、教师和学生层面取得初步成效：丰富地理教学资源，完善区域"乡土资源"可操作路径；提供教学范式，促进多学科共同发展；改变传统教学方式，提高教师专业能力；落实课标要求，促进学生核心素养的培养。

课程开发者：褚春霞　王静　王红英　李明月　刘晓燕

说明：此课程 2023 年 12 月被认定为北京市普通高中特色课程

1. 基于"乡土资源"的情境教学课程建设背景分析

（1）地理课程改革的需要

2018 年，教育部颁布了《普通高中地理课程标准(2017 年版)》（以下简称新课标）。新课标提出："地理课程资源是实现高中地理课程目标的重要保障，学校应高度重视校内外地理课程资源的开发。"重点指出："鼓励地方和学校结合当地实际情况，开设与地理相关的地方课程和校本课程，以满足学生兴趣和个体发展需要。"新课标阐释了地域文化对地理教学及学生身心发展的重要影响，强调了地方课程的重要意义，不仅在必修课程中对地域文化做出内容要求，在选修课程中也加以说明，凸显出乡土资源在新时代高中地理教学中的重要价值。基于课程改革的要求，地理教师对"乡土资源"的开发与探索，是适应我国地理新课程改革的方式。

(2) 落实地理核心素养的需要

地理学科育人价值集中体现在其学科核心素养上，在对地理科目的学习过程中学生逐渐形成必备品格、关键能力和正确的价值观念。地理学科核心素养主要包括人地协调观、综合思维、区域认知和地理实践力，这四个方面并不是独立存在的，而是一个互相联系的有机整体。通过对2019—2023北京市高中合格性考试、等级性考试卷的整理（见表3.3.11）发现：北京市无论是等级考还是合格考，利用"乡土资源"创设情境所占分值都较高，尤其是在等级考中明显呈上升趋势。

因此学生的学科核心素养的实现，显然不能依靠教师盲目灌输知识或频繁说教，而是需要学生带着浓厚的学习兴趣积极参与课堂，亲身体验社会实践活动，深度学习知识并且能在学习过程中自行发现以及解决问题。这就要求教师创设情境，引导学生在目标任务的驱动下，探究情境中包含的问题，实现对学生核心素养的培育。

表3.3.11 北京市等级性考试、合格性考试情境使用调查表

	2019年	2020年	2021年	2022年	2023年
等级考	0分	11分	8分	22分	10分
合格考	16分 28分	14分 24分	10分 4分	24分 24分	20分 未考

(3) 实现学校"育人"目标的需要

首都师范大学附属密云中学一直秉承可持续发展的教育观，致力建设"教育品质一流，具有自主发展、实践创新特征的现代学校"。本校基于育人目标构建了助力学生全面个性发展的"格·智"课程体系。在学校总的"格·智"课程引领下，地理学科在国家课程、校本课程实施过程中，创设多种多样的教学活动，让学生在活动中自主实践和探究，获得直接和间接的经验，丰富学识，体会勇于探索、勇于奋斗的精神状态，提升学科综合能力和创新思维。

通过对该课程相关问题以及对本校师生开展问卷调查，发现本校大部分教师比较认同乡土资源在教学中的独特作用，并意识到在情景教学中运用乡土资源能收获更好的课堂效果。而且多数教师在选择乡土资源进行情境教学时，能从学生

的学情以及教学目标出发，具备较强的能力。但目前仍存在较多问题，比如，信息获取途径困难；案例不够典型，缺少地方特色；缺少科学性等。多数学生表示对地理学科兴趣浓厚且成绩比较理想，虽然对乡土资源具有浓厚兴趣，但了解程度不高。在学习方式上喜欢教师运用乡土资源进行地理教学，而且平时会通过多种手段来了解家乡的自然地理、旅游资源、历史文化、工业和交通等信息，比如教师讲解、网络媒体和家人介绍、实地考察等。与此同时，大部分学生希望教师在进行乡土资源教学时可以采用多种教学方式，比如课内展示图片、视频，课外进行实际走访调查或参观博物馆等，并期望通过乡土教学能够提高学科素养。

所以，通过"基于'乡土资源'的情境教学设计与实施"课程的研究，既可以让学生在熟悉的乡土资源研究中提高学习兴趣，诱发学生学习的主动性、强化学生的感受性、贯穿学生的实践性，还可以通过对乡土资源的归纳、拓展、迁移，提升学生对知识的应用性，落实必备知识，提升学生的地理关键能力，实现学校"育人"目标。

（4）培养学生家国情怀的需要

为了更好地促进学生全方位地发展，加强学生家国情怀的教育是必不可少的。另外对学生家国情怀的培养的首要步骤就是使其对家乡有一定的了解，同时也是区域认知的第一步。地理学科是一门实用学科，它综合研究一地的资源、环境、国土、民族、聚落等要素，含有丰富的思想教育题材。把乡土资源运用到教学之中，能够让学生了解周围的环境，将书本知识与周围地理环境相结合，对学生的区域认知的培养有着重要的推动作用。运用乡土地理资源更能够帮助学生认识其家乡所在地区的生活环境，引导学生主动参与、学以致用，培养学生的实践能力，使学生树立可持续发展的观念，增强学生爱祖国、爱家乡的情感。

2. 基于"乡土资源"的情境教学课程设计的理念、原则、思路

（1）基于"乡土资源"的情境教学课程设计的理念

《辞海》中对"乡土"二字的定义是"本乡本土；故乡；也泛指地方"。从教育的角度来看，乡土即学生所生活的土地及这片土地所承载的自然、人文环境与情感，这片土地的范围为市（县）域是合适的。"资源"简言之指的是生活或生产过程中能被人类利用的要素，这种要素既包括物质性要素，又包括非物质性要素。因此，"乡土资源"是在密云区具有乡土特色的各种物质性和非物质性资源。

基于以上对基本概念的理解，本课程设计的理念如下。

1）构建以地理学科核心素养为主导的地理课程

新课标提出："地理课程资源是实现高中地理课程目标的重要保障，学校应高度重视校内外地理课程资源的开发。"重点指出："鼓励地方和学校结合当地实际情况，开设与地理相关的地方课程和校本课程，以满足学生兴趣和个体发展需要。"新课标阐释了地方课程对地理教学及学生身心发展的重要影响，强调了地方课程的重要意义，不仅在必修课程中对地方课程做出内容要求，在选修课程中也加以说明，凸显出乡土资源在新时代高中地理教学中的重要价值。基于课程改革的要求，地理教师对乡土课程的开发与探索，是适应我国地理新课程改革的方式。

2）创新培育地理学科核心素养的学习方式

在地理教学中，乡土地理素材可以丰富教学资源，更好地促进教学完成，是培养学生分析、解决地理问题和增强学生地理学习能力的重要途径。地理教材的内容设置，通常离学生的生活实际较远，不容易在教材中见到与之生活地区紧密相关的案例或情境。因此教师在备课环节中，难以找准贴近生活、贴近地域课程的切入点，学生在对教材的理解和学习上缺乏主动性，导致一些学生难以提起对地理知识的学习兴趣，理解地理问题不够深入，尤其在提起家乡区域特征或文化符号时，中学生知之甚少。作为地理教师，要开发乡土地理课程，科学设计地理教学过程，引导学生通过自主、合作、探究等学习方式，在自然、社会等真实情境中开展丰富多样的地理实践活动，不仅普及了地域文化知识，更满足了新课程背景下学生全面发展的多元学习需求。

3）建立基于地理学科核心素养发展的学习评价体系

以地理学科核心素养的水平划分及学业质量标准为依据，形成过程性评价与终结性评价相结合的学习评价体系，通过不同情境（复杂程度的情境）的设计，科学测评学生的认知水平，以及价值判断能力、思维能力、实践能力等水平。

（2）基于"乡土资源"的情境教学课程设计的原则

1）乡土资源选择的真实性

新课标中强调，核心素养应通过学生在应对复杂现实情境时的外在表现加以推断。所以在教学中就要高度重视复杂、开放性真实问题情境的创设，即把具体任务尽可能放在真实、复杂性的现实情境之中。在课程的实施过程中，可以引导学生探究身边与地理学习有关的乡土资源，并将这些资源收集与整理，作为课堂教学中的探究情境。立足于真实生活经验创设的具体情境，可以有效促进地理知识情境化、教学过程生活化，能激起学生的认知需求，引领学生在不同的情境化问题中掌握知识、深化情感，并从中获得观察社会的正确视角，提升其研究社会、认识社会的能力。

2）乡土资源利用的典型性

基于乡土资源所创设的情境是学生亲身参与创设的真实情境，所以在情境的利用中，要注重情境的典型性。乡土资源是基于具体区域呈现的，情境内容要体现一个区域要素综合、时空综合、地方综合，运用综合思维引导学生认识和欣赏家乡的地理环境及其发生、发展的规律。同时情境的设计与问题要环环相扣、层层递进，使学生感悟到知识的内在联系，在解决问题的过程中提高思维能力。

3）乡土资源更新的时效性

社会在不断发展变化，进入课程视野的乡土资源要不断更新，保持开放性，以形成新的、与时俱进的乡土资源。乡土资源的不断更新，可以为地理教学注入活力，让学生养成在生活中随时随地关注地理方面的知识的习惯，带着新奇、激情去探索、领悟身边的地理。学生通过对新情境的认识，可以更好从地理角度发现家乡的变化，并运用所学地理知识探究、分析和理解人口、地形地貌、生物分布、工业、地理问题、旅游、农业、交通、聚落等，从而形成可持续发展观念。

4）教师情境教学的针对性

教师在选择乡土资源进行教学时，要考虑所选素材与课程标准间的联系程度，能否实现本节课的教学目标，创设的情境是否能体现相应的地理规律、原理等，要避免生搬硬套。另外，由于学生认识新事物时，依赖自己已有的认知结构，因此教师选取的乡土资源不应脱离学生所处的年代范围，应针对学生认知水平、思维结构，细心筛选典型、与时俱进的乡土资源创设情境。

（3）基于"乡土资源"的情境教学课程设计的思路

1）总体思路

结合高中地理学科体系中的自然地理学、人文地理学和区域地理学等，切实将地理学科核心素养的培养贯穿课程的设计和实施中。在地理学科内容方面，要充分体现地理学科兼具自然科学和社会科学的性质，具有综合性和区域性的特点；在学生发展方面，要密切联系学生的生活经验，让学生在自然和社会的大课堂中学习对其终身发展有用的地理，同时落实学生终身发展必备的地理基础知识和基本技能，满足全体学生基本的地理学习需求。

课程设计思路流程如下：

结合地理学科核心素养、教学内容、学生已有的知识经验以及当地的乡土资源，选择合适的情境教学实施方式，具体实施操作流程如图 3.3.7 所示。

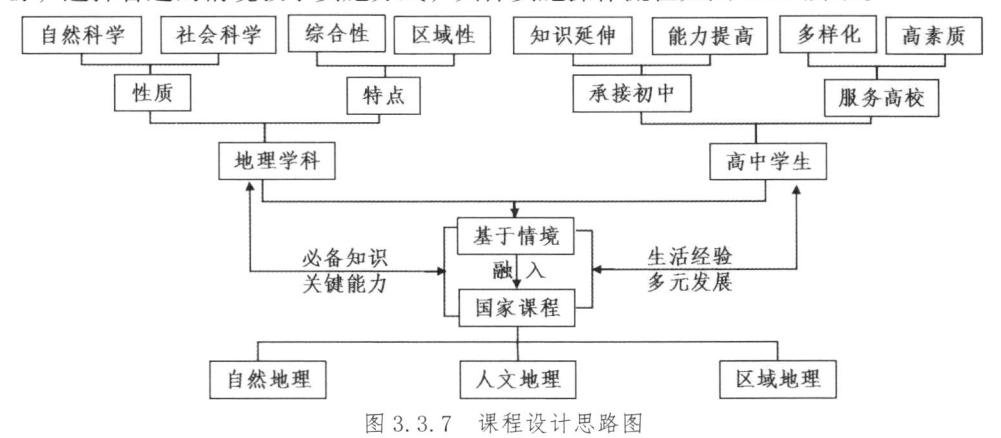

图 3.3.7 课程设计思路图

2）实施思路

其一，乡土资源获取。

线上和线下结合精选乡土资源。

教师可以在当地的档案馆查找本地区乡土志、地方年鉴等资料，可以为我们选取乡土资源提供很好的借鉴。结合在互联网上搜索相关的乡土资源文字和图片、视频等资料，有选择性地收集整理相关资源。比如通过查阅密云区的农业类型了解密云区农业发展历程、影响密云区农业发展自然环境和人文环境条件等，结合网络上关于密云区的补充内容，选取某一处前往实地考察，有助于帮助教师更深地了解乡土资源，选取的资源内容更加典型，情境教学也更加真实。

结合教材内容挑选有代表性的乡土资源

在选择乡土资源时，要挑选地方具有特色且具有代表性的资源素材，有助于唤起学生的生活经验，增进学生对本地乡土特色的了解，激起学生探究地理现象背后原因的热情。同时各地乡土资源较为丰富，我们在选取的时候，要选取与新课标要求、教材内容紧密结合的部分。比如在"农业区位因素及其变化"一节中，选取北京市密云区果树的生产和发展来作为乡土资源，学习农业内容，具有典型性和代表性。

多主体共同选择乡土资源。

教师结合教材内容、通过查阅乡土志、地方年鉴、网络以及野外考察等方法，在精选乡土资源的同时，要注意引导学生共同参与创设乡土资源情境，在创设乡土资源时发现问题、分析问题并解决问题。比如说在学习"服务业区位因素及其变化"时，教师可组织学生调查所居住社区周围的大型商场，通过网络搜索当地的天地图，在天地图上找出其位置并标注，课上和同学们共享，并共同探究布局特征及影响其选址的因素。

其二，乡土资源使用。

参与创设乡土资源。

学生课前从当地网站、当地乡土志、年鉴、当地新闻等渠道可以查阅到较多与教学相关的内容，对这些内容加以分析和整理，采用合适的视频、图片、文字或图表的形式来呈现乡土资源内容。在此过程中，可以加深学生对当地乡土资源的理解，引发学生对学习乡土资源的兴趣与好奇心，进而促进学生对课本知识内容的学习。

自主探究乡土资源。

引导学生结合课本内容，对课堂上所呈现出的乡土资源问题进行分析和解决。

学生自主探究可以有效培养其发现、分析和解决问题的能力，将课前所搜集到的乡土资源素材从形式和内容两个方面加以整理，并基于学生已有的知识经验，创设冲突情境，引发学生的思考，激发其思考的动力。

迁移利用乡土资源。

以当地的乡土资源作为情境素材来进行知识学习，可以通过学生对乡土资源的亲近感来激发其学习动力，并且乡土资源就在身边，易于培养学生的地理实践力，在结合当地乡土资源进行情境学习的过程中，不能忽略知识的迁移，保证学生学习到的知识和技能应用于其他情境仍然有效，因此，在教学过程中，要将乡土资源按照时间发展脉络纵向对比，并且还要和其他地区进行横向对比，从而实现动态和静态两个角度的知识学习。

归纳反思乡土资源。

基于乡土资源的情境教学不仅体现在创设采用乡土资源素材方面，还要注意在教学过程中对其进行融会贯通，顺着乡土资源发展轨迹，不仅仅将其作为出发点，还要将其作为学科核心素养的落脚点，通过乡土资源结合情境教学，帮助情境教学尽可能发挥最大效果，实现对学生地理实践力以及人地协调观的培养。

3. 基于"乡土资源"的情境教学课程实施的整体设计

（1）基于"乡土资源"的情境教学课程实施目标

1）课程建设目标

普通高中的培养目标是进一步提升学生综合素质，着力发展核心素养，使学生具有理想信念和社会责任感，具有科学文化素养和终身学习能力，具有自主发展能力和沟通合作能力。地理课程旨在使学生具备人地协调观、综合思维、区域认知、地理实践力等地理学科核心素养，学会从地理视角认识和欣赏自然与人文环境，懂得人与自然和谐共生的道理，提高生活品位和精神境界，为培养德智体美劳全面发展的社会主义建设者和接班人奠定基础。结合课程标准及我校育人目标和"格·智"课程体系，我们构建了"基于乡土资源的情境教学设计与实施"的育人目标体系，即：实践探索（实践调查、资源整理、问题解决）、科学思维（归纳思维、演绎思维、辩证思维）、责任担当（团结协作、人地协调、家国情怀）。

2）课程目标具体表现

实践探索：是指学习者在面对生活实践或学习探索问题情境时，组织整合相应的知识与能力、运用不同的技术方法进行操作活动以解决问题的综合品质。"实践探索"包括认知操作和行动操作两个方面。学生通过对"乡土资源"的调查、搜集等方式，进行信息的获取和输入，通过对"乡土资源"的资源整理，以及问题解决，实现地理观点、地理原理、地理规律的认知，从而完成解决地理问题的目标。

科学思维：是指采用严谨求真的、实证性的逻辑思维方式应对各种问题。能够根据对问题情境的分析，运用实证数据分析事物的内部结构和问题的内在联系，以抽象的概念来反映客观事物的本质特征和内在联系。在融入"乡土资源"的教学中，学生通过分析情境中要素相互关系、用发展变化视角认识事物演变规律及形成原理，能正确认识人地协调发展的观点。

责任担当：是指具有社会责任感，积极承担社会责任、履行义务。在"乡土资源"的获取和分析过程中，学生能够主动完成自己所承担的任务，并和同学相互协作，共同完成教师指定的学习活动，在活动中自觉增强社会责任意识，形成正确的价值观，具有热爱家乡、奉献家乡的自豪感和成就感。

"基于'乡土资源'的情境教学课程的设计与实施"的育人目标体系，主要从能力、思维、价值观三个角度进行育人培养，三者是以地理知识为载体，既相互融通、相互联系，又不断递进、深化，逐步形成正确的价值观、必备品格和关键能力（如图 3.3.8 所示）。

图 3.3.8 课程目标体系图

(2) 基于"乡土资源"的情境教学课程内容与结构

在本课程的设计实施中，以学生家乡密云区为基础，认识自然地理要素及其与人类活动的关系为线索组织教学，充分利用周边自然与社会资源，形成乡土资源，合理描述和解释特定区域的自然现象、原因、规律，掌握分析人文地理问题的思路和方法，认识区域及其发展的多样性，以及人地协调发展的必然性，进而从家乡层面拓展到国家层面，渗透家国情怀。其课程结构如图 3.3.9 所示。

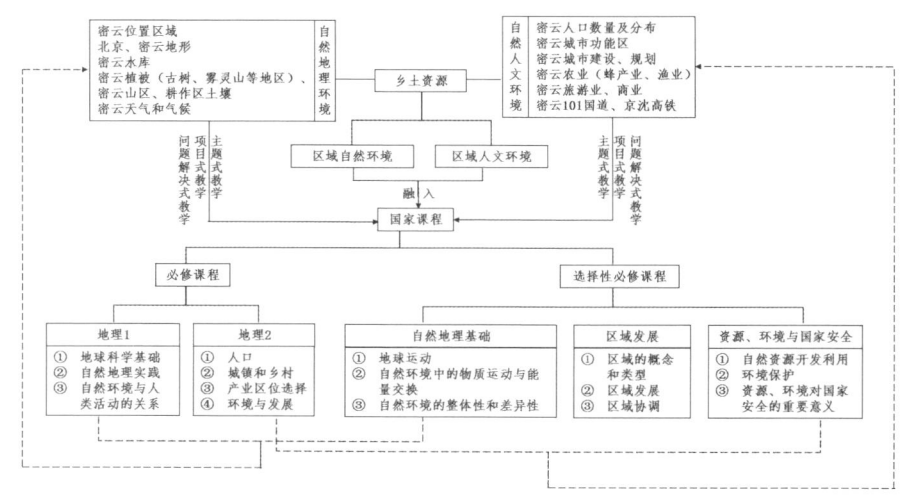

图 3.3.9 课程结构图

(3) 基于"乡土资源"的情境教学课程实施主要方式及途径

本课程在实施过程中，主要通过问题解决式、主题式、项目式三种策略开展基于"乡土资源"的地理课程教学，三种策略的构建和实施是按照教师主导和学生主体作用的程度不同，教师逐步放手，学生在学习活动构建中主体作用逐步发挥的活动参与设计，以及教师完全放手，作为引领者、点拨者身份以充分发挥学生在学习路径选择和学习活动构建中主体作用的活动参与设计的思路，实现学生在学习过程中思维、能力及学科核心素养的阶梯式进阶。在选择教学策略时还要结合具体的教学内容而确定。

1）问题解决式教学策略

"问题解决"教学策略是指依据教学内容和要求，由师生共同创设问题情境，以问题的发觉、探究和解决来激发学生求知欲和主体意识，造就学生的实践和创新能力的一种教学模式。问题解决式教学需要在课堂中借助问题情境激活学生思维，让学生在问题情境的引导下，收集素材、资料，深思酝酿，提出假设，引发争辩，进行批判性思索和实践探究，得出结论，进而又产生新的问题，使学生思维不断得以拓展和升华。

在本课程的实施过程中，教师有意地创设问题情境，组织学生的探索活动，让学生提出学习问题和解决这些问题的方法，学生基于问题情境发现探索知识、感受知识，掌握技能、学会思考、学会学习、学会创造，促进创造思维的发展。主要环节包括：提出问题、分析问题、解决问题、总结提升四大部分。

其具体操作流程如图 3.3.10 所示：

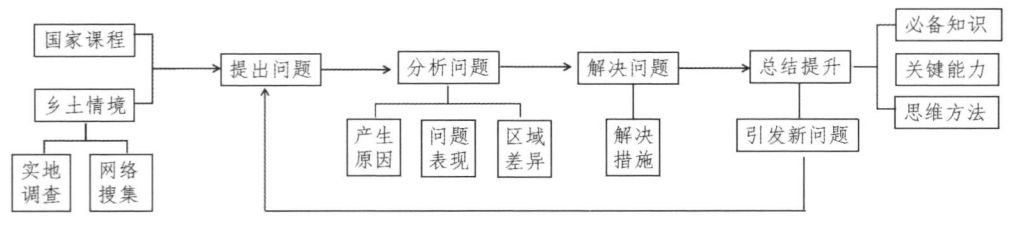

图 3.3.10 问题解决式教学操作流程

2）主题式教学策略

主题式教学（The Matic Teaching），是以"内容为依托"的教学观念最常见的模式之一，它的中心是让学生在良好的、具有高动机的环境中进行学科学习。其教学理念是将学生放在首位，而教师的主要工作是提供丰富的教学资源，为学习者创建真实学习情境，参与合作学习活动并成为积极的促进者。在"基于乡土资源的地理课程体系构建与有效实施"的设计中，更加强调与学生现实生活或真实世界联系紧密的乡土资源，关注与人类生存、社会发展密切相关的重大问题，使间接经验的学习由直接经验作为支撑，创设有效、真实的问题情境是遵从了主题式教学的基本理念。

在本课程的实施过程中，强调学科内容在实际生活中的应用，主张学科教学情景化、生活化，其策略实施的主要途径为"引出话题—梳理话题—确定主题—自主探究—反馈交流—归纳提升"。

其具体操作流程如图 3.3.11 所示。

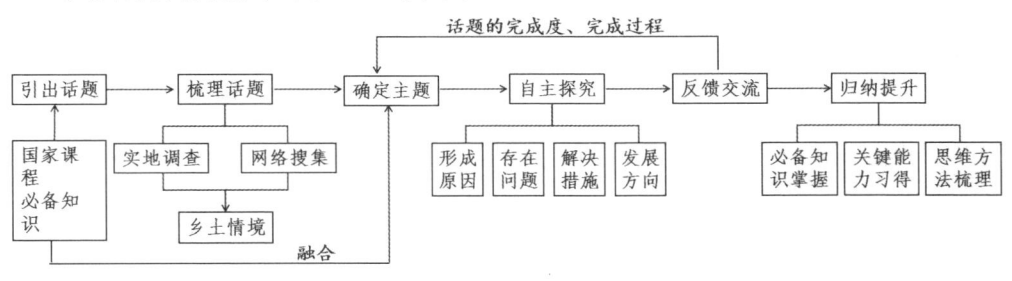

图 3.3.11　主题式教学操作流程

3）项目式教学策略

项目式学习（Project-based Learning），简称 PBL，是一种以学生为中心的教学方式。在项目式学习过程中，学生会积极地收集信息、获取知识、探讨方案，以此来解决具有现实意义的问题。

在项目式学习过程中，不仅仅要求学生能够运用所学的学科知识，还要懂得如何在现实生活中将这些知识学以致用。通过项目式教学，不仅可以让学生留意观察自己所生活的环境，而且学会运用知识发现并解决实际问题，并且能有效提高学生沟通、合作和展示等综合素养，使学生成为终身的学习者。

将乡土资源融入课堂国家课程教学，项目式教学策略实施的主要包括以下教学流程：

提出有现实意义的问题—布置学习活动任务—形成乡土资源—情境探究回扣国家课程（落实必备知识）—回归探究问题—形成分析方法思路—情境迁移探究—小结评估

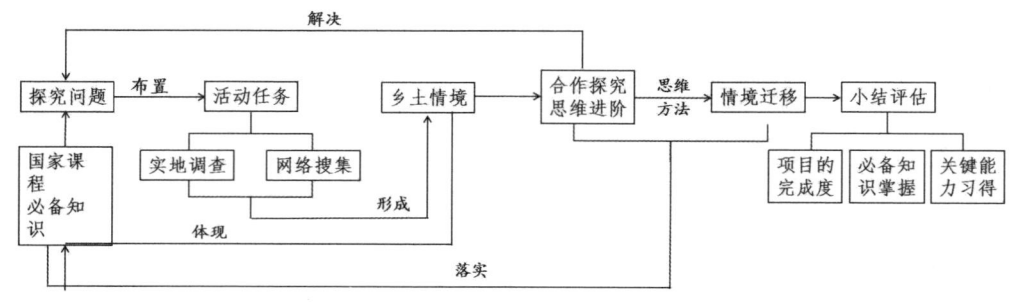

具体流程如图3.3.12所示。

图 3.3.12　项目式教学操作流程

（4）基于"乡土资源"的情境教学课程实施安排与建议

高中地理课程分为必修、选择性必修和选修三类课程。必修课程包括地理1、地理2，是全体高中学生必须学习的内容。选择性必修课程包括自然地理基础、区域发展、资源、环境与国家安全，是学生可以结合其未来高等教育学业与职业方向进行选择所需要学习的课程；选修课程共设9个模块，学生可以根据个人兴趣进行选择。

所以，在本课程的实施过程中，主要是在国家课程的必修课程、选择性必修课程的基础上，结合学生所在家乡的乡土资源，创设乡土资源，并开展教学过程。经过一轮的实施，目前已经完成"基于乡土资源"课例57课时，其中支撑材料呈现21课时。

1）地理必修一课程实施安排（见表3.3.12）。

表 3.3.12　具体课时安排

课标要求	所属章节	拟设定情境	应用目的	课时安排	备注
1.2 运用示意图，说明地球的圈层结构	第一章第四节	观察密云山区水库景观图片，说出自然地理环境组成要素，推断其所属圈层，根据推断绘制示意图，说明地球的圈层结构。	能够说出地球外部圈层的组成及各圈层的特点	1课时	"问题解决式"教学策略

续表

课标要求	所属章节	拟设定情境	应用目的	课时安排	备注
1.4 通过野外观察或运用视频、图像，识别3~4种地貌，描述其景观的主要特点	第四章第一节	利用密云区地形和河流分布图、不同河段地貌景观图以及房山国家地质公园地貌景观图等识别河流、喀斯特等地貌，描述地貌景观的主要特点	地貌类型及地貌特征描述	3课时	"主题式"教学策略
	第四章第二节	运用密云白河流域等高线地形图说明地貌观察的顺序和内容	归纳地貌观察的方法和顺序	2课时	
1.5 运用图表等资料，说明大气的组成和垂直分层及其与生产和生活的联系	第二章第一节	以某学生阴雨天从首都机场乘坐飞机起飞到飞行过程为例，说明大气的组成和垂直分层及其与生产生活的联系	分析大气的组成及描述大气垂直分层特点	2课时	"问题解决式"教学策略
	第二章第二节	以北京雾霾天气发生的条件（时间、大气成分、天气等）和影响为例，构建大气受热过程示意图，并解释相关现象	说明大气的受热过程	1课时	"问题解决式"教学策略
1.6 运用示意图等，说明大气受热过程与热力环流原理，并解释相关现象	第三章第一节	以北京和密云间的温度差异为基础，构建热力环流示意图，并解释密云湖陆风、山谷风等相关现象	说明热力环流的形成过程	2课时	"问题解决式"教学策略
		学生校园连廊温室效应			"问题解决式"教学策略
1.7 运用示意图，说明水循环的过程及其地理意义	第三章第二节	通过密云水库水的来源和去处绘制示意图，说明水循环的过程及地理意义	水循环的环节及对地理环境的影响	2课时	"主题式"教学策略
1.9 通过野外观察或运用土壤标本，说明土壤的主要形成因素	第五章第一节	通过观察雾灵山土壤样本、土壤剖面以及不同位置土壤的差异分析影响土壤形成的因素	绘图说明土壤的组成、类型、分层，分析土壤形成因素	2课时	采用"主题式"教学策略

续表

课标要求	所属章节	拟设定情境	应用目的	课时安排	备注
1.10 通过野外观察或运用视频、图像，识别主要植被，说明其与自然环境的关系	第六章第一节	运用白河公园多种典型树种一年四季景观图片及叶片标本等,归纳其共同特征并说明其与自然环境的关系	归纳植被的类型，描述植被特征，分析影响植被的因素	2课时	
1.11 运用资料，说明常见自然灾害的成因，了解避灾、防灾的措施	第六章第二节	分别以北京某次旱灾、洪涝灾害、寒潮灾害为例说明成灾的原因，了解避灾、防灾的措施以及地理信息技术在防灾减灾中的应用	说出自然灾害形成原因、分布特征以及对人类活动的影响，并介绍实际，说明防灾减灾的主要措施	2课时	"主题式教学"策略
	第六章第三节	以密云某次滑坡或泥石流灾害为例说明地质灾害成灾的原因，了解避灾、防灾的措施以及地理信息技术在防灾减灾中的应用		2课时	"主题式教学"策略

操作建议：

必修一教学内容为自然地理，侧重的是自然地理事物的分布、特征、形成原因以及与人类的关系，在教学中可以通过学生课前的观察、调查、走访等方式，搜集整理相关资料，构成乡土资源，在课堂中对情境进一步分析，梳理自然要素间、人与自然环境之间的关系，从而认识、理解自然环境是人类生存、发展的基础，辩证看待自然环境对人类活动的各种影响。

2）地理必修二课程实施安排（见表3.3.13）。

表 3.3.13　课时安排

课标要求	所属章节	设定情境	应用目的	课时安排	备注
2.1 运用资料，描述人口分布、迁移的特点及其影响因素，并结合实例，解释区域资源环境承载力、人口合理容量	第一章第一节	密云区人口分布图，并分析原因	概括人口分布特征，分析影响人口分布的因素	1课时	"项目式"教学策略
	第一章第二节	密云区外来人口分布及原因调查	归纳人口迁移的原因及影响	1课时	
	第一章第三节	北京市人口容量及影响因素（合作探究）	分析资源与人口容量的关系	1课时	
2.2 结合实例，解释城镇和乡村内部的空间结构，说明合理利用城乡空间的意义	第二章第一节	调查、绘制密云区城市土地利用图，分析密云城镇发展	说明城市内部空间结构的特点及形成原因	2课时	"主题式"教学策略
2.3 结合实例，说明地域文化在城乡景观上的体现。	第二章第三节	密云檀营、一街等典型建筑	分析建筑特征所反映的地域文化和自然环境特征	1课时	"主题式"教学策略
2.4 运用资料，说明不同地区城镇化的过程和特点，以及城镇化的利弊	第二章第二节	调查密云区城市人口发展、绘制密云区城市土地利用图，分析密云城镇发展	说明城镇化的含义、发展过程及对地理环境的影响	2课时	"主题式"教学策略
2.5 结合实例，说明工业、农业和服务业的区位因素	第三章第一节	密云区农业发展变化（小麦、林果等）	分析农业区位因素及其变化	2课时	"主题式"教学策略
	第三章第二节	密云工业开发区	分析工业区位因素及其变化	2课时	"项目式"教学策略
	第三章第三节	密云商业区调查	分析服务业区位因素及其变化	2课时	"问题解决式"教学策略

续表

课标要求	所属章节	设定情境	应用目的	课时安排	备注
2.6 结合实例，说明运输方式和交通布局与区域发展的关系	第四章第一节	密云国道、京承高速、京沈高铁建设	比较交通运输方式差异，分析交通运输的区位条件	1课时	"主题式"教学策略
	第四章第二节	密云国道、京承高速、京沈高铁建设	分析交通运输对区域发展的影响	1课时	"主题式"教学策略
2.10 运用资料，归纳人类面临的主要环境问题，说明协调人地关系和可持续发展的主要途径及其缘由	第五章第一节	北京、密云主要环境问题及产生原因	说出环境问题的主要表现及形成原因	1课时	"项目式"教学策略
	第五章第二节	北京、密云主要环境问题治理措施	举例说出可持续发展的主要措施	1课时	

教学建议：

在此模块学习中，可以注重社会调查等方法，联系生活实际，认识人文地理事物的分布规律，分析形成原因，可以运用地理信息技术或其他地理工具，收集和呈现人口、城镇、产业活动等人文地理数据、图表和地图（地理实践力），从时空综合的角度，分析人文地理事物发生、发展、演变的过程，认识人与环境之间的关系及存在的问题，并能够通过真实的乡土资源分析，解决现实问题，帮助学生形成人文地理空间思维习惯，强化人文地理信息的运用。

3）地理选择性必修一课程实施安排（见表 3.3.14）。

表 3.3.14　地理选择性必修一——课时安排

课标要求	所属章节	设定情境	应用目的	课时安排	备注
1.3 结合实例，解释内力和外力对地表形态变化的影响，并说明人类活动与地表形态的关系。	第二章第一节	雾灵山地貌、岩石考察	熟悉三大类岩石，探究成因	1课时	"问题解决式"教学
	第二章第二节	实地调查我区山区地区公路布局的主要特点，并分析其形成原因	分析地貌类型（山地、平原）及其对人类活动的影响	1课时	"项目式"教学策略
	第二章第三节	以白河流域为例，探究不同河段的地貌特征，概括上中下游聚落的分布特点，并分析其形成原因	分析不同河段的河流地貌对人类活动的影响及原因	1课时	"问题解决式"教学策略
1.5 气候对自然地理景观形成的影响。	第三章第三节	密云水库气候效应、温带季风气候特征及对自然环境的影响	分析气候特征对自然要素的影响	1课时	"问题解决式"教学策略
1.6 绘制示意图，解释各类陆地水体之间的相互关系。	第四章第一节	密云水库流域各水体之间的关系	运用实例，说明水体间的相互联系及相互影响的表现	2课时	"问题解决式"教学策略
1.9 运用图表并结合实例，分析自然环境的整体性和地域分异规律	第五章第一节	资料收集，密云水库建设前后自然环境的变化	说明自然环境某一要素变化对地理环境其他要素的影响	1课时	"项目式"教学策略
	第五章第二节	北京植被与新疆植被差异及原因	比较自然环境的差异，并分析形成原因	1课时	"项目式"教学策略

教学建议：

在本模块教学中，应注重以自然环境系统及其要素发展、演变过程对人类活动的影响为线索组织教学。结合乡土资源，用"问题解决式""项目式""主题式"等策略，引导学生关注自然环境各要素的特征、演变过程及自然环境的整体性和差异性，引导学生从生态文明建设的角度，理解人与自然的关系。

4）地理选择性必修二课程实施安排（见表3.3.15）。

表3.3.15 地理选择性必修二课时安排

课标要求	所属章节	设定情境	应用目的	课时安排	备注
2.1 结合实例，说明区域的含义及类型	第一章第一节	密云区行政区、地形区	从不同的角度认识区域及特征	1课时	"问题解决式"教学策略
2.3 以某大都市为例，从区域空间组织的视角出发，说明大都市辐射功能	第三章第一节	密云高铁与北京城区的联系	说明大城市辐射带动作用的表现方式及影响	1课时	"问题解决式"教学策略
2.4 以某地区为例，分析地区产业结构变化过程及原因	第三章第二节	密云区城镇化的进程	分析城镇化变化过程中对产业的影响	2课时	"问题解决式"教学策略
2.7 以某区域为例，说明产业转移和资源跨区域调配对区域发展的影响	第四章第二节	密云水库调水工程	分析资源跨区域调配的原因、措施、影响	1课时	"问题解决式"教学策略
2.8 以某流域为例，说明流域内部协作开发水资源、保护环境的意义	第四章第一节	密云水库流域的协作发展	分析不同河段河流特征及开发保护方向	1课时	"项目式"教学策略
3.1 结合实例，说明自然资源的数量、质量、空间分布与人类活动的关系	第一章第二节	北京市水资源分布特征，以及与人类活动的关系（产业变化、节水措施等）	归纳概括资源特点的基本方法，分析资源与人类活动的关系	1课时	"项目式"教学策略

教学建议：

以认识区域地理条件、区域特征和发展方向为线索组织教学内容。通过典型的或身边的案例，让学生了解区域及其发展的多样性，以及人地协调是区域可持续发展的必然选择。给学生提供基本的区域数据来源，让学生了解这些数据对分析社会经济和人地协调问题的支撑作用。依据调查资料，探究区域部分与整体、区域动态变化等地理问题。

5）地理选择性必修三课程实施安排（见表3.3.16）。

表3.3.16 地理选择性必修三课时安排

课标要求	所属章节	拟设定情境	应用目的	课时安排	备注
3.1 结合实例，说明自然资源的数量、质量、空间分布与人类活动的关系	第一章第二节	北京市水资源分布特征，以及与人类活动的关系（产业变化、接水措施等）；调查密云区主要农业灌溉方式，并分析其对水资源及其他自然要素的影响	概括资源的特征，分析资源与人类活动的关系	2课时	"问题解决式"教学策略
	第一章第三节	北京、密云主要环境问题，如：雾霾	说明环境问题产生的原因、危害，为分析其与国家安全关系做基础	1课时	"问题解决式"教学策略
3.5 运用碳循环和温室效应原理，分析碳排放对环境的影响，说明碳减排国际合作的重要性	第三章第四节	北京市为解决碳达标、碳中和所做的主要工作及原因	说明碳排放对环境的影响，以及合理进行碳排放的有效措施	1课时	"问题解决式"教学策略
3.8 举例说明环境保护政策、措施与国家安全的关系	第一章第三节	调查北京市主要的环境问题，分析其产生原因及危害，并提出治理措施	环境问题的主要表现及保护环境的措施	1课时	"项目式"教学策略

教学建议：

以资源、环境与国家安全的关系为线索组织教学内容。提倡采用图表判读、综合分析等方法，帮助学生理解资源、环境问题的基本内涵，并能站在国家安全、国际合作的高度，认识资源和环境的现状、问题及对策措施，了解资源、环境问题对于国家安全的重要性。组织学生开展社会调查和专题探究。创设多种教学情境，诸如资源短缺、环境恶化的模拟情境，调查家乡的资源、环境问题，讨论节约资源和保护环境的重要意义，树立"绿水青山就是金山银山"的理念。

(5) 基于"乡土资源"的情境教学课程实施评价

为适应并且更好地服务于该课程，使"乡土资源"创设教学情境更有实效，我校地理教师在长期的实践中探索出课程评价量表（见表3.3.17），从课程目标完成度、学生参与过程以及学生实际获得等方面进行了多角度评价，以保证该课程的实施与开展。

1）基于"乡土资源"的情境教学课程目标达成度学期评价量表（见表3.3.17）

表3.3.17 教学课程目标达成度学期评价量表

评价角度	评价项目		分值	自评	组评	师评	均分
实践探究	实践调查（15分）	能积极组织、参与调查活动，调查内容全面、有实用价值	11–15分				
		能主动参与调查活动，有一定的调查内容，有部分内容没有实用价值	6–10分				
		能参与调查活动，有调查内容，但调查内容没有可应用价值	1–5分				
	资源整理（10分）	对所调查的乡土资源整理全面，有条理，能够满足学习主题需要	8–10分				
		对所调查的乡土资源有一定的整理，条理不够清晰，对于完成学习主题有所欠缺	4–7分				
		对所调查的乡土资源只是简单的堆砌，缺少分析条理，不能满足学习主题所需内容	1–3分				
	问题解决（10分）	针对乡土情境、学习主题能提出有问题，问题科学准确，能够提出新观点或新问题，落实学习主题所需要的地理知识，并能结合问题给出有效的解决方案	8–10分				
		能针对乡土情境、学习主题提出问题，问题较为科学准确，并能结合学习主题、情境，对问题进行解答	4–7分				
		能针对乡土情境、学习主题提出问题，问题缺乏深度，不能有效地落实学习主题所需的地理知识，问题解答缺少逻辑	1–3分				

续表

评价角度		评价项目	分值	自评	组评	师评	均分
科学思维	归纳思维（15分）	在乡土情境分析中，能提炼观点，角度清晰，能形成较为科学的分析思路，且适用于其他案例情境	11–15分				
		在乡土情境分析中，能提炼观点，条理不够清楚，能形成较为科学的分析思路，但不适用于其他案例情境	6–10分				
		在乡土情境分析中，观点模糊，缺少问题分析的角度，不能形成较为科学的分析思路，只是就问题提出解决措施	1–5分				
	演绎思维（10分）	在乡土情境分析中，能够利用思维模型（或图示）分析地理事物之间的逻辑关系，较好地梳理事物发生、发展演变的规律	8–10分				
		在乡土情境分析中，能够厘清事物的逻辑关系，归纳事物发生、发展演变的规律	4–7分				
		在乡土情境分析中，地理事物之间关系混乱，条理不清	1–3分				
	辩证思维（10分）	能抓住乡土情境中的主要观点，辩证的认识地理事物和现象；在情境分析过程中能提出挑战性、独创性的问题	8–10分				
		能抓住乡土情境中的主要观点，能围绕情境积极思考，提出问题	4–7分				
		能抓住乡土情境中的主要观点，认识地理事物、现象角度单一	1–3分				
责任担当	团结协作（10分）	在乡土情境获取、分析过程中能够积极组织，协助同组同学高效的完成学习任务，主动承担活动中较艰巨的任务	8–10分				
		在乡土情境获取、分析过程中，能完成自己既定的任务，对其他同学有一定的帮助作用	4–7分				
		在乡土情境获取、分析过程中，不能主动完成活动任务，存在等、靠、要的现象	1–3分				

续表

评价角度	评价项目	分值	自评	组评	师评	均分
责任担当	人地协调（10分）	能够通过学习任务，正确说出人类活动和地理环境之间的关系，能用此观点分析地理问题，并在实际的活动中有所体现，付诸于行动	8–10分				
		能够通过学习任务，正确说出人类活动和地理环境之间的关系，能用此观点分析地理问题	4–7分				
		能正确说出人类活动和地理环境之间的关系，但是不能准确利用此观点认识、分析情境问题	1–3分				
	家国情怀（10分）	在活动中热爱祖国、热爱家乡的行为表现明显，并能为家乡的建设提出切实可行的措施	8–10分				
		在活动中有热爱祖国、热爱家乡的行为，有为建设家乡奉献力量的主动性和意识	4–7分				
		热爱祖国、热爱家乡落实在口头上，确实有实际行动	1–3分				

2）基于"乡土资源"的情境教学课程学习效果单元评价量表

①前置学习（乡土资源调查、搜集——录像照片）满分50分，占总评价分数的20%（见表3.3.18）。

表3.3.18 前置学习评价量表

评价角度	序号	具体表现	自评	组评	师评	均分
过程性评价	1	乡土资源调查、搜集时态度积极主动（1–5分）				
	2	实地观察、调查方式准确、规范（1–5分）				
	3	观察、调查信息记录清晰（1–5分）				
	4	在乡土情境资源获取时组织能力较强（1–5分）				
	5	善于与人合作，能合作完成乡土资源的获取（1–5分）				
结果性评价	6	调查报告设计合理、资料收集完整（1–5分）				
	7	调查报告、资源材料撰写科学准确（1–5分）				
	8	对调查报告、搜集资料能提出自己的问题（1–5分）				
	9	能够独立解决乡土情境中所反映问题（1–5分）				
	10	调查、搜集的资料整理清晰，字迹工整（1–5分）				

②课堂表现：课上表现+反馈检测 满分50分，占总评价分数50%（见表3.3.19）。

表3.3.19 课堂表现评价量表

评价角度	序号	具体表现	自评	组评	师评	均分
课堂表现评价	1	情境分析过程中态度端正，能认真听讲（1–5分）				
	2	针对乡土情境能提出有质量的探究问题（1–5分）				
	3	积极回答问题，表述科学、清晰（1–5分）				
	4	善于与他人合作，完成课堂任务（1–5分）				
	5	能主动解答别人提出的问题（1–5分）				
	6	能归纳乡土情境所体现的重点知识和分析思路（1–5分）				
情境迁移评价	7	能独立挖掘迁移情境中的地理知识（1–5分）				
	8	能运用乡土情境分析的思路解决新情境的问题（1–10分）				
	9	能针对新情境提出创新性的问题（1–5分）				

③课后作业：检测作业+拓展作业 满分50分，占总评价分数30%（见表3.3.20）。

表3.3.20 课后作业评价量表

评价角度	序号	具体表现	自评	组评	师评	均分
检测作业评价	1	作业书写工整清晰（1–5分）				
	2	作业有做题过程且过程规范（1–10分）				
	3	作业正确率高（1–10分）				
拓展作业评价	4	能运用思维图示整理当堂课情境教学的收获（1–10分）				
	5	对调查报告、搜集资源进行修改完善（1–10分）				
	6	作业完成积极主动（1–5分）				

（6）基于"乡土资源"的情境教学课程实施保障措施

1）组织保障

为了更好地深化课程改革，促进国家课程校本化的实施，以我校书记、校长为首的领导小组，带领三中心（教师发展服务中心、学生发展服务中心和后勤保障服务中心）、三部门（课程研发部、教学指导部、科研指导部）及三备课组（高一、高二、高三地理备课组），进行通力合作，研讨"乡土资源"融入课堂教学的课程的构建,并保障课程的有效实施。

2)资源保障

为了推进基于"乡土资源"的情境教学课程的构建与实施,以及更有效地实施,学校在"格致楼"建设地理教室等多个特色教室,为各类课程的实施提供更全面的支持和保障。通过在不同空间内的体验式学习,拓宽学生视野,为学生在不同领域的兴趣提升、个性选择和自主发展提供了有力保障。

与此同时,学校还积极和社会相关部门建立友好联系,如区档案馆、区图书馆、水库管理处、工业开发区等,学生通过实地的调查、走访,了解自己身边的地理环境以及发展现状。另外,借助"学校社会大课堂"活动,还和市内有关博物馆等对接,为学生获取家乡资源拓宽了渠道。

3)制度保障

为了保障发挥教师集体智慧,提高备课组活动的质量与效果,学校教师发展服务中心制定了教研组、备课组活动方案,每周五在不开例会的情况下,教研组长组织本组活动,学校领导分学科进行检查督促;每周每学科固定时间、固定地点进行备课组集体备课,邀请教学干部参加,并有教学指导部教师检查督促。

为了激励各级骨干教师发挥辐射带动作用,学校制定《骨干教师考核方案》,从师德表现、岗位履职、示范引领、带动辐射、教育科研和附加分六个方面进行考核,并将考核结果进行公示。以上制度有助于提高教研组和备课组活动的实效,发挥骨干教师的示范引领作用,提升整体教师队伍的质量。

4)经费保障

一方面,学校制定《教师奖励评定标准》,以奖励、激励、鼓励广大教师持续奋斗,不断提升自身专业素质,促进学校各项工作的开展实施。另一方面,学校为学生进行的各类项目式研究、实地参观考察等提供资金支持。

4. 基于"乡土资源"的情境教学课程建设的主要成效

(1)丰富地理教学资源,完善区域"乡土资源"可操作路径

乡土资源融入高中地理课程的路径多元、内涵丰富,可以是各种自然、人文地理要素,也可以是不同尺度的区域空间,通过对课程的开发和设计,从课程目标、

内容取舍、教学结构、学习方式等维度构建课程开发的基本路径。将实践中搜集整理的乡土资源引入地理课堂，实现从感性到理性、从经验到理论的升华。

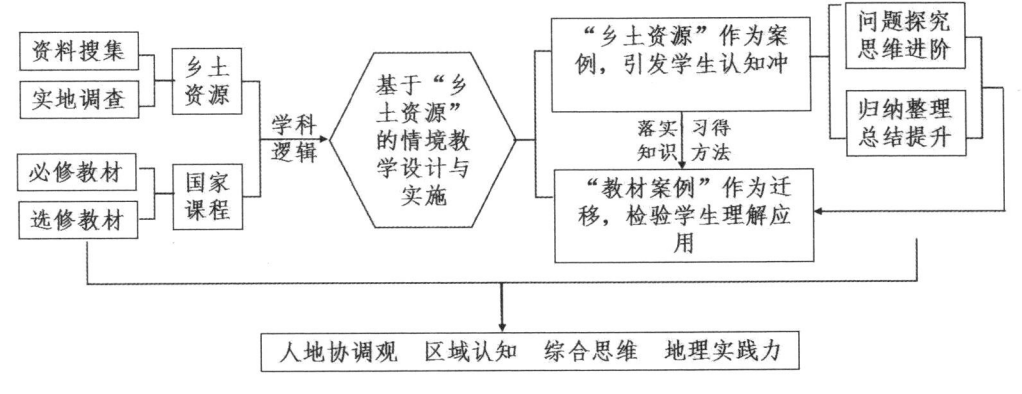

图3.3.13 区域"乡土资源"操作路径图

（2）提供教学范式，促进多学科共同发展

此地理课程首先总结了关于"乡土资源"融入课程的实施路径，为其他学科课程开发提供了范式。其次，不断挖掘优质的课程资源等，为完善学习课程建设进行补充；最后，国家课程的校本化实施，是一所学校提升质量的需要，也是实现质量提升的重要保障。

（3）打破传统教学方式，提高教师专业能力

教师们在经历了"基于'乡土资源'的情境教学课程设计与实施"规划、设计、整合、创新与实施的整个过程以后，在不断深挖乡土资源、研讨交流、申报相关课题、撰写论文、观课、议课、磨课的过程中，教师教学的成就感、积极性与热情也都相应得到了极大提升。近些年来，我校地理教师积极围绕"基于学科核心素养的教学目标制定与实施研究""基于地理核心素养背景下学生课堂活动设计的研究""思维图示在中学区域地理单元教学的应用研究""地理核心素养背景下高中生大阅读能力提升的体系研究"等展开课题研究，以课题促发展，以课题带自身教育教学水平提升。同时承担市区级研究课教学，在各类展示课中充分融入乡土资源，受到听课专家、领导、教师的高度好评。除此之外，各类、各级获奖不断增多，据不完全统计，教师及学生各类获奖达100项之多。

(4) 落实课标要求，促进学生核心素养的培养

通过"基于'乡土资源'的情境教学设计与实施"国家课程校本化的实施，借助乡土资源可以简化教学，更易引起学生情感共鸣，激发学生的学习兴趣，改变学生的学习方式，促进了学生对知识的理解和综合素养的提升，开发学生的学习潜能和多元智能，发展其优、长领域，为其个体生命走向卓越奠定基础。通过对乡土资源的获取与分析，学生主动发现问题、解决问题的意识不断增强，助力家乡发展、社会发展、为人民服务的担当意识不断增强，科学研究的能力和水平不断提升，在"科学建议奖""小院士""创新大赛""科技论坛"等多方面获奖。

5. 基于"乡土资源"的情境教学课程建设的主要特色

（1）凸显在地文化的课程化锻造

高中地理新课标的理念中强调要构建以地理学科核心素养为主导的地理课程。围绕地理学科核心素养培养的要求，构建科学合理、功能互补的课程体系，要精选利于地理学科核心素养形成的课程内容，力求科学性、实践性、时代性的统一。新课程的发展还强调教师、学生、教材、环境、教学等各因素的结合。

所以在本课程的实施建设过程中，精选丰富、多元的乡土资源主题，与课程内容相结合，构建乡土资源课程资源体系。通过完成情境搜集整理任务、情境分析探究任务、情境迁移反思任务，让学生将实践学习与理论学习相结合，进行整体化感悟和反思，实现知识与技能、过程与方法、情感态度与价值观学习的统一。

通过本课程的实施，可以让学生在自然、社会和生活的大课堂中观察、行动和思考，为学生学习"真"的地理提供了可能性。同时，师生通过收集各种乡土资源，并对情境进行加工，形成科学性、典型性、适用性材料，形成以教研组、备课组为单位的课程实施的教学素材资源库。

（2）构建情境教学研究的基本路径

乡土地理环境尽管其区域范围有限，但地理组成要素和时间尺度却是完整的，在高中地理课程的各模块和教学单元都有其附着空间。所以，将乡土资源融入教学之中，通过对乡土资源的分析和探究，可以有效地归纳情境教学的基本研

究路径。

美国教育家苏娜丹·戴克说："告诉我，我会忘记，做给我看，我会记住，让我参加，我就会完全理解。""让我参加"强调的便是在情境中体验。在引入或创设情境后，教师可以通过提问、设计活动等形式引发学生的情感体验，帮助他们更好地理解教材核心知识，形成分析问题的思路方法。

在本课程的实施过程中，会形成以下分析问题的基本路径：调查、搜集资料（乡土资源）引发冲突—情境探究思维进阶（核心问题）—归纳整理（知识、方法）—应用延伸变式迁移—检测评价归纳反思；

无论是哪一种情境，在融入教学过程中，都遵循将单个案例提升为一般规律，从特殊到一般，使"做中学""悟中学"真正成为地理学习的基本方式。

（3）创设多层次参与活动，探索实践育人方式

地理新课标中强调：学科核心素养是学科育人价值的集中体现，是学生通过学科学习而逐步形成的正确价值观、必备品格和关键能力。在本课程的实施过程中，主要是通过创设多层次的参与活动，让学生在活动中掌握必备知识，提高关键能力，实现实践育人的目的。

在乡土资源搜集、整理过程中，学生通过考察、调查、走访等实践活动，对学科知识和学科技能融会贯通灵活应用，成为知识技能的"使用者"；在乡土资源探究、分析过程中，从情境中发现和构建新的学科知识和技能，成为知识技能的"发现者"；在整个活动参与的过程中，通过设计问题、创造性地解决问题，提升学科思维能力、实践能力和创新能力，形成积极向上的信念、情感和意志，在与同伴及他人的互动中学会与人交流和合作，懂得尊重别人和改变自己，既能与人和睦相处又能与己和谐相处，使学生成为学习的"成长者"。

（4）创建多重学习空间，落实学科育人本质

我校在稳步整体推进课程建设的过程中，印证了一个共识："课程建设的终极目标是提供学生可持续发展的成长机会，更好地实现每一位学生的全面发展。"如果是单纯的课堂教学，很难实现学生的全面发展。所以，在本课程的实施过程

中，重视多重学习空间的创建，从课堂学习到校园生活，从社区环境到家乡山水，从密云生活到社会生活，让学生在不同的学习空间中主动参与，在所创设的真实情境中学会质疑探究，学会解决反思，学会分享协作，在"体验和感悟"中最大限度地全面发展，最终实现地理学科独特的育人价值。

（5）提升学生社会责任感，助力家乡与社会发展

乡土情怀是每一个人的精神支柱，对人格的形成起着重要的作用。教师在教学过程中把乡土资源融入课堂，与地理知识联系起来，让学生更好地认识自己家乡的自然条件、风土人情和自然风貌，让学生能学以致用，用课堂所学知识去评价家乡经济发展现状以及存在的问题并能提出合理的建议和解决问题的措施。通过这样的教学，让学生在课堂中感受乡土风情，在乡土风情中领悟课堂教学，在理论联系实际的能力提高的同时，形成由热爱家乡到热爱祖国的真挚情感，并激发出其建设家乡的责任感。

二、特色校本课程研究

（一）"小剧大成"——多元融合体验式教育戏剧课程课程纲要

课程名称："小剧大成"——多元融合体验式教育戏剧课程授课对象：面向全体学生

课程简介："小剧大成——多元融合体验式教育戏剧课程"，于2015年开始，经过六年的实践，形成了较为完整的课程体系。即基于学校自主教育理念和"格·智"课程体系，在深入挖掘戏剧的育人价值的基础上，从小处着眼，即"小剧"——取"见微知著"之义，表面看似篇幅短、戏剧冲突集中（每剧表演时间12~14分钟），却能够驱动学生进行综合性实践学习，打破时空边界、学科边界、课程层级边界，形成多元融合的教育戏剧课程群，让学生在浸润体验和协同创造中，积淀人文情怀和审美情趣，促进内省修身和自我实现，进而实现"大成"，成就自我。

说明：此课程2022年3月被认定为北京市普通高中特色课程

课程开发者：李文平　李晓凤　孟青　王锐　张歌

1. 背景分析

（1）课程建设的背景

本课程是着眼于时代发展与国家政策的宏观背景，立足于北京市密云地区地域特点和教育发展定位，基于学校课程建设的理念、育人目标和课程体系而进行整体设计的。具体如下。

1）时代背景与国家政策

当今世界，国内外的经济形势正在发生着深刻而复杂的变化。经济全球化、文化多样化、社会信息化以及人工智能的迅猛发展，对未来的人才培养提出了新的要求与挑战。普通高中教育是国民教育体系的重要组成部分，在人才培养上起着承上启下的关键作用，2017年以来启动的新课程、新教材和新高考改革，对高中育人方式的改革提出了新的要求。在深入研究教育部《普通高中课程方案（2017年版，2020年修订）》《国务院办公厅关于新时代推进普通高中育人方式改革的指导意见》《教育部关于做好普通高中新课程新教材实施工作的指导意见》《北京市关于深化育人方式改革推进普通高中多样化特色发展的意见》等系列政策文件的基础上，我们对办什么样的高中教育、如何办好教育等问题进行了深入研究，在此背景下开展新课程研究。力求在全面落实新课程新教材的理念和要求的基础上，探索出适合密云地区和密云学校办学特色的课程改革之路。

2）地域特点与发展定位

我校所处的密云区位于北京市东北部，生态环境优美，是目前首都重要饮用水源基地和生态涵养区。我校作为密云当地百姓所信赖的学校，培养的学生大部分是未来建设密云生态区的主力军，是密云区经济发展的建设主力，也是乡村振兴的核心力量。基于这一发展定位，我校在教育戏剧课程建设方面注重挖掘密云地区特有的生态资源和风土人情，并将厚植爱国情怀、投身密云发展的责任担当等融入其中。在发展学校办学特色、构建特色课程的同时，为密云地区的持续发展、人才培养完成教育的使命与担当。

3）学校课程整体建设

首都师范大学附属密云中学地处密云城区西部，前身是密云县第一中学，目前已有 70 年校史。近年来在学校办学理念的引领下，全体干部教师锐意进取，大胆创新，课程建设的基础扎实，课程意识强，特色鲜明，成果丰硕，为深入开展课程整体建设奠定了良好的理论和实践基础。目前已经形成的办学理念和课程体系如下：

第一，办学理念。

2017 年以来，随着时代与社会的发展以及新课程改革的深入与新要求，学校进一步明确发展定位，对"办什么样的学校""如何办好学校"等问题有了更为深入的思考。在对学校办学历史全面继承的基础上，将"自主教育"作为学校办学理念。秉持着遵循教育规律，鼓励自主探究，焕发生命活力，促进终身持续发展的立德树人教育观。具体内涵包括：激发每个人的生命潜能、鼓励每个人的实践探究和促进每个人的持续发展。

为了让理念深入人心，具体可感、易识别、能记住，以"萤火虫"为学校文化标识，以"萤火"精神引领学生成长、教师发展。育人目标。

基于"自主教育"的办学理念，我们提出了学校的育人目标是"培养崇德尚智的现代萤火青年"，最外圈是我们的学子画像，也就是具体表现为：有内驱力的人、能自觉做事的人和可持续发展的人。中间圈层即学术化表达，即自尊自信、自主实践和自我认知。周边是再具体化表达，包括了品德高尚、责任担当、主动探索、实践创新、主动发光、智慧生长这些具体的核心素养。需要说明的是，三个基本特点是相互促进、相互影响的整体，即一个人只有具有了内驱力，才能自觉做事，在自觉做事中达到可持续发展，进而促进其内驱力的发展，实现良性循环。

第二，课程体系。

在办学理念和育人目标的基础上，我们确定了"格·智"作为我们的课程体系，三者的关系如图 3.3.14 所示。

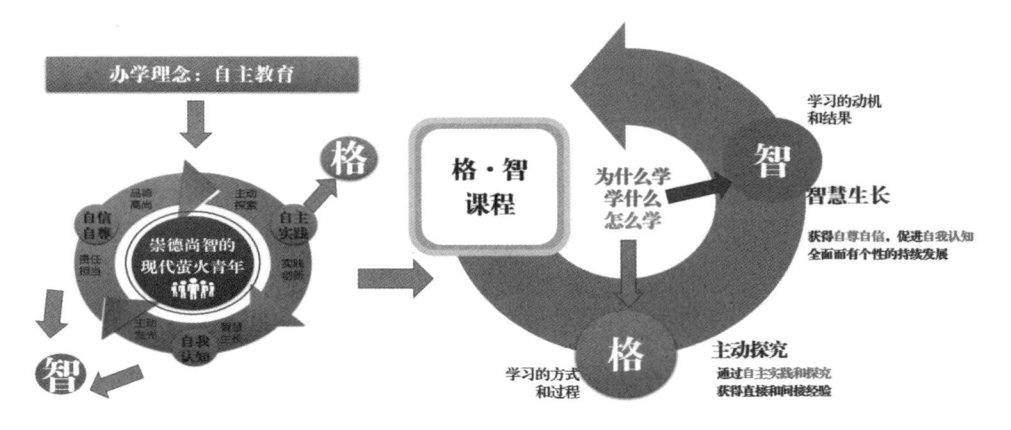

图 3.3.14 "格·智"课程体系关系图

格——怎么学,也就是学习的方式和过程。格,就是格物致知的"格",本意是推究探究,主动探究,对应的理念就是"自主实践",也就是通过自主实践和探究,获得直接和间接的经验,这就是"格"。我们的课程体系,以内容丰富和可选择为基本特点,正为了给学生一种探究、实践和体验的方式和过程。

智——为什么学、学什么,也就是学习的动机和结果。这里的"智",不是指智力,而是指"智慧生长",无论是德智体美劳、所有学科的学习,还是一个人的成长与未来发展,都需要获得智慧。依据自主教育理念和育人目标,我们认为,这里的智慧生长,可以理解为学生能够通过"格"的过程,获得自尊自信,这是自主的来源,这样他才能够在各方面不断完善自我认知。"智"可以说是"格"的结果,同时也是驱动进一步"格"的动力,只有不断往复,螺旋上升,才能促进学生全面而有个性地持续发展。

点——良性循环的过程。"格·智"课程,中间的"·"可以理解为一个无限循环的过程,人只有通过"格",才能获得"智",而获得的"智",能够进一步促进不断去"格",人就在这个过程中获得持续的发展,实现良性循环,促进自主发展。

在此基础上,我们形成了三层、五领域的"格·智"课程体系。

"启智课程"是基础性课程,面向全体学生,主要内容是国家课程创造性实施,心理健康、生涯规划和萤火德育课程,也是每位在校学生的必修课。侧重在学习中获得知识与经验、策略与反思、智谋与坚毅，是学生智慧生长的基础。

"达智课程"是拓展性课程，为满足学生的多元需求而开设。主要内容是选修类课程和综合实践类课程，如生物高端实验探究课、生物实践基地作物生长探究课、合唱课程、篮球、足球、学生讲堂、艺术课程、戏剧课程。通过学生的实践与活动促进协作和交流能力的提升，是学生智慧生长的途径。

"睿智课程"是创新性课程，主要面向有天赋、有专长、学有余力的学生，以社团形式开设，比如科技类课程、探究类课程、辩论与演讲、学生领导力课程、时事评论。主要培养学生的批判性思维、逻辑与推理能力，是学生智慧生长的终极目标。

就本课程而言，是隶属于"语言与人文"领域，跨越"基础性、拓展性和创新性"三个课程层级的多元融合式综合课程群。

（2）课程建设的目的

1）促进高中课程多样化特色发展

通过课程建设与实施，为学生提供更加丰富的、可选择的课程，利用教育戏剧的体验式学习方式促进学生自我探索与自主创造。通过为学生在不同角色中的学习（如创作、表演、舞台道具等），体验不同的经历，遇见未知的自己，从而在落实学生全面而有个性发展的同时，也能促进普通高中课程的多元化特色发展。

2）探索高中育人方式变革的新路径

通过课程建设，探索一条高中育人方式变革的新路径，即通过多元融合体验式的教育戏剧实现育人方式的变革。改变过去的课堂教学方式，拓展出新的学习空间；改变过去书本学习方式，探索在实践体验中学习，在协同创造中实现自我成长，真正促进育人方式的变革。

3）实现学校课程建设的总目标

通过本课程的建设，实现学校课程建设的目标，即促进学生成长的自育、激发教师专业的自觉、创建学校管理的自主。同时，也通过本课程的建设，落实学校办学理念，为培养"崇德尚智的萤火青年"探索出一条戏剧育人的路径，使理念真正落地生根。

（3）课程建设的理念

1）课程的育人价值

通过对教育戏剧的理论与实践研究，我们认为，教育戏剧具有独特的育人价值，即通过"戏剧"这一情景任务，驱动整个学习过程，以剧目（红色经典、名著经典、地方特色等）的选择实现价值引领，以实现"展演"（班级—年级—校级展演）的目标，引发一系列实践体验过程，在此过程中，通过"角色赋予"，即在一台戏剧演出中自主选择不同的角色（包括剧本创作、表演、主持、道具、舞美灯光、海报设计、后期制作等），促使不同角色中开展个性化学习，以"浸润体验"的方式投入深度学习中，在每一场展演中实现团队的"协同创造"，同时在展演后通过反思，进一步促进"内省修身"和"自我实现"，且在整个戏剧学习过程中，实现"人文情怀"和"审美情趣"等核心素养的培育。

整个育人过程可以概括为，以戏剧的情境任务为导向，通过具体剧目的价值引领，在戏剧展演中引领学生的实践体验学习。通过在角色中的"浸润体验"和"协同创造"，即"格"（学习过程），实现"内省修身""自我实现""审美情趣""人文情怀"的目的，即"智"（学习结果）。

2）戏剧课程建设的原则

第一，融合式。

融合式强调课程建设过程是多学科教师全面参与，开展跨学科融合式教研和备课，全方位探索教育戏剧育人模式；同时，本课程在课程层级上，穿越三个层级，是立体、多元、融合的课程群。在育人效果上，也力求跳出某一单一学科的核心素养，而强化学生综合素质和核心素养的培养。这种融合还体现在很多方面，如戏剧与生活的结合、教师与学生的结合、讲台与舞台的结合、学校与社会的结合、古今中外多种文化的融合……以达成多元认知、多元能力、多元品质、多元价值的提升。

第二，体验式。

我们不断围绕"教育戏剧的学习方式"，即学生是如何完成教育戏剧的学习的这一问题在深入研究，即学生从对戏剧一无所知到能够合作完成一台戏剧表演，经历了怎样的学习过程？我们发现，这一学习过程必须是体验和实践性的，学生需要深入不同角色中，进行浸润性的体验，进而在合作完成戏剧表演过程中，实现协同创造。因此课程建设应注重学生的体验实践和合作，在学习方式上不断突破传统。

第三，开放式。

我校的教育戏剧课程坚持开放性的原则，既不是为了展示而将优秀演员集中起来出精品，也不追求演得像不像、美不美，重在让学生打开身心，深度体验，与人物对话，与自我对话，与世界对话。同时，戏剧舞台向每一个学生开放，只提供表演的舞台，但演戏的是却是每一个生命个体，他们在舞台中的成长由他们自主决定，通过开放性构建课程，注重在课程中唤醒学生的生命自觉，激发学生的无限潜能。

2. 课程目标（见图3.3.15）

依据学校的育人目标和"格·智"课程的总目标，结合教育戏剧的育人价值，我们确定了学校教育戏剧的课程目标，即本课程要培养学生的核心素养。

①协同创造与浸润体验，即"格"的过程。在戏剧展演中自主选择适合自己的角色（舞台角色及后台场务等相关角色），通过角色赋予而开展角色的深入学习，主动探索，浸润到角色中体验实践，反复揣摩每一个角色的特点、责任、表达等，同时在与他人的协同（交流、沟通、合作）中实现创造，完成戏剧展演。

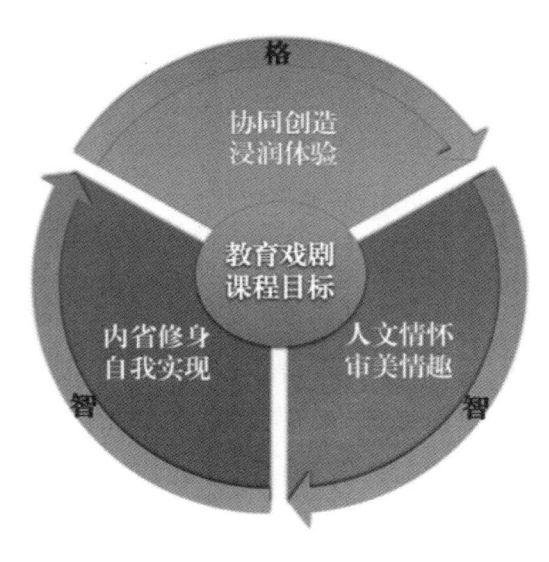

图3.3.15 教育戏剧课程目标

②人文情怀与审美情趣。即"智"的结果。通过对戏剧基础知识、经典剧目的学习与赏析，在理解戏剧、揣摩角色的过程中，提升学生的阅读能力、理解能

力、鉴赏能力，促进学生对中华优秀传统文化、革命文化、社会主义先进文化以及家乡文化的继承与发展，开拓国际视野，积淀人文情怀和审美情趣。

③内省修身与自我实现。即"智"的结果和动机。通过课程中的"剧本创作、人物塑造、道具制作、舞台设计"等内容的实践体验学习，促进自我认知，加强责任担当意识，在不断反思中，促进内省修身和学生的自我实现，成为可持续发展的人。

3. 课程内容

（1）课程结构（见图 3.3.16）

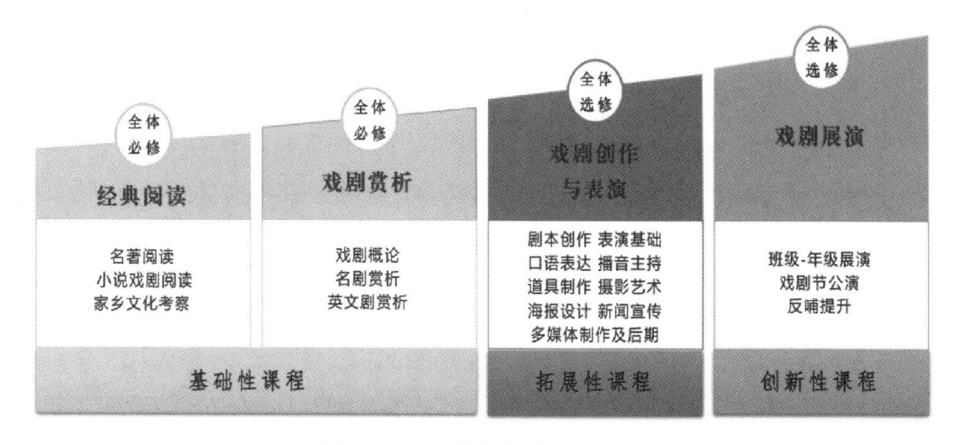

图 3.3.16 教育戏剧课程结构

本课程对应学校课程的三个层级，隶属于"语言与人文"的课程领域，分为四大课程模块和相应的课程主题，具体包括：

①基础性课程：经典阅读模块和戏剧赏析模块此部分为全体必修课程，为全员参与。

经典阅读模块：包括语文、英语学科的课堂学习和综合实践活动相关课程内容，包括名著阅读、小说戏剧阅读和家乡文化考察等方面，为戏剧创作奠定基础。

戏剧赏析模块：戏剧入门课程，帮助学生初步了解戏剧的一般知识并赏析经典戏剧，激发兴趣，包括戏剧概论、名剧赏析、英文剧赏析等。

②拓展性课程：戏剧创作与表演模块。

全体学生全体选修的模块，即每个学生依据自己的兴趣，在戏剧展演的不同角色中择其一进行深入学习实践，包括剧本创作、表演基础等九大不同主题。

③创新性课程：戏剧展演模块。

此模块为全体选修模块，即每个学生在班级内必须完成一次戏剧展演，择优进行年级展演，选拔表现优秀的部分学生进行戏剧节公演，最后进行全体学生的反哺提升课程，促进其对整个戏剧学习过程的反思、提升和迁移、应用。

（2）课程内容

1）剧目主题的选择

在戏剧表演的过程中，我们通过剧目的选择促进学生对中华优秀传统文化、革命文化、社会主义先进文化以及家乡文化的继承与发展，实现价值引领。这种引领往往是隐性的，是需要学生浸润其中、慢慢体悟的，超越了传统的说教式、口号式的教育方式，让学生在浸润体验中，提升综合素质，着力发展学科核心素养，真正实现爱祖国、爱家乡，成为有理想、有本领、有担当的时代新人。

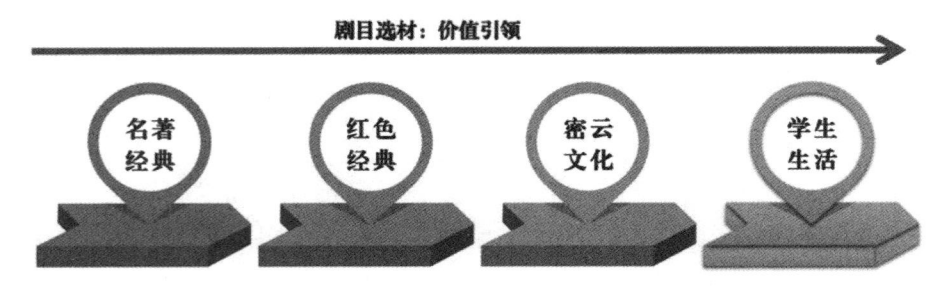

图 3.3.17 戏剧的价值引领

各班级及年级戏剧社每一年编写的剧本达 60 个，年级遴选初演剧目不少于 40 个，每届汇报演出剧目 15 个左右。截至本书写作时所开展的六届戏剧节，共留存原创或改编精品剧目 78 个。剧目主题选材主要来自四大主题：名著经典、红色经典、密云文化和学生生活。

戏剧节主题从"得名著阅读之妙，入创编表演之境"到"戏剧致敬经典，萤火烛照青春"；从固化改编的名著经典《雷雨》《威尼斯商人》、红色经典《红岩》等作品到创编演绎学校学生青春生活的《最美逐梦人》、承载社会正能量的《耄耋姥姥学英语》，作品内容日益丰富。更难能可贵的是，通过挖掘乡土资源，传承红色基因，凸显密云文化，如：《足迹》讴歌建设者伟业，再现老一辈水库建设者无私奉献、顽强拼搏的感人场景；《英雄母亲邓玉芬》献礼党的百年华诞，邓妈妈舍家纾难，爱国情怀感地动天。

2）课程内容具体设置（见表3.3.21）。

表3.3.21 戏剧课程内容具体设置

层级	模块	主题	课时	教学目标	内容和活动
阅读基础性课程	经典阅读	名著阅读	4	1.通过阅读名著,培养学生的想象能力、思辨能力和批判能力,促进其阅读能力、写作能力的提高 2.通过阅读经典名著,培养学生终身受益的阅读习惯,增强学生人文底蕴,培养积极向上的人生态度和价值观念	小组合作学习,开展探究性阅读和创造性阅读;运用思维图示工具梳理人物关系、故事情节等;运用思维策略工具评价作品主旨
		小说戏剧阅读	4	1.通过阅读中外小说,体会小说情节构思主要特点,体会人物刻画的艺术特色 2.通过阅读经典戏剧作品,引导学生分析戏剧语言特点及冲突,分析舞台说明,体会它对人物塑造的辅助作用,为戏剧创作奠定基础	兴趣式阅读、鉴赏式阅读、评价式阅读、双演式阅读
		家乡文化考察	4	1.通过查阅地方志和相关著作、实地参观、调查访问等了解家乡传统文化和宝贵的民间文化知识,尤其红色文化 2.认识家乡传统文化的博大精深和传承的意义 3.培养学生自主学习,与人合作的能力和与人沟通的能力,培养学生家国情怀	学生在自主分组的基础上明确学习任务,合作、探究,分组进行校内外的调查访问、收集资料,分析整理资料,汇报交流,并从中挖掘可用于戏剧创作的文化资源
	戏剧赏析	戏剧概论	1	1.了解戏剧基本知识 2.知道戏剧发展的历史 3.理解戏剧的艺术价值,对戏剧产生兴趣	1.回忆自己所了解的戏剧,交流感受 2.阅读戏剧相关资料,完成学习任务 3.梳理戏剧的基本知识 4.探究戏剧的价值 5.思考自己对戏剧产生的好奇和兴趣
		名剧赏析	3	1.通过赏析《雷雨》的戏剧和剧本,进一步了解戏剧 2.学会从人物语言、情节安排、矛盾冲突等方面分析人物形象、探究戏剧主题	1.欣赏《雷雨》话剧的视频,完成学习任务 2.阅读《雷雨》剧本的片段,完成学习任务 3.尝试表演《雷雨》的片段,初步体验戏剧表演

续表

层级	模块	主题	课时	教学目标	内容和活动
阅读基础性课程	名剧赏析	英文剧赏析	2	1. 通过赏析《百万英镑》等经典的戏剧和剧本，了解英文戏剧 2. 激发英语戏剧的学习兴趣，尝试表演，促进听说能力的发展 3. 了解中西戏剧差异，拓宽视野，进一步理解戏剧	1. 欣赏英文戏剧的视频，完成学习任务 2. 阅读剧本的台词，通过反复听读，熟悉基本内容，完成学习任务 3. 尝试表演片段，初步体验戏剧表演
拓展性课程	戏剧创作与表演	剧本创作	4	1. 了解剧本的文体特点，了解剧本创作的相关知识 2. 了解如何改写剧本的方法和要点，产生剧本创作的兴趣 3. 选择剧目，确定主题，尝试剧本创作	1. 通过阅读相关材料了解基本知识，知道剧本的基本格式等 2. 确定剧目，如《丰碑》《四世同堂》等，通过阅读分析，用思维图示激发想象、改编剧本 3. 展示各组剧本，分享互评
		表演基础	3	1. 通过基础训练，培养学生观察力、注意力、想象力、感受力，增强表现力 2. 通过基础训练，提升学生自尊自信自省，发现更好的自己	1. 形体、语言表现力训练 2. 观察与模仿训练 3. 信念与真实感训练
		口语表达	2	1. 通过舞台语言、人物语言等的学习，培养表达的生动性与逻辑性 2. 通过观摩作品，体会动作语言在推动故事情节发展中的独特作用	观看《雷雨》等戏剧作品，尝试模仿
		播音主持	2	1. 通过学习和训练，使学生掌握发声训练基本理论，逐步改变、纠正不正确不科学的发声习惯 2. 通过练习，培养学生的声音控制能力，提高朗读水平、塑造形象气质	1. 主持人正确站姿训练 2. 吐字发声训练 3. 朗读稿件分析训练
		道具制作	2	通过讲授与习作，使学生了解舞台道具的功能和作用，培养设计能力、动手能力、想象力和体现能力	理论与实践相结合，课堂讲授与个别辅导相结合
		摄影艺术	2	1. 通过理论教学和实际照片的拍摄制作，初步掌握用光、曝光、取景、构图的基本知识和基本方法 2. 通过实际操作和反思评价，初步掌握照片拍摄技巧	1. 拍摄学校各级各类活动精彩镜头，多角度记录成长痕迹。 2. 在教师的指导下反思评价改进提升，往复训练

续表

层级	模块	主题	课时	教学目标	内容和活动
拓展性课程	戏剧创作与表演	海报设计	2	1. 了解海报制作的方法和注意事项 2. 学会使用相应的软件 3. 能够小组合作完成海报的制作	1. 欣赏海报设计案例 2. 小组合作设计 3. 展示设计成果，修改完善 4. 在公演日之前张贴
		新闻宣传	2	通过讲授新闻写作原理及技巧，学习消息、通讯报道撰写的基本方法	课堂讲授与课外实训相结合，多途径宣传排练展演活动
		多媒体制作及后期	2	学习舞台灯光设计、录像剪切与编辑等多媒体工具的使用	熟练进行宣传片制作、戏剧展演后期剪辑工作
创新性课程	戏剧展演	班级展演	1	学习编制展演流程	落实演出时间的安排；表演场地的基本要求
		年纪展演	1	学习编制展演流程及接受志愿者培训	撰写展演志愿者应聘书
		戏剧节公演	1	学习编制演出流程及现场实施策划	按计划监督和跟进各部门工作
		反哺提升	2	1. 对戏剧学习进行回顾反思，促进内省提升 2. 促进戏剧学习的进一步迁移，如阅读理解、表达沟通、学习兴趣等	1. 集中交流整个课程的心得与收获 2. 通过中英文写作，进一步提高认识 3. 在相关学科中迁移学习成果

4. 课程实施

（1）课程实施的原则

1）全员性

学校自 2015 年起开始进行戏剧教育，开设富有特色的戏剧校本课程，从一开始就坚持全员参与，力求做到"人人参与，班班有戏"，每一年都有 1000 余名学生参与到戏剧课程中，覆盖面广，参与度高，着眼于戏剧的育人价值而实施课程，真正实现了全员参与、整体育人。

在一台戏剧表演中，演员看起来是整个戏剧的焦点，需要训练形体、表情、台词、舞台站位等，他们站在舞台中央。但还有更多的幕后角色，例如编剧需要创编剧本，导演需要组织排练，多媒体组要熟练掌握灯光设计、音响合成、影音制作；其他如美工、摄影、布景、海报设计、服装道具制作、剧场服务等都是为学生提供的各种角色。即使没有承担上述工作的同学，也要参加反哺类课程的学习，如进行实用类写作：邀请函、角色分析、观后感、颁奖词等。总之，我们追求的是"人人要做事，人人有事做"，实现全员参与。

2）自主性

在教育戏剧课程实施过程中，始终坚持"自主性"原则，在基础性课程后，在学生的戏剧创作、表演和展演的模块，始终把舞台交给学生，教师只是提供必要的帮助。戏剧展演的所有环节全部由学生自主组织和完成，大到戏剧创编、舞台表演，小到道具设计、海报设计，都是力图充分调动学生的主体性，促进自主实践。

3）选择性

在教育戏剧课程的拓展性和创新性模块，突出选择性原则，依据戏剧演出的各个环节设计了不同主题的课程，供学生自主选择，发挥每个人的兴趣特长，注重加强学生对每一个角色分工的认识，增强责任意识，让每一个角色都能够成就学生的精彩。

（2）课程开设具体安排

戏剧课程自 2015 年开始实施。由语文、英语教师为主力，以班级（或小组）为单位全员参与，通过年级展演遴选出优秀作品参加学校戏剧节演出。每一届戏剧节，40 多个班以及年级戏剧社编写剧本平均达 60 个，年级遴选初演剧目不少于 40 个，每届汇报演出剧目 15 个左右。六届戏剧节学校留存原创或改编精品剧目 78 个，参与的学生、教师、家长等逾万人次。

在基础性课程经典阅读和戏剧赏析的基础上，由语文、英语老师担纲班级整体阅读和剧目创编任务，建立从戏剧创编到汇报展演推进流程。

①以班级为单位，全员参与戏剧表演的活动。安排具体表演任务，各班通过课程的学习以任务驱动的形式进行排练，充分发挥学生的自主性和实践性。学生

开展小组分工合作，并综合小组整体需要，根据自己的特长、爱好，选择导演、编剧、演员、服装、道具等任务，研讨、改编、创作剧本。

②班级展演：班级各个小组汇报表演，场地一般选在文化广场，演出受众多，影响大。大家相互借鉴，切磋经验，并评选出优秀小组，组成参加年级展演的班级团队主要成员。

③年级展演与表彰：各班推举出来的优秀小组在年级中展演。其中，为了保证展演顺利实施，需要演员和幕后工作同学的相互配合，如服装组、道具组、灯光音响组、主持、摄像等。

④校级戏剧节展演：选择年级的优秀剧目参加学校戏剧节展演。这是整个戏剧课程的高潮部分，也是学生传承中华优秀传统文化的节日盛装，学生在整个过程中充分体现了个人的能力与素养。

5. 课程评价

根据"格·智"课程对学生道德品质、自主学习能力、创新能力、实践能力等方面的要求，我们制定了教育戏剧课程的多元评价体系，形成了系列的评价量表。

从三个维度，即社团评价、角色评价和展演评价对教育戏剧课程进行全面的评价，具体内容见表3.3.22。

表3.3.22 戏剧课程评价体系

评价维度	评价阶段	评价对象	评价类型	评价内容
社团评价	每学期评价一次	荷韵文学社、萤火戏剧社团等社团建设与实施质量	终结性评价	社团管理、制度建设、活动组织、社团宣传等方面
角色评价	班级展演、年级展演阶段评价	戏剧展演过程中依据不同角色分工	过程性评价	剧本创编组、舞台表演组、剧务组、多媒体制作与使用组
展演评价	戏剧节公演评价	戏剧节演出的各类奖项	终结性评价	优秀导演奖、优秀演员奖、十佳道具奖、海报设计奖等

社团评价，依据学校社团管理的整体要求，本课程对荷韵文学社、萤火戏剧社团等特色社团进行相应的评价；角色评价，即对教育戏剧实施过程中的具体角色评价，如剧本创编评价、舞台表演评价、多媒体制作与使用评价、剧务组评价等；还有展演评价，即在最终的展演环节，依据标准评出戏剧节的优秀导演奖、优秀演员奖等。（所有相关的评价量表见本部分附件）

所有课程评价的标准不是固定不变的，而是根据具体情况灵活地分析使用，并在课程开发与实施中不断探索，不断完善。

6. 保障措施

（1）"3-4-5全覆盖"的课程组织保障体系

为了确保学校各级各类课程的有序开发与实施，我校课程管理体系方面进行了组织结构的变革。目前初步形成了"3-4-5全覆盖"的课程保障体系。即：

3：三个中心——教师发展服务中心、学生发展服务中心和后勤保障服务中心。主要负责学校"整体"课程建设的规划与设计。

4：四个部——课程研发部、教学指导部、科研指导部、信息支持部。主要负责学校"整体"课程建设的具体实施落地，同时重点负责横向"三个不同课程层级面"和具体课堂教学的规划设计与实施。其中，在课程具体落实方面，还形成了由各部门负责人及年级主任、教研组长、备课组长为组员的校本课程开发与实施成立研究课题组，并成立学校课程审查与指导委员会，保障课程实施。

5：五个工作室——科学教育工作室、人文教育工作室、艺术教育工作室、体育与健康工作室、学生成长指导工作室。负责纵向"五个课程领域、学科"和具体课堂教学的规划设计与实施。其中的"人文教育工作室"即主要负责本课程的设计、建设与实施保障。

改革学校治理结构，创新学校管理模式，完善治理机制，以课程思路，落实教学常规管理，探索教学改革新路径，创新教学评估与管理策略，真正保障了课程有规划、有实施，这个体系像是Wi-Fi信号一样，全面覆盖，让人人有事做、事事有人做，使课程真正运转起来。

(2) 建设"处处皆课程"的课程资源

一方面，学校革新了课程的空间环境，打破了传统教室的学习空间，为各类课程的实施提供更全面的支持和保障。目前，学校建设有"格致苑"阅读教室、"燃创空间"戏剧教室、舞蹈教室、戏剧舞台等课程实践空间，为培养学生人文社会、艺术科技、品德修养、身心发展等不同领域的兴趣提升、个性选择和展现提供了有力保障，为教育戏剧的具体实施提供了空间环境的保障。另一方面，学校拓展了课程资源，例如将密云地区的风土人情、绿水青山作为学生实践研究的资源，将密云水土、历史作为本课程资源，变成戏剧主题，成为原创性强、地域特色突出的独创剧目等，体现了"处处皆课程"的理念。

（3）丰富的校园文化节，打造课程软文化

除硬件环境外，学校还在校园文化"软实力"的打造提供支撑。从2015年至本书写作时，学校已成功举办六届"戏剧节暨戏剧课程成果展示"；从2018年起，已成功举办三届"萤火文化节暨校本课程展示周"。这些丰富的校园文化节和固定的展示活动，逐渐成为学校常态，不仅张扬了个性、展示了学生的才华，使他们将课上的收获真正融入日常生活之中，同时也潜移默化地为校园文化增添了勃勃生机，极大地丰富了学生的校园生活，形成了学校课程文化特色，也保障教育戏剧课程的持续推进与不断迭代，逐渐成为学校文化。

7. 主要成效

戏剧课程自2015年开始实施。每一届戏剧节，全校40多个班以及三个年级学生全员参与，每一年编写的剧本达60个。截至本书写作时，六届戏剧节共留存原创或改编精品剧目78个。参与到教育戏剧课程学习的学生、教师和家长累计逾万人次。经过六年的建设与实践，取得了显著的育人成效。

（1）促进了学生全面而有个性地发展

"小剧大成"多元融合教育戏剧课程，将学生的兴趣爱好、个性特点、团队生活、实践体验纳入课程内容中来，促进学生自主发展、自我探索，感悟不同的经历，提升了学生自主发展、社会参与等核心素养。2015年时的调查表明，在高一高二学生中，在正规的剧院且看过话剧或戏曲演出的学生不足10%，接受诸如声乐、舞蹈、乐器教育者更是少之又少。而到了 2021 年，每个学生都熟知戏剧、热爱戏剧，都参与过戏剧节，教育戏剧成为一种校园文化的新时尚和风向标。学生对课内的名著阅读增加了兴趣，加深了理解，师生以阅读输入催化表演行动，通过戏剧表演、角色扮演、情景体验等方式，在互动性的体验活动中外显读书兴趣和对人生的特殊思考和体验。同时，学生们也对传统文化、革命文化和地域文化有了更深层的体悟，使"热爱家乡、建设家乡"不再是口号，在人文情怀和审美情趣方面有所提升。

越来越多受益于戏剧课程平台熏陶与历练的学生，在升入大学后成为文艺社团的骨干、学生会干部以及各类活动的组织者和主持人，更有学生受到戏剧的影响，选择传媒类院校作为自己的就读高校。每个人都在戏剧中获得了不同程度的发展，戏剧给了学生发现自我、了解自我、成就自我的舞台，真正促进了高中学生全面而有个性地发展，促进学生内省修身和自我实现。

（2）促进了教师课程理念和专业发展

"小剧大成"——多元融合体验式教育戏剧课程提高了教师的课程意识，经历了从无到有、从散到整的过程，日益形成体系，改变了教育观念。在课程建设的过程中，教师们深钻教材、互相交流，不断地观课、议课、磨课。特别是戏剧课程涉及许多跨学科内容，在学科内外的"统整"过程中，极大丰富了教师们的知识面，使其在精进自己专业知识的同时，也能更多地涉足其他领域的知识，提高了专业技能。广大教师课程意识、课程资源利用意识以及课程设计能力、评价能力发生了质变，同时，越来越多的教师将个人价值的实现作为工作的动力与目标，他们通过申报相关课题（共有 7 项相关市区级课题立项）、撰写论文（见表3.3.23），拓宽了专业发展的途径，促进了全体教师从工作思维向"科研思维"的转变。

表 3.3.23 教师戏剧相关科研论文获奖情况

编号	姓名	论文题目	荣获市级奖项
1	陈海波	《生命如歌教育戏剧探究"美"》	第十届"京美杯"征文二等奖

续表

2	赵琳	1.《当唱念做打遇到了洋腔洋调——高中英语戏剧课程的实施与反思》 2.《给学生一双智慧的翅膀，陪伴学生一路前行——高中英语戏剧课程的实施与感悟》	第八届"京研杯"教育教学研究成果三等奖。第五届"智慧教师"研究成果二等奖
3	庄岩	1.《新课标背景下对高中语文戏剧表演课程的初步探索与思考》 2.《关于〈新课标〉背景下借助高中语文戏剧教学提升学生审美能力的研究与探索》	第八届"京研杯"教育教学研究成果一等奖。第十届"京美杯"征文二等奖
4	李昱霏	《浅谈高一英语戏剧剧本创作与表演实践》	第十届"京美杯"征文三等奖
5	宋玉双	《让戏剧表演浸润英语教学》	第十届"京美杯"征文三等奖
6	广海燕	《走进青春的王国——〈红楼梦〉的阅读路径与思考》	第八届"京研杯"教育教学研究成果三等奖

(3) 学校课程影响力不断提升

从学校发展角度来看。"小剧大成"教育戏剧课程的开发和实施，开我校多元融合、创新发展型课程文化之先。从2015年至今，七年的持续开发、有效实施、科学评价，建构了多元融合的教育戏剧课程体系，成为实现学校课程理念、育人目标，落实课程结构，提升学生核心素养培育的重要载体。截至2021年，学校成功举办了6届校园戏剧节，参与范围广，影响深远，逐渐形成了学校课程特色品牌。学校在戏剧课题研究中，多项课题获得了北京市级优秀科研课题，多篇论文获奖；所指导、表演的剧目获得了多个市区级奖项；戏剧课程得到了《北京青年报》《现代教育报》等多家媒体的多次报道，《英雄母亲邓玉芬》的话剧演出还在"学习强国"App上得到报道，在北京市乃至全国形成了一定的影响力。

8. 主要特色

(1) 人人参与、班班有戏——课程整体育人，促进多样发展

学校自2015年起开展戏剧教育，着眼于课程整体育人，促进多样化发展。从一开始就坚持全员参与，力求做到"人人参与，班班有戏"，每一年都有1000余名学生参与到戏剧课程中，覆盖面广，参与度高，每一个学生在戏剧课程中都能够找到适合自己的"角色"，绽放精彩，真正实现了全员参与、整体育人。同

时，教育戏剧课程既基于我校课程建设整体思路而设计，又丰富了学校课程建设，形成了独特的课程文化和品牌，促进了高中学校多样化特色发展。

(2) 反哺家乡、责任担当——凸显地域特色，支持家乡发展

学校立足密云区区情、传承 70 年的办学历史、地理环境、生源特点进行课程建设，以课程的实践带动学生参与到家乡的建设中，以实际行动支持家乡建设与发展。通过剧目的选择引导学生对家乡文化进行考察和学习，挖掘地域文化作为创作源泉，让学生熟悉的乡土成为课程的资源，让密云的绿水青山成为学生的教科书，让学生在行走之间书写对家乡深沉的情怀，通过戏剧表演的形式，传播密云的历史文化，让使学生创新进步的足迹留痕在密云每一处土地，实现了"以课程反哺家园，密云发展有我"，这是做课程建设的终极追求。

(3) 小剧大成、戏剧育人——促进自主成长，变革育人方式

学校地处北京市密云区，作为郊区学校，学生的学习动机、基础和习惯都有待提高，视野需要开阔。他们更需要被点燃，成为有内驱力的人、能自觉做事的人、可持续发展的人。因此，在充分挖掘戏剧的育人价值的基础上，我们构建了教育戏剧课程，之所以称之为"教育戏剧"，强调的是不以培养戏剧相关专业人才为目的，而是用戏剧的方式和手段来实现育人目标。通过从小处着眼，驱动学生的综合性实践学习，打破时空边界、学科边界、课程层级边界，形成多元融合的教育戏剧课程群，让学生在浸润体验和协同创造中，积淀人文情怀和审美情趣，促进内省修身和自我实现，进而实现"大成"——成就自我。这群学生看似平凡，但在戏剧的舞台上，很可能会被点燃，成就他们自己的精彩人生。这实际上也是在对如何进行高中育人方式变革做出密云地区普通学校课程实践的回应。

附一：社团评价

组织建设（15分）	社团有规范的规章制度和目的宗旨（5分）
	社团制定并实施定期例会制度(5分) 社团换届公开公平（5分） 社团两年未进行换届的，直接视为自动解散

续表

项目	标准
活动开展（45分）	社团能够按时递交学期工作计划和工作总结（5分） 缺一项即扣2分
	有规范的活动申请、活动记录、活动小结（6分） 每次活动缺一项即扣2分，扣完为止
	每次活动能通过海报或微信、口头的方式通知会员（5分） 没做到每次扣2分，扣完为止
	社团活动后能及时清扫、整理场地（6分） 没做到每次扣2分，扣完为止
	每学期至少开展2次有意义的社团活动，并且大部分社员都适合参加（10分）每少一次扣5分
	社员对分团活动满意度高，无有效投诉（5分） 社员投诉经查实有效的，每次扣2分，扣完为止
	社团活动无违反校规校纪的行为（8分） 若有违纪行为，视情节轻重扣分乃至取缔
宣传建设（20分）	有自己的社团宣传渠道，如黑板报、美篇、海报等，并定期发布宣传信息（10分）
	社团活动具有一定影响力，报道被学校广播站采用加2分，被区级媒体报道加5分，被市级媒体报道加10分（不超过10分）
满意度调查（10分）	每学期末，学校对各社团的活动组织、活动成果、影响力等做满意度抽样调查，满意度低于等于80%的加5分，高于80%的加10分
成果奖励（10分）	社团活动成果参加区级比赛获奖加4~6分，获得市级比赛获奖加7~9分，入围国家级比赛加10分，国家级获奖额外奖励5分

附二：角色评价

剧本创编（100分）

项目	等次	标准	评价
剧本选材	A	古今中外名著中或能够充分展现作者思想情感独特性、能够充分展现作品主题、能够充分体现人物鲜明性格的经典情节片段	
	B	古今中外名著中或基本能够展现作者思想情感、能表现作品主题、能体现人物性格的经典情节片段	
	C	古今中外名著中或基本能够展现作者思想情感、能表现作品主题、能体现人物性格的经典情节片段。	
主题	A	契合"传承文化经典，提升人文素养"且十分鲜明，有深度	
	B	符合"读经典，传美德"且较突出，有一定深度	
	C	够围绕"读经典，传美德"，较平淡，不明显	

续表

内容（英文剧不涉及异性亲吻及过多的拥抱等）。	A	在尊重原著的基础上做合情合理的改编或二次创作，充实具体，生动感人，健康向上，特色鲜明，有思想性和启发性，能引起观众共鸣	
	B	尊重原著，未做创作或合理改编。充实具体，健康向上，特色鲜明，有一定思想性	
	C	忠实于原著，较充实具体，健康向上，剧本没有深度	
语言	A	语言精练优美，富有感染力，能够充分表现作者所要表达的主题，准确表达剧中人物的内心世界，符合人物所处的时代背景、环境和身份	
	B	语言比较优美，有一定感染力，能够表现作者要表达的主题，也能展现剧中人物的内心世界，基本符合人物所处的时代背景、环境和身份	
	C	剧本语言平白，人物语言未能做有效的时代转换，基本能表现作者所要表达的主题和剧中人物的内心世界，有时未能符合人物所处的时代背景、环境和身份	
故事情节	A	1. 有戏剧性，多种手法灵活搭配使用，情节完整连贯。 2. 具有较强的感染力、吸引力和号召力，能够很好地和观众情感融合在一起	
故事情节	B	1. 有一定的戏剧性，多种手法搭配使用较好，情节连贯，有起承转合 2. 具有一定的感染力、吸引力，能够与观众情感进行融合	
	C	1. 有一定的戏剧性，手法使用单一，情节相对完整 2. 有一定的感染力，未能与观众情感融合	
结构（剧本演出长度控制在15分钟内）	A	1. 剧本故事的整体架构完整，戏剧冲突集中 2. 舞台说明符合剧情，可操作性强	
	B	1. 剧本故事的整体架构较完整，戏剧冲突较明显 2. 有必要交代和描写，可操作性一般	
	C	剧本故事的整体架构不完整，情节编织松散，戏剧矛盾冲突不明显。整个剧本开篇收尾无亮点	
说明	A 等 15—20 分　B 等 10—14 分　C 等 10 分以下		

剧务组过程性评价

评价项目	评价内容	评价标准	评价等次	
			自评	小组互评
态度和参与程度	团队合作	积极参与起作用，与同伴愉快合作		
发现、解决问题的习惯和方法	思维习惯	能自觉发现完成任务过程中优化方案		
交流沟通的意愿	沟通意识	乐于展示自己的想法		
任务完成的质量以及成果	解决问题的过程与能力	尽职尽责，完成任务高效，有值得推广的经验		
个人的总结	反思	真实、有见地		

多媒体制作与使用评价细则

（满分 100　A 等 40—50 分　B 等 25—39 分　C 等 24 分以下）

评价项目	评价要点	小组评	教师评	综合评价
背景音乐	音量适中	A B C	A B C	
	匹配情节	A B C	A B C	
	艺术效果	A B C	A B C	
背景图片（文字、视频）	色彩搭配	A B C	A B C	
	匹配情节	A B C	A B C	
	烘托效果	A B C	A B C	
耳麦效果	音量适中	A B C	A B C	
	调试到位	A B C	A B C	
	避免故障	A B C	A B C	

表演评分量表

项目	等级	分值	要求
演员表演水平（60分）	一等	45~60分	演技精湛，令剧中人物活灵活现，表情丰富，语言生动，语气多变，眼神动作到位，演出十分投入。演员对白动作丝毫没有出现遗忘的迹象，表达自然流畅。各演员相互之间配合默契
	二等	30~45分	演技细腻，能生动地表现剧中人物性格，表情丰富，动作到位，演出专注。对白动作熟练，表达比较流畅。各演员相互配合一般
	三等	20~30分	演技一般，能基本表现剧中人物特点，动作对白基本能完成，但能看出不够熟练，语气表情不够丰富
	四等	20分以下	演技尚缺锻炼，影响人物剧情的表现，出现明显的遗忘对白或动作的情况，对白动作生硬
	一等	27~40分	舞台效果感觉好，能适合剧情气氛，服装道具齐全合适。演员出场顺序井井有条且及时
	二等	15~27分	舞台基本能营造出剧情气氛，但不明显。服装道具基本齐全合适，但替换不够及时。演员出场基本有顺序，但稍有迟缓
	三等	15分以下	舞台无剧情气氛，服装道具不齐备。演员出场顺序混乱

附三：戏剧展演评价

戏剧节奖项	评价标准	评选流程
优秀导演奖	1. 所导作品思想积极向上，富有感染力 2. 演员的选择符合人物基本特征，情节冲突恰当，处理合理 3. 道具不以购买为主，充分利用生活中的材料，特别是废弃物	1. 年级展演后年级学生投票选举年级优秀导演 2. 校级展演后观众（学生、教师、来宾）投票选举校级优秀导演 3. 校级获得票数最高的为十佳导演
优秀演员（最佳男女主角最佳绿叶奖）	1. 语音语调符合故事情节，肢体语言协调 2. 英文剧演员发音标准，语气自然不生硬 3. 表情到位，大哭大笑等情节感情饱满，富有感染力	1. 年级展演后年级学生投票选举年级优秀导演 2. 校级展演后观众（学生、教师、来宾）投票选举校级优秀导演 3. 校级获得票数最高的为十佳演员

续表

十佳道具奖	1. 道具符合故事时代特征。如服饰、家具等 2. 道具不以多取胜，换场方便，最好能一具多用 3. 自制道具且恰当得体酌情加分	1. 年级展演后年级道具组志愿者推选年级十佳道具 2. 校级展演后校级道具组志愿者推选校级十佳道具 3. 道具组负责教师要询问舞台总监意见
海报创意奖	1. 主题突出，构图精美 2. 融入学校戏剧育人理念	由年级组和团委聘请美术教师评选

（二）行走在"绿水青山"之间：首师附密云中学多元融合型校本实践课程

课程开发者：李文平　王锐　李峥　王又一　曹丽娜

校本实践课程纲要

1. 课程类型：校本选修课

2. 授课对象：高一、高二具有浓厚兴趣、发展潜力的选课学生

3. 周课时：1课时

总课时：18课时

学分：1学分

4. 课程简介

"绿水青山"环绕着京师锁钥。作为可持续发展教育、生态文明教育的优秀教育基地，作为北京市重要的生态涵养区，自党的十八大以来，密云区把统筹推进"五位一体"总体布局、协调推进"四个全面"战略布局作为重中之重，并在2019年1月4日，提出"努力打造践行习近平生态文明思想典范之区"。2019年9月10日，密云区教育大会胜利召开，在大会上，密云区教委明确提出"努力建设生态文明教育典范之区""努力建成学校特色课程建设典范之区"，为我校校本课程建设如何凸显新时代背景下的生态文明教育、可持续发展教育提供了方向引领与根本遵循。

基于此，值密云水库建库60周年之际，依托"南水北调"这一磅礴绘就的如椽巨笔，依托密云区"上游保水、护林保水、库区保水、依法保水、政策保水"

多措并举，我校组织开设了"绿水青山"多元融合型校本实践课程。

"绿水青山"多元融合型校本实践课程是一门组织了多学科教师共同开展的跨学科融合型选修课程，旨在通过课程的开发与实施，培养学生的课程探究素养，践行生态文明教育，增强学生"美丽中国、振兴家乡"的意识，助力学生的可持续发展。

该校本实践课程以生物、地理、化学、历史等学科为具体支撑，以项目式学习、课题式探究为主要抓手，从"自然的召唤""科研的启迪""实践的打磨"以及"学生的智慧"四个维度开发与实施。通过多学科参与、深层次融合，致力于利用好身边的"绿水青山"来打造京郊生态文明教育"典范区"、宣传好身边的"绿水青山"来守护学生生态文明思想"涵养地"。

在"自然的召唤""科研的启迪"两个章节中介绍了可持续发展教育、跨学科融合课程，同时，以教师的口吻，指导学生"你的研究你做主""绿水青山皆学问"，并就如何选择课题、怎样主题论证、如何开展研究、如何呈现成果等问题带领学生走出教室、走出校园，走进户外探究课堂、走进山水之间、走进未知。

在"实践的打磨"部分，"绿水青山"这一多元融合型校本实践课程向广大学生介绍了研究实践的基本流程、分享了典型案例（均为我校师生自主实践课例，如"密云水库水质综合调研创新实践活动""走进贡梨之乡，挖掘'梨中之王'背后的故事""科学公园综合创新实践活动"等）。与此同时，这一多元融合型校本实践课程还以教学设计、学生活动方案的形式，系统地介绍了系列活动实践型课堂教学案例，如《在密云区生态保护与城市发展中品读哲理》《流域的综合开发——以密云区潮白河流域为例》《政治学视角下如何破解外卖垃圾环保困局》等。

在"学生的智慧"部分，在系统总结、认真梳理参与课程实践过程中学生的所思所想的基础上，编撰成文，并在专家与指导教师的帮助下，撰写研究论文，如"密云黄土坎地区麦饭石土壤的孔性、肥力状况及蚯蚓对其的趋避性研究""贡梨糖分的研究""黄土坎贡梨营销策略研究""密云水库流域水质空间分布研究""库区流域土壤特性研究""密云区'长寿村'人居环境与长寿因子探究"等，并汇聚成册，将课程建设的成果最终以论文集的形式分享和展出。

5. 课程开发者（见表3.3.24）

表3.3.24 课程开发者

姓名	所在单位	个人简介
李文平	首师附密云中学	作为学校发展的掌舵者，有着丰富的课程建设经验，有着深厚的理论积淀，尤其擅长特色校本课程建设的宏观制定与执行、评价。
王锐	首师附密云中学	作为学校主抓教学的副校长，对于特色校本课程的开发与制定、操作与评价很熟悉，且擅长谋划，善于执行，细致严谨。
李铮	首师附密云中学	作为学校教师发展服务中心主要负责人，近年来一直主抓特色校本课程建设，经验丰富，在统筹、推行特色课程上有方法。
王又一	首师附密云中学	作为学校教师发展服务中心负责人之一，虽然刚接手特色校本课程建设工作，但踏实上进，长于撰文书写，长于落实执行。
曹丽娜	首师附密云中学	作为我校生物学科教研组组长、校本课程建设骨干，学科基本功扎实，尤其擅长指导学生参加各级各类比赛、撰写报告、形成成果，经验丰富。

6. 背景分析

一直以来，我校秉承"激发生命潜能，奠基智慧人生"的办学理念和"自主教育"的办学特色，将"自主发展"变成师生共同追求的核心价值，以崇高的德行引领人，以先进的理念铸造人，以创新的精神发展人。在此基础上，根据时代要求，结合学校与学生实际，在发挥学校的比较优势的基础上，我们开发并设置了多元化、融合化、特色化、精品化"绿水青山"多元融合型校本实践课程。该校本实践课程的开发与实施，日渐成为我校挖掘学科育人价值、提升学生核心素养的浓墨重笔。

（1）时代发展要求

2018年9月10日，全国教育大会在京召开。习近平总书记强调，"要努力构建德智体美劳全面培养的教育体系，形成更高水平的人才培养体系"，"要把立德树人融入思想道德教育、文化知识教育、社会实践教育各环节，贯穿基础教育、职业教育、高等教育各领域"。

2018年颁布的《普通高中课程实施指导意见》中也明确提出，要"从促进学生发展核心素养的角度，全面审视各学科教学，突出学科育人价值，培养具有理想信念和社会责任感、具有科学文化素养和终身学习能力、具有自主发展能力和沟通合作能力，德智体全面发展的社会主义建设者和接班人。"

2019年1月4日，密云区委区政府提出"努力打造践行习近平生态文明思想典范之区"。9月10日，密云区教育大会胜利召开，会上，区教委明确提出"努力建设生态文明教育典范之区""努力建成学校特色课程建设典范之区"。

这就需要我们高中学校依据国家和社会发展需要，基于学生发展需求，依据新课改的基本精神和要求，进行特色校本课程的开发、创新和实践，调整整合课程内容，有效协调教师、资源等要素，创造条件赋予学生充分的课程选择权，规范开发和实施行为，形成具有特色的校本课程。

（2）课改理念引领

在领会全国教育大会精神，研读《普通高中课程实施指导意见》的基础上，我校深入分析自身办学特色、教学模式以及学生自身特点，并确定了"激发生命潜能，奠基智慧人生"的课程理念。

1）优异的教育品质是课改的基础

自建校以来，我校一直以追求优异的教育品质为基础目标，开展具有我校办学特色的教育活动，形成了一系列的教育成果，"绿水青山"多元融合型校本实践课程的开发与实施，即为我校教育成果的突出体现。

2）自主发展是学校发展的必然。

我校在"自主发展"的征途中一直走在密云区前列，无论从教育环境还是学校该行使及履行的权利和义务方面都具有了我校自身的一些特色。

3）实践创新教育是学校发展的灵魂

通过引导学生自己动手实践、独立思考、团队合作，培养和锻炼学生搜集和处理信息的能力、学习新知识的能力、分析解决问题的能力、交流与合作的能力，逐步实现由传统教育向实践创新教育的转变。

（3）课程观念赋能

自2002年起，我校便着手开发"学生双层管理"的德育校本化课程，并秉承"自主教育"的传统，致力于培养学生的自主学习能力、协作能力以及实践创新能力；2008年，我校研发了以"自主教育"为特色的"自主—互助式课堂教学模式"；2017年至本书写作时，我校蓄力赋能，全力打造并构建思维课堂，并以开发培养学生的自主性、具有创造力的校本化课程为抓手，以"五证评价机制"为支点，双管齐下，实现真正的自我管理、自我选择和自我实现。开发"绿水青山"多元融合型校本实践课程，践行生态文明教育，助力学生可持续发展，助力密云区尽早实现"打造践行习近平生态文明思想典范之区""建设生态文明教育典范之区""建成学校特色课程建设典范之区"的宏愿。

7. 课程目标

在习近平生态文明思想的引领下，在生态文明教育、可持续发展理念的指导下，我校确立了培养"崇德尚智的现代萤火青年"的学生培养目标。我们希望平凡普通如萤火虫的学生，也能成为自发光的生命体。

基于以上学生培养目标，针对我校"绿水青山"多元融合型校本实践课程的开发与实施，我们更加明晰了本课程的课程目标。

我校学生生源70%为农户，他们来自本区17个乡镇，生态文明思想较弱，可持续发展素养偏低。

为此，学校将学生的兴趣爱好、个性特点、班级生活、学校活动、社会实践与创新、研究性学习纳入课程内容中来，旨在提升学生的道德品质，涵养学生生态文明思想，深化学校生态文明教育、可持续发展教育，让我校学生成为阳光自信、懂得健康生活，拥有健全人格、责任担当，友善友爱、积极乐观、拼搏向上的萤火青年。

结合密云"生态涵养区"的本土生态资源优势，在学校和师生的共同努力下，我校从"懂科学、善研究、担责任"三个维度制定了明确的"绿水青山"多元融合实践型校本课程目标，并系统构建了完善的课程内容，为远郊区的学生创造了别样的精彩！

8. 课程内容（见表 3.3.25）

表 3.3.25　"绿水青山"多元融合型校本实践课程内容

主题	课时	教学目标	内容和活动
主题一 固本夯基：基础知识与必备技能培训	课时1：走近我，认识你	1. 了解实验室规则，认识实验室相关器材 2. 尝试使用较常用的器材。如：电子天平、显微镜等 3. 阅读并了解实验室的安全规则 4. 通过阅读并尝试使用实验室专业性器材 5. 认同实验室的各种规则，体验各种器材的使用方法及注意事项	1. 介绍实验室及其相关器材的使用 2. 安全教育与培训 3. 为后期活动有序开展做知识性、技术性准备
主题二 专精博通：平台资源有效获取与多元知技能建构	课时2：选题和文献检索指导	1. 分析生活情境，引导学生分析问题，提出调查课题和方向，培养科学思维 2. 引导学生了解文献检索的意义方法，了解如何通过图书馆资源、数据库资源和网络信息资源检索文献 3. 了解并掌握一般的文献检索工具和检索方法 4. 针对学生提出的问题，引导学生对其进行文献检索的实践操作，并论证课题的可行性	1. 学生根据情境提出问题 2. 教师指导学生了解文献检索的意义和检索工具的使用方法 3. 引导学生通过实际操作对自己提出的课题进行文献检索 4. 师生互助，对课题的研究和实施的可行性进行论证
	课时3：课题论证和课题方案的确定	1. 掌握课题研究的概念、形式和制定的方法 2. 通过文献检索获得相关知识，进行课题研究方案的制定 3. 能够表述自己的研究方案，并对课题的实验的可行性进行论证	1. 教师讲述课题研究方案的概念、形式和制定的方法 2. 学生根据文献检索所获得的相关知识，进行课题研究方案的制定，并对自己课题的实施的可行性进行论证
	课时4：理论知识和技术指导	1. 通过外聘专家对学生进行相关课题理论知识的培训，丰富学生校园活动，开阔学生视野 2. 本校教师对学生进行相关课题实验器材实验和安全事宜的培训，为课题调查做好前期准备	根据学生提出的需求，教师进行整合和判定，聘请各领域的专家和各领域教师对学生进行课题的相关理论知识和实验操作进行辅导

续表

主题	课时	教学目标	内容和活动
主题三 生动高效：项目式研究与多学科推进	课时5：确定方向制定方案	1. 依据学生兴趣、现有资源、现有条件，确定课题、项目方向 2. 寻找相应课题、项目的相关学科支撑、教师支撑、资源支撑 3. 设计项目、课题推行方案并修改完善	1. 依据兴趣和相关条件，确定研究形式与研究方向 2. 基于现实条件与必备资源，制定方案
	课时6、7：分组分学科项目式课题研究	学生按项目分组进行相应的课题研究（以学科融合"黄土坎贡梨"系列项目课题为例） 1. 通过对黄土坎地区系列活动的展开，促进学生掌握多学科科学知识 2. 从生物角度理解光合作用的影响因素，比较生物防治、化学防治害虫的优劣 3. 从地理角度分析地理农业区位的影响因素 4. 从政治角度，体会密云区生态保护与城市发展之间的关系等	1. 学生分组进行相关实验研究 2. 多角度认识黄土坎鸭梨，拟设六个主题方向，从生态特征、历史人文、营销推广等多角度引导学生认识本地区黄土坎鸭梨的特性及历史人文特征，通过对黄土坎鸭梨进行防虫害技术探究、口感营养分析、土质分析、营销策划推广以及长寿村文化挖掘调查以及百年古树调查等角度开展 3. 凸显学科融合的理念，将数学、生物、历史、地理、政治等多学科相融合，多角度对本地区的黄土坎鸭梨进行实践研究
	课时8：掌握课题研究方法	1. 通过探究活动，学生了解课题研究的一般方法，分组完成实验 2. 对实验数据进行分析，并提出问题引发思考 3. 完成论文的撰写和总结工作	1. 在实践中通过人文调查、采样调查、研究分析等方式 2. 从实际意义上对黄土坎鸭梨实现较为全面的认识与理解
	课时9、10：凸显研究现实功用	1. 针对结果对黄土坎鸭梨的农业生产提出合理化建议 2. 策划市场营销方案，并帮助果农进行黄土坎鸭梨的销售与推广，为密云的经济发展做出了贡献 3. 让学生亲历科研的整体过程，充分培养学生的科学探究能力、综合实践能力、创新能力等全方面能力	1. 提升学生创新能力及创新意识 2. 激励学生热爱家乡、发展家乡的意识，提升学生的主人翁意识及社会责任感

续表

主题	课时	教学目标	内容和活动
主题四 多元形式多种路径展示成果梳理历程	课时11：分析研究结果提出合理建议	1.通过教师的指导，运用工具和相关公式对课题研究的实验数据进行分析和总结 2.通过对调查结果的分析，对家乡建设、资源可持续利用等提出合理的建议	指导分析调查研究结果，为家乡建设和资源可持续利用提出合理建议
	课题12：撰写论文	1.进行论文辅导，让学生了解科学论文撰写的一般方法 2.通过撰写论文的辅导，能够小组合作完成论文的撰写	指导学生完成论文的撰写
	课时13：指导参赛	1.通过教师的指导，学生按要求进行相关材料准备，参加北京青少年科技创新大赛的参赛活动、北京少年科学院"小院士"课题研究活动、北京市中小学生金鹏科技论坛、北京市中小学生科学建议奖活动等特色市级活动以及区、集团校相关各级别、各门类相关比赛活动 2.通过辩论赛、主题班会、演讲比赛、建模比赛，展示研究成果	根据学生撰写的论文和相关比赛的要求，指导学生参加各项比赛，以赛事倒逼课题探究与项目推进
主题五 劳动教育职业体验生涯规划持续发展	课时14：劳动教育	对学生进行劳动教育，以"绿水青山"课程贡梨课题劳动实践活动方案为例 1.以开展"绿水青山系列课程"融合实践为突破口，将学校科技教育需求与服务家乡建设相结合，结合中学生核心素养培育要求，依托本地区特色的生态人文环境特点及优势，通过劳动教育培养学生的劳动品质和奋斗精神，树立乡村文化、农耕文化的文化自信 2.组织"黄土坎贡梨"课题组成员参加劳动体验	根据学生研究课题进行相关劳动教育或职业体验。劳动是人的生存和发展的需求，劳动教育是促进人的全面发展的重要内容，也是实现"立德树人"根本任务的重要途径

续表

主题	课时	教学目标	内容和活动
主题五 劳动教育职业体验生涯规划持续发展	课时15：生涯规划职业体验	以黄土坎鸭梨营销体验科教方案为例，帮助学生进行生涯规划、职业体验 1. 带领学生在万象汇商城进行黄土坎贡梨的营销体验活动 2. 让学生切身体会营销职业的乐趣和辛劳	学生进行营销体会活动，近距离感受营销职业的魅力
专题六：课程总结与辐射宣传	课时16、17：代表性课程总结与答辩	以绿水青山校本课程——黄土坎鸭梨系列课题研究课程总结答辩为例 1. 通过海报制作、宣传以及教师的讲述和PPT资料出示带领课题组的同学回顾课题提出、准备、实施、分析的过程，引导课题组外的同学了解课题研究的一般过程 2. 通过讲述课题的提出，引导学生从生活实际出发，多思考，积极主动发现问题并找寻解决问题的方法 3. 通过整理课题研究资料，强化课题研究的一般过程，提升学生实验探究能力和资料分析能力 4. 学生分小组对自己实验数据的分析与整理，提升学生科学思维、归纳总结，实验分析能力 5. 学生分组介绍课题，让学生就课题进行比较，了解自己课题的优缺点	1. 对黄土坎鸭梨调研为主题的绿水青山校本课程进行期末总结和汇报 2. 引导学生从不同角度进行了调查及实验研究，得出相关结论和成果，并以此为依据提出了一些与家乡环境保护及农产品销售的相关建议，学生在活动中综合能力得到提升，创新思维和探究能力得到充分的锻炼 3. 以学生为主体，给学生创造平台，让学生将自己的研究成果结合PPT以总结汇报的形式展示给更多的同学。这是对他们本身课题研究成果的认可，也是对其展示和表达能力的训练
	课时18：辐射宣讲	1. 完成相关的PPT、短视频的制作，进入高一、高二各班进行宣讲 2. 走进集团校、社区宣传 3. 梳理师生相关课题、项目获奖 4. 强化成果意识，注意过程性资料与成果性、成效类资料的备案存档 5. 积极参加各类相关成果比赛、发表相关论文与文章 6. 利用校园广播、校园微信公众号平台，主动联系电视台、报社积极进行报道宣传	1. 利用自习课和晚自习时间，小讲师分别进入高一和高二的班级进行宣讲 2. 利用周六日、法定假日时间，优秀讲师走进集团校、走进社区、走进工厂，积极宣讲

从宏观到微观，从自然到社会，从身边到前沿，以"依托生态，植根生活，关爱生命，关注生长"为导向，以"绿水青山"课程体系为支撑，以丰富多彩的活动、个性而全面的项目为驱动，以打造校园"探课程意义，铸萤火精神"课程建设、生态文明教育文化为抓手……借助课题研究式课程的理论基础和实践经验，立足密云区本土生态资源优势，持续开发"绿水青山"系列实践课程群，引导学生形成关注社会、关注家乡发展、关注生态发展的意识，提升学生的社会责任感与主人翁意识。

以黄土坎鸭梨为切入点，另设文化挖掘组、生长因子分析组、科技种植组及营销组等细分研究小组，从四个不同角度入手，通过探究实践、走访调研，从更为深入、切实的方向引导学生自由选择设计课题主题，全面提升学生的科研精神、实践能力与创新意识，引导学生树立严谨的科研精神。学生在做中学，紧密联系社会实践，通过生态教育、课题研究、劳动教育、营销、广告策划、模拟政协等系列实践课程，落实五育并举，实现德智体美劳全面发展。

9. 课程实施

（1）基本原则

①坚持普适性和针对性"双线并行、以普及促提升"的原则；

②坚持领域专业性与学科多元化"专精＋博通"的校本课程教育原则；

③坚持普及化参与和深度性探索相结合的课程实施原则。

（2）教学策略

在"绿水青山"多元融合型校本实践课程的具体实施过程中，我校主要从课程、活动、社团、文化四个方面着手，不断拓宽实施渠道，涵养生态文明建设、生态文明教育生态。

1）校本课程建设为核心，促进校本课程建设高质量发展

我校从基础性、拓展性、创新性三个层面建设"绿水青山"校本课程体系，坚持普适性和针对性相结合。一方面通过学科渗透、社会大课堂、研究型学习等方式传播生态文明教育思想，培养学生核心素养；另一方面，为在相关领域有兴趣、有能力、有潜力的学生提供适合的"营养自助餐"。目前"绿水青山"多元融合

型校本课程体系有18门校本课程分支。每周开设连续的2课时大课设计，为学生做实验探究、课题研究提供了充足的时间保障。

引导学生形成"人—自然—社会"和谐统一的生存理念，提升对生态文明教育思想、对可持续发展理念的探究能力，培养敢于质疑、善于实践、尊重事实、积极奋发的科学精神，实现课程探究与人文内涵的双赢局面。

"绿水青山"多元融合型实践系列课程主要从四个角度引导学生发展：文化、农产品（业）、生态、新农村建设等课程内容。

2）以校本课程实践活动为抓手，拓宽活动育人途径

每年面对全体学生举办如萤火文化节、科技节、科技嘉年华、萤火集市、绿水青山实验秀、专家讲座等活动，激发学生兴趣，扩大生态文明教育影响力，带领学生参观高校、科研单位实验室，走进企业车间、科技馆、博物馆、体验园；定期举办校园知识、技能竞赛。如开展的"转基因是否安全"辩论赛活动，在班级人人参与的基础上，通过层层选拔参加年级辩论，最终走上校级舞台，为学生搭建了交流展示的平台。

3）以特色社团为平台，彰显学生课程建设与参与才能

学校"绿水青山"多元融合型校本实践课程的开展，要紧紧抓住与该课程直接相关的一些特色社团。

学校"绿水青山"课程相关教育社团的组成优质、多元、分层，既有以"撷芳社""菌临天下""微观世界"为代表的初级分团，又有以"水之源""金色果实"为代表的高级分团（见表3.3.26）。

表 3.3.26 "绿水青山"课程相关社团

社团类型	社团活动内容	重点内容
初级社团	·生命科学类知识 ·基本实验操作技能 ·校本实践活动	1. 无菌操作：植物组织培养、微生物培养、传统发酵 2. 校内实践活动：种群调查、鸟类观察、生态系统调查、辩论赛 3. 文献检索
高级社团	·研究方法路径 ·创新思维培训 ·小组合作完成 ·课题研究 ·实验成果推广	1. 多种途径收集、处理信息能力 2. 创新思维培训：辩证思维、发现问题方法引导、质疑与论证 3. 项目式实践研究（不同社团不同方向） ·绿水方向、青山方向 ·设计方案—实验指导—数据分析—方法指导—论文撰写指导 4. 课题答辩会 5. 课题成果推广

如初级社团"撷芳社"，由社长组织组员，负责学校的生物基地的日常维护，每周培训各班学生轮岗到基地对植物进行种植、修剪、施肥、浇水，收获的蔬菜、培育的多肉植物等定期进行义卖作为社团经费；还利用一个学期对校园里的每一株植物进行识别并制作纲目分类。在增长知识的同时，还培养了组织管理、协调沟通等各方面能力，助力学生综合素养的提升，助力学校"绿水青山"课程教育的普及推开，形成了学校校本课程研发与实施的多层梯队。

再如"水之缘"高级分团，重点围绕密云水库及周边动植物以及对水质净化的影响研究。学校由专业指导教师（既有我校教师也包括外聘专家）协调水库管理部门，带领学生走进水库内部开展科研、探究，实地观测、取样、实验、分析，形成不同课题。项目涉及密云水库库滨带植物多样性及季节性变化对水库水质的影响，密云水库底栖动物多样性及其环境质量评价等。并且，基于研究，我校师生还向相关部门提出合理化建议：如"密云水库库滨带植被建设的建议""关于对密云水库水域周边进行立体化植物改造的建议""关于使用昆虫性外激素治理北京密云地区黄土坎鸭梨虫害的建议"等。

所有社团实行学生自主管理。从招新到聘请教师，从宣传到开展活动，强化自主性、选择性。各分团定期组织活动并进行校级展示总结。该课程在实施过程中，还积极协调密云区政协，经允许带领学生观摩政协会议，并与代表们座谈，就如何通过动植物净化密云水库水质大胆提出建议。极大彰显了学生的科技素养和关注家乡、关注民生的责任感和使命感。他们开展的水质综合实践研究课题荣获全国创新大赛一等奖！

4）以文化建设为基础，营造学校"绿水青山"课程教育氛围

我校建设了氛围浓郁的"绿水青山"生态文明教育文化。如：雕塑"梦之翼""萤火之翼"，以自发光生命体的奇迹，演绎创造精神的信仰；我们还建有现代的生物实践基地、慧萤创新基地（见图3.3.18）、生命科学主题长廊等文化设施景观，建有绿水青山3D文化墙、科技主题长廊，将"绿水青山"生态文明教育浸润在环境文化中，提升学生课程参与的兴趣，营造学校"绿水青山"生态文明教育氛围。

图 3.3.18　慧萤创新基地

此外，充分利用微信公众平台、直播平台、黑板报、宣传栏、电子班牌、网站等信息渠道，宣传学校"绿水青山"课程活动及成果，及时地将学校"绿水青山"课程体系下的生态文明教育活动动态、新闻、活动竞赛信息进行宣传报道，引起学生、家长和社会的关注，通过新媒体手段营造浓厚的氛围。以校园广播为媒介，学生自主成立了萤火微光广播站，开辟了"绿水青山"专栏。

（3）设施设备

1）强化组织管理，构建了校本实践课程组织框架体系。

同时，以《首都师范大学附属密云中学校本课程建设工作规划》为引领，在队伍建设、课程管理、课程实施、等各方面制定完备的工作制度，使学校校本课

程建设有蓝图、有策略、有制度、有资源、有评价、有激励，彰显生态文明教育、可持续发展教育的宏阔视野和整体思维。

2）完善支持保障，为"绿水青山"特色课程建设保驾护航

首先，打造硬环境，保障"绿水青山"特色校本课程建设顺利实施。

近几年在设备设施、教师培训、科技活动、社团建设等方面全力做到资金到位、设施到位、保障到位。

"绿水青山"课程专用教室16间，其中生命科学教育专用教室5间。建立了分子、微生物、组培等实验室，每个实验室每学年承担1000人次的学生活动……实验室有细胞融合仪、PCR仪等设备，有效支持保障了校本课程、社团活动等。

其次，提升软实力，培养校本课程教师梯队。

学校专兼职校本实践课程教师约占专任教师的50%，其中63人为"绿水青山"多元融合型校本实践课程教师。学校把建设一支"践行生态文明教育理念、可持续发展理念、有较强专业素养、有突出创新精神、有卓越实践能力且能够主动发展"的特色课程建设教师队伍作为目标，主要从内部培养和外部借力两方面入手开展教师培养工作。

第一，内部挖潜，多元发展。从强化学习、转变观念开始，以榜样示范、同伴互助、任务驱动等方式开展每学年不少于40学时的校本培训。教师根据自身特长，选择发展方向。搭建交流展示平台以激发教师的主动性、积极性，同时建立了既尊重师生个性，又实现专业评价的科技教师评价体系。

第二，依靠高校智力、专业资源，建立外脑系统，提升教师专业水平及学校科技工作质量。在课程规划、实践探究和项目指导等方面，分别聘请专家进行会诊、把脉、跟进、指导。

最后，多渠道开拓，挖掘校外课程建设可借鉴的广袤资源。

首先立足于本地优质资源，建立实践课程基地，同时还与高校、场馆等合作，如首都师范大学生命科学学院、中国科学院微生物所、科技馆等，开展大量或普及或针对性的特色校本课程建设研讨活动。

（4）开发建议

随着如今教育教学改革的发展，结合当下的疫情防控持续性、长期性存在，学校特色校本课程为摆脱空间限制，建议多渠道、全方位建立线上资源平台，利用网络资源弥补线下资源的不足。

10. 课程评价

（1）评价原则

①多元性评价与立体性评价相结合。

②过程性评价与总结性评价相结合。

③专业性评价与多维度评价相结合。

④定量化评价与定性化评价相结合。

（2）评价方案

依据我校现有的教育队伍与资源条件，校本课程开发的内容表现出多样性和差异性。同时，由于校本课程开发是一个动态过程，它的内容相应地表现出开放性和拓展性。

为此，围绕"绿水青山"多元融合型校本实践课程，围绕着培养学生道德品质、自主能力、创新能力、实践能力，发展其核心素养，涵养其生态文明教育理念，结合各具体课程的教学内容，我们制定了校本课程的综合能力多元评价方案（见表3.3.27），从校本实践课程教师、课程体系自身以及学生社团分别制定翔实、科学的评价量表。

开放性考查，将单一的纸笔测试改为多项内容组合的开放性考查方式，考查学生的多方面能力，为具有不同智力特征的学生提供施展才华的机会；

自主化选择，学生可以根据自己的兴趣爱好和特长，自主选择考查内容和形式，决定活动的时间；

重能力转化，评价内容由重知识考查向重能力发展转化。

表 3.3.21 "绿水青山"多元融合型校本实践课程教师专业评价表

评价维度	一级指标	二级指标		评价主体
专业知识评价指标（20分）	卓越常态化（基础性指标12分）	普适性知识（6分）		学科组
		针对性知识（3分）		
		高尖性知识（3分）		
	特色校本化（发展性指标8分）	持续学习（8分）		学校课程建设中心
	品牌成果化（加分项≤2分）	学历提升		学生、家长、学校课程建设中心
		微课展示		
		教育故事		
专业素养评价指标（40分）	卓越常态化（基础性指标20分）	教育与教学能力（10分）	教育教学底线	学科组
			活动比赛	
		教育激励与评价能力（10分）	社团学生学习力评价能力	学科组
			社团学生思维力评价能力	学校课程建设中心
			社团学生发展力评价能力	
	特色校本化（发展性指标20分）	研究与实践能力（20分）	教育教学反思	
			教研活动	
			课题研究	科研指导部
	课题成果化（加分项≤5分）	获得重大突破，积极申报课题，科技教育项目课题实现质和量突破		学校科技中心 科研指导部
专业思维评价指标（10分）	卓越常态化（4分）	社团学生思维导图的运用（1分）		学生
		思维图示在课程教育中的实施（1分）		
		思维策略在项目实施中的应用（2分）		学校课程建设中心
	特色校本化（3分）	教育过程中师生思维的有序、分层进阶（3分）		
	品牌成果化（3分）	相关媒体宣传（1分）		
		区域影响力（2分）		
专业品质评价指标（30分）	卓越常态化（基础性指标20分）	先进教育思想领航（10分）	师德师风：四有好教师、四个引路人	学校课程建设中心
		自觉教育行为续航（10分）	社团学生满意度调查反馈	学生
	特色校本化（发展性指标10分）	学生自主互助、教师团队合作（10分）	教育示范标兵	
			社团典范	
			小小科学家	学校课程中心
	品牌成果化（弹性指标≤5分）	宣传表彰，成果成效		

与此同时，我校还对"绿水青山"多元融合型校本实践课程本身予以评价。在多元评价、尊重个性的前提下，结合各具体课程的教学内容，我们制定了校本课程的综合能力多元评价方案，突出评价方式的多元性、评价主体的多元性、评价对象的多元性。

此外，针对该校本课程中某一具体课例，我们还制定了该课例的学生课程评价表、学生课程自评表、学生组内互评表，见表3.3.28至3.3.30。

表3.3.28 学生课程评价表

评价内容	评价等级				
1.参与这个课程，提高了我的动手操作能力	符合	比较符合	一般符合	不符合	非常不符合
2.在这个课程里，我独立完成了一件作品	符合	比较符合	一般符合	不符合	非常不符合
3.我需要同学帮助才能完成这件事	符合	比较符合	一般符合	不符合	非常不符合
4.本门课程内容拓展知识、开拓视野	符合	比较符合	一般符合	不符合	非常不符合
5.这门课程重视和其他学科的融合	符合	比较符合	一般符合	不符合	非常不符合
6.本门课成形式新颖、注重学生参与，具有吸引力	符合	比较符合	一般符合	不符合	非常不符合

表3.3.29 学生课程自评表

评价内容	评价等级	自评
1.真高兴，我在小组合作中最主要的贡献是：	我策划设计了实验方案	
	我负责实验记录	
	我进行了细致的观察	
	我一个人身兼多职，全部过程都参与了	
	我什么也没做，只是看着他们做	
2.真难忘！我在完成任务的过程中最大的收获是：	我学会了与别人交流与合作	
	我的观察能力、实验能力有了很大提高	
	我思考问题更全面深入了	
	我敢于大胆地发表自己的见解了	
3.……		

表3.3.30 学生组内互评表

评价内容	评价层次	自评	小组互评
1.参与谈论	A B C D	A B C D	A B C D
……			

作为"绿水青山"多元融合型校本实践课程的关键实施抓手，我们对于该校本课程的相关社团也量身定制了评价量表（见表3.3.31）。

表 3.3.31 "绿水青山"多元融合型校本实践课程相关社团分团考核评价表

基础性评价（80分）

组织建设 （10分）	分团有规范的规章制度和目的宗旨（2分）
	分团换届公开公平（8分） 分团两年未进行换届的，直接视为自动解散
活动开展 （40分）	分团能够按时递交学期工作计划和工作总结（4分） 缺一即扣2分
	有规范的活动申请、活动记录、活动小结（6分） 每次活动缺一项即扣2分，扣完为止
	每次活动能通过海报或微信、口头的方式通知会员（4分） 没做到每次扣2分，扣完为止
	分团活动后能及时清扫、整理场地（6分） 没做到每次扣2分，扣完为止
	每学期至少开展2次有意义的分团活动，并且大部分社员都适合参加（10分）。每少一次扣5分
	社员对分团活动满意度高，无有效投诉（4分） 社员投诉经查实有效的，每次扣2分，扣完为止
	分团活动无违反校规校纪的行为（6分） 若有违纪行为，视情节轻重扣分乃至取缔
宣传建设 （10分）	有自己的分团宣传渠道（5分）
	海报张贴规范（5分） 未经学校生命科学社团审核擅自张贴海报的取消一切评优资格
配合社团 联工作 （10分）	配合学校生命科学社团工作，对学校生命科学社团安排的工作能及时、认真地完成（5分） 出现分团不配合学校生命科学社团工作，破坏影响学校生命科学社团名誉行为，视情节严重扣2~5分
	分团负责人按时出席学校生命科学社团召开的例会或临时会议（5分）迟到一次扣1分，无故缺席一次扣2分，扣完为止
制度建设 （10分）	学校给予的经费用之有度、用之有据。（2分）
	建立清晰明了的财务账目，每学年公布并上交经费使用情况（3分）
	分团会议有会议记录（3分）。每缺一次扣1分
	学校及学校生命科学社团下发的有关文件及分团活动的相关材料有完整存档（2分）

发展性评价（20分）

管理体制	分团制订并实施定期例会制度。有则加2分
	建立分团章程，有长远的目标和明确的宗旨，有科学的管理体制和先进的文化理念。有则加3分
指导教师	指导教师能热心于学生分团，并能经常给予专业化指导。每开一次讲座加5分。讲座安排在小星期周末的再加2分（教师周末指导分团活动的发活动指导津贴）
	分团指导老师发表关于分团管理的研究论文，每篇加5分
社团活动	分团成功、申报重点活动或承办大型专场活动的。每项加5分
	分团活动具有创新性，被学校、学校生命科学社团评定为"分团之星"。每项活动加5分
社团宣传	分团有自己的团徽。有则加2分
	分团有自身宣传渠道，如黑板报、海报、美篇专号，并能定期发布宣传信息，每学年发布两期以上。每增加一期加2分
	分团或分团活动具有一定的影响，多种方式宣传分团，及时报道分团活动开展情况。报道被校园网、学校广播录用的每次加2分；被区级报刊报道或录用的加8分；被市级教育网络或报纸杂志报道或录用的加10分；被国家级网络或报纸杂志报道或录用的加20分
满意度调查	学年末，由学校、学校科技中心、学校生命科学社团对各分团进行调研。社员对分团工作满意度抽样调查分数80%≤满意度<90%的加3分；90%≤满意度的加5分
成果奖励	社员以分团名义在校刊发表文章的加2分；在区级报刊发表文章加4分；在市级报刊发表文章加6分；在国家级报纸杂志发表文章8分
	社员以分团名义在区级比赛获奖加3~5分；在市级比赛获奖加6~8分；在国家级比赛获奖加9~11分
	分团获区级奖励的加5~7分；获市级奖励8~10分；获国家级奖励加15分

注：分团考核评价表中基础性评价为各分团考核必选部分，发展性评价为各分团参选部分（各部分可根据本分团情况任选几项，累计分值不超过20分），最终根据两部分内容得出考核总分。

【"绿水青山"多元融合型校本实践课程社团精品分团和星级分团的评比】

※ 五星级分团：每学年考核分数最高的两个分团为五星级分团，授予本学年"精品分团"称号，颁发证书，奖励300元。

※ 四星级分团：根据考核分数在剩余的考核为前20%分团中评出四星级分团若干（均衡

重点建设分团和学生自发组织分团比例），颁发证书。奖励200元。

※ 三星级分团：根据考核分数在剩余的考核为前40%的分团中评出三星级分团若干（均衡重点建设分团和学生自发组织分团比例），颁发证书，奖励100元。

※ 二星级分团：据考核分数在剩余的考核为前80%的分团中评出二星级分团。

※ 一星级社团：剩余的为一星级分团。由学校、学校科技中心、学校生命科学社团与这些分团及指导教师分析原因，商讨提高对策，及时进行整改。初成立的分团自动列入一星级社团，满半年后具有各项评优资格。

综上所述，"绿水青山"多元融合型校本实践课程，植根于生活、融合于实践、作用于师生，它深深植根于密云的绿水青山之间，它将学生对家乡深沉的情怀恣意书写在密云美丽的山水之间，将学生创新进步的足迹留痕在密云每一处土地，将密云区生态文明建设、生态文明教育典范之区的奋斗目标深深刻在学生心里、扛在师生肩上……从选题、论证到调研、实践，从合作、探究到结题、成文，每一个环节都能看到学生核心素养提升的星光闪耀……

第四章 教师专业发展

导言

在学校顶层设计和谋划引领下,随着"双S"型校本研修共同体模式的推进,校本研修工作除了取得丰硕的团体研究成果,更促进了教师个体进阶。

紧紧围绕大中小思政一体化建设、思维发展型课堂变革、大单元教学设计、全学科阅读、综合素质评价等重点工作,教师个体主动打破时空边界、学科边界,教学设计与实施能力、教育研究与创新水平、闭环总结与实践反思意识的显著提升,为促进高中育人方式变革、培养拔尖创新型人才提供了校本方案和研修智慧。

第一节　教学设计能力提升

一、人民当家作主

（一）教学基本信息

学科：政治

实施年级：高一年级

设计者：胡桂银

使用教材版本：人民教育出版社　必修三《政治与法治》

单元及课时名称：人民当家作主

单元及课时说明：第 7 课时（共计 7 课时）

（二）指导思想与理论依据

1. 指导思想

实现人民当家作主是中国共产党的庄严承诺。本单元"人民当家作主"主题教学，以习近平总书记在中国共产党成立 100 周年大会上关于"发展全过程人民民主"、人民代表大会成立 70 周年大会上关于"坚持和完善人民代表大会制度，保障人民当家作主"、在庆祝中国人民政治协商会议成立 75 周年大会上关于"坚持好、发展好、完善好中国新型政党制度"、在全国民族团结进步表彰大会上关于"铸牢中华民族共同体意识"的深刻论述，以及中共中央、国务院发布的《关于加强基层治理体系和治理能力现代化建设的意见》等党的创新理论为指导。

2. 课标依据

高中思想政治课程是落实立德树人根本任务的关键课程，以培育社会主义核心价值观为目的，帮助学生树立正确的政治方向，提高学科核心素养，增强社会理解和参与能力的综合性、活动型学科课程。本单元以习近平新时代中国特色社会主义思想为指导，紧密结合中国特色社会主义民主政治伟大实践，引导学生明确实现全过程人民民主是中国共产党的庄严承诺，是人民民主专政国家的本质要求，从而坚定中国特色社会主义制度自信。

（三）单元教学背景分析

1. 知识背景分析

本单元是对初中《道德与法治》八年级下册关于"我国的政治制度"内容的拓展与深化，经过初中阶段的学习，学生对我国人民当家作主的政治制度有了初步的感性认识，对我国政治制度有了基本认同，又经历了本模块《政治与法治》第一单元"坚持党的领导"的学习，为本单元的教学奠定了一定的知识基础。

2. 学生的思维、认知分析

高一年级学生对政治和社会参与有一定的了解，但大都是零碎的、浅显的，缺乏理性思考，但是与初中学生相比较，高中学生思想意识日趋活跃，思维能力明显提高，他们对发生在生活中的各种政治现象都会很感兴趣，会产生一种深入求知的欲望。

3. 思维障碍点和发展点

学生不能从理性的高度科学阐释我国人民当作主的政治制度，不清楚人民在现实中如何具体行使当家作主权利。如何将政治和社会生活中感性的、碎片化的经验上升到理性认识，加深对中国特色社会主义政治制度的理解和认同，并能切身感受到参与政治和社会生活的幸福感、成就感和强烈意愿是需要重点关注的问题。为此，本单元学习，将以学科内容为支撑、开展社会实践，以真实情境为依托，探索生活实践和课堂协同互动的学习路径，体验人民行使当家作主权利的过程，深化学生的已知点，解决学生的困惑点，并且在知行合一中，培养学生主动参与政治生活和社会公共事务的社会责任感，自觉投身社会主义民主政治建设，坚定对我国政治制度的认同和自信，这也是本单元力求实现的发展点。

（四）单元教学内容分析

本单元的主要内容"人民当家作主"，作为社会主义民主政治的本质与核心，立足于"发展中国特色社会主义民主政治，推进国家治理体系和治理能力现代化"

"研"途揽胜——首都师范大学附属密云中学校本研修探索

这一模块主题，围绕党的领导、人民当家作主和全面依法治国有机统一这一模块主线，集中讲述在人民当家作主和保障人民当家作主的中国特色社会主义民主政治制度；党的领导是人民当家作主的根本保证，全面依法治国是人民当家作主的法治保障，而人民当家作主是坚持党的领导和依法治国的坚实基础。从人民当家作主单元主题内部看，我国人民民主专政的社会主义国家性质，决定了我国的人民代表大会制度这一根本政治制度，我国的基本政治制度与我国人民代表大会制度这一根本政治制度相适应，两者共同体现了我国人民当家作主的人民民主专政的社会主义国家性质。（单元教学内容见图4.1.1）

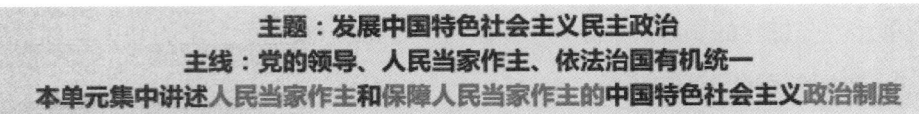

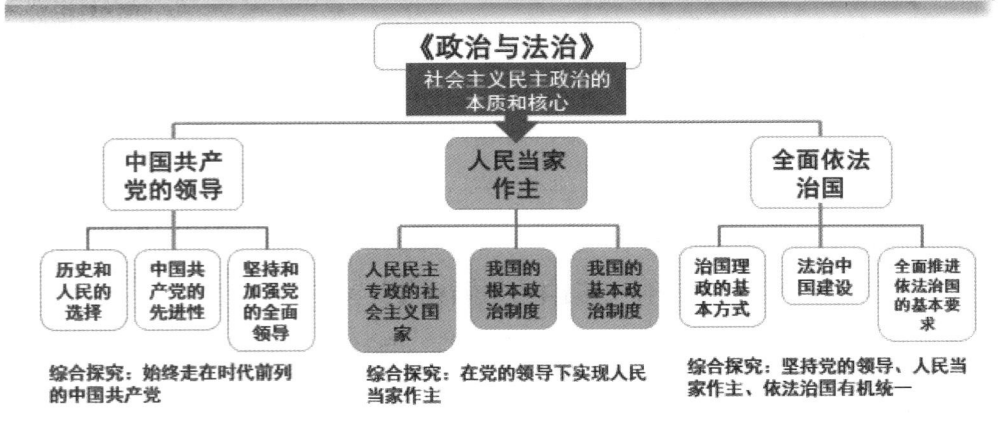

图 4.1.1 单元教学内容分析图

（五）单元教学目标

基于课程标准、教材内容和学情分析，确立本单元教学目标如下：

第一，通过查阅、解读相关法律，纵向搜集、解读我国政治制度的发展历程，横向搜集、解读西方政治制度运行方式，在比较鉴别中，感悟我国人民当家作主制度的优越性。

第二，通过走进人大、政协、社区，进行参观、访谈、会议模拟等，感悟公民有序参与、行使当家作主权利的途径、要求，进而阐释中国特色社会主义政治制度的基本内容、鲜明特点和主要优势，坚定坚持人民当家作主制度的自信。

第三，通过方案设计、各种方式建言献策、提交建议案等，学会如何行使当家作主权利，提升学生主动参与政治实践和公共事务的主人翁意识和社会责任感，践行人民当家作主。

（六）单元教学流程设计

本单元力求从理论逻辑、实践逻辑和历史逻辑，多维度、多途径探究，增强思政课说理力量，让学生真学、真懂、真信。通过深入挖掘单元课程内容的育人价值以及与社会生活实践的契合点，构建以学科内容为支撑、面向学生真实生活、凝聚教育价值、融通社会生活实践的学习支持资源，如：通过走进人大、政协以及社区，进行人大代表、政协委员、居委会和居民访谈，进行人大会议、政协会议和居民会议观摩或进行会议模拟等多种学习方式，拓展学生学习空间，创新课程学习方式，让思政小课堂与社会大课堂有机结合，促进知行合一。通过纵向搜集、解读我国根本政治制度和基本政治制度的发展历程，横向搜集、解读我国与西方政治制度运行方式的不同，在实践中、在对比分析中，形成对中国特色社会主义政治制度的理解和认同，提升学生主动参与政治生活和社会公共事务的能力，形成助力家乡和社会发展的主人翁意识和社会责任感，厚植家国情怀，助力政治认同、科学精神、法治意识、公共参与素养的培育。本单元教学具体设计流程4.1.2。

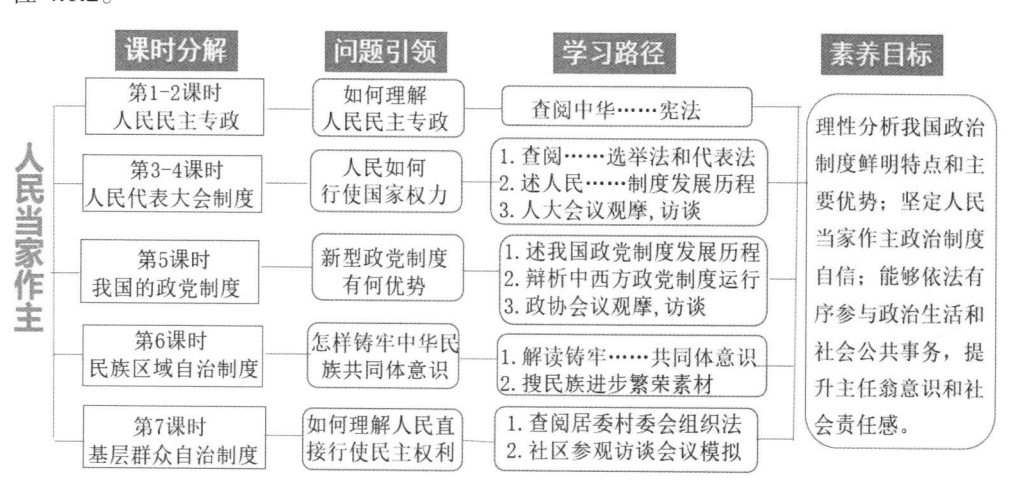

图 4.1.2　单元教学流程图

（七）课时教学设计：走进社区——感悟人民当家作主

1. 教学目标

①通过"自主学习——我的收获和困惑"，使学生能够结合教材和自己的生活体验，运用思维工具，初步学习并构建基层群众自治制度相关知识，提出自己学习中的困惑，培养学生自主学习能力和发现问题的意识，初步感悟并认同基层群众自治制度是实现人民当家作主的有效途径。

②通过"社区建设我知晓——走进果园街道上河湾社区"，使学生通过参观访谈，将自主学习中"抽象符号化"的基层群众自治知识浸润于具体真实的社区情境中，还原为学生的"个体经验"，在知识与实践相结合的体验中，阐释基层群众自治的价值，培育学生主动参与社会公共事务的主人翁意识和社会责任感，通过解释基层群众自治的特点和优势，树立制度自信。

③通过"社区建设我参与——上河湾社区中心公园便民改造"，使学生在解决问题的方案设计和课堂交流、分享和展示的过程中，提高学生运用所学知识解决实际问题的能力，阐释公民有序参与、直接行使民主权利的要求及意义，分享公共参与的体验，表达参与公共事务的幸福感和成就感，体会基层群众自治制度的优势，树立制度自信。增强学生主动参与社会公共事务的主人翁意识和社会责任感，培养家国情怀。

2. 教学重点和难点

（1）教学重点

①基层群众自治组织的产生、作用以及与相关组织和机构之间的关系。

②基层群众在实践中如何直接行使当家作主权利。

（2）教学难点

基层群众在实践中如何直接行使当家作主权利。

3. 课时教学流程

通过课前自主学习，梳理知识、说出困惑、制作参观访谈提纲；通过走进社区，进行社区参观以及居委会、居民访谈；通过聚焦问题、将社区参观访谈成果与学科内容进行有效整合建构，汇报分享；通过借助居民访谈组提供的资源和方案设计，模拟召开居民会议，进行对话协商、并形成建议案；通过分享、拓展上河湾社区中心公园改造以及后期使用管理过程中完整的全链条的民主选举、民主协商、民主决策、民主管理和民主监督的过程，并引入习近平总书记关于基层治理的重要论述等五个环节的任务驱动和实施，达成本课教学目标。具体流程如图4.1.3所示。

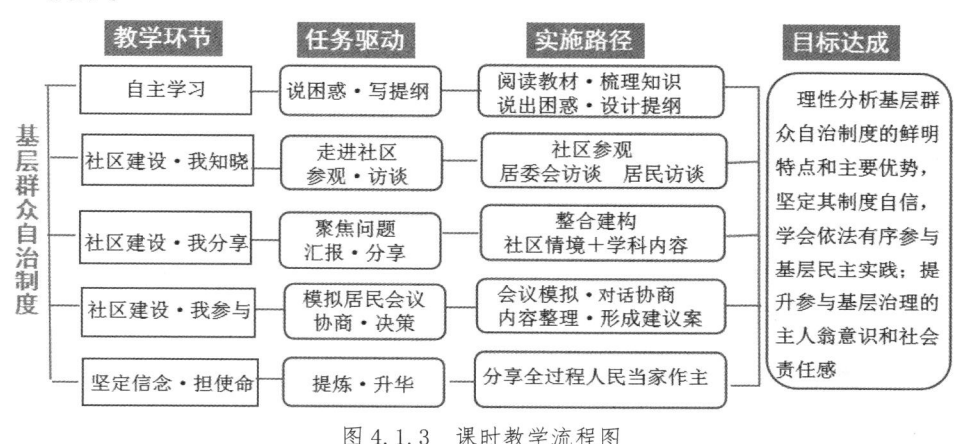

图 4.1.3　课时教学流程图

4. 课时教学环节

（1）环节一：自主学习——我的收获和困惑

教师活动：布置任务，请你自主学习教材 65—69 页"基层群众自治制度"，用思维工具梳理学习内容，并结合自己的生活体验，说出自己的困惑。

方法引导：教师引导学生自主学习的方法，指导各组组长、归纳同学困惑的问题并整理成提纲，为接下来的参观访谈做准备。

学生活动：学生自主学习，利用思维工具梳理学习内容，并结合自己的生活体验说出自己的困惑。

设计意图：通过本设计，培养学生的自主学习能力和发现问题的意识，提升思维水平，初步感悟并认同基层群众自治制度是实现人民当家作主的有效途径。

（2）环节二：参观访谈

教师活动：布置任务，走进上河湾社区参观访谈；整理参观访谈成果，并聚焦本组问题，完成学案作业。方法引导，指导学生参观访谈的具体要求；指导学生整理参观访谈成果。

学生活动：走进上河湾社区参观访谈；整理参观访谈成果，并聚焦本组问题完成作业。

设计意图：将自主学习中的"抽象符号化"的知识浸润于具体真实的社区情境中，还原为学生的"个体经验"，促使学生在"观、察、体、悟、思"的活动过程中获得对学科知识的理解、内化并学以致用，感悟人民当家作主，树立主动参与社会公共事务的主人翁意识和社会责任感。

(3) 环节三：聚焦问题、汇报分享

教师活动：布置任务，结合课前自主学习和社区参观访谈的获得，聚焦"上河湾社区自治组织的形式以及上河湾社区居民如何直接行使民主权利进行社区治理"问题，运用思维工具完成下面任务。

任务 1：上河湾居委会的产生以及它与其他相关组织和机构之间的关系是什么？它们各自的性质都是什么？——居委会访谈组完成。

任务 2：上河湾社区居委会的作用以及为什么要发挥这些作用？——社区参观组完成。

任务 3：针对上河湾北区中心公园改造进行方案设计？——居民访谈组完成。

学生活动：各小组进行汇报分享，其他同学倾听、补充和完善。

设计意图：将社区参观访谈中获得的"个体经验"进行归纳、总结和升华，活化并重构知识之间的内在逻辑，从个性推广到共性，从感性认识上升到理性认识，并且在理论和实际的结合中，进一步深化对我国人民当家作主制度的认同以及主动参与社会公共事务的主人翁意识和社会责任感的热情。

(4) 环节四：居民会议模拟

教师活动：布置任务，作为上河湾北区"中心公园"便民改造的利益相关方，请你就居民访谈组"中心公园"便民改造"方案设计，表达诉求，并参与协商、决策。

学生活动：借助居民访谈组提供的资源，模拟居民会议，进行对话、协商、决策。

设计意图：学生在真实的体验探究中，对话协商、沟通合作、表达诉求和解决问题；懂得依法依规、有序参与，直接行使民主权利的要求及意义；践行主动参与社会公共事务的主人翁意识和社会责任感，坚定坚持人民当家作主制度的认同和自信。

（5）环节五：提炼升华

教师活动：教师分享、拓展包括召开居民会议环节在内的上河湾社区中心公园改造的居民全链条参与过程并进行总结提升。

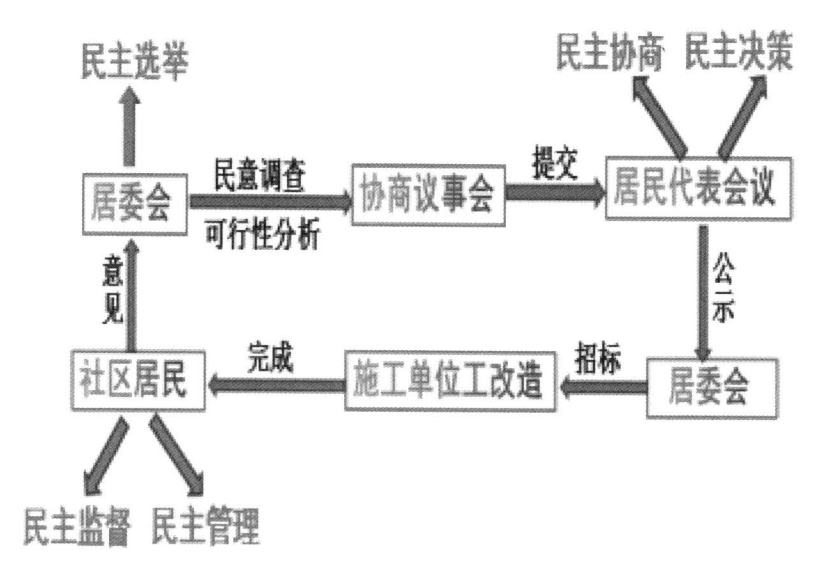

图 4.1.4　提炼升华

学生活动：学生倾听，并且在与教师的互动中，进一步思考、完善提升自主学习、参观访谈以及模拟居民会议过程中的认识成果。

设计意图：总结提升，从感性认识上升到理性认识，从个性归纳出共性，领悟基层群众自治是坚持党的领导、人民当家作主与依法治国的统一，是自治、法治与德治的统一，理解我国基层群众自治制度是推进"全过程人民民主"，推进"国家治理体系和治理能力现代化，实现中华民族伟大复兴"的有效制度安排和生动实践。

（6）环节六：布置课后作业

请同学们以小组为单位，结合社会实践和课堂居民会议协商成果，就密云区果园街道上河湾社区"中心公园便民改造"如何转化为社区居民的民生福祉，形成一份建议案（见表 4.1.1）。

表 4.1.1　上河湾社区"中心公园便民改造"建议案

建议标题：标题简洁明了
建议理由：理论依据、现实依据
建议内容：需明确具体、具备可实施性、逻辑清晰

二、运动的规律性

学科：政治

实施年级：高二年级

设计者：索安安

使用教材版本：人民教育出版社　必修四《哲学与文化》

单元及课时名称：探究世界的本质运动的规律性

单元及课时说明：第 2 课时（共计 3 课时）

（一）摘要

《运动的规律性》是一节高二年级的哲学课，其目标是让学生准确理解规律的科学内涵及其与物质运动的关系，提高按客观规律办事的自觉意识和能力，充分理解尊重客观规律和发挥主观能动性的辩证关系，学会一切从实际出发，实事求是。

传统的教学方法通常是通过举例论证物质的运动是有规律的，规律是客观的，人可以发挥主观能动性认识和利用规律，坚持一切从实际出发实事求是，但在体现核心素养的科学精神和政治认同方面存在着困难。本节课尝试采用围绕现实问题，开展案例教学的方法，力图实现政治学科核心素养方面的目标。

本教学设计希望体现以下特色：

①阐述中国共产党领导中国人民在革命、建设和改革时期取得的伟大成就，充分理解中国共产党思想路线的科学性，坚定道路自信、理论自信、制度自信、文化自信。

②反思各领域既有政策和体制、机制方面的限制性条件，评估其对国家和社会发展的影响，秉持建设性批判的态度，解放思想、实事求是，进行科学的判断和选择。

③感悟学好哲学，终身受用。

（二）教学内容分析

《运动的规律性》是部编版教材必修4《哲学与文化》第一单元第二课中的第二框题。这两框题在逻辑上是概念—理论—实践的递进关系，首先解释世界的物质本质和人类主观能动作用，讲清楚两者的辩证关系，继而总结一切从实际出发，实事求是的科学方法论。为正确认识世界、改造世界打下基础。

从课标要求来看，表明坚持一切从实际出发，实事求是的态度。从知识构成上来看，本框题既是第二课第一框题内容的逻辑发展，也是引出第三课教学内容的"中介"，它在整个教材中起着承上启下的作用。从地位上看，本框题对于帮助学生科学地理解马克思主义物质观、运动观有积极意义。从学科素养来看，本课注重培养学生的科学精神和政治认同，在认识世界和改造世界的过程中，坚持马克思主义的科学世界观和方法论，始终坚持辩证唯物主义和历史唯物主义基本观点。

（三）学习者分析

授课对象为高二学生，已经感悟到哲学的基本问题与生活息息相关，已经理解世界的统一性在于它的物质性。同时，当代高中生的求知欲和上进心呈上升趋势，学习哲学知识的兴趣较为浓厚，可塑性强。高中阶段的学生也具备了运用观察、实践、讨论、阅读等方法进行学习。

（四）学习目标及重难点

通过本节课的学习，学生将能：

①通过讲述建党百年来中国经济社会的变化，说明哲学上所说的运动的概念、规律的科学内涵，阐述物质与运动的关系、规律与物质运动的关系。

②通过梳理中国共产党带领中国人民推动现代化建设的蓝图一步一步变为现实的历程，说明人能够能动地认识世界、改造世界，充分认同中国共产党思想路线的科学性，坚持道路自信、理论自信、制度自信、文化自信。

③通过辨析"办好共同富裕这件事，等不得，也急不得"，总结尊重客观规律与发挥主观能动性的辩证关系，论证因势而谋、应势而动、顺势而为的意义。（重

难点）

④通过分析科技和生态领域取得成就的原因，以及对未来发展进行推测，学会运用一切从实际出发实事求是的科学方法论，明确坚持科学世界观和方法论的指导，坚定马克思主义的重要意义。

（五）课例结构（见图4.1.5）

世界是物质的 → 物质是运动的 → 运动是有规律的 → 发挥主观能动性认识利用规律 → 一切从实际出发实事求是

图4.1.5 教学环节流程图

（六）学习活动设计

1. 环节一：奋斗历程·看变化

教师活动1：展示"在党的二十大报告中，习近平总书记深刻总结十年来，对党和人民事业具有重大现实意义和深远历史意义的三件大事：一是迎来中国共产党成立一百周年，二是中国特色社会主义进入新时代，三是完成脱贫攻坚、全面建成小康社会的历史任务，实现第一个百年奋斗目标"。讲解物质、规律的概念，梳理物质与运动、运动与规律的关系。

学生活动1：学生在时间轴上相应的位置标注。借助时间轴，结合你所了解的中国取得的成就，讲述建党百年来中国经济社会的变化。

教师活动2：展示"现象—具体领域规律—哲学概念中的规律"帮助学生明确规律的科学内涵。

学生活动2：辨识现象、具体领域的规律以及哲学概念中的规律。

活动意图说明：通过讲述建党百年来中国经济社会的变化，说明哲学上所说的运动的概念、规律的科学内涵，阐述物质与运动的关系、规律与物质运动的关系。

2. 环节二：科学规划·向前进

教师活动：归纳提升学生的观点，讲解正确发挥主观能动性。厘清尊重客观规律与发挥主观能动性的辩证关系。

学生活动：结合材料，谈谈你对"办好这件事，等不得，也急不得"的认识。

活动意图说明：通过梳理中国共产党带领中国人民推动现代化建设的蓝图一步一步变为现实的历程，说明人能够能动地认识世界、改造世界，充分认同中国共产党思想路线的科学性，坚持道路自信、理论自信、制度自信、文化自信。

通过辨析"办好共同富裕这件事，等不得，也急不得"，总结尊重客观规律与发挥主观能动性的辩证关系，论证因势而谋、应势而动、顺势而为的意义。

3. 环节三：审时度势·展未来

教师活动：教师总结提升。

学生活动：分组合作探究。

（1）（单数组）矢志创新的中国企业不会被轻易击倒

①结合材料和所学，利用思维导图，分析为什么此次华为可以突围成功？

②随着华为取得的令人振奋的突破，未来美国在技术上的"围追堵截"和"霸王条款"也会随之加码，你怎样看华为未来的前景？

（2）（双数组）从"生命禁区"到"塞上绿洲"的逆转

①结合材料和所学，利用思维导图，分析毛乌素沙漠为什么可以实现从"生命禁区"到"塞上绿洲"的逆转？

②作为自然地貌，毛乌素沙地不是真的消失，只是流动沙丘得到固定。这些治理成果还属于人工干预，尚需加快沙区生态系统的正向演替，实现自我循环发展，从根本上改变沙区生态面貌。你觉得重构毛乌素的自然生态系统的目标能否实现？

活动意图说明：通过分析科技和生态领域取得成就的原因，以及对未来发展进行推测，学会运用一切从实际出发实事求是的科学方法论，明确坚持科学世界观和方法论的指导，坚定对马克思主义的信仰。

（七）板书设计（见图4.1.6）

焦点问题：如何理解一切从实际出发实事求是？

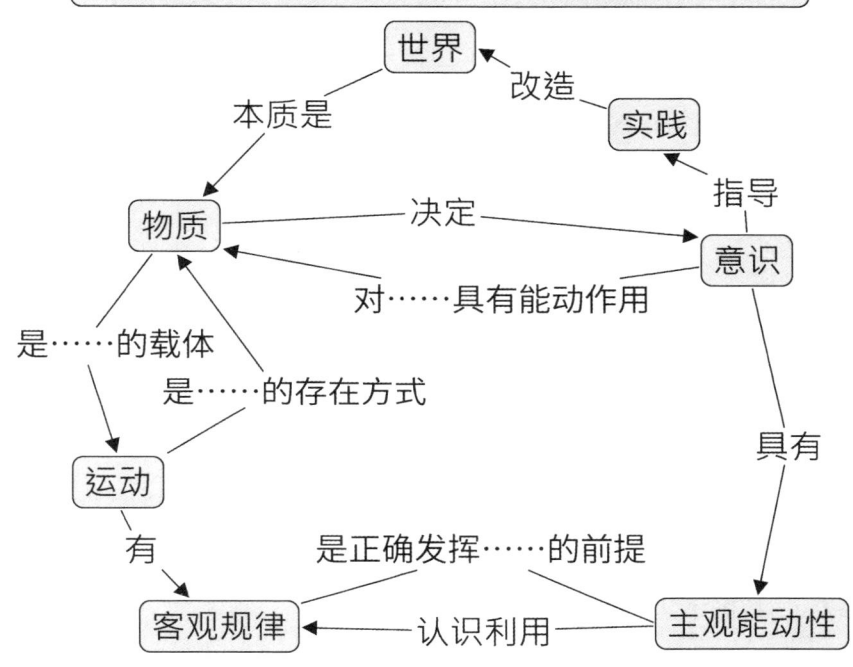

图4.1.6 一切从实际出发实事求是概念图

（八）作业与拓展学习设计

2035年的时候你多大？距2035还有12年，这12年你怎么规划？在你心中，2035的中国是什么样？你能为2035中国梦做些什么？某班同学围绕"我的职业发展规划"开展讨论。

①有同学表示，自己还没有想过以后的职业规划。从哲学角度看，想过与没想过对一个人有什么不同影响？

在讨论中，有两位同学说出了这样的想法：

同学1：我想从事IT行业，因为我觉得大数据产业现在挺火的。

同学2：本来没想好做什么，刚才有两位同学都说想做医生去帮助那些无助的病人，那我也想做医生。

②"想"需要理性，"想"要有智慧。请任选一位同学的观点，运用所学加

以点评。

(九)反思：思维训练点

1. 认知冲突

(1) 认知冲突 1：现象和规律

通过辨识"现象—具体领域规律—哲学概念中的规律"帮助学生明确规律的科学内涵。

(2) 认知冲突 2：办好这件事情，等不得也急不得

通过辨析"办好共同富裕这件事，等不得，也急不得"，总结尊重客观规律与发挥主观能动性的辩证关系，论证因势而谋、应势而动、顺势而为的意义。

2. 思维图示

(1) 思维图示 1：概念图

用概念图梳理物质、运动、客观规律、能动认识世界、能动改变世界之间的内在联系，帮助学生理解本节重难点。

(2) 思维图示 2：思维导图

学生利用思维导图，分析科技和生态领域取得成就的原因，以及对未来发展进行推测。

教师利用思维导图，对本课内容进行总结提升。

3. 变式运用

变式运用 1：随着华为取得的令人振奋的突破，未来美国在技术上的"围追堵截"和"霸王条款"也会随之加码，你怎样看华为未来的前景？

变式运用 2：作为自然地貌，毛乌素沙地不是真的消失，只是流动沙丘得到固定。这些治理成果还属人工干预，尚需加快沙区生态系统的正向演替，实现自我循环发展，从根本上改变沙区生态面貌。你觉得重构毛乌素的自然生态系统的目标能否实现？

通过分析科技和生态领域取得成就的原因，以及对未来发展进行推测，学会运用一切从实际出发实事求是的科学方法论，明确坚持科学世界观和方法论的指导，坚定马克思主义的重要意义。

（此课在国家社科基金"十四五"规划课题：信息化思维教学的理论构建与实证研究〔BCA210092〕研讨会暨第二十四期思维发展型课堂现场观摩会展示，获得优秀课例奖。）

三、析瓷都兴衰，探发展之路

学科：地理

实施年级：高二年级

设计者：张浩东

使用教材版本：人民教育出版社　选择性必修2《区域发展》

单元及课时名称：析瓷都兴衰，探发展之路

单元及课时说明：第2课时和第3课时（共计3课时）

（一）课例信息

本单元课例为高二年级第二学期的讲授内容，以人教版高中地理教材中的问题探究部分素材为引线，采用微型辩论形式开展教学，并设计两课时的单元教学设计。

第一课时为析瓷都兴衰，以景德镇瓷业为例，说明工业区位因素及其变化对工业区位选择的影响；通过景德镇实例，判断该资源枯竭型城市所处的生命周期，说明资源枯竭型城市生命周期发展与自然资源的关系；通过景德镇案例学习归纳分析此类问题的思路和方法，学会迁移应用，培养学生区域认知和综合思维能力。

第二课时为探发展之路，通过搜集、运用资料，分析景德镇瓷业的发展条件，并为其瓷业发展献计献策，培养学生的综合思维和地理实践能力；通过景德镇案例学习归纳分析此类问题的思路和方法，学会迁移应用，培养学生区域认知和综合思维能力。

（二）第一课时教学内容

教学重难点：运用工业区位因素及其变化的理论解决问题。

1. 教学过程

（1）第一环节：了解景德镇——问题情境，引发冲突

教师活动：景德镇"千年瓷都"视频介绍，导入新课。学生介绍景德镇的自然环境特征。

[出示]景德镇位于江西省东北部，地处丘陵地带。昌江自北向南穿城而过，

最终注入鄱阳湖。境内有优质瓷土矿。

提问：概括景德镇市的自然环境特征。

学生活动：观看景德镇视频，根据作业资料，介绍景德镇市的自然环境特征。

设计意图：景德镇的陶瓷通过陆路与丝绸之路，延绵和传播到世界各地。通过资料了解景德镇的历史文化和自然环境特征，为景德镇的兴衰发展做铺垫。

阶段评价：

学业水平1：能够根据提示，将简单、熟悉的地理事物置于特定区域中加以认识，能够认识和归纳区域特征（区域认知）。

教师活动：[出示]20世纪60年代至今景德镇年产值表格数据绘制统计图。

学生活动：学生根据折线统计图概括变化特征。

学生活动：学生结合资源型城市生命周期示意图（见图4.1.7），判断景德镇不同时期在示意图中所处的位置，并说明判断依据。

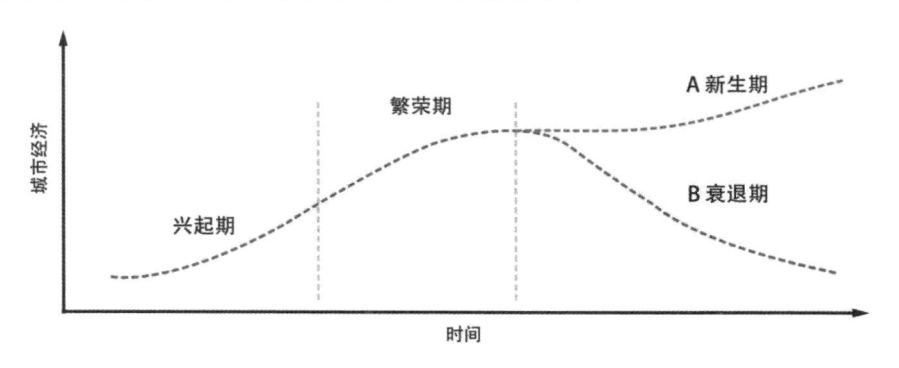

兴起期：随着自然资源的开发，相关产业和人员集聚，城市快速成长。

繁荣期：城市主导产业高度依赖自然资源的开采和加工，产业规模和城市规模逐渐稳定。

衰退期：自然资源渐趋枯竭或市场明显转移，产业规模缩减，城市可能陷入萧条。但如果创新路径合适，城市可实现持续发展。

图4.1.7　资源型城市生命周期示意图

设计意图：利用学生身边的现象引入，产生认知冲突，调动学生学会用地理眼光看待问题，激发学生学习兴趣，探究景德镇的兴衰。

阶段评价：

①学业水平1：能够初步观察和调查，获取和处理简单信息，有探索问题的兴趣。（地理实践力）

②学业水平2：能够自主辨识给定区域的某些自然环境要素特征（区域认知）。

（2）第二环节：因瓷而兴——合作探究，思维进阶

教师活动：[出示]景德镇早在战国时期就开始制陶，从明代中晚期开始，景德镇瓷器打开了外销欧洲的大门，价值堪比黄金，成了欧洲富人身份的象征。自清末至民国，景德镇的仿古瓷、美术瓷均有很高成就，涌现诸多雕塑能手、彩绘画家。20世纪60至80年代，当时不到40万人口的景德镇就有8万人从事瓷业，瓷器年产量占全国的20%，鼎盛时期景德镇瓷业产值占总产值的60%。

[提问]根据资料，20世纪90年代景德镇瓷业鼎盛时期，分析原因。

[提问]说明景德镇瓷业对景德镇区域发展的意义。

学生活动：学生合作探究根据图文资料，分析瓷业鼎盛时期的区位条件及影响。

设计意图：学生通过对图文资料的解读，分析成因及发展，培养学生发现问题、解决问题的能力，并且调动学生敢于质疑、敢于解决问题的勇气。

阶段评价：

学业水平1：能够对给定的简单地理事物，从多个地理要素相互影响、相互制约的角度进行分析。（综合思维）

学业水平2：对于给定的复杂地理事物，能够分析人类活动对地理环境的影响。（人地协调观）

（3）第三环节：因土而衰——合作探究，思维进阶

教师活动：[出示]20世纪90年代之后，随着陶瓷土资源枯竭和市场竞争越来越激烈，市场上日用、卫生以及建筑陶瓷出现了井喷式增长，而景德镇以生产陈列艺术陶瓷为主，大批陶瓷企业处于停产或半停产状态，景德镇瓷业规模不断萎缩，瓷业占全市生产总产值的比重由1991年的20.4%下降到2000年的2.6%。

同时随着景德镇瓷业的发展，长期对瓷土资源进行粗放式开采，在矿产资源开采和初级加工过程中不可避免地产生诸多生态环境问题。

[提问]根据资料，分析20世纪90年代之后景德镇瓷业衰落的原因。

[提问]推测景德镇瓷业生产可能带来的问题。

学生活动：合作探究，根据图文资料：分析景德镇瓷器衰落时期的区位变化及问题。

设计意图：让学生有一个完整的学习过程，体会区域发展的动态变化。

阶段评价：

学业水平1：能够结合时空变化，对其发生、发展进行分析，给出简要的地域性解释。（综合思维）

学业水平2：能够根据区域发展的条件和现状，思考和分析区域发展的问题。（区域认知）

（4）第四环节：应用延伸，变式迁移

教师活动：高考原题再现：2022年高考题12、13题（某陶瓷业——区位因素变化及影响）。

学生活动：知识迁移应用，课堂检测：高考题原题再现。

设计意图：知识迁移应用，学会举一反三。

阶段评价：

学业水平1：能够对现实中地理事象进行系统分析，迁移探究能力水平差异。

（5）第五环节：总结归纳（见图4.1.8）

了解景德镇的地理环境特点及发展瓷业的有利与不利条件 → 查阅资料，说明瓷土资源逐步枯竭对景德镇发展的影响 → 阅读相关资料，探究景德镇产业转型选择的道路 → 阅读相关资料，为景德镇是否走"世界瓷都"之路献计献策

图4.1.8 第一课时板书

（三）第二课时教学内容

教学重难点：在真实情景中综合运用资源枯竭型城市转型的措施解决问题。

教学过程如下。

(1) 第一环节：思路探发展——承上启下，单元构建

教师活动：[承转] 自然环境不仅能够为区域发展提供自然条件和自然资源基础，还能影响区域发展的路径和水平。

学生活动：依照上节课的板书与笔记，进一步回顾与提炼区域发展的一般研究思路。

(2) 第二环节：思辩论发展——思辨表达，思维进阶

教师活动：基于上节课的学习，我们已经了解到了很多关于景德镇发展的优势条件与问题。请借助我们的单元作业，开展关于"景德镇还要不要走世界瓷都之路"的微型辩论会（角色扮演辩论会——企业家、政府、景德镇居民）(见图4.1.9)。

学生活动：主席主持开场。

图 4.1.9　微型辩论会

1）陈词阶段

正方一辩发言（三分钟），反方一辩发言（三分钟）。

2）盘问阶段

正方二辩回答、提问，反方二辩回答。

提问正方三辩回答、提问，反方三辩回答。

（每人30秒，共4分钟）

3）奇袭阶段

4）总结复盘阶段

正方四辩总结陈词（3分钟），反方四辩总结陈词（3分钟）。

设计意图：利用学生感兴趣的辩论形式，产生认知冲突，调动学生从思辨角度看待问题，激发学生学习兴趣，探究景德镇还要不要走世界瓷都之路。

学生活动：

辩手：参与整场辩论。

记录员：于投影仪处即时绘制并完善双方观点的思维图示（双气泡图）。

智囊团：书写传递辩驳观点。

奇袭队员：自由辩论期间补充发言。

主席：主持与时间把控，宣读规则。

计时员：计时。

评委：针对双方辩论进行内容评价（仅限于内容评价）。

除工作人员外，全员投票，并由计票员计票，评选本场最佳辩手。

阶段评价：学业水平1：能够结合时空变化，对其发生、发展进行分析，给出简要的地域性解释。（综合思维）

教师活动：归纳小结，观点凝练

学生活动：全员汇总展示观点图示（采用任意思维图示）

学生活动：汇总辩论观点，从评委的角度进行设计，采用观点对对碰的方法并绘制思维图示，展示并讲解与评价双方观点。

阶段评价：

学业水平1：能够对给定的简单地理事物，从多个地理要素相互影响、相互制约的角度进行分析。（综合思维）

教师活动：请我们回归到学习者的角色，用客观且理性的视角来看待我们的辩题。我们既要走世界瓷都之路，但是又不能完全走世界瓷都之路。景德镇在发展过程之中，应当注重瓷都品牌效应的发展，提高产品附加值。所以可以走"世界瓷都"之路。但是从产业结构优化升级以及面临的挑战角度，景德镇同样需要借力"世界瓷都"发展第三产业。区域发展需要秉承人与自然是生命共同体的理念，尊重自然，呵护自然，走创新发展、绿色发展之路，实现可持续发展。

设计意图：采用思维图示汇总双方观点，并思考选用何种思维图示，促进思维进阶。

（3）第三环节：措施促发展——合作探究，思维进阶

教师活动：[出示]①近日，江西省印发《景德镇陶瓷交易市场开展市场采购贸易方式试点工作实施方案》，全面推进景德镇陶瓷交易市场开展市场采购贸易方式试点工作，加快发展江西省外贸新业态新模式，培育国际经济合作和竞争新优势。

[出示]②关于景德镇创意陶瓷市集的视频。

[出示]③学生搜集的相关信息、电子刊物。

[出示]④21世纪初期，景德镇踏上了转型发展新路，重点发展高档日用陶瓷和陈设艺术瓷。景德镇如今拥有三十多处陶瓷文化遗址。

[提问]景德镇的复兴需要采取哪些措施？

[追问]景德镇为什么要重点发展艺术瓷器？

学生活动：学生依据所给材料和辩论结果，小组讨论合作探究。并尝试从不同角色角度完善答案。

①政府政策支持，加大资金、技术投入。

②提高制瓷人员素质，提高专业化水平。

③规模化生产。

④促进科研成果的转化。

⑤产业结构调整，延长产业链，增加附加值。

⑥开拓国际市场等。

（预设答案，补充学生的优质答案）

设计意图：问题链设计，严密贴合学生辩论观点，引导学生合作探究，促进思维进阶。

第四环节：启示谋发展——应用延伸，变式迁移

教师活动：[出示] 广东佛山陶瓷业的转型发展视频。

高考原题再现：22 年高考题 12、13 题（在真实情景中综合运用资源枯竭型城市转型的措施解决问题）。

学生活动：知识迁移应用。

学生课堂检测：高考题原题再现。

设计意图：知识迁移应用，学会举一反三。

阶段评价：

学业水平 1——能够对现实中地理事象进行系统分析，迁移探究能力水平差异。

板书设计（见图 4.1.10）：

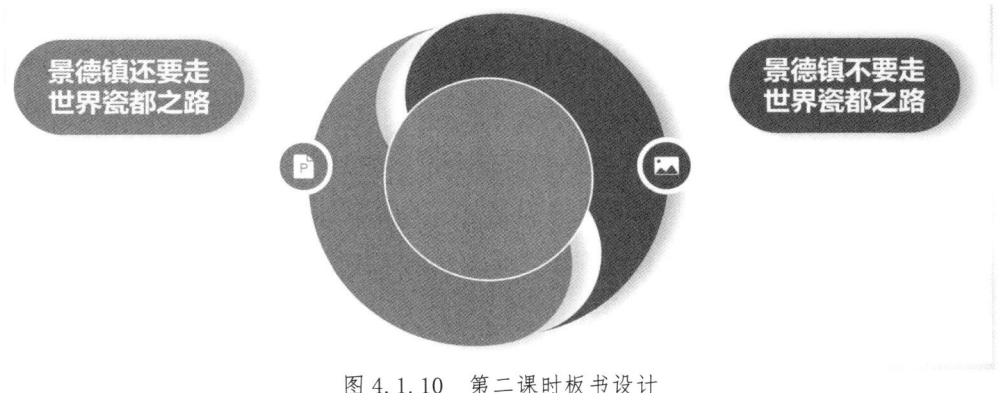

图 4.1.10　第二课时板书设计

（此设计在北京市第二十四届师生信息素养提升实践活动被评为中学组融合创新应用教学案例"示范案例"）

四、椭圆及其标准方程

学科：数学

实施年级：高二年级

设计者：李鑫

使用教材版本：人民教育出版社 A 版选择性必修一

单元及课时名称：椭圆《椭圆及其标准方程》

单元及课时说明：第 1 课时（共计 3 课时）

（一）摘要

《椭圆及其标准方程》是人教 A 版《选择性必修第一册》第三章第一节《椭圆》的第一课时，《普通高中数学课程标准》对其此部分的要求是经历从具体情境中抽象出椭圆的过程，掌握椭圆的定义、标准方程。通过对椭圆的几何特征、推导方程的探究，进一步体会利用坐标法研究几何问题的基本套路和数形结合的数学思想，并且能够学会合乎情理地、严谨地思考和解决问题，发展学生数学抽象、数学运算的核心素养。传统的教学方法通常是教师主导课堂，学生缺少切实实践，学生们容易认为圆锥曲线解题方法就是大量的计算，缺少用几何的眼光观察图形，并在此基础上进行有规划运算的意识，导致在完成相关题目时存在着很大的困难。

本节课类比圆的研究思路，通过设计问题，在学生最近发展区内进行引导，带领学生体会圆锥曲线的一般研究路径，每个环节都以提高学生思维活动能力为目的设计学生活动。本节课利用合作探究的形式抽象椭圆的定义，通过问题串引导学生理解运算对象并探究运算思路，在这个过程中通过围绕核心问题展开学习探究，更好地挖掘思维潜能，驱动学生积极思考，使学生的主体意识、能动性和创造性得到发展。

本节课希望体现以下特色。

①通过课前导入对本章所学的圆锥曲线有整体性的理解，并类比圆的研究思

路，强调"先用几何的眼光进行观察，再利用坐标法推导方程"的研究思路，为之后双曲线、抛物线的学习奠定基础；

②利用实物操作感受椭圆形成过程中的几何要素及其关系，引导学生自己抽象出椭圆的定义，提升学生的归纳能力；

③利用表格、流程图等工具类比圆来研究椭圆，让学生体会研究方法的一致性；利用双气泡图对比焦点在 x 轴、y 轴的两种不同椭圆，感受二者的异同，发展学生的辨析能力。

（二）内容分析

本单元的内容是在学生学习直线和圆的基础上，先抽象椭圆的几何特征，然后建立椭圆的标准方程，运用代数方法进一步认识椭圆的性质，并运用平面解析几何方法解决简单的数学问题和实际问题。本单元知识结构图如图 4.1.11 所示（明线）。

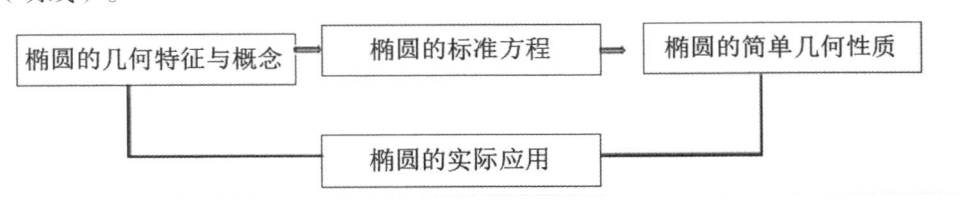

图 4.1.11 单元知识结构图

圆及其标准方程的教学，需要强调"先用几何眼光观察与思考，再用代数方法解决"（暗线）。加强概念抽象过程，强调在探索几何特征的基础上，再利用几何特征建立坐标系，利用坐标法推导椭圆的标准方程。

椭圆的定义是以几何基本要素（点、直线）的相互关系为考察对象，以"距离"为纽带，以"运算"为方法，通过"运算中的不变性"发现规律，给出定义。椭圆的标准方程的推导过程借助椭圆的对称性这一几何性质，建立合适的坐标系，通过代数运算，推导出椭圆的标准方程，将几何问题转化成代数问题。在椭圆定义的形成过程，让学生体会从具体到抽象的数学思想；椭圆的研究过程，体现了利用数形结合思想解决问题的优势。椭圆的学习重点提升了学生数学抽象、数学运算的核心素养。

从本章知识的内部结构看，椭圆、双曲线、抛物线的研究背景、研究问题、研究方法是"同构"的。椭圆是本章的第一部分，因而本单元的学习在全章起到了典型示范作用。在教学过程中，不仅要讲授椭圆的相关知识，更要注重数学思想和基本方法的引领性，为双曲线、抛物线的研究奠定基础。

（三）学习者分析

1. 学习者认知基础

（1）具备直线、圆的学习经验

在学习本单元之前，学生已经学习过直线、圆这两个几何图形，积累了利用代数方法解决几何问题的经验，对坐标法研究曲线的基本思想与方法已有了解，但不善于运用坐标法解决解析几何问题。

（2）具有一定的空间想象力

学生在高中已经学习了平面几何图形和空间几何体，具备了一定的几何观察能力，能够在一些运动过程中发现其中的不变性。

2. 学习者思维障碍点

（1）椭圆的几何特征不易观察

虽然椭圆的学习过程是类比着圆的思路进行的，但是对学生而言，椭圆的几何特征远不像圆那样能够轻易观察到。在画椭圆的过程中，笔尖将细绳分为两段，它们都不是定长。因此，对于椭圆几何特征的探究设计了表格帮助学生攻克这一障碍。

（2）椭圆标准方程的推导存在困难

由于初中对含有字母的表达式的运算要求不高，并且方程 $\sqrt{(x+c)^2+y^2}+\sqrt{(x-c)^2+y^2}=2a$ 所含的字母多、项数多，如何化简这个方程是学生的难点。因此，带领学生先理解运算对象，再探究运算思路，完成对方程的化简。

（四）教学目标及重难点

①经历动手操作绘制椭圆的过程，发现椭圆的几何特征，抽象出椭圆的定义，发展数学抽象素养；

②类比圆的标准方程的研究思路，推导椭圆的标准方程，从中体会利用坐标法建立曲线方程的过程，发展数学运算素养；

③利用流程图梳理圆锥曲线的研究方法，发展归纳概括能力；利用双气泡图比较焦点在 x 轴、y 轴椭圆的异同，发展辨析能力，进一步体会数形结合思想。

教学重点：椭圆的定义、椭圆的标准方程。

教学难点：椭圆的标准方程的推导。

（五）课例结构（见图 4.1.12）

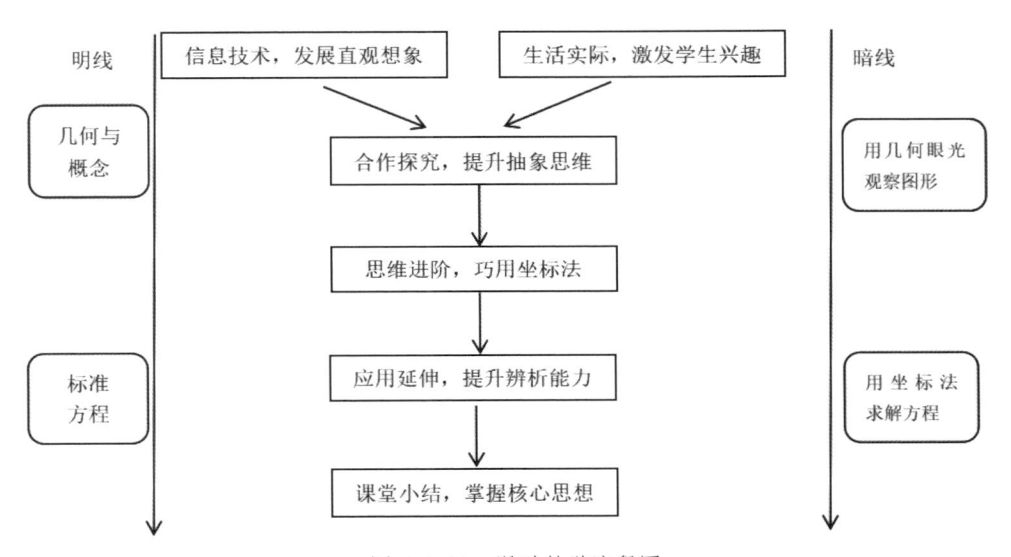

图 4.1.12 课时教学流程图

（六）学习活动设计

1. 环节一：以信息技术 + 生活实际，激发学生兴趣

（1）活动

教师提问：用平行于圆锥底面的平面去截圆锥，截得的曲线是什么图形？

追问：如果改变截面的角度，截得的曲线又会是什么呢？

学生活动：观看 PPT 并猜测截面曲线。

教师活动：运用 GeoGebra 动态几何软件进行验证。

圆锥曲线在我们的生活中有着很多的应用，比如高一地理中学习的行星绕太阳运动轨迹就近似椭圆，比如说电影胶片机运用了椭圆反光镜的原理。今天我们就来一起学习椭圆及其标准方程。

(2) 活动 2

教师提问：现在请同学们回忆一下圆的研究路径是什么？（问题 1）

学生活动：回忆研究圆的路径并进行回答。

教师总结：先用几何眼光观察图形，利用坐标法推导方程，接下来我们类比圆的研究路径来研究椭圆。（问题 2）

设计意图：通过问题 1 引发学生思考，利用信息技术和实际生活明确本节课内容的意义与价值，促进学生形成积极探究的心理倾向。通过问题 2，帮助学生建立知识方法间的联系。

2. 环节二：合作探究，提升抽象思维

（1）活动：类比圆的定义的生成过程，来总结椭圆的定义

教师提问：观看动画，我们发现圆上的点 M 在运动的过程中，不变的几何要素是？变化的几何要素是？要素间满足怎样的关系？进而我们抽象出了圆的定义。

探究活动：定长的细绳的两端现在已经固定在两个定点 F_1、F_2 上。两人一组，按住教具，套上铅笔，拉紧绳子，移动笔尖，笔尖位置看作点 M，感受椭圆形成过程并填写表 4.1.2。

表 4.1.2　合作探究表

笔尖运动的过程中	不变的几何要素	
	变化的几何要素	
	要素间的关系	

学生活动：两位同学到黑板上体验画椭圆的过程，其余学生以两人为一组进行活动探究，并进行汇报。

教师提问：再次观察椭圆形成的过程，这个常数的大小有没有限制要求？如果当绳子的长度恰好等于 $|F_1F_2|$，点 M 形成的轨迹会是什么？小于 $|F_1F_2|$ 呢？

学生活动：对椭圆定义进行辨析。

教师提问：你能根据你类比的圆的定义抽象出椭圆的定义吗？

学生活动：根据探究结果总结出严谨的椭圆概念。

教师总结：此时，我们把定点 F_1、F_2 叫作椭圆的焦点，$|F_1F_2|$ 椭圆的焦距用 $2c$ 表示，用 $2a$ 表示定义中的常数。下面请同学们用符号语言表示椭圆的定义式。

学生活动：记录各个要素的名字和字母表示，用符号语言写出椭圆定义式。

设计意图：用实际操作强化学生对椭圆的几何特征的认识，并引导学生由此抽象出椭圆的定义。通过强化椭圆概念的抽象与建立过程，提高学生思维的严谨性与语言表达能力，同时让学生获得椭圆的焦点、焦距等概念。

3. 环节三：思维进阶，巧用坐标法

（1）活动2：类比圆的标准方程的研究过程，来推导椭圆的标准方程。

教师提问：我们在得出圆的定义后，如何得出圆的标准方程？

学生回答：说出圆的标准方程的推导过程。

布置任务：请同学们观察椭圆的形状，建立你认为之后方程会更简洁的坐标系，设点，利用定义式写出椭圆的方程。

学生活动：进行设点，尝试列出椭圆的方程。

教师提问：这个就是在这种建系情况下椭圆的方程，但是对于后续的研究结构不够简洁。因此，进行化简的目标是什么？

学生活动：对化简方程的目标进行明确，对化简难度进行"预测"并进行操作。利用希沃白板展示，共同完成。

教师提问：观察当动点 M 运动到椭圆与 y 轴的交点位置时你能在图中找出表示 a，c，$\sqrt{a^2-c^2}$ 的线段吗？

教师展示：利用动画运动到关键位置后得出相应要求，最终确定焦点在 x 轴的椭圆标准方程并检验。

设计意图：让学生自主探寻最简洁的方程推导方案，充分展示学生的思维过程，使学生主动获取，锻炼学生的数学关键能力，渗透数形结合思想方法，提升学生的理性思维能力和数学运算核心素养，并让学生感受椭圆方程、椭圆图形的对称美和简洁美。

4. 环节四：应用延伸，提升辨析能力

（1）活动3：推导焦点在 y 轴的椭圆标准方程。如果椭圆的焦点 F_1，F_2 在 y 轴上，且 F_1，F_2 的坐标分别为（0，$-c$），（0，c），a，b 的意义和之前一样，那么椭圆的标准方程又是什么？如何证明你的猜想。

教师提问：如果椭圆的焦点 F_1，F_2 在 y 轴上，且 F_1，F_2 的坐标分别为（0，$-c$），（0，c），a，b 的意义和之前一样，那么椭圆的标准方程又是什么？如何证明你的猜想？

学生活动：类比得到焦点在 y 轴上的椭圆的标准方程，有学生重复焦点在 x 轴上的推导过程，也有学生观察方程结构特征，用类比的方法得到方程。

（2）活动4：请利用双气泡图对比利用坐标法求解焦点在 x 轴与焦点在 y 轴上的椭圆异同。

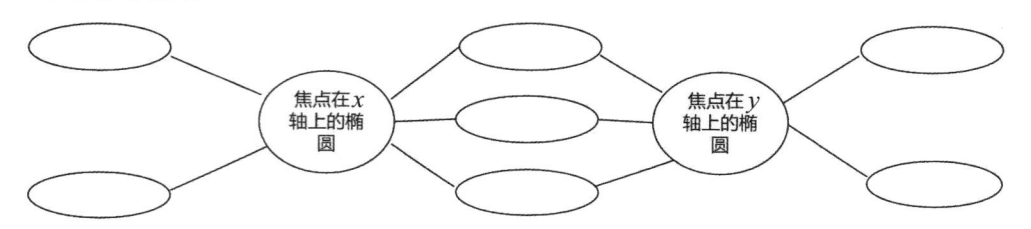

图 4.1.13 焦点在 x 轴与焦点在 y 轴上的椭圆异同双气泡图

教师提问：我们会发现这里面有些信息是不变的，有些信息会变化，哪个位置能够根据方程判断在相应位置？

学生活动：根据今日所学填写双气泡图，辨析焦点。

设计意图：引导学生利用类比的思想、化归思想求焦点 F_1，F_2 在 y 轴上的椭圆方程，让学生体会问题的本质所在，简化运算。

5. 环节五：课堂小结，掌握核心思想

教师提问：

①本节课学习的主要知识是什么？

②求椭圆的标准方程的方法是什么？

③本节课涉及哪些数学思想方法？

学生活动：与教师梳理回答本节课所学的知识和方法。

设计意图：教师引导学生共同回顾本节课的学习内容，从知识和方法上进行归纳总结，强化本节课的重点，让学生体会解析几何的基本内涵与方法，为后面学习圆与圆锥曲线做铺垫。

（七）板书设计（见图 4.1.14）

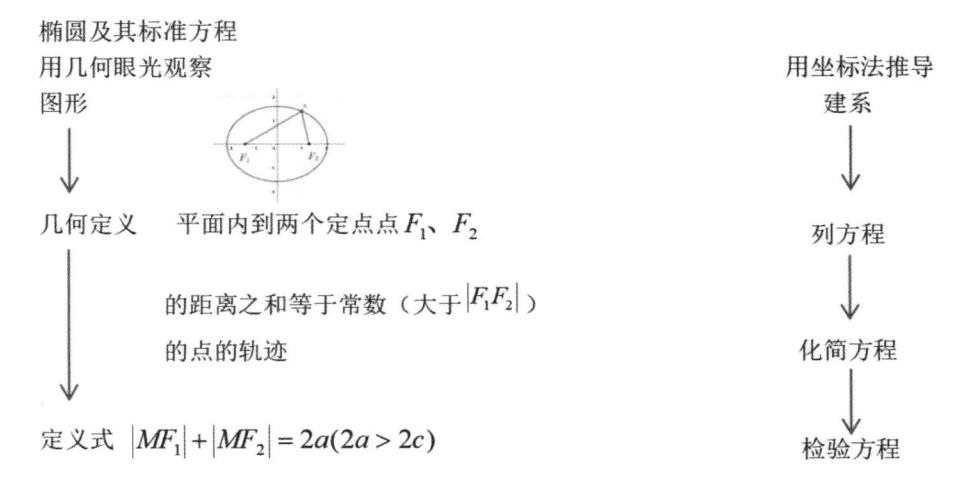

椭圆及其标准方程

用几何眼光观察　　　　　　　　　　　　　　　用坐标法推导
图形　　　　　　　　　　　　　　　　　　　　建系
↓　　　　　　　　　　　　　　　　　　　　　↓
几何定义　　平面内到两个定点点 F_1、F_2　　　列方程
　　　　　　的距离之和等于常数（大于 $|F_1F_2|$）　↓
　　　　　　的点的轨迹　　　　　　　　　　　　化简方程
↓　　　　　　　　　　　　　　　　　　　　　↓
定义式　$|MF_1|+|MF_2|=2a(2a>2c)$　　　　　　检验方程

图 4.1.14　课时板书设计

（八）作业拓展学习设计

1. 判断分别满足下列条件的动点 M 的轨迹是否为椭圆

①到点 $(-2,0)$ 和点 $(2,0)$ 的距离之和为 6 的点的轨迹；

②到点 $(0,-2)$ 和点 $(0,2)$ 的距离之和为 4 的点的轨迹。

设计意图：考查学生对椭圆的定义关键信息的掌握情况。

2. 利用坐标法推导焦点 F_1，F_2 在 y 轴上，且 F_1，F_2 的坐标分别为（0，$-c$），（0，c）的椭圆标准方程

设计意图：考查学生利用坐标法推导方程的思路是否清晰，提升学生的计算化简能力。

（九）素材设计

根据本节内容的特点，教学过程中可充分发挥信息技术的作用，用动态作图优势为学生的数学探究与数学思维提供支持。

（十）反思：思维训练点

认知冲突 1：定长的细绳的两端现在已经固定在两个定点 F_1，F_2 上，两人一组，按住教具，套上铅笔，拉紧绳子，移动笔尖，笔尖位置看作点 M，感受椭圆形成过程并填写下表。

解决方法：对于学生而言椭圆的几何特征远不像圆那般能够轻易观察到。在画椭圆的过程中，笔尖将细绳分为两段，它们都不是定长。因此，依据对椭圆几何特征的探究设计了表格帮助学生攻克这一障碍。

认知冲突 2：因此，方程化简的目标是什么？请同学们观察公式结构后选择你觉得最简单的方式进行化简。

解决方法：由于初中对含有字母的表达式的运算要求不高，并且方程所含的字母多、项数多，如何化简这个方程是一个学习难点。因此，笔者让学生先明确了自己的运算目标，并引导学生预测自己化简方案的难度后再进行实施。

认知冲突 3：

如果椭圆的焦点 F_1，F_2 在 y 轴上，且 F_1，F_2 的坐标分别为（0，$-c$），（0，c），a，b 的意义和之前一样，那么椭圆的标准方程又是什么？

解决方法：虽然已经推导了焦点在 x 轴的椭圆方程，但是对于如何得出焦点在 y 轴的椭圆方程，学生仍可能迷茫，引导学生从数和形两个方面进行思考。

（此课在国家社科基金"十四五"规划课题：信息化思维教学的理论构建与实证研究〔BCA210092〕研讨会——暨第二十五期思维发展型课堂现场观摩会上展示，获得优秀课例。）

五、机械能守恒定律

学科：物理

实施年级：高一年级

设计者：柴丽苹

使用教材版本：人民教育出版社　必修二《机械能守恒定律》

单元及课时名称：机械能守恒定律

单元及课时说明：第1课时（共计3课时）

（一）单元（主题）指导思想与理论依据

指导思想：2017年版《普通高中物理课程标准》指出，物理课程的总目标是提高全体学生的物理学科核心素养，具体包括物理观念、科学思维、科学探究、科学态度与责任四个方面。只有把课程目标的理念和要求、教学内容以及所体现的教学方法转化为符合学生认知规律的教学设计，才能有效地达成课程目标。围绕大概念组织教学内容，把教学内容按照一定的逻辑线索组织成由浅入深、由简单到复杂、带有层级的结构化教学素材，从整体上对单元教学进行有序设计，可以摆脱课时教学设计的局限性，从而有效地落实学科核心素养和课程目标。

理论依据：本主题是以学习进阶理论作为单元或主题教学设计的依据。"学习进阶"是对学生在一段较长的时间跨度内学习或研究某一主题时，学生的思维方式从新手型到专家型的连续且有层级的发展路径的描述。在设计本主题时，为了更好地落实学习进阶理论，注重以学生为中心，明确学生的学习起点和进阶关键点，以此为基础建构本单元的学习进阶。

（二）单元（主题）教学背景分析

1. 教学内容分析及课时分配

（1）课程标准解读

课标要求理解功和功率。了解生产生活中常见机械的功率大小及其意义。理解动能和动能定理。能用动能定理解释生产生活中的现象。理解重力势能，知道重力势能的变化与重力做功的关系。定性了解弹性势能。

课标要求通过实验，验证机械能守恒定律。理解机械能守恒定律，体会守恒观念对认识物理规律的重要性。能用机械能守恒定律分析生产生活中的有关问题。促进学生能量观念的发展。

（2）梳理单元知识体系，分析知识之间的联系

围绕"功"这一大概念建构知识体系如下（见图4.1.15）：从功和能的视角认识自然、解释现象是学生物理观念的重要组成部分。做功过程反映了能量的变化过程。只有准确理解"功"才能更好地建构和发展能量大概念。

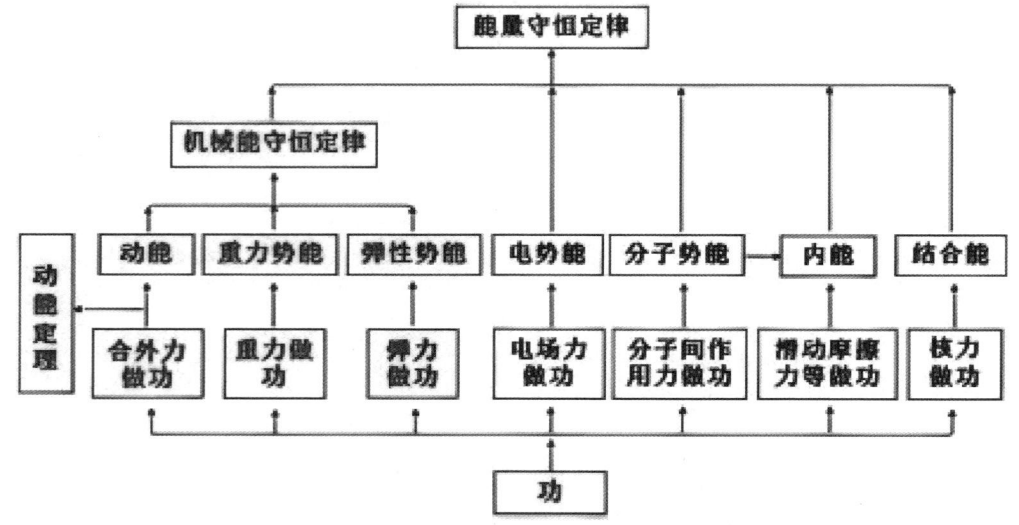

图 4.1.15 单元知识体系图

（3）挖掘学习内容的内在逻辑，规划大概念进阶路径（见图4.1.16）。

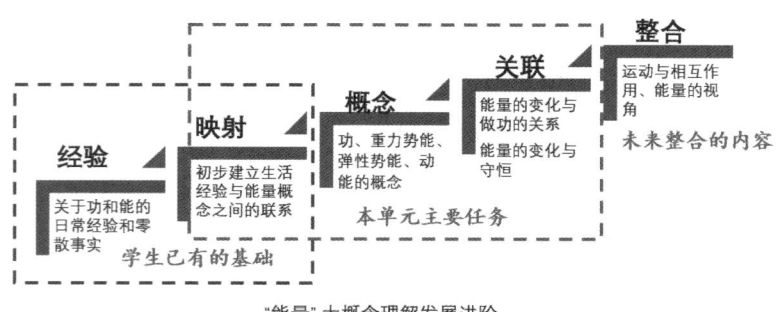

"能量"大概念理解发展进阶

关注学生进阶的关键点

图 4.1.16 大概念进阶路径图

教材中本单元的学习内容：本章内容是在牛顿运动定律的基础上，通过引入功和能的概念，从能的转化与守恒的视角，展开对自然的认识。本节作为定量研究能量的基础，对前面的力和运动关系和后面的能量的定量学习起到承上启下的作用。本单元蕴含的思想方法和物理方法，如表4.1.3所示。

教学内容	思想方法和跨学科概念
探寻恒力功的一般计算式	矢量的合成与分解
求变力做功问题	微元的思想方法
平均功率与瞬时功率	极限的思想方法
重力势能	极限的思想、系统模型
动能定理的推导	因果解释
功能关系	稳定与变化
机械能守恒定律	能量的守恒

表4.1.3 本单元蕴含的思想方法和物理方法

2. 学生情况分析

（1）学生的认知起点

物理观念：学生通过生活现象对能源、能量有了初步的认识，经过初中的学习，学生定性地了解了一些关于重力势能、动能，弹性势能的知识。在生活中，学生也积累了一些对力做功的感性认识，但对于力与速度不共线的求功问题，还不能定量分析。高中学习使学生已经习惯用"力和运动"观念解决生活问题。

科学思维：高一学生已具备一定的抽象思维能力和模型建构能力。

科学探究：学生能分析物理现象，提出探究的物理问题，做出初步的猜想，但在实验方案的设计、数据的采集和处理等能力上离课标要求差距较大。在实验结果交流时，还不能用规范的物理语言进行准确表述。

（2）认知关键点

学生对力、位移矢量的分解还不够熟悉；学生对标量、矢量的认识不到位导致不能很好地理解本单元中的矢量、标量；从概念建立的逻辑上讲学生理解起来比较困难，如为什么只有认识了重力做功与路径无关后，才能引入重力势能；力做功与能量变化的关系较难理解；求变力做功对学生能力极限思想的应用要求较高。

（三）单元（主题）教学目标

物理观念：基于情境，深化对功和能量认识，定量认识功能关系和能量守恒，发展能量观念。

科学思维：掌握模型建构、类比、抽象概括、演绎推理、微元、极限等思想方法。

能用动能定理和机械能守恒定律解决生活中的问题，形成用能量的视角解决问题的大思路。

科学探究：引导学生基于实验原理进行实验设计，会分析数据，误差分析，表述实验结论。

科学态度与责任：经历实验探究与理论推导相结合的研究方法，树立实事求是的科学态度。对能量有理性认识，有运用所学造福人类的意识。

单元重点：功和功率、功能关系、机械能守恒定律。

单元难点：求变力做功问题、重力势能动能表达式的得出过程、机械能守恒条件的判定。

（四）单元（主题）教学过程设计

围绕单元目标的达成，设计本单元的核心任务，如图4.1.17所示。

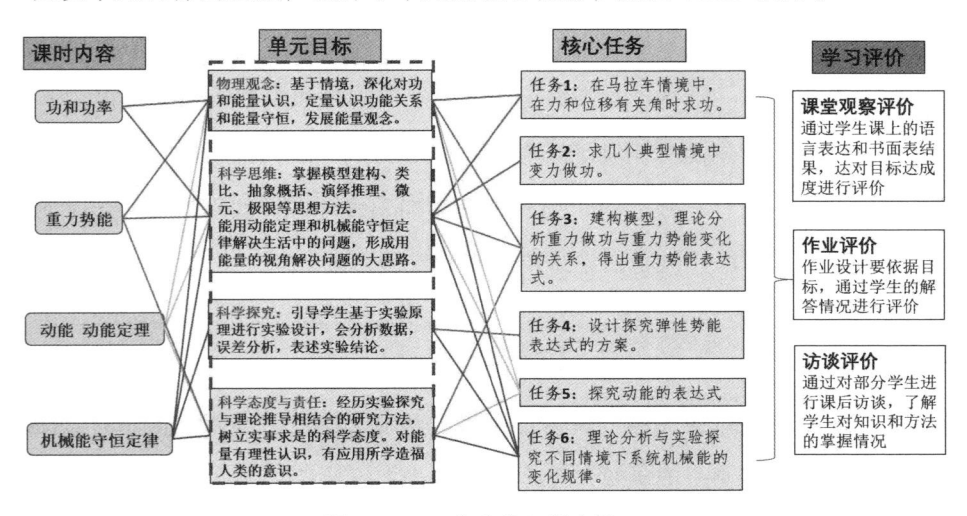

图4.1.17 单元核心任务图

为了有效达成单元目标，对单元教学内容进行整体规划。确定 6 个核心任务，实现分阶段有步骤地建立知识体系落实单元目标。并用课堂评价、作业评价、访谈评价的评价方式对目标的达成度进行评估。例如，动能定理这一课，要通过本课时的学习，实现单元目标中的如下目标：深化对功和能量认识，定量认识功能关系；掌握演绎推理思想方法；能用动能定理解决生活中的问题；对能量有理性认识，有应用所学服务社会的意识。据此设计的核心任务是：探究动能的表达式。在课上和课后，通过三种评价方式对课时目标的达成进行评估。

（五）单元（主题）的作业设计及学习效果评价设计

1. 作业设计

依据学情和课标要求设计单元小测如下所示。

（1）关于功，下列说法中正确的是（ ）

A. 因为功有正负，所以功是矢量

B. 力对物体不做功，说明物体一定无位移

C. 功的多少是由力的大小和物体在力的方向上的位移的大小确定的

D. 力对物体做功少，说明物体的受力一定小

（2）第一次用水平恒力 F 作用在物体上，使物体在光滑水平面上移动距离 x，F 做功为 W_1、平均功率为 P_1；第二次用相同的力 F 作用于物体上，使物体沿粗糙水平面移动距离也是 x，F 做功为 W_2、平均功率为 P_2，那么（ ）

A. $W_1>W_2$，$P_1>P_2$

B. $W_1<W_2$，$P_1<P_2$

C. $W_1=W_2$，$P_1>P_2$

D. $W_1=W_2$，$P_1<P_2$

（3）将一个物体从 M 移到 N，其重力做功（ ）

A. 与物体沿直线或曲线运动有关

B. 与运动过程中是否存在阻力有关

C. 与物体是做加速、减速或匀速运动有关

D. 只与物体初、末位置高度差有关

（4）如图 4.1.18 所示，一张桌子放在水平地面上，桌面高为 h_2，一质量为 m 的小球处于桌面上方 h_1 高处的 P 点。若以桌面为参考平面，重力加速度为 g。小球从 P 点下落到地面上的 M 点，下列说法正确的是：（ ）

  A. 小球在 P 点的重力势能为 $mg(h_1+h_2)$

  B. 小球在桌面 N 处的重力势能为 mgh_2

  C. 小球在地面 M 处的重力势能为 $-mgh_2$

  D. 小球从 P 点下落至 M 点的过程中，克服重力做功 $mg(h_1+h_2)$

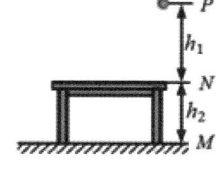

图 4.1.18

（5）质量为 0.5kg 的石块从 10m 高处以 30°角斜向上方抛出，初速度 v_0 的大小为 5m/s。不计空气阻力，g 取 10m/s²。（如图 4.1.19 所示）

①石块落地时的速度是多大？请用机械能守恒定律和动能定理分别讨论。

②石块落地时速度的大小与下列哪些量有关，与哪些量无关？说明理由。

  A. 石块的质量

  B. 石块的初速度

  C. 石块初速度的仰角

  D. 石块抛出时的高度

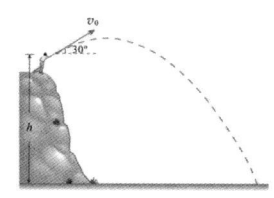

图 4.1.19

（6）做"验证机械能守恒定律"实验。

①除带夹子的重物、纸带、铁架台（含铁夹）、打点计时器、导线及开关外，在下列器材中，还必须使用的器材是 _____。

  A. 交流电源 B. 刻度尺 C. 天平（含砝码）

②在实验中，先接通电源，再释放重物，得到下图所示的一条纸带。在纸带上选取三个连续打出的点 A、B、C，测得它们到起始点 O 的距离分别为 h_A、h_B、h_C。已知当地重力加速度为 g，打点计时器打点的周期为 T。设重物的质量为 m，

从打 O 点到打 B 点的过程中，重物的重力势能变化了多少？动能变化了多少？（见图 4.1.20）

③很多实验结果显示，重力势能的减少量略大于动能的增加量，你认为原因是什么？

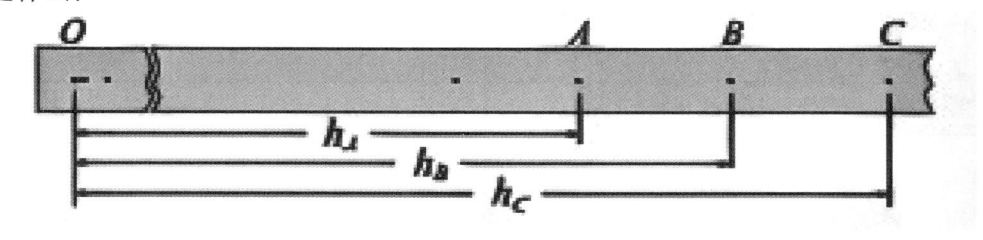

图 4.1.20

（7）如图 4.1.21，光滑水平面 AB 与竖直面内的粗糙半圆形导轨在 B 点相接，导轨半径为 R。一个质量为 m 的物体将弹簧压缩至 A 点后由静止释放，在弹力作用下物体获得某一向右速度后脱离弹簧，它经过 B 点的速度为 v_1，之后沿半圆形导轨运动，到达 C 点的速度为 v_2。重力加速度为 g。

①求弹簧压缩至 A 点时的弹性势能。

②求物体沿半圆形导轨运动过程中阻力所做的功。

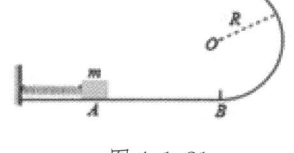

图 4.1.21

2. 学习效果评价设计

（1）评价方式

①课堂观察评价：课前布置任务单，指导学生阅读教材，思考问题；通过学生课上的语言表达和书面表结果，对目标达成度进行评价。

②作业评价：作业设计要依据目标，通过学生的解答情况进行评价。组织学生绘制概念图等，了解学生知识结构的网络化情况，促进物理观念的发展。

③访谈评价：单元学习结束后，通过对部分学生进行课后访谈，了解学生对知识和方法的掌握情况。根据实际情况完成表 4.1.4 中的自评、互评内容。

表 4.1.4 评价量表

评价项目	评价标准	课堂表现	等级（权重）分				自评	小组评	教师评
			优秀	良好	一般	较差			
物理观念	理解功和能量的概念和意义		8	6	4	2			
	理解物体能量变化与力做功的对应关系		8	6	4	2			
	知道机械能守恒的条件		8	6	4	2			
科学思维	演绎推理机械能守恒及其守恒条件		8	6	4	2			
	能建立流体模型，并求解相应的能量问题		8	6	4	2			
	能从功能关系的视角，能量守恒的视角思考解决问题		8	6	4	2			
	运用类比方法学习重力势能、动能等能量的定义和功能关系		8	6	4	2			
科学探究	实验验证机械能守恒定律		8	6	4	2			
	会从能量的视角分析伽利略理想实验，寻求守恒量		8	6	4	2			
科学态度与责任	体会科学概念建立的意义		8	6	4	2			
	形成合理利用能源节约能源的意识		8	6	4	2			
课堂调查：书面写出你在学习单元所遇到的困难，向教师提出较合理的教学建议									
我这样评价我自己：									
伙伴眼里的我：									

（2）评价题目的选取原则

在制定评价方案时，针对物理学科核心素养的四个方面，结合学生的情况和发展需求，选择适当的水平层级命制或选取评价的问题。在选取题目时，选择能帮助学生建构概念、理解概念、培养规范表达习惯的题目，重视对教材习题的落实和进一步挖掘。

（六）本单元（主题）教学特色分析

本节课是在上一节课和初中的基础之上继续展开学习，学生既能利用上节求功的方法解决本节课的问题，获得成就感，又能通过呈现的结果带来新的思考。通过考察学生的课堂表现和课后作业的落实情况已基本达成本节课的学习目标，对于功能关系的进一步讨论，在后续的课中会继续强化。本节课定量研究重力势能的思想方法，会沿用到后面其他的能量的研究中。本节课的设计也存在一些问题，由于课容量大，一些同学没有获得充分发言的机会，在今后的教学中会将问题设定得更精准，节省一些时间，组织学生发表观点。

（七）《重力势能》一课时教学设计

1. 课时的教学目标、教学重点和难点

①通过不同路径重力做功的分析，归纳出重力做功与路径无关的特点。

②理解重力势能的表达式。通过重力做功与重力势能变化的关系体会功能关系。

③知道重力势能的大小与参考平面的选取有关，即重力势能具有相对性，但重力势能的变化量与参考平面的选取无关。了解弹性势能的决定因素。

④引导学生找到本单元的一个思维线索：功能关系。有助于学生将本章知识融会贯通，并与前面知识构建联系，促进知识和方法的整体化加工。

本节教学的重点与难点为："重力做功与路径无关""重力势能表达式的得出过程""重力势能的相对性及系统性"。

2. 课时的教学过程

（1）环节一：提出问题引导学生对"重力势能"的再思考

教师活动：

以"高空抛物罪"进入刑法为背景，从物理的视角分析依据引入新课。

组织体验游戏：一名同学参与，站在苹果的下面，提高苹果的高度，同学的心里会不会紧张？为什么会紧张？苹果上升的过程增长了"本领"使同学紧张了。这个"本领"使苹果的某种能量增加了，是什么能量？重力势能。

播放苹果从18米高下落砸木板的视频。

提出问题1：这个重力势能的大小与哪些因素有关呢？

提出问题2：重力势能的表达式是怎样的？

学生活动：

同学参与游戏，说出感受。全体同学一同思考，分析原因，复习重力势能的概念。

定性分析：与物体的位置有关，与物体的质量有关。高度越高，质量越大，重力势能越大。猜想与两者的表达式。

学生思考，并提出定量研究重力势能的大小的方法。

设计意图：从生活情境切入，让学生体会到物体具有重力势能，定性感知重力势能大小的影响因素。

教师活动：

引导学生观察现象思考问题：

问题1：以上情境中研究对象重力势能怎样变化？

问题2：重力势能变化的原因是什么？

问题3：用什么物理量来量度能量的变化？

学生活动：

在苹果的位置变化过程中，重力都做了功。说明重力势能与重力做功有紧密的联系。要定量地研究重力势能，我们可以先从研究重力做功入手。

回忆前面的运动，根据求功的方法，判断自由落体、斜面下滑、平抛运动、竖直面内的圆周运动。

设计意图：引导学生从定性到定量理论研究重力势能的表达式。通过情境分析，找到重力势能与重力做功的关系。

（2）环节二：探寻重力势能的表达式及特点

教师活动：

提问1：前面我们研究了很多运动，哪些运动过程重力对物体做功了？

教师在黑板上画出学生的思考结果。

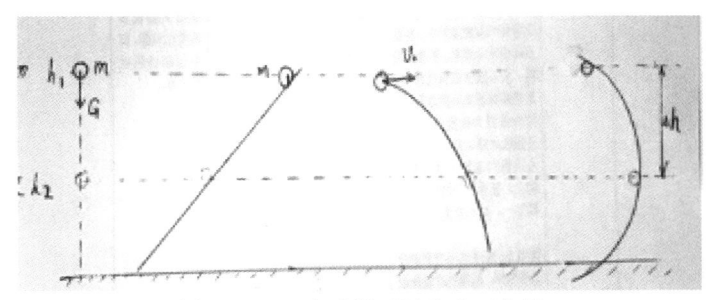

图 4.1.22 小球沿不同轨迹下落图

学生活动：

学生分组讨论，求解在前两种直线运动中，小球下落相同的高度，重力做的功，将讨论的结果展示在黑板上（见图 4.1.22）。

思考问题，并给出结论。如果学生认为有关系，可以让同学们考虑摩擦力后再进行计算，将结果对比，会发现重力做功与接触面是否光滑无关。

设计意图：运用求功的方法求重力做功，发现重力做功的特征。引导学生会归纳共性的规律。

教师活动：

提问 2：如果小球质量为 m，沿着这些运动轨迹，从与地面高度为 h_1 的位置运动到高度为 h_2 的位置，写出各个运动过程重力对小球做的功 W_G。

追问：接触面是否光滑对计算重力做功有影响吗？

组织看高德地图拐弯处不断放大的图片（见图 4.1.23）。引导学生用极限思想求解该问题，回顾求变力做功的过程。

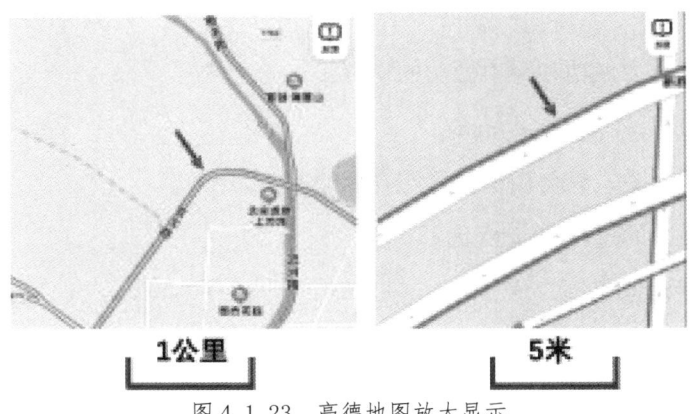

图 4.1.23 高德地图放大显示

学生活动：

用微元法求曲线运动重力做功（见图 4.1.24）。

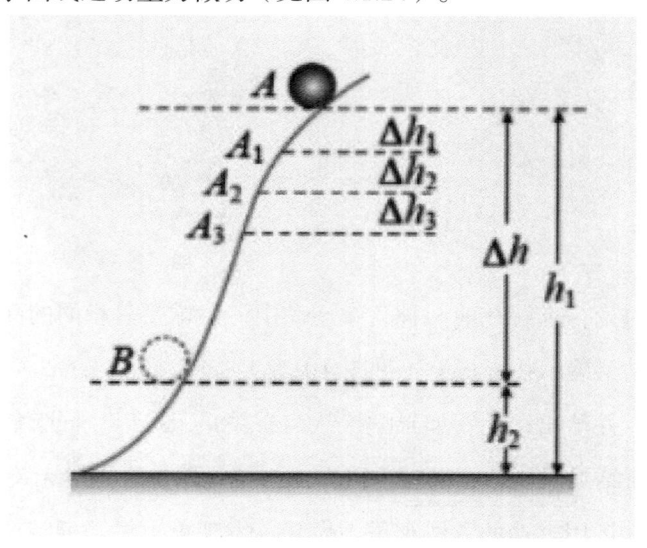

图 4.1.24　物体沿曲面下落图

学生展示：把整个路径分成很多段很短的间隔，经过的路程分别为 AA_1，A_1A_2，A_2A_3，…每一小段曲线近似成倾斜的直线，设每小段斜线的高度差分别是 Δh_1，Δh_2，Δh_3，…

$$W_G = mg\Delta h_1 + mg\Delta h_2 + mg\Delta h_3 + \cdots$$
$$= mg(\Delta h_1 + \Delta h_2 + \Delta h_3)$$
$$= mg\Delta h$$
$$= mgh_1 - mgh_2$$

学生归纳重力做功和重力做功的特点：

① $W_G = mg\Delta h = mgh_1 - mgh_1$

②与路径无关，只与初末位置的高度差有关。

③重力做功的过程 mgh 变化了

学生观察，思考：

这个量与重力做功密切相关：一个与初位置有关，一个与末位置有关；位置越高、质量越大，这个值就越大。

设计意图：再次渗透极限的思想方法，学会将物理方法迁移到不同的问题中。

教师活动：

提问1：mgh 是一个具有某种特殊意义的物理量，它的特殊意义是什么呢？

归纳学生结论、教师板书整理：重力势能表达式、单位、标矢量问题。引导学生得出重力势能的表达式。

提问2：对"苹果的重力势能"讨论中，甲、乙、丙谁的观点正确？为什么得到了不同的结论？

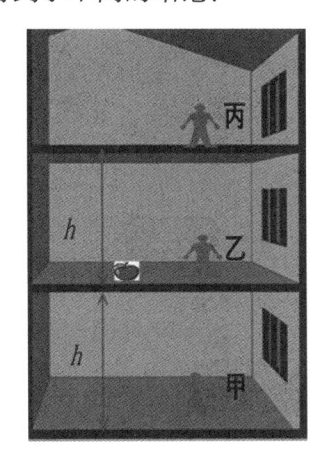

甲认为：苹果的重力势能是 mgh

乙认为：苹果的重力势能是 0

丙认为：苹果的重力势能是 $-mgh$

图 4.1.25　重力势能的相对性

学生活动：

小组合作学习：已知苹果（可视为质点）的质量 $m=0.2$kg，A 位置到地面的距离 $h_1=2.5$m，天花板到地面的距离 $h_2=3.5$m。（重力加速度 g 取 10m/s²）（如图 4.1.26 所示）

（1）计算苹果的重力势能

①以地面为参考平面，苹果在 A 位置的重力势能是多大？在 B 位置的重力势能是多大？

②以天花板所在平面为参考平面，苹果在 A 位置的重力势能是多大？在 B 位置的重力势能是多大？

思考：选择不同的参考面会影响结果吗？

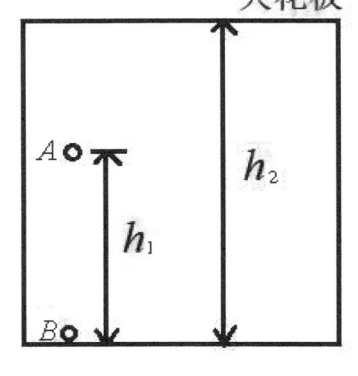

图 4.1.26

学生借助于实际情境的分析和解决问题，理解重力势能的相对性、重力势能是物体和地球系统共有的。

教师活动：

教师针对学生在解决实际问题时遇到的难点问题，如：重力势能的相对性，零势能参考面的概念和意义等进行点拨；对学生书写、表达的规范性进行点评，对不规范的进行纠正。

设计意图：学生体会通过研究重力做功的表达式，利用功是能量转化的量度，理论推导重力势能的表达式的研究过程。

（3）环节三：理解重力做功与重力势能的关系

教师活动：

提问：写出在滑滑梯、跳伞、上楼梯、举重的过程中，研究对象的重力势能如何变化？重力做正功还是负功？引导学生思考重力做功量度了重力势能的变化。

学生活动：

学生回答问题并得出结论：

物体由高处运动到低处，重力做正功，重力势能减少；

物体由低处运动到高处，重力做负功，重力势能增加。

设计意图：通过情境事实与物理规律的对应，让学生深刻体会到"重力做功量度重力势能的变化"这一组功能关系的内涵。激发学生应用所学解决问题能力，培养创新意识。

（4）环节四：课堂小结

展示三峡水电站的视频，让学生体会重力势能与动能的相互转化，为下节课的学习做铺垫。

回扣本节课开始提出的问题，请学生表达观点。组织学生从知识和方法两个方面回顾所学内容。

（本设计获北京市"京教杯"教学设计竞赛二等奖）

六、人类遗传病复习课

学科：生物

实施年级：高三年级

设计者：孟庆婷

使用教材版本：人民教育出版社　必修二《遗传与进化》

单元及课时名称：人类遗传病一轮复习

单元及课时说明：第1课时（共计2课时）

（一）教学内容分析

"人类遗传病"为人教版普通高中生物学必修2《遗传与进化》第5章的第3节，本节内容是以基因突变和染色体变异两节为依托，阐述基因突变和染色体变异在人类遗传病中的表现，并以此讨论遗传病的检测和预防，提高个人和家庭的生活质量，提高人口素质。

本单元内容重在从以下几个方面发展学生的核心素养：

①生命观念：通过本节的学习，可以让学生理解遗传物质在传递过程中发生了哪些变异，这些变异对于生物的生存意味着什么，对于群体（种群）的进化又有什么意义。从而深刻理解变异的本质和意义，认识到遗传伴随着变异，为学生形成生物进化观奠定基础。

②科学思维：基因突变和染色体变异是遗传中错误的现象，这种错误带来的后果有时是灾难性的，甚至会导致生物体死亡；但从适应和进化的角度分析，变异实际上为生物群体的生存提供了多样性的选择，即基因突变、染色体变异和基因重组为生物的进化提供了丰富的原材料。基于这些认识，可以让学生学会辩证地认识生命活动过程中的变化，并将辩证思维迁移到用于认识自然和社会。

③科学探究：开展"调查人群中的遗传病"的活动，可以了解某些特定遗传病的发病率，学习遗传病的调查方法，同时提高预防遗传病发生的意识。

④社会责任：遗传病是一类危害人类健康的疾病。了解遗传病的类型和遗传

机制，预防遗传病的发生和遗传，进行遗传病的监测和预防，关爱遗传病患者，是关系到个人和他人健康的重要社会责任。

基因检测可以使人了解人体的基因状况，精确地诊断一些遗传病，并进行针对性的治疗。但基因检测也存在争议，缺陷基因的检出会影响个体的身心健康，也会对个人就业、保险、婚姻等造成重大影响。通过学习，学生可认识到基因检测技术是一把双刃剑，既可以为人类造福，也可以带来负面影响，进而认同科学技术的发展和应用要符合社会伦理道德，提高学生密切关注和积极参与相关社会议题讨论的积极性。

（二）学习者分析

学生已经学习了基因，基因在亲子代之间的传递规律，基因突变和染色体变异，这些都是本课知识体系构建的基础。学生的身边可能存在遗传病实例或者通过报刊、广播、电视、网络等多种媒体对遗传病有所了解。本节课的任务是在结合学生已有知识的基础上，让学生从基因突变角度科学地认识遗传病的遗传方式、致病机理以及遗传病的检测和预防知识，为人类的健康做出应有的贡献。

（三）教学目标

①通过思维导图归纳人类遗传病的概念、类型、特点、检测、预防和调查方法。

②通过对苯丙酮尿症遗传方式的学习，明确科学结论的得出需要充分的证据和严谨的逻辑，提升科学思维能力。（科学思维）

③通过对苯丙酮尿症病症原因分析、检测预防和治疗相关非连续文本资料（遗传分子代谢流程图）的分析，形成生物学科阅读需要与生物学必备知识建立联系的思维模式。（科学思维）

④通过对苯丙酮尿症检测、预防和治疗的分析，感受科学技术发展为人类健康做出的贡献；通过对我国遗传病惠民政策的学习，感受我国社会主义制度的优越性。（生命观念、社会责任）

（四）教学重难点

教学重点：通过案例分析苯丙酮尿症遗传方式和致病机理等，建立学生分析遗传病思维模式。

教学难点：通过对苯丙酮尿症病症原因分析、检测预防和治疗相关非连续文本资料的分析，形成生物学科阅读需要与生物学必备知识建立联系的思维模式。

（五）认知冲突分析

①深入理解遗传病本质及遗传致病基因的来源。

②遗传病的遗传方式判断需要严谨的逻辑和确凿的证据。

③伴随科技发展，大部分遗传病是可以治疗的。

（六）教学环境、媒体、资源及学生要求

PPT 苯丙酮尿症患者演讲视频学习任务单。

（七）教学过程

1. 环节一：情景引入

播放苯丙酮尿症（PKU）演讲视频，制造认知冲突，遗传病从单独个体表型很难做出精准判断，仅从传统方法绘制遗传系谱图，也会出现错误判断，随着科技发展，基因测序是确诊遗传病更精准的证据。

2. 环节二：知识构建

展示学生课前预习构建的人类遗传病思维导图（见图 4.1.27），并进行点评。

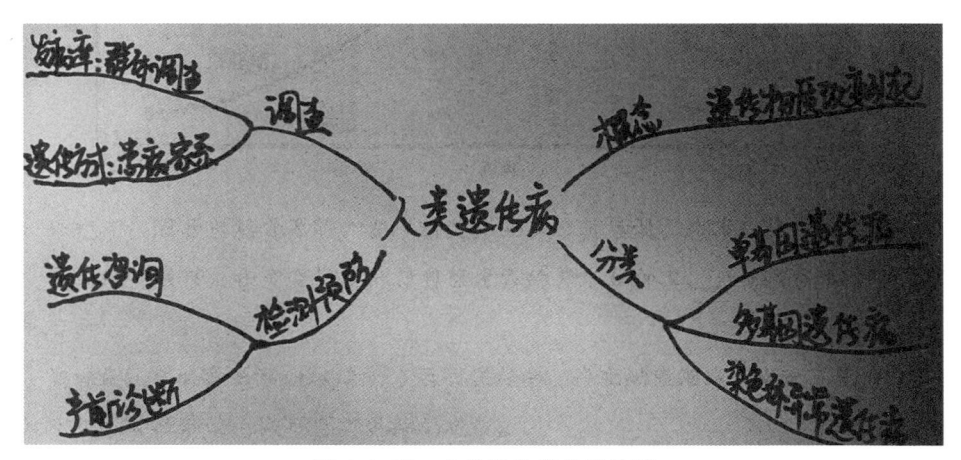

图 4.1.27 人类遗传病思维导图

3. 环节三：案例分析

通过 PKU 遗传方式、成因和病症分析，模拟遗传工作者对遗传病研究的程序并让学生科学、客观的认识遗传病。在完成此部分任务中，采取了问题驱动、非

"研"途揽胜——首都师范大学附属密云中学校本研修探索

连续文本阅读等方式，提升学生科学思维能力，学科阅读能力等；PKU 的检测、预防和治疗科学原理分析，我国 PKU 治疗惠民政策解读，我国科研工作者成果及对遗传病的高度重视，体现社会制度的优越性，充满民族自豪感，落实社会责任。

（1）PKU 遗传方式初步推断

模拟遗传咨询情景，通过对咨询对象进行家族病史询问，绘制家族遗传系谱图，推断李欣睿家兄妹疾病可能是遗传病。

（2）PKU 遗传方式精准判断

通过患者家系基因检测结果解读，确定李欣睿家系患有遗传病且确定遗传方式（模拟遗传咨询师工作），在模拟遗传咨询师工作中明确科学结论，得出需要充分的证据和严谨的逻辑，提升学生的科学思维能力。

具体任务见图 4.1.28。

下图为 PKU 相关基因 PAH（苯丙氨酸羧化酶基因）的测序结果（部分）。

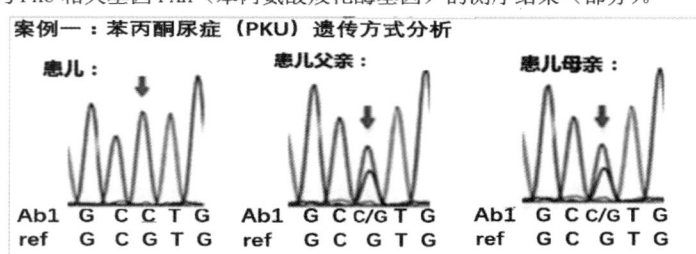

案例一：苯丙酮尿症（PKU）遗传方式分析

患儿：
Ab1 G C C T G
ref G C G T G

患儿父亲：
Ab1 G C C/G T G
ref G C G T G

患儿母亲：
Ab1 G C C/G T G
ref G C G T G

注：①、编码区第 1174 号核苷酸由 G 变为 C 的核苷酸变异，该变异导致苯丙氨酸羧化酶中第 392 号氨基酸由苯丙氨酸（Phe）变为异亮氨酸（Ile）
②、"Ab1"表示检测对象的 PAH 基因转录模板链
"ref"表示正常 PAH 基因转录模板链

（1）李欣睿家兄妹的突变 PAH 基因的_____区段发生碱基_____。该突变基因转录产生的 mRNA 上相应位点的碱基是_____，由此推测苯丙氨酸羧化酶（PAH 基因表达产物）出现异常的原因是_____。
（2）李欣睿家庭 PKU 遗传方式推测，基因检测确认结果与家族系谱图的初步推测结果_____（一致、不一致），可以进一步确定李欣睿和其哥哥的致病基因来源于_____。

图 4.1.28 患者家系基因检测结果

（3）PKU 致病机理分析

教师提供人群中 PKU 多种基因测序结果，因为苯丙氨酸羧化酶基因突变的不定向性，人群中出现了多种类型的 PKU 患者，教师补充患者中除了最典型的苯丙氨酸羧化酶基因突变，还检测出其他位点（14q11，4p15.1-p16.1）突变实例，深入理解单基因遗传病的产生原因，并结合任务解释 PKU 致病机理。

（4）PKU 病症原因分析

通过 PKU 病症原因科普文，能够解释 PKU 患者是致病基因通过控制酶（酶的空间结构改变或者缺失）的合成从而使患者细胞代谢紊乱，个体上表现为精神发育迟缓，皮肤毛发和虹膜色素减退，尿液的气味呈臭味等病症特征，感受遗传、细胞代谢、神经系统、内分泌系统、泌尿系统不同生命系统层次的复杂联系。在生物非连续文本阅读中逐渐形成生物学科阅读需要与生物学必备知识建立联系的习惯。

具体任务见图 4.1.29。

资料：苯丙酮尿症（PKU）是一种常见的氨基酸代谢病，常见类型是由于苯丙氨酸（PA）代谢途径中的苯丙氨酸羧化酶（PAH）缺陷，使得苯丙氨酸不能转变成为酪氨酸，导致苯丙氨酸及苯丙酮酸蓄积，并从尿中大量排出。本病在遗传性氨基酸代谢缺陷疾病中比较常见，主要临床特征为精神发育迟缓，皮肤毛发和虹膜色素减退，尿液的气味呈臭味。

什么是苯丙氨酸？苯丙氨酸是人体必需的氨基酸之一。正常人每日需要的摄入量约为 200~500 毫克，其中 1/3 用于合成蛋白，2/3 则通过肝细胞中苯丙氨酸羟化酶（PAH）的转化为酪氨酸，用以合成黑色素、多巴胺（神经递质，与运动、学习记忆有关）等。下图是人体内苯丙氨酸的部分代谢途径。

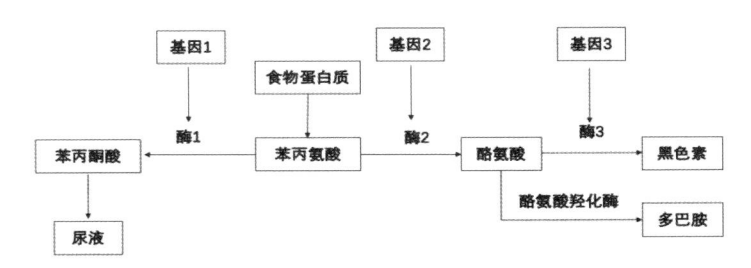

注：人体内酪氨酸合成有两条途径：①苯丙氨酸转变生成酪氨酸。②丙氨酸转化形成。

（1）根据资料中信息，推测图中＿＿＿＿＿＿（酶1、酶2、酶3）是苯丙氨酸羧化酶（PAH），判断依据是＿＿＿＿＿＿＿＿＿＿＿＿＿＿＿＿＿＿＿＿＿＿＿＿＿。

（2）PKU 病情检测，有人认为血液中苯丙氨酸含量可以作为检测指标，而有人认为血液中酪氨酸含量可以作为检测指标。请你说出你的观点并阐述理由。

（3）结合文中信息请你分别依次解释 PKU 患者出现精神发育迟缓，皮肤毛发和虹膜色素减退，尿液的气味呈臭味的原因。

图 4.1.29 苯丙酮尿症遗传代谢图

(5) PKU 预防、检测和治疗

通过补充资料及医学证据，明确遗传病通过遗传咨询、产前诊断可以有效降低患儿的出生率，感受科学技术对人类健康的作用；普及我国关于 PKU 的新生儿筛查政策以及治疗的优惠政策，感受我国社会主义制度的优越性。

具体任务如下。

任务：PKU 检测、预防和治疗。

资料：苯丙酮尿症是常染色体隐性遗传病，通过遗传咨询和产前诊断可以降低患儿出生风险。但是这种遗传病关键是早期诊断和早期治疗，前述临床表现可不发生，智力正常，脑电图异常也可得到恢复。目前我国已鉴定出 25 种中国人 PKU 致病基因突变型，约占我国苯丙氨酸羟化酶突变基因的 80%，已成功用于 PKU 患者家系突变检测和产前诊断。同时，苯丙酮尿症已经被各国列为新生儿筛查的疾病之一，新生儿喂奶 3 日后，采集足跟末梢血，并对相关指标进行检测，确定婴儿是否患病。确诊婴儿患病，政府会提供定额、定量免费治疗奶粉。

①已经确诊患有苯丙酮尿症的婴儿，特供奶粉中应降低_____含量，但_____含量应升高，与一般婴儿奶粉成分明显不同，从而达到 PKU 的治疗作用。

②请你结合生物学知识以及文本信息，解释生活周围可以观察到典型的 PKU 患者极少的可能原因。

4. 环节四：总结提升

通过对 PKU 遗传病案例分析，遗传病一般研究流程包括：

①症状和体征分析；

②家系分析；

③基因检测；

④确定遗传方式和成因；

⑤研究预防、检测和治疗方案。

5. 环节五：迁移应用

布置作业：完成课下作业：

①成骨不全症（瓷娃娃）案例分析。

②用双气泡图比较苯丙酮尿症（PKU）和成骨不全症（瓷娃娃）的异同点（提示：从分子水平、细胞水平、个体症状三个水平比较）（见图4.1.30）。

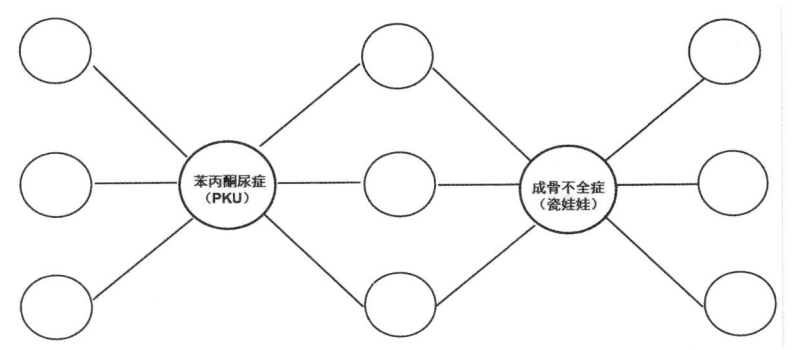

图4.1.30　比较苯丙酮尿症（PKU）和成骨不全症的异同点

（八）板书设计（见图4.1.31）

人类遗传病一轮复习——单基因遗传病

遗传病一般研究流程：

症状和体征分析 → 家系分析 → 基因检测 → 确定遗传方式及成因 → 研究预防检测治疗方案

图4.1.31　课时板书设计

（九）教学设计流程图（见图4.1.32）

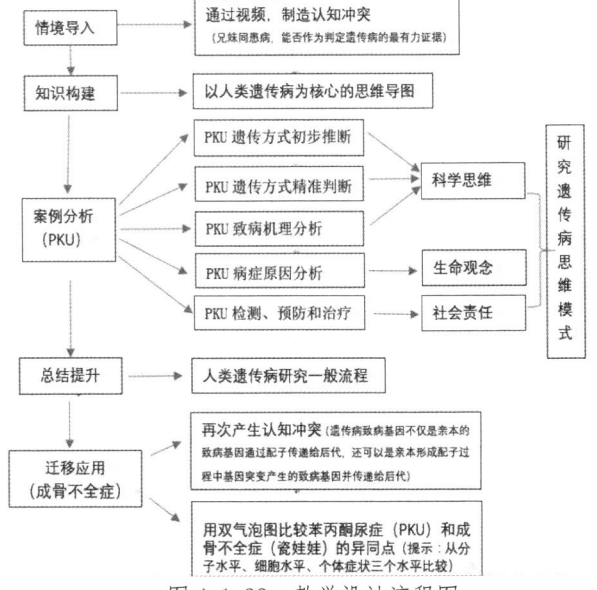

图4.1.32　教学设计流程图

263

七、水溶液中的离子反应与平衡

学科：化学

实施年级：高二年级

设计者：赵宁

使用教材版本：人民教育出版社　选择性必修1《化学反应原理》

单元及课时说明：水溶液中的离子反应与化学平衡　盐类的水解

单元及课时说明：第3课时（共计3课时）

（一）指导思想与理论依据

1. 指导思想

新课程的基本理念，以学生发展为本，培育学生科学精神和创新意识，提升化学学科核心素养。高中化学教学应是以实验教学为基础，联系实际生产和生活创设情境，启发学生思考，引导学生把握化学学科本质，倡导独立思考、自主学习、合作交流等学习方式，使学生从对化学知识的认知到化学学科思维的提升，再到分析问题和解决问题上的能力提升。由单纯的知识学习发展为对思维方法的培养。

2. 理论依据

模型认知是化学学科素养之一，利用模型使学生能够更加全面地认识化学问题。同时在教学中也可以借助思维工具中的"八大图示""思维导图"和"概念图"对学生深度学习有极大的帮助，图示可以让学生思维外显，达到思维可视化。让学生和教师能够更好地进行诊断、反思，并最终达到思维提升的目的。

（二）教学背景分析

1. 教学内容分析

《水溶液中的离子反应与化学平衡》是人民教育出版社选择性必修1《化学反应原理》中的内容。本章内容主要围绕着弱电解质的电离、水的电离、盐类的水解和难溶电解质的沉淀溶解平衡等方面进行研究。新课标要求学生能从电解质在水溶液中的行为、电离平衡、水解平衡、沉淀溶解平衡和离子反应与平衡的应用等方面对内容提出要求。本章节对学生的能力要求较高，对学生在宏观辨识与微观探析、证据推理与模型认知等化学学科素养培养有着重要意义。本节课意在梳理水溶液中的知识，把碎片化知识整理成便于学生理解和使用的模型。

2. 学生情况分析

学生已经学习了水溶液中的相关知识，有了一定的知识储备。但是在运用知识分析和解决问题时，总是不能全面系统地看待问题。往往会以自己已掌握的碎片化知识解决问题。

（三）教学目标设计

①梳理碎片化知识，使学生能够完整地说明水溶液中的离子平衡的相关问题；

②通过碎片化知识的分类整合，能从"对象维度"和"认识角度维度"两个维度建立水溶液认识模型；

③运用建立的模型，利用水溶液认识模型全面分析水溶液中的平衡关系。

（四）重难点分析

教学重点：建立不同维度的认知方法，利用模型分析水溶液问题。

教学难点：建立模型的过程。

（五）教学流程（见图4.1.33）

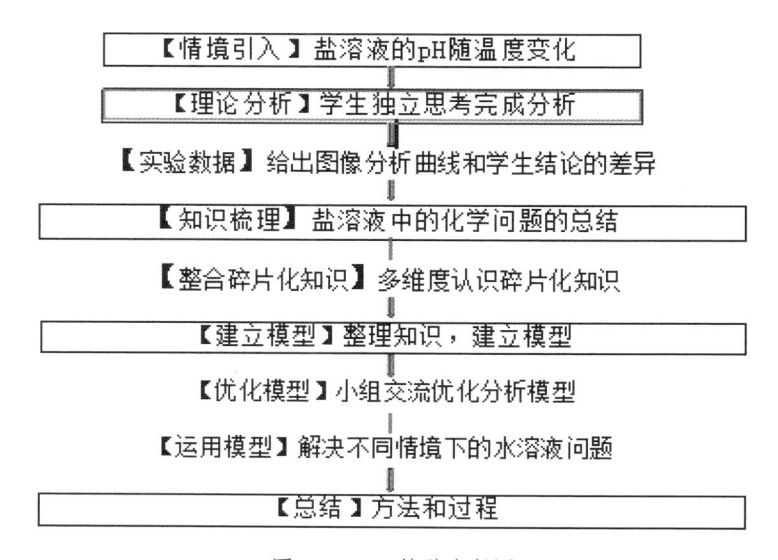

```
【情境引入】盐溶液的pH随温度变化
          ↓
【理论分析】学生独立思考完成分析
          ↓
【实验数据】给出图像分析曲线和学生结论的差异
          ↓
【知识梳理】盐溶液中的化学问题的总结
          ↓
【整合碎片化知识】多维度认识碎片化知识
          ↓
【建立模型】整理知识，建立模型
          ↓
【优化模型】小组交流优化分析模型
          ↓
【运用模型】解决不同情境下的水溶液问题
          ↓
【总结】方法和过程
```

图4.1.33 教学流程图

（六）教学过程

1. 环节一：情境引入

（1）提出问题

教师活动：0.5mol/L 的 CH_3COONa 溶液随着温度升高 pH 值如何变化？

学生活动：运用知识分析可能的 pH 值变化。

设计意图：自主调用水溶液知识，进行分析，回顾水溶液知识。

（2）过渡

教师活动：给出 pH 变化曲线，图像来源 2019 年北京高考题。

学生活动：观察，反思曲线与自己的认知之间的差异。

设计意图：产生认知冲突，激发学生学习兴趣，促进学生反思。

2. 环节二：知识梳理

（1）提出问题

教师活动：现在有 0.1mol/L 的 CH_3COONa 水溶液，你能想到哪些化学问题呢？

学生活动：回顾知识，书写相关的知识点，整理完善

设计意图：完善知识，全面梳理水溶液相关内容，提升学生认知的广度

（2）整合碎片化知识

教师活动：我们所书写的知识是从什么角度出发的？

学生活动：小组讨论对知识进行归类，从不同维度分析

设计意图：将碎片化知识进行归类梳理，使学生能够全面系统地分析问题

3. 环节三：建立模型

教师活动：请将所梳理的角度按照两个维度进行梳理建立模型。学生交流后，师生共同优化模型。

学生活动：小组再次合作，将所归纳知识进行归类，找到认识水溶液的不同维度。

设计意图：将学生碎片化知识归类，意在培养学生分析和整理知识的能力。同时将知识类别以不同维度建立二维模型，发展学生有序思维能力。

(1) 运用模型

教师活动：展示师生完善后的模型，运用模型系统分析下列溶液：盐酸、醋酸、碳酸氢钠、混合溶液。

学生活动：学生利用二维模型分析不同类型的水溶液，由完_____全电离到存在电离平衡，由单一溶液到复杂的混合。

设计意图：熟练掌握分析方法，运用模型分析不同类型溶液：完全电离、电离平衡，同时存在水解。

4. 环节四：总结

教师活动：回归开始引入时的问题，总结水溶液模型建立过程（见图3.1.35）。

学生活动：反思情境引入中分析有误的原因，总结方法。

设计意图：学以致用，应用模型解决问题，反思学习过程。

（七）板书设计（见图3.1.34）

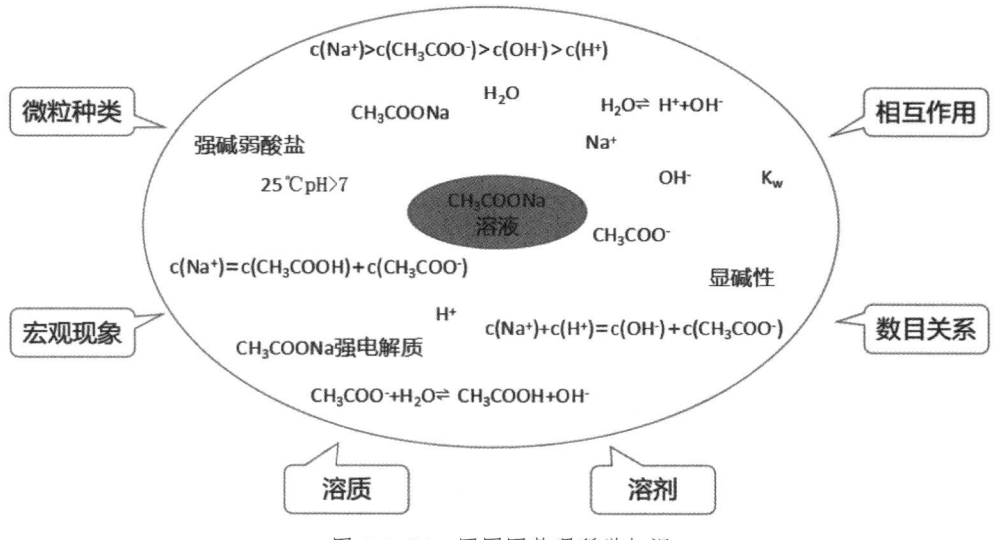

图 4.1.34　圆圈图整理所学知识

宏观现象	$c(OH^-)>c(H^+)$ 溶液呈碱性	
微粒数目	$c(Na^+)>c(CH_3COO^-)>c(OH^-)>c(H^+)$	大小关系
	$c(Na^+)+c(H^+)=c(OH^-)+c(CH_3COO^-)$	等式关系
	$c(Na^+)=c(CH_3COOH)+c(CH_3COO^-)$	
微粒种类	Na^+ CH_3COO^- CH_3COOH H_2O OH^- H^+	
相互作用	$CH_3COO^-+H_2O \rightleftharpoons CH_3COOH+OH^-$	
	$CH_3COONa=CH_3COO^-+Na^+$ $H_2O \rightleftharpoons H^++OH^-$	
物质	CH_3COONa H_2O	
	溶质　　　　溶剂	

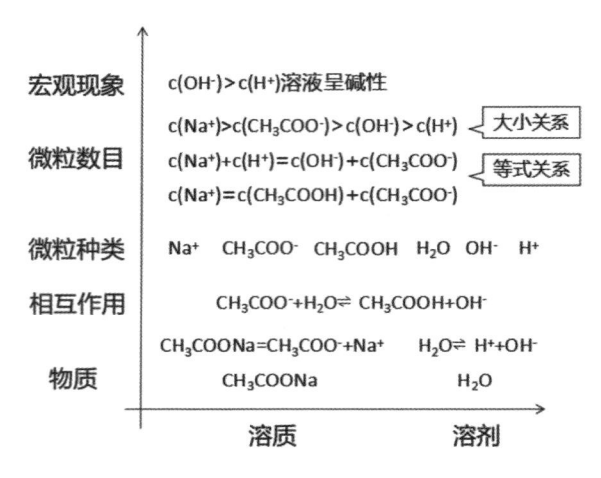

图 4.1.35　水溶液分析模型图

（八）教学反思

本节课是基于问题情景的解决，遵循学生的认知发展，尊重每一个学生的思想。整节课采用小组合作，开阔了学生的思维，培养学生分析推理的能力，提升建立解决复杂化学问题的思维框架的能力。

第二节　教育研究能力提升

一、大中小思想政治教育一体化背景下高中阶段协同育人研究

——以首都师范大学附属密云中学为例

李　琼

【摘要】大中小学思政课一体化建设是新时代思政课建设的关键。针对大中小思政一体化建设在高中阶段存在的问题，从思政课、课程思政建设、评价机制三方面分析问题产生的原因。为进一步提高大中小思想政治教育一体化在高中阶

段建设的实效性，提出大中小思政课教师应坚持以党建为引领，在高中学段围绕大思政进行探索，构建协同育人视域下"三全"大思政育人体系，推动思政课程与课程思政协同育人、家校社协同育人、一体化评价协同育人，实现为党育人、为国育才。

【关键词】大中小思政一体化；协同育人；高中阶段

党的二十大报告指出，要"推进大中小思想政治教育一体化建设"。本文提出探究大中小思想政治教育一体化背景下高中阶段协同育人的建设路径，为大中小思想政治教育一体化在高中阶段的建设提供可参考的建议。

1. 大中小思想政治教育一体化背景分析

2019年3月18日，习近平总书记主持召开学校思想政治理论课教师座谈会，提出"要把统筹推进大中小思政课一体化建设作为一项重要工程"，"推动思政课（以下简称"思政课"）建设内涵式发展"。

纵向上看，大中小思政一体化的衔接性表现在，小学阶段重在启蒙道德情感；初中阶段重在打牢思想基础；高中阶段重在素养提升；大学阶段重在使命担当。横向上看，大中小思政一体化是指课程思政和思政课程同向同行、协同育人，搭建课程育人体系，形成良好育人生态环境。

协同，指协调两个或多个不同资源或个体，协同一致地完成某一目标的过程或能力。在本课题研究中，将学校的思政课程与课程思政协同育人、打通家校社三者实现协同育人、思政课程评价与德育评价助力协同育人。学生通过参加活动参与到教学过程中，既可以获得知识技能，又可以丰富自身的情感和思维，促进个人全面发展。

2. 大中小思想政治教育一体化背景下高中阶段协同育人建设问题及原因分析

针对大中小思想政治教育一体化在高中阶段存在的问题，从思政课、课程思政建设、评价机制三方面分析问题产生的原因，进而找到解决问题的对策。

（1）大中小思政教育一体化背景下高中阶段协同育人存在的问题

在与高校思政课协同育人的衔接上有待提高。高中思政课教师更多参与的是市、区、校级的学科研修，较少有机会与高校进行协同教研。

在思政课育人渠道方面还需要拓宽。目前高中思政课教学更多局限在课堂，还需要树立"大思政"观念，拓宽思政课育人渠道，搭建学校、家庭、社区、企业等协同育人的平台。

课程思政开展的效果有待提升。调查显示，76%的教师对思政课程与课程思政同向同行协同育人形成了一定的认识。但是在课程思政建设的内容方面，对"融入什么""如何融入""融入何种程度"把握不清，存在"生硬融入""表面融入"的现象。

（2）大中小思政教育一体化背景下高中阶段协同育人存在的问题的原因分析

1）从思政课育人关键课程分析原因

第一，思政课的课堂时效性还需提高，需要拓展思政课堂之外的育人空间。我校思政课教师结合国家课程内容和学科核心素养目标深入研究，变革思政课实施策略，经过两年实践，形成了"知行合一：多场域协同'参与式'思政课程的构建与实施"的路径与模式，拓展了育人的场域，但是仍然需要不断丰富育人的场域，发挥不同场域的协同作用。

第二，思政课教师教学工作量较大且理论水平欠缺。高中思想政治课内容涵盖经济、政治、哲学、文化、法律、逻辑等众多知识，对于思政课教师来说，迫切需要提升自身的理论水平，加强与高校思政课教师协同教研，只有厘清原理才能讲出思政课味道。

2）从课程思政角度分析原因

学科课程与思政课程的协同育人、同向同行有待强化。一方面，其他课程教师的思想政治理论水平有待提高，不能深入了解理论，自然不能将学科知识与思政元素相融合；另一方面，即使有一定的思想政治理论水平，找到理论与学科知识的结合点也存在问题，不能恰当将二者有机结合，实现"润物细无声"的效果。

3）从评价机制角度分析原因

结果性评价与过程性评价、单一性评价与多元性评价机制的协同性不强。一方面，评价机制方面侧重结果性评价，存在忽视过程性评价的现象。在这样的评价机制下,引导教师和学生关注结果而忽视参与学习和实践的过程,为了结果而活动;另一方面,评价的主体更多为教师,存在忽视学生互评、家长评价、社会评价等方面的情况。

3. 大中小思想政治教育一体化背景下高中阶段协同育人建设路径

坚持党建引领,聚焦立德树人,在高中学段围绕大思政进行探索,构建协同育人视域下"三全"大思政育人体系。

(1) 全员协同育人,思政课程与课程思政同向同行

充分发挥课堂教学的主渠道作用,将德育内容融合到各个学科课程的教学目标中,融入渗透到教育教学全过程。

1)"关键课程"引领协同化育人

提升理论水平。思政课是落实立德树人根本任务的关键课程。上好思政课,关键在教师。聚焦思政课教师队伍中存在的专业化、理论化水平欠佳的问题,与高校马克思主义学院携手,形成高校高中教研共同体,深化思政课课程基本理论与教学能力培训,提升教师对课程建设、深层次理论的认识。深化思政课统编教材教法培训,结合高中学段思政课教师面临的问题与困惑,全面提升思政课教师的综合素质。

拓展实践场域。长期以来思政课在学生心目中留下了"假大空""不切实际"的印象,教师课堂出现"照本宣科""一言堂"的教学方式。面对这些现象,将思政课程的场域延伸至课堂之外,拓宽思政课的场域,将课堂、校园生活和社会生活实践场域相融合,将博物馆、纪念馆、革命遗址等纳入大中小思政一体化教学实践基地。丰富育人空间,拓展育人资源,力求通过实践参与的方式,使学生在真实生活体验、思想震荡和碰撞的基础上,感悟真理,体悟正能量,从而形成正确的道德认知和政治信仰。

2) 课程思政助力协同化育人

习近平总书记在2016年召开的全国高校思想政治工作会议上的讲话中强调:"其他各门课都要守好一段渠、种好责任田,使各类课程与思想政治理论课同向同行,形成协同效应。"

学科教学结合学科特点进行价值观的教育。例如，语文、历史等课程要利用语言文字、优秀传统文化等丰富的思想道德教育因素，潜移默化地对学生的世界观、人生观和价值观产生影响。数学、物理、化学、生物、地理等课程加强对学生进行科学精神、科学方法、科学态度、科学探究能力和逻辑思维能力的培养，提升学生创新、追求真理的思想品质。音乐、美术、体育等课程要强化对学生的审美情趣、健康体魄的培养。心理课程强化对学生心理指导，合理纾解情绪。

3）德育课程凸显使命担当

开发特色德育课程。针对高中学生具有一定的分辨是非能力，但思想观念也存在很多模糊的情况，同时高中又是人生观形成关键时期的特点，可以开设领导力课程、思辨性表达等课程。以德育课程为抓手，培养学生成为自我管理的主人，使学生敞开心扉，在不断地辩论中澄清观念，明辨是非，凸显德育课程的价值引领。

（2）全方位协同育人，融合学校、家庭、社会实践育人资源

面对全社会主体成员协作、综合育人优势发挥不充分的现状，通过融合学校、家庭、社会实践育人资源，构建家校社协同育人体系，拓宽实践育人渠道。

1）挖掘利用红色资源，厚植爱国主义情怀

深度挖掘爱国主义资源，发挥好革命博物馆、纪念馆、党史馆、烈士陵园等党和国家红色基因库的优势，引领青少年厚植爱党、爱国、爱社会主义的情感。开展形式多样的主题活动，如阅读红色经典、编写红色剧本、传唱红色歌曲、时政讲堂、热点述评、模拟政协、时政英语、红色文化剧展演等活动，让学生融入其中，把爱国情、强国志、报国行自觉融入实现中华民族伟大复兴梦想的伟大奋斗之中，努力成为堪当复兴大任的时代新人。

2）科学指导生涯规划，描绘人生美好蓝图

《普通高中课程改革方案》中指出，基础教育应使学生"具有强健的体魄、顽强的意志，形成积极健康的生活方式和审美情趣，初步具有独立生活能力、职业意识、创业精神和人生规划能力"。在高中阶段开展生涯规划教育，对高一年级强化行为规范的养成教育，加强未来发展方面、高中学习方法方面的指导教育（可利用各类毕业生资源等），用鲜活的案例来打动、激励学生，引导其制定近、

中、长期切实可行的目标。对高二年级学生进行人际交往的发展规划教育，营造合作、交流、共同提高的良好氛围。对高三年级强化理想信念教育、选择大学及其专业教育，助力学生圆梦，将个人的理想与国家社会的需要相统一。

3）构建家校社协同育人体系，拓宽实践育人渠道

学校在构建家校社协同育人体系中发挥主导作用。通过学校为家长开设的专题讲座、家长经验分享会、家长开放日等活动，建立班级、年级、学校三级家委会制度，引导家长科学、有效地开展家庭教育。通过与社区、企业、法院等构建社会实践基地，将思政"小课堂"与社会"大课堂"结合起来，积极挖掘社会实践资源，构建面向学生真实生活、凝聚教育价值、融通校园内外的生活实践场域，彰显家庭教育、学校教育和社会教育共同作用的育人效果。

（3）全过程协同育人，激发一体化评价机制联动引导效用

教学评价是对教师教学过程和学生学习效果的评价，对于教学目标和教学行为起着风向标的引导作用。

1）规划符合高中学段的思政课多样化的课程评价体系

建立评价体系。思政课教师要在长期实践过程中，制定包括课上、课下，组内、组间，校内、校外等多层次、多领域、多方面的多维评价体系。如政治学科关键能力素养评价、政治学科社会实践活动评价、政治学科课堂评价、政治学科综合素养评价、政治学科时事述评评价、政治学科课件制作及汇报评价、政治学科思维图示应用评价等评价效果体系，来保障并促进思政课程的实施与开展。

2）依托"萤火德育"体系，构建"五维度"评价机制

2019年，《国务院办公厅关于新时代推进普通高中育人方式改革的指导意见》和《北京市普通高中学生综合素质评价实施办法（试行）》出台，明确指出要突出德育的时代性，建立适应学生全面而有个性发展的育人体系，培育和践行社会主义核心价值观，强化学生综合素质培养与评价，构建开放性、多元化、发展性的评价体系。我校探索"萤火德育"评价体系，从五大维度"弘德""乐群""励学""精艺""修身"实施，分别阐释不同维度下学生综合素质发展需求、具体任务、评价方式，细化每个一级指标、二级指标、三级指标的评价细则，通过评

价让学生明确自己的发展方向。

班主任从"弘德""乐群""励学""精艺""修身"五维度对学生德育表现进行评价；科任课教师从课程思政角度对学生品质进行评价；学生自我评价，通过综合素质平台和五维度进行自评；家长通过学生在家表现，进行综合评价；社区从学生在社区的志愿服务等对社区的贡献进行评价，让学生明确自己的发展方向，最终实现学生四层次飞跃；合格学子（学校标准）、萤火青年（学校标准）、新时代好少年（市区级标准）、国家栋梁（国家标准）。通过评价体系的变革，促使学生行为的优化，引导学生内化于心、外化于行，实现知行合一。

立德树人是教育的根本任务，也是教育工作者的神圣使命。以党建为引领，在大中小思政一体化背景下探索高中学段协同育人路径，为校园中每一个个体的成长端正了方向，实现为党育人、为国育才。

（本文系北京市大中小思想政治教育一体化研究项目阶段性成果（〔XXSZ2023ZC29〕）

二、从"历史"中立志，于"时代"中立行

——以考试评价浅谈学科核心素养

王又一

【内容摘要】 历史是昨日的重现，是一个民族走向未来的基石。中学历史教学承载着文明的薪火相传。北京高考历史紧扣考试说明和课程标准，思维新颖，立意高远，角度多元，情境多变。本部分以个别考题为例，试探寻学科核心素养引领下试题的价值取向。以期见微知著，管窥历史学科核心素养下的中学历史教学，指导今后的授课、复习、备考，把握时代脉动，涵养家国情怀。以核心素养下的历史教学，拓展学生的历史视野，培育学生的尊重、理解和包容的国民素养。

【关键词】 历史学科核心素养；中学历史教学；考试评价

历史，是昨日的重现，是一个民族走向未来的基石。然而，历史教学，尤其是中学历史教学，"承载着文明的薪火相传"[1]。中学历史教学，是教师带领学生对历史的一次次回眸。能否将师生每一次对历史的回眸，变成共同的思想洗礼、精神升华，关系到新时代我们的教育梦、中国梦。

为顺应日益深化的教育改革，更好地实现立德树人的目标，更好地助力新时代发展，"一线教师需要展开新的课堂研究，聚焦新的'学生发展模式'的创造，借以实现课堂的'转型'"[2]。学科核心素养的提出与践行，为中学历史教学提供了新的发展思路。本部分就考试评价之感受，略做梳理，以求教于方家。

纵观历年北京高考历史试卷，尤其是选择题部分，试题紧扣考试说明和课程标准，立意高远，难度适中。同时，角度多元，情景多变，思维新颖。既有远播西域的东周刺绣丝绸，又有西汉武帝的独尊儒术；既有近代以来的民族企业，又有敌后战场的抗日枪声；既有古希腊城邦妇女体育教育，又有俄国农奴制改革后

---

[1] 赵晓东：《把握时代脉动，涵养家国情怀——以近代中国外交为例》，《中学历史教学》，2019年第7期，第23-26页。
[2] 钟启泉：《课堂研究》，上海：华东师范大学出版社，2016，第31-37页。

农奴的"如此自由"……无论是在时间维度上，还是在空间角度上，都较为全面地考查了学生的知识深度、广度和综合运用。更加难能可贵的是，稳中有变、稳中出新，凸显了由能力立意向核心素养的转变。

以北京高考两道历史选择题为例，管窥试题价值取向和学科核心素养的"留痕"与"落地"。

①毛泽东在中共七届二中全会上指出"我党同党外民主人士长期合作的政策，必须在全党思想上和工作上确定下来。我们必须把党外大多数民主人士看成和自己的干部一样，同他们诚恳地坦白地商量和解决那些必须商量和解决的问题。"能体现这一思想的是

①《共同纲领》　②人民代表大会制度
③政治协商制度　④民主集中制
A. ①②　B. ③④　C. ①③　D. ②④

② 1972 年，中国致函联合国非殖民化特别委员会。指出"香港、澳门是被英国和葡萄牙当局占领的中国领土的一部分，解决香港、澳门问题完全是属于中国主权范围内的问题，根本不属于通常所谓'殖民地'范畴"。联合国采纳了中国的立场。中国政府这一举措

A. 奠定了独立自主外交政策的基石
B. 掌握了解决港澳问题的主动权
C. 是"一国两制"的具体体现
D. 标志着香港和澳门回归祖国

1. 靶向热点，凸显唯物史观

唯物史观揭示了人类社会历史客观基础及发展规律，是诸多素养得以达成的理论保证。

2019 年，是经过 70 年披荆斩棘、70 年风雨兼程之后，新中国迎来的伟大质

变。"一路走来,中国人民自力更生、艰苦奋斗,创造了举世瞩目的中国奇迹。"①在2019年高考北京文综卷选择题中,第18题精准定位,聚焦绝对热点——建国七十华诞。第19题,同样着眼于庆祝澳门回归祖国20周年。

1949年3月,中共七届二中全会在西柏坡召开。毛泽东进一步指出了共产党与党外民主人士长期合作的政策。并在"进京赶考"之前,发出了"两个务必"的号召。9月,在北平召开了第一届中国人民政治协商会议通过了《共同纲领》,并从组织上完善、固定了中国人民民主统一战线。1999年12月20日,澳门重回祖国怀抱,这是"一国两制"伟大构想的胜利,是全国人民欢欣鼓舞的时日。两道题目难度不大,但凸显了出题人的命题匠心。

除了考查学生相关知识以外,以上两题更是将唯物史观中"社会存在决定社会意识""经济基础决定上层建筑""人民群众是历史的创造者""内力是事物发展的根本,外力是事物发展的条件"等思想体现得淋漓尽致。中共虽然即将夺取政权,但面对"一穷二白"的家底,也离不开党外民主人士的援助之手和辅政智慧。与国门洞开、列强随意进犯的旧中国不同,1972年的中国,已然成为世界阵营中不可或缺、不容忽视的一员。

材料内容和设问,体现了"唯物史观使历史学成为一门科学",凸显了"只有运用唯物史观的立场、观点和方法,才能对历史有全面、客观的认识"的理念。两道题目,既考查了学生的史观素养,也考察了教师在日常备考过程中对于唯物史观这一核心理念的渗透和潜移默化的影响,这必将为今后的高考复习备考把脉定向。

2. 鉴古知今,突出时空观念

在特定的时间联系和空间联系中,对事物进行观察、分析的意识、思维方式,即为历史学科核心素养之时空观念。

第18、19两道题目,分别通过"七届二中全会"透露出的隐性时间(1949年3月)与显性的"1972年",在材料创设的特定情境之下,将七届二中全会与港澳回归

---

① 习近平:《2019新年贺词》,2019。

两大历史事件还原到"历史现场",让学生在"现场"直观感受原始的、真实的历史。

通过时空观念的养成,帮助学生将时间和空间有效地、有机地结合起来,并建构出时空框架,"在差异中呈现历史发展中的共性与个性问题,助力学生系统、全面地理解历史事件和历史概念,认识历史人物及历史事件的来龙去脉"[1],建立起属于自己的时空观念。

在特定历史时空的框架下,对历史和现实社会进行独立考察和探究,把要认识的对象(中国人民民主统一战线、港澳回归与"一国两制")置于具体的时空条件下(七届二中全会和1972年)进行"历史的""情境化"考察,从而引导学生宏观而长时段地思考历史与现实的关系,思考对于当今民族统一战线建设和祖国实现统一的启迪,汲取历史经验与教训。

3. 基于情境,强调史料实证

囿于历史是过去的人和事,所以,许多时候认识历史只能通过现存的史料。通过对获取的史料进行辨析,通过运用信史重现历史的真实面貌,学生学会搜集、整理、辨析和使用各种历史资料,这对学习和研究历史尤为重要。一定程度上讲,是否具备史料实证素养,是能否达成历史学科核心素养的纽带,更是能否迈入历史研究领域的分界线。

第18题,结合题干材料中所给的讲话内容,引导学生进行辨析,此题得分相对容易。但恰恰是因为"运用可信的史料努力重现历史的真实"才使得此题聚焦于人民民主统一战线,聚焦于新中国成立以来各条战线的集体智慧与出谋划策,验证我们的党"以社会革命之艰巨促进自我革命,以自我革命之彻底引领社会革命",向广大学生传达出伟大的中国共产党"不满足于做安于现状的'守成的党',永远做由烈火淬炼、由使命召唤的'革命的党'"。第19题,根据题干提供的材料、介绍的情境,让学生辨析联合国之所以最后采纳中国的合理合法诉求,正是源于学生在这则史料背景下,基于史料及所学,能够推断出是因为我们日渐站起来、

---

[1] 龙廷忠:《历史学科核心素养视阈下的高考试题分析——由2019年全国卷Ⅱ第41题引发的教学思考》,《中学历史教学》,2019年第7期,第54-56页。

强起来，日渐拥有了话语权，日渐掌握了包括解决港澳问题在内的维护国家核心利益的主动权。

史料实证素养，就是"论从史出""以史为证"。在复习备考过程中，务必督促、引导学生养成"一分材料说一分话"的严谨态度，引导学生涵养实证意识，衍生怀疑精神。

4. 思维进阶，强化历史解释

历史解释是指以史料为依据，对历史事物进行理性分析和客观评判的态度、能力和方法。高考的意义，可以说是对价值观教育成果的一种检验。但换个角度讲，高考不仅仅是一种检验、评判，更应当是对价值观教育的反馈与引领。

整体而言，当年高考北京卷，除这两道选择题外，还涉及简答题第 37 题"历史·记忆"。从"历史记忆与祖先认同"到"历史记忆与时代使命"，再到"历史记忆与历史书写"，从古至今，由中及外，无不体现了其高远的试题立意、体现其普适的方向引领。

尤其是这两道题注重凸显历史与现实的贯通。在新时代旋律下，将 1972 年中国颇丰的外交成就与当今"一带一路"、构建人类命运共同体相联系，将港澳回归与台湾问题的解决、"一国两制"的实施相联系，实现思维的发展进阶，助力学生达成深度学习，反馈学科特色的价值观教育。

让学生通过历史事实进行历史解释，让学生在获取相关知识与信息的基础上回望历史，从而体现学科特色，培养学生历史思维方法与素养能力。让学生与时代同行，促进"历史问题现实思考，现实问题历史借鉴"。

5. 追梦赓续，涵养家国情怀

高考"榜上有名"的试题，一定是基于学科核心主干知识，也一定是"对于学科发展起着决定性或关键性作用的知识"，上升到价值观层次，一定是"能够唤起历史批判与反思、承载历史演变规律的知识"。

2019 年，正值新中国七十华诞。那么，如何通过高考试题引导学生对于"建国大业"有较为全面的认识，树立正确的世界观、文化观和历史观，这考验着试题命题者的智慧。如何围绕建国这一核心主干知识，以新的视角切入，引导学生关注历史和现实的联系，充分发挥历史学科的德育功能和文化价值，值得每一位历史人熟虑深思。

第19题题干引导学生通过历史的变迁，由最初的"殖民地"、被侵占、被践踏到被接受、被认可和被采纳。在这一历史变迁中，中国这艘航船起起落落、浮浮沉沉，引导学生学会用历史的眼光考量现实和未来，引导学生进一步认识到只有民族独立、国家富强，才能在国际舞台上捍卫自己的话语权、捍卫自己的生存力和发展力，进而折射出在习近平新时代中国特色社会主义思想正道上、在中华民族伟大复兴的征途中，新时代青年应涵养、生成的担当意识、责任意识和家国情怀。

学生将过去、现在与未来连线贯通，将个人、家国与人类紧密联系。在当今国际背景下，启迪学生建构自己的历史、探索民族的过去、思索国家的未来，在体悟家国兴衰与生命意义中，思考中国与世界的关系，点赞构建人类命运共同体的大国智慧！

两道选择题，以小见大、见微知著。这启示我们在教学具体过程中，积极渗透学科核心素养，注重历史与现实的联系，关注社会的发展趋势，以更加宏大的视野，关怀整体人类发展史。

在涵养家国情怀的同时，也要把握时代脉动，生成对其他国家、其他民族应有的尊重，彰显大国的心胸与气度，在中国特色社会主义道路上，在这条经过实践检验的人间正道上，在这条实现中华民族伟大复兴的必由之路上大步前进。以核心素养下的历史教学，拓展学生的历史视野，培育学生尊重、理解和包容的国民素养，将五千多年的悠久文明融进时代血液，书写新的篇章，真正体现历史学科的功能与价值。

参考文献

[1] 郭井生. 关注学业评价，细化学业质量水平——基于学科核心素养的中学历史教学初探(下)[J], 北京教育(普教版), 2018（09）:72-75

[2] 黄彬. 浅谈核心素养背景下的高中历史教学[C], 教育理论研究（第二辑）. 重庆市

大足中学,2018：49-52.

[3]卢毅锋.基于学科核心素养的高中历史课堂构建[J].课程教育研究,2018(37):41-42.

[4]郭巧梅.学科核心素养下的高中历史教学浅析[J].课程教育研究,2018(35):33-34.

（此文系北京市教育督导学会"十四五"教育科研 2024 年度课题〔课题编号：BESA2024YB150675，课题名称：协同阈值下中华传统文化与京味水果品鉴研究〕过程性研究成果）

三、素养导向下高中数学多元化作业设计策略与实施

张 波　何姗珊

1. 研究背景

（1）时代教育的价值追求

在"双减"提出 30 条具体意见中，坚持学生为本，遵循教育规律，着眼学生身心健康成长，建设高质量教育体系，强化学校教育主阵地作用，全面压减作业总量和时长，减轻学生过重作业负担。

作业作为课程内涵的重要组成部分，通过有效地设计和实施，从某种角度直接影响到课程目标的达成，影响到教育目的的实现与学生的全面发展。作业本身是非常重要并且有效的教育活动之一，有助于继续发展和扩充教育的价值。

（2）数学学科内容的需要

《普通高中数学课程标准（2017版）》更新了教学内容，着重关注了数学知识与学生的生活以及当今社会和科学技术发展的联系，也更加关切学生的经验储备和兴趣学习，在新教材中提到了"人工智能""大数据"等，表明了数学是和当今许多重大创新成果密切相关的一门基础科学。

数学学科教学新理念提倡学生自主探求式学习，通过作业锻炼学生的数学学科核心素养，帮助学生理解和掌握数学知识，培养学生内在的逻辑思想，发掘每一位学生的潜能。

（3）高中数学作业设计现状

本研究针对高中数学个性作业相关问题："双减"背景下高中数学作业创新设计与实施的研究"进行研究。

通过对高中数学作业的现状进行调查分析，调查学生对数学作业的态度与完成的情况，主要从对数学作业的态度、完成的质量、数学作业的负担程度和数学作业的方式四个维度进行调研。

问卷共调研了高一年级 610 名学生，回收有效问卷 598 份，约有 43% 的学生

不喜欢做数学作业，但是也有约 75% 的认为数学作业很有用，约有 55% 的学生认为数学作业只是解题很枯燥，85% 的学生在写数学作业遇到困难的时候，会选择向网络求助，45% 左右的学生每天完成数学作业的时长在 0.5~1 小时，有 30% 的学生完成数学作业时长在 1~1.5 小时。

从初期的基本统计结果来看，多数学生认为数学作业是很有必要的，但是题目难度比较大，形式也比较单一等，所以针对问卷统计结果，通过对高中数学作业的内容与形式进行创新性研究与实践，并对作业效果进行追踪评价。

2. 高中数学作业创新设计实施

通过本研究，了解基本学情、学生对待高中数学作业布置的态度、完成与修改的情况以及存在的问题。从作业的目标性、参与性、适宜性、发展性等多个维度入手，探索并构建高中数学作业创新设计与实施的策略或方法，以此达到减负提效的目的。最终形成"双减"背景下高中数学作业创新设计与实施的案例，为高中数学教师提供有益的参考。

（1）作业目标及框架的创新设计

在作业目标及框架设计与实施过程中，根据课程标准及高考能力层级将基础作业题目框架按照目标与能力划分三个水平，并绘制单元（主题）知识图谱。

在王磊主编的《基于学生核心素养的数学学科能力》一书中，给出了核心素养、数学学科能力和核心知识之间的能力表现层级通用表（见表 4.2.1），本研究参考和借鉴了该能力层级表，将高中数学知识按照不同的主题进行了详细划分，并给出各知识的能力指标划分。

表 4.2.1 核心素养、数学学科能力和核心知识之间的能力表现层级通用表

关键能力要素	能力要素层级
A:学习理解	A1:观察记忆
	A2:概括理解
	A3:说明论证
B:实践应用	B1:分析计算
	B2:推测解释
	B3:简单问题解决
C:创造迁移	C1:综合问题解决
	C2:猜想探究
	C3:发现创新

所有的学生都清楚该题目处于哪种层级，其实也是一种新形式的分层布置作业，对于优秀生来说，在注重基础的同时，更应该挑战 C 级别难度的题目，而对于薄弱生，在还没有形成一定能力的阶段，则更应关注 A 级题目的理解与落实情况。

同时，在完成每一章节之后，鼓励每一位学生绘制单元（主题）知识图谱，每个学生根据自己对于所学知识的理解程度单独绘制，初步建立起知识结构图，有利于学生将零碎的知识片段进行整合和串联，进行整体化的学习，这也是在国际很多项研究中所提倡的学习方式。

(2) 作业形式的创新设计

结合现代信息技术手段在作业形式上进行创新设计与实施。通过"学联享"（学生 / 学习联系与共享）视频错题云分析、智学网个性化推送作业，依托数学软件（几何画板、GeoGebra、MathType、Matlab）完成作业，让学生动手实操，提高学习效果。

例如，在《统计》一章的复习中，我们可以在智学网上依据学生的错题记录，按照知识类别将学生进行分层和分组：分层抽样组，总体百分位数组，总体集中趋势的估计组，总体离散程度的估计组和统计复习卓越组这样五个小组，每个小组中也按照"高中数学学科关键能力"中的三个层级进行分类和标注，这样可以清晰地知道在本章的知识和能力这两个层面，学生的学习程度是怎样的。

对于已经过关的学生来说，无疑是减轻了繁重的作业负担，减少了大量重复性的作业，节省出来的时间，学生们可以针对自己真正薄弱的知识进行学习，在减轻作业负担的同时，还能够提质增效。同时，一组一题，甚至是一人一题，得到了各个层次学生的极大认可。智学网中的个性化作业推送环节，在实践一段时间后，通过问卷调查，得到了绝大多数同学的欢迎，大大提高了学生们学习的兴趣，尤其是作业的质量。

(3) 作业内容的创新设计

设计开放性、探索性数学问题、数学实验、数学建模及小课题研究等不同类型的作业内容，为学生提供丰富的作业体验，提高其数学素养。例如，依托教材各个章节后的"数学探究",让学生以独立探究或小组合作的方式开展探究活动,依据专题的作业内容撰写研究报告,以此涵养学生的数学文化。

例如,在学习完统计部分《总体离散程度的估计》的内容之后,给学生布置了两个类别的作业,第一项是教材中213页的练习题目,共三个小问题;第二项作业是教师给出国家统计局的网址和动态数学软件 GeoGebra 的使用教程地址,学生以小组为单位(班级共有10个已划分好的学习小组),分工合作,通过国家统计局的网站或其他方式,查询感兴趣的数据,并用 Excel、GeoGebra 等数学软件进行数据处理,借助数字特征和统计图表,给出小组认为比较科学和合理的结论,制作成短视频,在班级群内进行分享展示。

这种作业的方式,充分调动了学生的学习积极性,提高了学生读图读数据的能力,同时又能提高学生对于国家时事的关注与关心,也让学生学会从国家官网上查阅相关数据,进而从数学的角度,运用所学数学知识,给出自己的分析和判断,符合数学课程标准中提出的"用数学的眼光观察现实世界,用数学的思维思考现实世界,用数学的语言表达现实世界"的"三会",提升数学学科素养。

3. 高中数学作业创新设计实施建议

本研究努力尝试从作业的三个维度上进行改变,实现"作业即学习"的本质,例如用学科融合与项目式作业的方式进行尝试,从提高关键能力、发展学科素养和整体育人的角度进行更加深入的探索。

(1)作业目标为纲,能力层级为依,设计典型性题目

本研究首先通过调整作业目标及作业框架设计思路,以核心知识和能力层级为划分依据,设计典型性题目,让不同的学生都有不同的收获,同时鼓励学生们向更高能力层级进阶,每个学生都有适合自己的最近发展区,能够达到的相应题目,同时学生们也非常清楚自己在哪个知识与能力方面占优势以及是欠缺待提高的,对自己的学习情况有着清醒的了解。

(2)作业形式新颖,信息技术辅助,加强个性化作业布置

在本次研究中,对于改错的方式也进行了尝试,以前基本都是采取建立改错本等形式进行,现在以录制讲解题目视频的形式进行改错,在学生群内进行展示,

评选出优秀讲题能手，极大提高了学习的积极性，同时也看到学生的无限潜能，例如有的学生表达能力强，有的学生信息技术应用能力非常高，有的学生逻辑思维能力比较好等。

（3）依托教材，涵养学生的数学文化，开展数学建模

基于设计探索性数学问题、数学建模，撰写数学小论文等内容发展学生核心素养，渗透数学文化，培养学生用数学的眼光观察世界，从而深刻体会"数学之美"。也可以让学生自主参与作业的设计，需要完成作业的内容，感受数学源于生活，从各个方面感受数学的乐趣，从而实现减"负"增"质"的意义。

4. 高中数学作业创新设计模型

旨在减轻学生作业负担，对高中数学作业进一步地进行规范，为促进学生全面发展，建设高质量教育体系，对高中数学作业进行多元分析，作业的整体设计层层递进，以螺旋上升的方式渐进研究，最终形成系统的作业布置体系，为后续提供参考模型（见图4.2.1）。

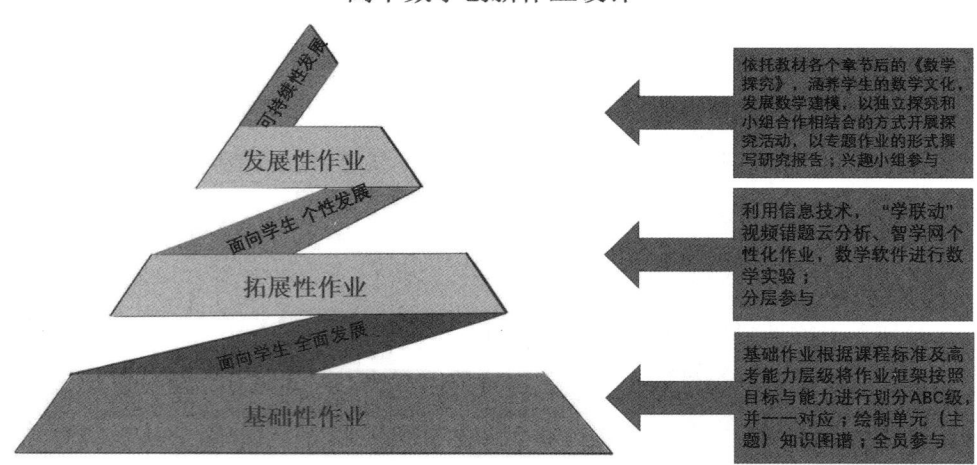

图 4.2.1 高中数学作业创新设计模型

参考文献

[1] 王磊，曹一鸣等. 基于学生核心素养的数学学科能力研究 [M]. 北京：北京师范大学出版社，2017.

[2] 黄炳锋. 课程视域下高中数学单元作业的设计[J]. 福建基础教育研究，2022(07)：53-56.

[3] 姚国强. 高中数学个性化作业有效设计与使用的实践研究[D]. 南京师范大学，2017.

[4] 程德胜，喻平. 高职校数学教师认识信念的维度分析与倾向性研究[J]. 数学教育学报，2015，24(02)：91-97.

[5] 喻平. 数学教育心理学[M]. 南宁：广西教育出版社，2008.

[6] 唐发涛. 高中数学校本作业设计的实验研究[D]. 云南师范大学，2014.

[7] 王月芬，张新宇等. 透析作业基于30000份数据的研究[M]. 天津教育出版社，2011.

[8] 姚国强. 高中数学个性化作业设计与应用[J]. 数学教学通讯，2015，(12)：2-4+7.

[9] 王月芬. 作业设计能力——未被重视的质量提升途径[J]. 人民教育，2018（Z2）：58-62.

[10] 王月芬. 课程视域下的作业设计研究[D]. 华东师范大学，2017.

（此文系北京市教育学会"十四五"教育科研2022年度课题《"双减"背景下高中数学作业创新设计与实施的研究》的中期研究成果）

四、例析思维可视化工具在落实高中生物学概念中的应用

宋庆庆

【摘要】在落实高中生物学概念过程中，亟须高效的学习工具来促进学生思维能力提升，培养学科核心素养。本部分主要结合思维可视化工具的特点，例析其在高中生物教学实践中的应用，助力落实生物学核心概念，提升学生思维品质。

【关键词】生物学概念；思维可视化工具；科学思维

1. 生物学概念

生物学概念是生物学现象最本质和最抽象的概括，众多的生物学概念以及概念之间的相互联系建构起生物学学科知识体系。《普通高中生物学课程标准（2017年版2020年修订）》（以下简称"课程标准"）将生物学概念分为3大类别：大概念、重要概念、次位概念[1]。随着高考评价体系的变革，更加重视学生对学科概念的考查，要求学生不仅要理解概念的内涵，还要掌握概念的外延。如何帮助学生准确且全面掌握生物学概念，培养科学思维与科学探究能力，落实生命观念、社会责任的生物学核心素养是高中生物教学研究与实践的重要内容。

学生在建构概念过程中，科学的思维习惯是必不可少的。然而，多数学生缺乏科学的学习方法以及学习工具。在新知识的学习阶段，难以将生物学概念中的上位概念与下位概念统筹联系，常常以零碎的知识堆砌式学习。尤其在学习概念性较强的内容时，往往停留在过于宽泛的抽象概念阶段，不能从抽象到具体、部分到整体灵活转化，无法深度思考，进而产生错误理解现象，达不到学业要求。因此，帮助学生养成科学思维习惯，有效落实生物学核心概念是生物学教学的重要目标之一。

2. 思维可视化工具

思维可视化工具是以表征关系为主的思维图示，如思维导图、概念图、八大图示（圆圈图、树形图、气泡图、双气泡图、流程图、复流程图、括号图、桥形图），

将学习和思考的过程通过图示技术进行视觉表征[2]。利用思维图示降低学习过程中的低阶认知负荷，促进高阶认知加工，使思维得到深度发展。思维导图主要用于思维激发和思维整理；概念图通过连接词对概念之间的关系进行精确的描述，形成"概念—连接词—概念"的这一最小意义单元命题。八大思维图示中的每一种图都对应着一个具体的思维技能，如圆圈图用来支持头脑风暴和联想，树形图表示分类，流程图表示事件之间的顺序关系，复流程图表示因果关系，气泡图用来描述或想象，双气泡图用来进行比较事物间的异同，括号图表示整体与部分关系，桥形图则用来表示类比关系。

利用思维可视化工具化，建构生物学概念，有助于学生理解概念的定义、内涵和外延，从而发展生命观念，提升科学思维以及科学探究能力，最终提高生物学科核心素养。

3. 思维可视化工具在落实生物学概念中的应用

（1）利用思维导图对生物学概念进行发散与归纳

思维导图是一种用图表来表现发散性思维的图示。它既可以直接仅由一个思维层次呈现，也可以用多个思维层次呈现。在新授课教学过程中，可以用于思维充分激发思维，建构概念。如在《动物细胞工程》中，学生充分列举出动物细胞培养需要满足的条件并进一步归纳，通过增加思维层级，形成思维导图（见图4.2.2），在此过程中，培养学生的发散与归纳思维。此外，在复习或检测评价中，可用于思维整理，厘清层级关系和顺序关系，如在《细胞的基本结构》复习中，将重要概念利用思维导图构建知识框架（见图4.2.3），有利于学生把一些事实性知识储存在该知识框架中，并为日后接受和建立新的科学概念奠定基础。

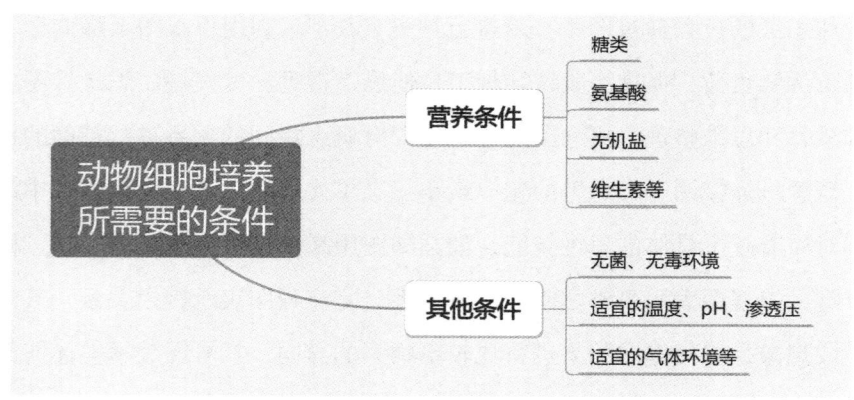

图 4.2.2 思维导图在动物细胞培养中的应用

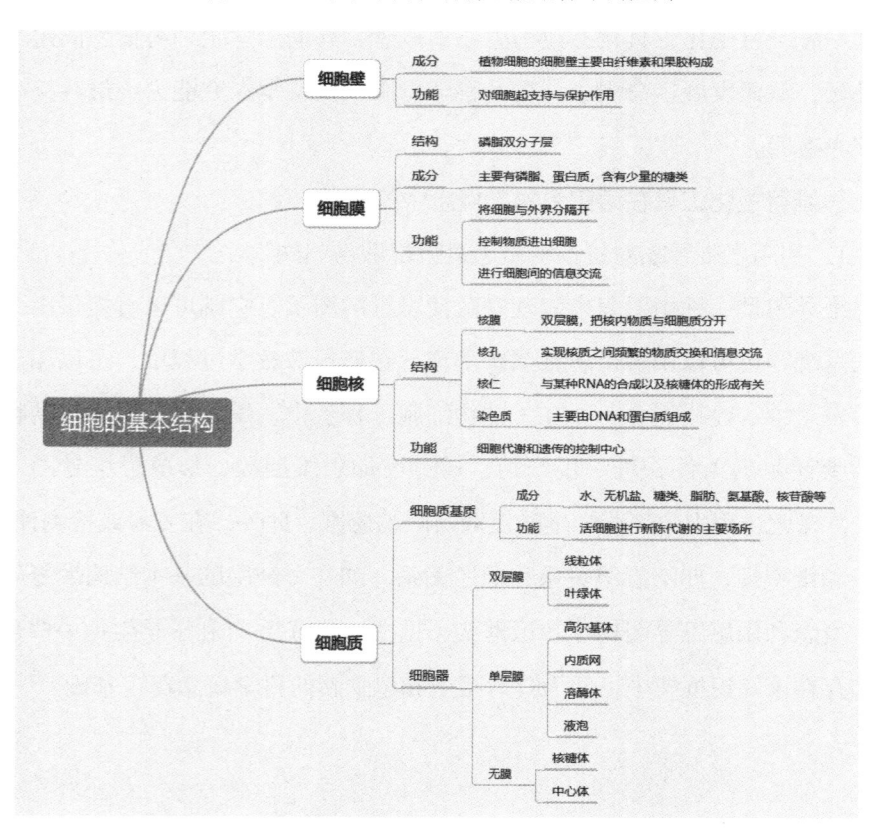

图 4.2.3 思维导图在细胞的基本结构中的应用

(2) 利用概念图对生物学概念进行精确表征

与思维图示相似的是，概念图也可以对多种思维方式进行综合表示，但概念在精准度上远高于思维导图，概念图通过连接词对概念之间的关系进行精确描述。

以焦点问题为导向,激发出尽可能多的与主题相关的概念,并在这些概念间建立起关联。《免疫调节》一节中,以"免疫系统"为焦点问题,围绕其结构、功能、应用等方面,精确表征各概念之间的关系。学生通过构建概念图(见图4.2.4),厘清各概念之间的层级。概念图能够构造一个层级分明的知识网络,便于学习者掌握概念间的逻辑关系,进而直观快速地把握一个概念体系。

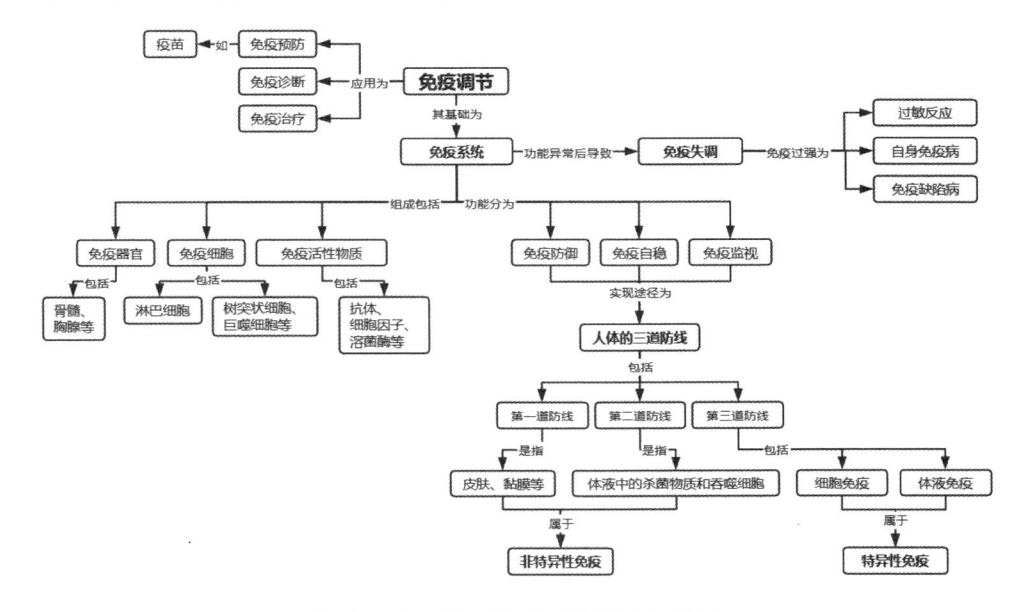

图 4.2.4　概念图在免疫调节中的应用

(3) 圆圈图—树形图联合使用对生物学概念进行发散与聚焦

圆圈图主要是从中心词或中心问题出发,结合已有认知,进行充分的联想与想象,要求类别广、新颖度高,主要培养发散思维。树形图是结合目标情境,给出多种合理的分类方式,主要培养聚合思维。在概念构建过程中,联合使用圆圈图与树形图,引导学生思维从发散到聚合,促进深度学习概念,最后对图示进行评价,提升批判性思维。如在《影响种群数量变化的因素》一节中,通过设计两个进阶性活动,利用圆圈图(见图4.2.5)列举影响种群数量变化的因素,在此基础上利用括号图(见图4.2.6)按照一定标准对其进行归类整理,阐明不同种群的生物在长期适应环境和彼此相互适应的过程中形成动态的生物群落,落实《课程标准》选择性必修2大概念2中的重要概念。

学生活动一：列举影响种群数量变化的因素。

学生活动二：对影响种群数量变化的因素进行归类整理。

图 4.2.5　利用圆圈图分析影响种群数量变化的因素

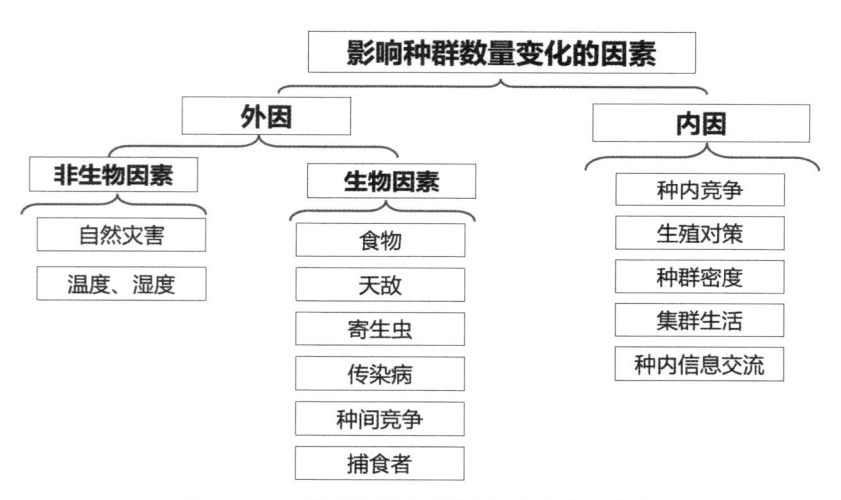

图 4.2.6　利用树形图对影响因素分类和整合

(4) 利用气泡图、双气泡图对生物学概念进行比较与分析

气泡图主要用来描述事物、概念的具体特征。升级版的双气泡图是在深入了解两个事物或概念特性的基础上，比较两者间的差异与相似性，主要培养对比思维。教师可以引导学生在相异的对象间探求相同点，在相同的对象间探求相异点，

能够使学生更好地认识和把握事物，同时更好地训练学生的求同和求异思维。如在《免疫学的应用》一节中，学生利用双气泡图（见图4.2.7）比较减毒活疫苗与灭活疫苗的异同。通过对比分析，引导学生能够结合自身情况，自主选择接种疫苗的种类并向亲友宣传接种疫苗的重要性，落实生命观念，培养社会责任感。以双气泡图为脚手架，在落实生物学概念的同时发展学科思维。

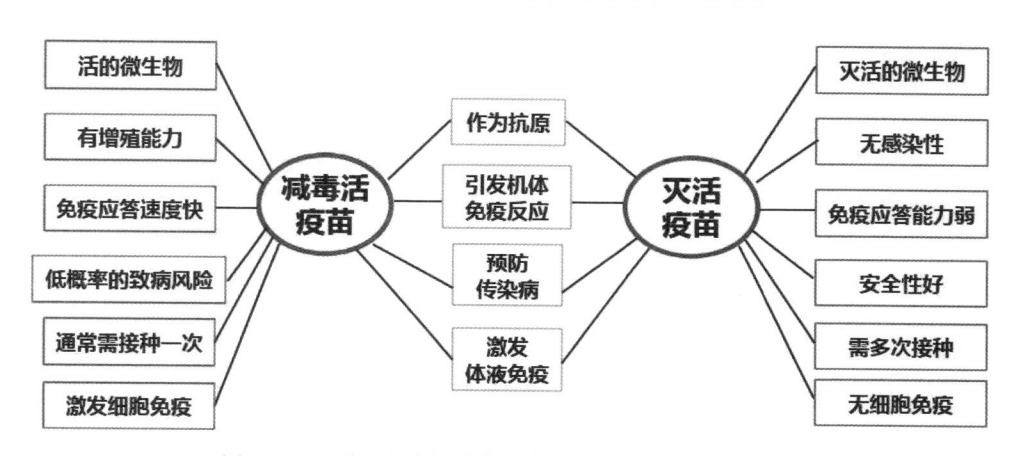

图 4.2.7　利双气泡图比较减毒活疫苗与灭活疫苗的异同

（5）利用流程图对生物学概念进行逻辑建构

流程图是在特定概念情境下，对程序性过程进行恰当的步骤分解与建构。要求过程准确，逻辑严谨。在教学中，为顺应不同的表达需求，流程图呈现多种样式，可分为单流程图、复流程图。单流程图可辅助学生厘清生物学过程及其内在逻辑，落实生命观念，培养科学的逻辑思维。在《特异性免疫》一节中，学生可利用单流程图建构特异性免疫应答模型，阐明机体针对特定病原体的程序性应答过程。在《生态系统的能量流动》一节中，学生利用单流程图建构生态系统中生产者固定的太阳能的能量流动去向，分析生态系统中的能量在生物群落中单向流动并逐级递减的规律（见图4.2.8）。复流程图具有多条序列表征多种因果关系的优势，左边部分体现分析归纳的思维，右边部分体现了演绎的思维，如图4.2.9所示。对程序性知识技能型分析，以流程图表征，学生更易发现并总结某一核心概念的客观规律，深入理解概念，培养分析思维、抽象逻辑思维。[3]

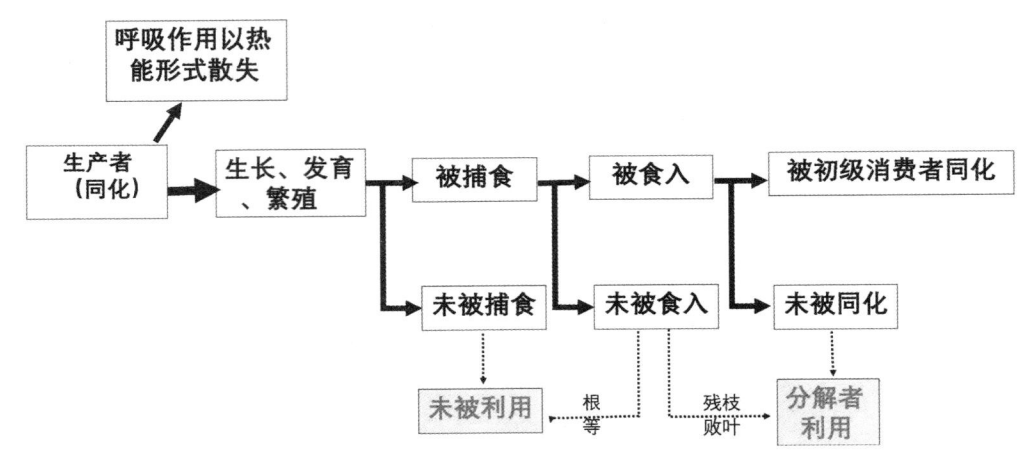

图 4.2.8　利用流程图表征生态系统中能量流动过程

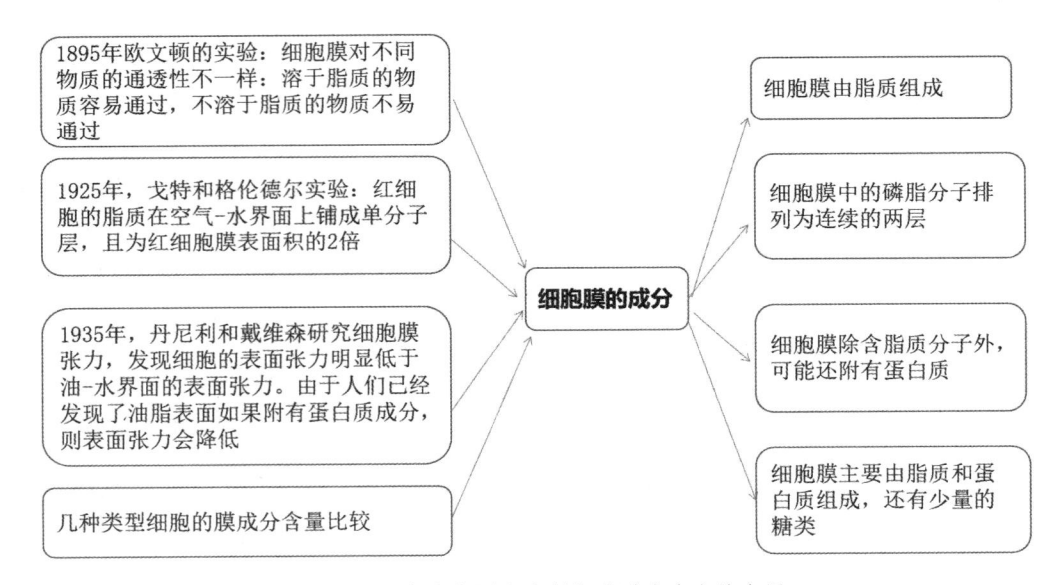

图 4.2.9　复流程图在分析细胞膜成分中的应用

(6) 利用括号图对生物学概念进行分析与整合

括号图是对某一主题进行合理拆分,分析整体与部分的关系。例如,在学习《细胞的基本结构》时,先利用括号图(见图 4.2.10)对本章内容进行概述,整体把握单元知识图。在章节内容学习结束时,在括号图的基础上,可以利用思维导图等图示进一步从构与功能观的角度出发分析与整合细胞的基本结构,从而阐明细胞各部分结构既分工又合作,共同执行细胞的各项生命活动。括号图可以更好地把握主体与部分的关系，有助于分析整体与部分之间的关系。

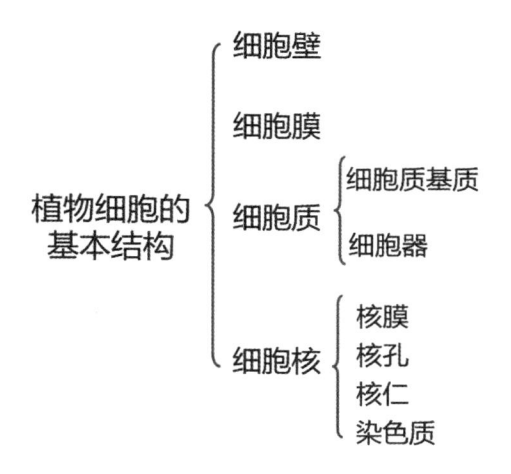

```
                    ┌ 细胞壁
                    │
                    │ 细胞膜
                    │
植物细胞的     ┤ 细胞质 ┌ 细胞质基质
基本结构       │        └ 细胞器
                    │
                    │        ┌ 核膜
                    │        │ 核孔
                    └ 细胞核 ┤ 核仁
                             └ 染色质
```

图 4.2.10　利用括号图整理单元知识体系

（7）利用桥形图对生物学概念进行类比表征

桥形图，用于直观表征类比思维。不同育种技术所运用的原理进行类比表征（见图 4.2.11）。除此之外，桥形图也有益于培养学生的联想能力与发散思维，这与绘制方法有关：先在桥形横线的上、下写一组具有相关性的事物，再按此相关性渐次列出多组事物。但要注意，与思维导图的随意联想不同，桥形图的联想是基于事物相关性展开的。

```
  诱变育种      杂交育种      单倍体、多倍体育种
─────────────────────────────────────────────
  基因突变      基因重组      染色体数目变异
```

图 4.2.11　利用桥形图类比育种技术及原理

学习高中生物学概念，除科学知识的学习之外，更多是学习一种思维方式。从落实生物学概念，培养生物学学科核心素养角度看，生命观念的形成需要科学思维，科学探究的进行需要科学思维，社会责任的担当同样也需要科学思维。因此，培养学生的科学思维习惯和能力，是生物学课程的核心目标之一。运用思维可视化工具，可以降低学生低阶认知负荷、引导学生对高阶认知进行加工处理。在高中生物学教学实践中，以思维可视化工具为"抓手"，助力学生建构核心概念，理解生物学概念的定义、内涵和外延，从而发展生命观念，提升科学思维能力，提高生物学科核心素养。

参考文献

[1] 中华人民共和国教育部．普通高中生物学课程标准（2017年版）[S]. 北京：人民教育出版社，2018：4-5.

[2] 赵国庆，杨宣洋，熊雅雯．论思维可视化工具教学应用的原则和着力点[J]. 电化教育研究，2019，40(09)：59-66+82.

[3] 谭连桂．浅析思维可视化工具在提高学生科学思维素养上的应用[J]. 中学生物学，2021.37（05）:13-16.

五、浅谈 RMI（关系映射反演）方法在高中数学解题中的应用

杨茜子

1. 引入

在中学数学的学习中，我们会遇到许多问题。这些问题有的可以直接解决，但大部分却需要我们做出一些变化才可以解决。所以，数学家的思维特点是什么呢？对于这个问题，著名的匈牙利数学家路沙·彼得在他的著作《无穷的玩艺》一书中给出过答案：这种推理过程对于一个数学家的思维过程是非常典型的．也就是说："当一个数学问题不能被正面解决时，他们就会在不改变题意的前提下不断地变化题目的条件、结论，直到将不能解决的问题转化为可以解决的问题为止。"[1] 如果用一个框架表示出来，则如图 4.2.12 所示。

```
几何问题  ──建立坐标系──>  代数问题
   ↑                           │
   │                           ↓
几何解答  <──作几何解释──   代数解答
```

图 4.2.12　几何代数问题转化图

这个框图体现出三个特点：第一，着眼点的变化。对于某道题，我们关注的不再是题目本身，而是从这道题延伸出一个解题的体系，使之可以有效地解决某一类问题。

第二，两个对象系统之间建立了一一对应的关系．我们通过建立直角坐标系实现了从几何到代数的整体转换。

第三，想要实现这种转化，必须要在严格的数学形式条件下。例如，只有在建立了直角坐标系之后，我们才能发现平面点集和二元实数组之间的关系，即平

---

[1] 路沙·彼得：《无穷的玩艺：数学的探索与旅行》，朱梧槚、袁相碗、郑毓信译，大连理工出版社，2008，第 27 页。

面上任意一点都唯一确定了一个实数组，反之亦然。所以，只有在这样严格的数学形式下的对应关系才能保证结论的准确性。

综上所述，有上述这三个特征的求解方法就称为"关系(relation)映射(mapping)反演(inversion)方法"（以下简称 RMI 方法）。与一般化归法相比，RMI 方法更为抽象，也更加严密，具有非常广泛而重要的应用。下面我们就将具体介绍 RMI 方法及其应用。

2. 关系映射反演方法

（1）内容

在给出具体定义之前，我们先明确几个数学名词的概念，便于后续概念的解释。

数学对象：指不同的具体数学定理或理论中所涉及的不同的数学概念。例如，变量、函数、点、线、面等。

关系结构：数学对象之间的确定关系就是数学关系，例如几何关系，代数关系，函数关系，拓扑关系等。而关系结构是一种集合，这个集合中的元素就是彼此之间具有某种或某些数学关系的数学对象。

映射与反演：首先映射是指在两类数学对象或两个数学集合的元素之间建立了一种"对应关系"。特别地，如果是一一对应则称之为可逆映射。例如，仿射变换、线性变换、射影变换等。而逆映射就被称为反演。

数学手续：数学中使用的各种解题手段，例如：证明法、计算法、演绎推理等被称为数学手续。注意只有有限步能完成的手续才可以被叫作数学手续。

可定映映射：若原象关系结构 S 通过映射 φ 得到映象关系结构 S^*，而 S^* 中的未知映象 x^* 可以通过一定的数学手续从 S^* 中确定出来，则称这个映射 φ 为可定映映射。

所以关系（relation）映射（mapping）反演（inversion）方法的内容如下：

设有一个含未知目标原象 x 的关系结构系统 $S=(A,\Gamma,x)$，如果能找到一个可逆而又可定映的映射 φ，将 S 映成 $S^*=(A^*,\Gamma^*,x^*)$；则可从 S^* 出发，通过一定的数学手续 φ 将未知的目标映象 $x^*=\varphi(x)$ 确定出来，然后再通过反演也就是逆映射 φ^{-1}

把目标原象 $x=\varphi^{-1}(\underline{x}^*)$ 最终确定出来。

(2) 思维框图（见图 4.2.13）

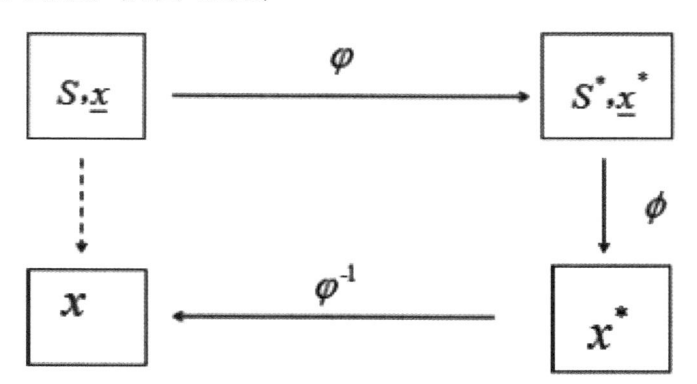

图 4.2.13 关系 (relation) 映射 (mapping) 反演 (inversion) 方法图

也可简单地记为：$(S,x) \xrightarrow{\varphi} (S^*,x^*) \xrightarrow{\phi} x^* \xrightarrow{\varphi^{-1}} x$

这就是说，RMI 方法的全过程表现为：关系—映射—定映—反演—得解。

其实 RMI 方法并没有看上去的那么复杂，我们在平时的生活中也肯定用到过。比如，各位女士最喜欢的化妆就是 RMI 方法的一个应用，镜子里的脸和她本身的脸之间的关系就是映射．而原象关系是指化妆者本身的脸和她的化妆品之间的关系，映象关系是指镜子里的脸和镜子里的化妆品之间的关系。她从镜子里看到这种映象关系后，便可以通过调整化妆品的映象与脸的映象之间的位置关系，使镜子里的化妆品映象可以正确地涂在镜子里的脸的映象，从而真正地进行化妆。很明显这个过程遵循了反演原则，她正是因为镜子里的映象反演到原象才能准确地将化妆品涂抹在脸上。

3. 应用关系映射反演方法解决问题的必要条件

根据上面的例子，我们大体可以总结出应用 RMI 方法解决问题的必要条件为所采用的映射是可定映的。

首先我们要明确"可定映映射"的概念：若给定一个原象关系结构 S 及它的 x 原象，通过可逆映射 φ 得到映象关系结构 S^*，而 S^* 中的未知映象 x^* 可以通过某种形式的有限多步数学手续，能把目标映象确定下来，那么就是可定映映射；类似地，面对其他类型的问题，需要引进的映射就必须实现由困难到容易、由复杂到简单这个目标．所以我们重新建立一个广义的"可定映映射"的概念：

若给定的一个具有"目标问题"的关系结构 S，有这样一个可逆映射 φ，它将 S 映成映象关系结构 S^*，在 S^* 中通过某种形式的有限多步数学手续，能有效地解决相应的"映象问题"，那么 φ 就是可定映映射。

4. 关系映射反演方法在数学解题中的应用

RMI 方法在数理科学与工程科学技术这一领域有着非常广泛的应用，它具有高度概括性，所以算是一种普遍性的思想方法。在数学史上，代数结构的观点、微积分运算、哥尼斯堡七桥问题、解析几何的坐标映射等都是数学中有效的定映映射．几何三大难题不可解性的证明，也可以看成是通过关系映射反演方法得出的否定性解答的实例。然而在中学数学中，RMI 方法也是常常会应用的一种数学思想方法．下面笔者将通过分析解答不同类型的中学数学问题，从而使大家了解 RMI 方法的应用。

中学数学中的代数问题有许多种，下面将举出两个应用 RMI 方法的例子，结合 RMI 方法的框图形式进行分析与解答。

例 1：判定二元二次方程 $x^2+y^2-2x+4y-4=0$ 所代表的曲线．

分析：看到这个方程，我们很容易想到完全平方式，那么原式就化为 $(x-1)^2+(y+2)^2=3^2$，这个式子很明显是圆的标准方程，则引入 $\begin{cases} x'=x-1 \\ y'=y+2 \end{cases}$，将原方程映射成单位圆的方程，再通过坐标的变换反演出原方程的图形 $\varphi^{-1}\begin{cases} x'=x+1 \\ y'=y-2 \end{cases}$

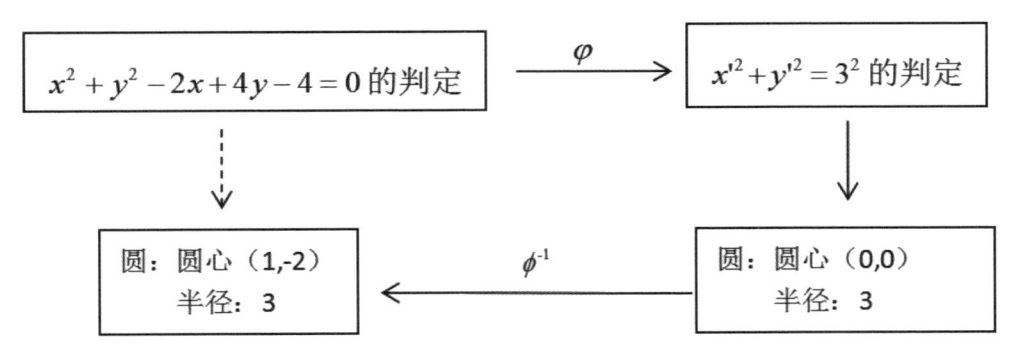

框图如图 4.2.14 所示。

图 4.2.14 曲线方程关系（relation）映射（mapping）反演（inversion）方法图

解：令 $\begin{cases} x'=x-1 \\ y'=y+2 \end{cases}$ 原方程化为 $x'^2+y'^2=3^2$，这个方程是圆，圆心 (0, 0)，半径为 3，则原方程的图形也是圆，圆心为 (1, -2)，半径为 3。

这个只是参数法在平面解析几何里的最简单的应用。如果要判定一般的二元二次方程 $Ax^2+Bxy^2+Cy^2+Dx+Ey+F=0$ 所代表的曲线，那么就不仅要用到坐标轴的平移，而且还要用到坐标轴的旋转，即必须引入如下变换：

$\begin{cases} x'=x\cos a + y\sin a \\ y'=-x\sin a + y\cos a \end{cases}$ 其中，$\alpha=\frac{1}{2}\arctan\frac{B}{A-C}$

例 2：判定方程 $2x^2-3xy+y^2=10$ 所代表的曲线。

分析：根据上述公式，将 x, y 映射成 x', y'，判断出曲线类型再反演回去。

解：$\alpha=\frac{1}{2}\arctan\frac{\sqrt{-3}}{2-1}=\frac{1}{2}\arctan(-\sqrt{3})=-\frac{\pi}{6}$

∴ $\phi: \begin{cases} x'=\frac{\sqrt{3}x-y}{2} \\ y'=\frac{x+\sqrt{3}y}{2} \end{cases}$，思维框图与上题类似，将原方程映射成 $\frac{x'^2}{2^2}+\frac{y'^2}{(2\sqrt{5})^2}=1$

显然这是一个椭圆的方程，长轴 $2a=4\sqrt{5}$，短轴 $2b=4$，焦点 (0, 4)，(0, 4)。反演得出原方程也是一个椭圆，长轴 $2a=4\sqrt{5}$，短轴 $2b=4$，焦点（2, $2\sqrt{3}$）（-2, $-2\sqrt{3}$）其中长轴和短轴在映射中没有发生变化，变化的是焦点的位置，也就是椭圆的位置，那么我们就将映象中的焦点坐标代回 ϕ 中，解出两组坐标，就是原椭圆的焦点坐标。

5. 应用 RMI 方法的意义

在中学教育中，数学作为一门核心的课程，不仅仅要教授基本的数学知识，更重要的是要通过解题研究，训练学生的逻辑思维能力，从而使其获得创造性思维方法。虽然在一般的中学教材中，很少甚至根本没有将 RMI 方法明确地指出来，但是事实上，作为一种具有普遍性的数学思想方法，RMI 方法应用于各种各样的数学题和数学教材中．只有经过认真的分析观察，才能将它抽象出来，并对它包含的各个步骤给予确切的表述和讨论。

这个寻找映射的过程就是我们应用 RMI 方法的意义，因为作为一名数学教师，应当以培养学生寻求映射的能力为目标，这个能力包括几个方面：

一是理解原象关系结构系统的能力；二是抽象分析的能力；

三是运用数学工具的能力；

四是掌握比较常用的数学方法和变换思维的能力，以及寻求反演公式等能力。

当他能够熟练地应用 RMI 方法或者可以马上从一道题中分析出 RMI 的思维框图时，就说明他已经具备了很强的逻辑思维能力和发散思维能力，这两种能力在他今后的学习道路上会给予他很大的帮助。

参考文献

[1] 徐利治，郑毓信. 关系映射反演原则及其应用 [M]. 大连：大连理工大学出版社，2008：19-20，23-26，31，51-52，121-123.

[2] 吴炯圻，林培榕. 数学思想方法——创新与应用能力的培养 [M]. 厦门：厦门大学出版社，2009：293-295.

[3] 徐利治. 论数学方法学 [M]. 济南：山东教育出版社，2001，240-242.

[4]Faivillig,Judith.Strategies for advancing children's mathematical thinking[J]. Teaching Children Mathematics,Apr.2001,Vol.7,Iss.8:454-459.

[5] 陈丽萍. 谈 RMI 方法在数学中的一些应用 [J]. 世界华商经济年鉴（高校教育研究），2009.

六、单元主题意义探究中融合听说能力提升的教学设计与实施探索

甄丽丽

【摘要】

《普通高中英语课程标准（2019年版，2020年修订）》指出单元是承载主题意义的基本单位，单元教学要以发展英语学科核心素养为宗旨，围绕主题语境整体设计学生活动。学生对主题意义的建构是通过在单元学习中的听、说、读、写、看的语言技能活动而获得的全方位立体的学习过程。如何在高三总复习阶段的单元主题意义探究中融合听说能力提升，笔者将以一节听说课为例进行具体的说明。

【关键词】高中英语；听说能力；主题意义

1. 理论依据

（1）单元整体教学浅析

单元整体教学是指教师基于课程标准对教材等教学资源进行深入解读、分析、整合和重组后，结合学生主体的需求，搭建起的一个由大单元主题统领、各语篇层次主题相互关联、逻辑清晰的完整教学单元。教师对教材单元中的多模态语篇内容及其主题意义进行整体分析、结合学情分析，从主题意义、语言能力、思维品质等角度整体利用具有内在关联性的语篇，确定具有多维度内在关联的学习小单元记忆教学实施逻辑，并在该基础上明确具有整体性、递进性和迁移性的单元教学目标，设计具有整合性、关联性和实践性的单元学习活动，以整合性输出活动作为评价学生单元学习效果的有效方式，进而在单元整体教学中以教、学、评一体化促进学生核心素养的融合发展。

（2）基于主题开展单元整体教学的意义

主题意义引领下的高中英语单元整体教学能够打破只重视语言知识学习和语言技能训练的传统教学模式。围绕单元主题，对教材进行深入分析、整合和重组，

搭建起一个由单元大主题统领、各语篇次主题相互关联、逻辑清晰的完整教学单元。同时帮助学生将单元内新旧知识串联起来，促进学生以主题为核心主动建构连贯、完整的知识体系，引领学生深度挖掘语言形式背后的内涵，探究单元主题意义背后的情感价值观。

高中英语新课本取材广泛，涉及多门学科，为学生打开了一扇世界之窗，因此，教师在高中英语教学过程中如何提高学生学习英语的兴趣，使学生在潜移默化中学到跨学科知识至关重要。本单元在"对人与自然之间的关系探索"这一大概念的引领下，指导学生围绕人与自然进行主题意义探究，通过学习理解、应用实践、迁移创新等一系列综合、关联和实践的学习活动，帮助学生掌握人与自然相关的语言知识，培养学生理性看待人与自然的关系，帮助学生了解自然、应对自然、保护自然，践行绿色生活理念，增强其对人类命运共同体的认知。

2. 单元主题意义探究中融合听说能力提升的指导思想

（1）基于主题意义，制定指向核心素养的单元整体教学设计

实施单元整体教学能够帮助教师在教学中把握立德树人的本质，为学生探索学科知识、转化能力、形成素养奠定基础，从而服务立德树人的根本任务；指导教师整合课程内容、整体规划教学与评价活动，并在教学中融入持续性的评价，确保目标落实；促进学生学科核心素养的融合发展，从不同的角度围绕同一主题引导学生进行多元化解析，并通过开展多样化的教学活动，使学生在意义探究和问题解决的过程中，建构起连贯的、整合性的知识结构，促进语言能力、文化意识、思维品质等多方面的融合发展。

（2）基于学业质量水平要求，培养学生听说能力

《普通高中英语课程标准（2019年版，2020年修订）》在学业水平二中明确要求学生能在主题语境下使用所学语言知识和文化知识理解语篇所传递的意义，意图和情感态度，并能以头口形式陈述时间、传递信息，阐释观点和态度。

因此在单元整体教学视域下实施听说教学有利于教师统整教学内容，聚焦学生的学习需要，科学合理地设置教学目标和情境链，在层层递进的探究活动中帮助学生树立正确的价值观，实现学科核心素养的发展。

（3）以核心素养为导向，践行英语学习活动观

本单元是人与自然主题语境下的子主题环境保护，践行绿色生活理念，融合同一主题下三个语篇内容，三个语篇的内容在知识上存在着交叉，内容上也是层层递进的。通过学习让学生认识到，无论是在校园里还是在生活中我们都可以践行绿色生活理念。通过听说语篇的训练，形成结构化知识，并通过课堂听说的训练活动，最终实现人与自然主题下语言技能的提升。通过大单元的复习，学生对人与自然这一主题理解更加深入。

从英语学习活动观的视角整合课程内容，为学生设计有情景、有层次、有实效的英语学习活动。以教材单元话题为主题整合教材资源，以语篇为依托，以活动为途径，将类似相同的主题语境、语言知识进行整合，引导学生复习、巩固、运用与主题语境相关的语言知识，实现对主题意义的深层理解，落实好培养学生英语学科核心素养的任务。

3. 在单元主题意义探究中融合听说能力提升的教学实践

（1）确立单元主题意义，统筹增效

实施单元整体教学时，教师在仔细研读单元内各个语篇的基础上，梳理出单元主题意义，并整合教学内容，实现各个课时由易至难、逐级递增的螺旋式上升发展。通过课时子主题体现主题意义的完整性和递进性，同时根据主题意义分解进行教学内容重组。

本单元是高三一轮复习的听后记录与转述专题，旨在帮助学生依托课本大单元主题进行听说训练。首先将北师大版新教材中必修二 Unit 5：Humanand Natures，必修三 Unit 8：Green Living，选择性必修一 Unit 3：Conservation 三个单元的语篇进行改编与整合。三个单元的主题语境都是人与自然，话题涉及自然生态、灾害防范、环境保护。知识上存在着交叉，内容深度也是螺旋上升。从认识自然、尊重自然，到关注和保护自然环境，实现绿色生活。从个人层面面对自然灾害的应对技能、提升环保意识、绿色出行，改善环境，知晓普通人可以从改变生活习惯来保护自然，理解人类对自然的破坏最终会使得双方受损，人类需要反思自己的行为并采取补救措施。

"研"途揽胜——首都师范大学附属密云中学校本研修探索

通过整合三个单元的语篇内容，形成了人与自然主题下的大单元教学目的，同时三个单元的主题词汇相关性也较高，在练习过程中便于学生在单元主题下进行词汇的复习，形成主题词汇之间的关联。

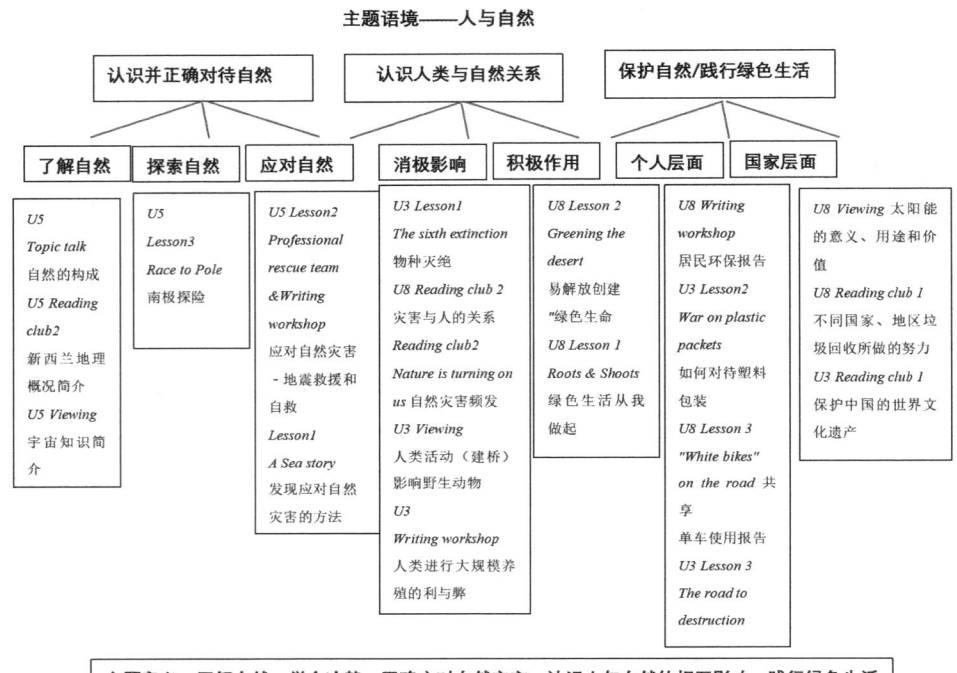

主题语境——人与自然

```
                         认识并正确对待自然          认识人类与自然关系          保护自然/践行绿色生活

          了解自然    探索自然    应对自然       消极影响      积极作用        个人层面        国家层面

          U5         U5         U5 Lesson2     U3 Lesson1   U8 Lesson 2    U8 Writing     U8 Viewing 太阳能
          Topic talk Lesson3    Professional   The sixth    Greening the   workshop       的意义、用途和价
          自然的构成  Race to Pole rescue team   extinction   desert        居民环保报告    值
          U5 Reading 南极探险    & Writing      物种灭绝      易解放创建      U3 Lesson2     U8 Reading club 1
          club2                 workshop       U8 Reading   "绿色生命"      War on plastic 不同国家、地区垃
          新西兰地理              应对自然灾害    club 2                      packets        圾回收所做的努力
          概况简介                -地震救援和    灾害与人的关系 U8 Lesson 1    如何对待塑料    U3 Reading club 1
          U5 Viewing             自救           Reading club2 Roots & Shoots 包装            保护中国的世界文
          宇宙知识简              Lesson1       Nature is turning on 绿色生活从我    U8 Lesson 3    化遗产
          介                     A Sea story   us 自然灾害频发 做起           "White bikes"
                                 发现应对自然    U3 Viewing                  on the road 共
                                 灾害的方法     人类活动（建桥）              享
                                                影响野生动物                  单车使用报告
                                                U3                           U3 Lesson 3
                                                Writing workshop             The road to
                                                人类进行大规模养              destruction
                                                殖的利与弊
```

主题意义：了解自然，学会冷静、正确应对自然灾害，认识人与自然的相互影响，践行绿色生活理念，实现人与自然和谐共生

图 4.2.15 本单元单元框架图

从本单元的单元框架图（见图 4.2.15）可知，单元语篇围绕人与自然这一主题，包括谈论认识并正确应对自然；认识人类与自然的关系；保护自然、践行绿色生活。结合上述分析，本单元的主题意义确定为"了解自然、认识自然、保护自然，实现人与自然和谐共生"。据此，将单元主题分解为探索自然、应对自然以及保护自然、践行绿色生活三个子主题。整合后得到的单元主题通过各课时的子主题不仅在宽度和深度上得到拓展，同时最终通过对子主题的意义探究实现单元主题意义长度上的不断延展，培养学生的迁移运用能力，增强英语课堂的教学效果。

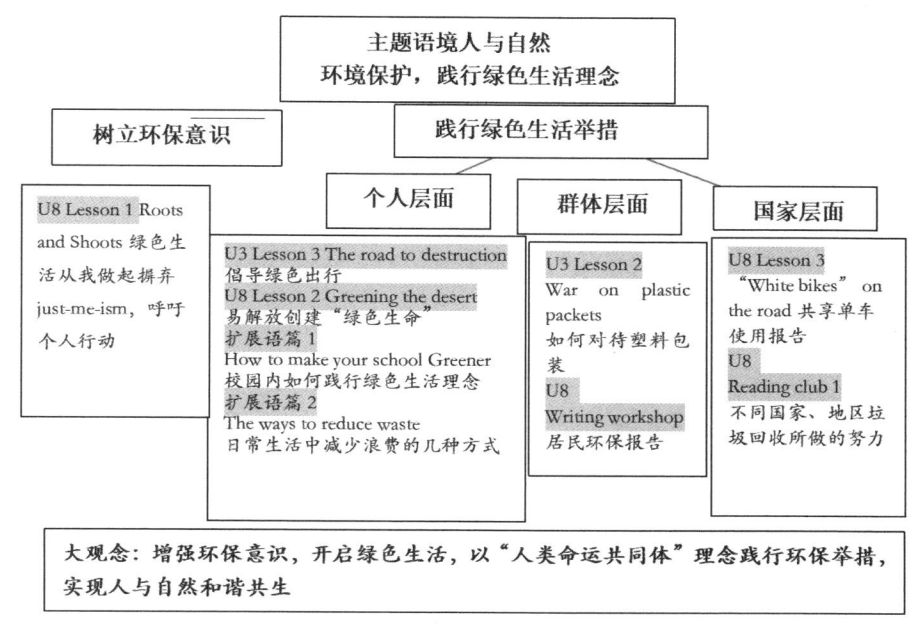

```
                     主题语境人与自然
                   环境保护，践行绿色生活理念
          树立环保意识      践行绿色生活举措
                      个人层面    群体层面    国家层面
```

U8 Lesson 1 Roots and Shoots 绿色生活从我做起摒弃just-me-ism，呼吁个人行动	U3 Lesson 3 The road to destruction 倡导绿色出行 U8 Lesson 2 Greening the desert 易解放创建"绿色生命" 扩展语篇 1 How to make your school Greener 校园内如何践行绿色生活理念 扩展语篇 2 The ways to reduce waste 日常生活中减少浪费的几种方式	U3 Lesson 2 War on plastic packets 如何对待塑料包装 U8 Writing workshop 居民环保报告	U8 Lesson 3 "White bikes" on the road 共享单车使用报告 U8 Reading club 1 不同国家、地区垃圾回收所做的努力

大观念：增强环保意识，开启绿色生活，以"人类命运共同体"理念践行环保举措，实现人与自然和谐共生

图 4.2.16　本节课框架图

本节课以"人与自然"主题语境下的环境保护，践行绿色生活理念为单元主题，通过同一主题下三个语篇的训练让学生提升环保意识，在生活中践行绿色生活理念与方式。篇章的顺序按照个人层面的在校园内如何践行绿色生活理念到日常生活中绿色出行、减少浪费的几种方式。通过整合的、层层递进的单元主题探究活动，学生能够形成系统的认知，最终完成"人与自然"这一单元大观念的个性化建构。

（2）明确单元与课时教学目标，提质增效

"新课标"指出，单元教学目标要以发展英语学科核心素养为宗旨，围绕主题语境整体设计学习活动。胡润、陈新忠认为："为了促进核心素养的形成，教师要在英语学习活动观的指导下确立目标，使目标具有层次性和渐进性。"

紧扣本单元主题和英语学习活动观的三个层次，单元教学目标确立为——经过本单元的学习，学生能够：

●在听说训练的过程中，通过逐步完善表内缺失的动词、连词、时间标志词，并补充记录适当的逻辑关系句，获取并梳理校园里、日常生活中践行绿色生活方式的事实性信息。

●根据贴近实际生活的情境，用流利、连贯的语言表达如何在校园里、日常生活中践行绿色生活方式，评价并选出适合自己的践行绿色生活的方式并适当做出补充。

●感悟三个语篇所传达的保护自然、践行绿色生活，实现人与自然和谐共生的精神，并进行践行绿色生活的演讲。

上述三个课时目标由浅入深，逐级上升，分别服务于单元目标1、2和4，旨在引导学生通过不同层级的活动实现对"践行绿色生活理念、实现人与自然和谐共生"的子主题意义的探究，并最终指向单元主题意义。

（3）创设情境链，激趣增效

教师要重视真实情境的创设，明确参与各方的身份和关系，引导学生学会选择得体的语言形式开展有效的交流。真实的情境不仅能激发学生的参与热情，也是检验学生的语言交流形式是否得体以及交流效果是否显著的重要平台。单元整体教学理念下的情境创设，要求各个情境之间存在渐进关联的逻辑关系。这也有利于保持学生探究的热情。

1）情境一

Teacher will show some pictures and ask：

● Have you ever seen these posters？

● What comes to your mind when we talk about "Ecology"？

● What should we do in daily life to achieve the concept of environmental p-rotection？

【设计意图】通过展示全国首个环保日的宣传海报引入本课话题，激活学生已知，激发学生学习兴趣。

2）情境二

Sam Smith suggested the ways to reduce waste.According to Sam...

表 4.2.2 听后记录转述练习

How to make your school Greener	
Add 1	• Start with creating green spaces indoors • Organizes a 2._____ outdoors
Recycle	• Acquire the knowledge on how to recycle • Make the school's recycling bins 3._____
Control energy use	• Switch off the lights or taps • 4 the school's energy use on a monthly basis

【设计意图】通过听取 Sam 的关于减少浪费的建议，梳理出如何在日常生活中如何减少浪费的事实性信息。

3）情境三

As the publicity ambassador for National Ecological Day, you will give an English speech titled Practice Green Life from me.

1.Give suggestions on how to practice a green lifestyle in daily life;

2.Call on everyone to participate in practicing a green lifestyle.

Hello,everyone!It's my honor to be here and give a speech.My speech topic is Practice Green Life from me.

表 4.2.3 教学评价量表

The Presentation Assessment 评价表		
Content	The content is complete and provides a detailed introduction on how to practice green living in daily life, and sends a call to the public.	*Excellent/Good* *Need Improving*
Language	Accurate language, appropriate communication and no grammatical errors.	*Excellent/Good* *Need Improving*
Structure	Clear organization and reasonable structure, Natural connection and coherent writing	*Excellent/Good* *Need Improving*

【设计意图】学生基于情境，运用今天所学习到的践行绿色生活的具体方式发表演讲，号召大家保护自然、践行绿色生活，实现人与自然和谐共生。

单元主题意义探究中融合听说能力提升，以探究主题意义为核心，通过开展单元整体教学设计，帮助学生形成系统的主题知识网、词汇网，提高学生学习英语的兴趣，进而形成对主题意义的构建。从单元主题出发，研读单元内容。关注单元内各语篇之间的联系，提炼单元大、小观念，确定单元教学目标并搭建单元整体框架图。设计符合英语学习活动观的各语篇听说教学活动，在满足学生个性化发展的同时着力提高学生的语言运用能力，引导学生从不同侧面采用听说的形式探究主题意义，并逐步构建单元大观念。在设计活动中，教师还同步拟定了课堂评价的方式和具体的评价要点，推进教、学、评一体化。在主题意义的引领下设计层层递进的学习活动，使学生形成对单元主题意义的认知、关注和思辨，促进其理性看待并解决生活中实际问题的核心素养的落地。

4. 结束语

基于主题意义探究的单元整体听说教学设计，是发展学生语言能力、文化意识、思维品质和学习能力的重要途径之一。基于主题意义探究中融合听说教学使得听和说的活动在相关主题意义建构中相辅相成，相互发挥作用，有助于培养学生的语境意识、语用意识，提升学生解决生活实际问题的能力，实现培养学生英语学科核心素养的目标。采用单元整体教学设计的方式也使得同一主题下的相关知识从割裂走向联结，从单一走向多维，从浅层走向深度。

参考文献：

[1] 陈新忠，孔瑞，葛凤芳. 大单元视角下的高三英语整体复习实施策略 [J]. 英语教师，2022,22（10）:8–12.

[2] 冯娟. 主题意义视域下的高中英语跨学科单元整体教学实践 [J]. 教学考试，2022（48）:8–10.

[3] 中华人民共和国教育部. 普通高中英语课程标准(2017年版)[S]. 北京：人民教育出版社.2018.

[4] 孟碧君. 基于主题意义探究的听说教学设计 [J]. 中小学英语教学与研究，2020（08）:52–56+68.

[5] 杨桂琴. 基于主题情境的初中英语听说整合教学设计改进 [J]. 教学月刊·中学版（外语教学），2022（Z1）:7–11.

（此文2023年10月在第十七届全国高中英语教师教学基本功大赛暨教学观摩研讨会中荣获国家级二等奖。）

七、显性化物理思想方法的单元教学初探

——以高一直线运动单元复习为例

徐岩　吕良　林辰　严晓梅

【摘要】《直线运动单元复习》是一节人教版必修一教材的高一年级复习课。传统的教学方法通常是梳理本单元各个知识点之后做大量习题。但这与核心素养导向的课程改革相悖而行。在物理核心素养导向下，本节课尝试采用可视化思维工具，以知识整理为载体，帮助学生梳理本单元蕴含的物理思想方法，并在迁移应用中，强化学生对思想方法的掌握，力图实现发展学生思维能力的目标，落实核心素养的培养。

【关键词】物理思想方法　物理核心素养　思维可视化

教育部印发《普通高中物理课程标准（2017年版，2020修订）》（以下简称新课标）明确提出了物理学科四个方面的核心素养。其中，物理思维方法是其中的重要组成部分，也是落实物理核心素养的重要载体。在顺应素养导向的教学改革趋势下，单元教学作为日常课堂教学中的重要组成部分，也须从应试目的转向物理学科核心素养发展，从机械的题目讲评活动转向思维发展的教学活动。但目前，我国还缺少聚焦在单元复习课中如何落实思维发展的实践与研究。为此，本部分以直线运动单元的复习课为例，提出采用思维可视化工具帮助学生物理思维发展的策略。

（一）物理思维方法的重要性与面临的挑战

物理思维方法是物理知识发展的手段和产物，物理知识和物理思维方法共同形成了物理学完整的知识体系。物理学科对物理思维方法教学的重视由来已久。例如，我国学者张宪魁、邢红军等在20年前就对物理思维方法做了系统的梳理，并且提倡在物理课程中对这些科学思维方法进行显性化教学[2][3]。这些年来，我

国学者和一线教师围绕物理思维方法教学，从理论与实践两方面都做出了积极的探索。例如，在理论方面，蒋炜波根据布鲁姆认知思维模型和物理学科核心素养理念，以培养学生物理核心素养为导向，构建了一个包含低、中、高三个思维发展阶层的模型[5]。在实践方面，应俊通过实例情景演绎引导学生，注重在实验操作中修正学生采用的思维策略和科学方法，从而培养学生的物理思维[6]。还有教师开展围绕物理思想方法的单元教学和高三专题复习单元教学的实践探索[7][8]。然而，在我国高中物理日常课堂中，仍然缺少对学生物理思维的显性化教学。本部分选取了高一阶段的第一个单元复习课"直线运动单元的复习课"，本节课使用人教版必修一（2019年6月第一版）教材。作为高一第一个单元，希望为刚刚进入高中学习的学生，打好高中物理学习的基础，探索出有效融入物理思维和方法的教学策略。

高一的学生具有基本的逻辑分析和推理论证能力，有一定的应用数学研究物理问题的能力，例如比值定义物理量、数学函数和图像应用的基础。但对于物理模型的建构、极限和微元求和思想等，虽然在初中接触过，但是认识还不深刻，高中阶段还需进一步明确和加强认识。

（二）思维可视化工具助力思维发展型课堂

针对在物理思维和方法的教学中遇到的挑战，思维可视化工具提供了可能的解决方案。思维方法往往在教学中缺少显性化的教学，且往往因为其抽象性而很难在课堂教学中取得较好的效果。为落实显性化教学目标，赵国庆等研究者认为，教师需要抽象出教学内容中所蕴含的知识结构和思维策略，并通过将其可视化，进而引导学生完成对所学内容的认知建模[4]。近年来，思维可视化工具逐渐受到教师群体的青睐，并在教学实践中作为教学支架发挥了卓越的效果。思维可视化工具通常可分为三类，八大思维图示、思维导图和概念图。这三种可视化工具在不同教学情境下承担了不同的功能：八大思维图示中的每种图示聚焦特定思维方式，如圆圈图激发联想、双气泡图做对比、括号图做拆分等；思维导图强调对中心主题进行多维度思考，审视分支和子分支的层级关系；概念图围绕中心命题挑选连接词，连接词形成网络并回答命题[7]。

已有研究表明，国内一线教师已经在物理课中，针对不同知识单元的教学中，使用以思维导图为主的思维可视化工具：例如，邓宗茂使用思维导图进行单元的概念梳理，帮助学生理解电学与磁场的联系[8]；张鹉同样通过绘制思维导图帮助学生理解电学知识，构建学生电学的知识框架[9]；沈启正应用了信息技术支持的思维可视化工具，并指出教师应当指导学生自行绘制思维导图，让学生经历思维活动的各环节，从中体悟解决问题的框架与思路[11]。这些实践大多集中在使用思维导图帮助梳理概念和知识框架，较少使用其他图示。截止本部分写作时，只在知网中找到一篇，是陈显灶和周玲结合使用流程图和思维导图，在密度测量这一单元里结合物理实验，减轻学生的认知负担[10]。本部分则在此基础上探索在物理单元复习课上使用合适的思维工具，不局限于思维导图，以帮助学生领悟单元知识背后的物理思想方法。

（三）物理单元复习课中的实践探索

具体来说，本节课使用概念图等思维可视化工具，帮助学生从知识体系建构上升到物理思维发展；并且围绕思维方法，开展了从总结归纳到迁移应用的闭环设计，实现了思维方法的显性化教学在物理课堂教学中的应用。

1. 学习目标设计：显性化思维发展目标

基于以上内容和学情分析，本节课设计了以下具体的思维发展目标。

①通过学生绘制思想方法概念图，帮助学生建立知识与方法之间的联系。具体包括深化对理想模型构建、极限思想、微元求和、用图像描述运动等思想方法的培养，促进学生科学思维能力的发展。

②引导学生关注知识建立过程中运用的物理思想方法，并提升学生对物理思想方法的掌握程度。

③通过提供新的问题情境，帮助学生实现对思想方法的迁移和应用，加强对思想方法的掌握，提高学生应用方法处理问题的能力。

2. 教学活动设计："唤醒—完善—提升"的思维发展闭环（见图4.2.17）

环节一：构建直线运动知识结构概念图 → 环节二：将生成新知识的思想方法融入到知识结构概念图中 → 环节三：用以上的思想方法解决的物理问题

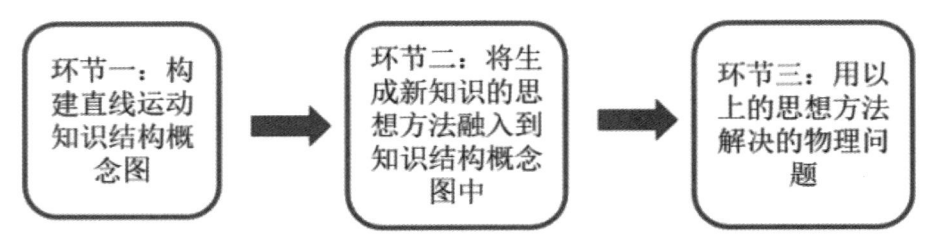

图4.2.17 "直线运动单元"的教学环节设计图

（1）唤醒——构建直线运动知识结构概念图

第一，通过关于"直线运动"章节的关键知识点的圆圈图的共同绘制，激活学生记忆，了解学情（见图4.2.18）；第二，使学生认识到圆圈图无法呈现各知识点的关系和知识结构，引导学生利用概念图来建构单元的知识体系。通过让学生互评学生创作的概念图，逐步明确好的概念图的标准，并使学生明确建构知识体系的重要性和意义。

图4.2.18 "直线运动单元"的关键知识点圆圈图

（2）完善——将生成新知识的思想方法融入知识结构概念图中

设计意图：使学生注重如何利用思想方法从旧知识生成新知识，明确知识背后蕴含的思想方法，培养学生的科学思维和研究方法，如图见图4.2.19所示：把物体抽象为质点应用了理想模型的思想、瞬时速度概念的建立应用了极限思想、速度和加速度概念的建立应用了变化率的思想、速度-时间图像中图像与横轴围成的面积表示位移应用了微元求和思想。

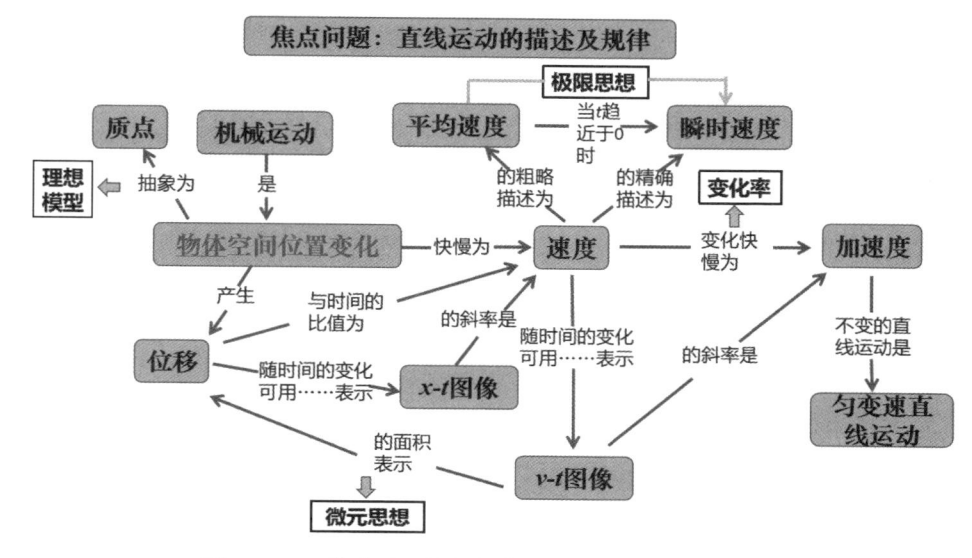

图 4.2.19　构建融入思想方法的"直线运动单元"概念图

（3）提升——用以上的思想方法解决物理问题

通过解决真实情景下的物理问题，使学生体会思想方法在物理学习中的重要性，对理想模型、极限思想、微元求和思想有更加深入的认识，提高学生处理新物理问题的能力。

1）极限思想的应用

问题情境：有一架照相机，其光圈（进光孔径）随被摄物体的亮度自动调节，而快门（曝光时间）是固定不变的。为估测这架照相机的曝光时间，实验者从某砖墙前的高处使一个石子自由落下，拍摄石子在空中的照片如图 4.2.20 所示。由于石子的运动，它在照片上留下了一条模糊的径迹。已知石子从地面以上 2.5m 的高度下落，每块砖的平均厚度为 6cm，把该石子的运动看成匀变速直线运动，已知石子的加速度为 $10m/s^2$，请估算这张照片的曝光时间。

此问题的难点在于，如果用常规解决自由落体运

图 4.2.20　石子下落曝光图

动的思路，未知量较多，学生无法将题里所给条件与自由落体的规律关联起来建立方程和求解；但因为曝光时间极短，石子在极短时间内的位移跟整个下落高度相比非常小，在此条件之下，可运用极限思想，将曝光时间内极短的时间的运动看作匀速直线运动，利用曝光留下的径迹长度除以曝光时间表达出此时的瞬时速度，即再利用自由落体运动的规律 $2gh=v_t^2$，可以将所研究问题大大简化并解决。

高中物理中极限思想的运用包括：

①时间间隔趋近于零用于瞬时值的求解，如瞬时速度、瞬时加速度、瞬时功率等值的求解，本题即属于此类。

②夹角无限趋近于零用于向心加速度大小的推导以及向心加速度方向的研究。

③曲线运动在无限短时间内可以等效成直线运动用于分析重力做功特点等微元求和思想的应用。

2）问题情境：现有一辆汽车从静止开始向东运动，取向东为正方向，如图4.2.21所示，为该车在运动过程中的 a-t 图像，求汽车 2s 末和 41s 末的速度大小

在匀变速直线运动中，可运用匀变速直线运动的速度公式 $v_t=v_0+at$ 来求解瞬时速度，但此问题中，由 a-t 图像可知，整个运动过程中加速度在变化，所以该运动不是匀变速直线运动，不能使用上述公式。但是如果学生类比速度—时间图像求位移的微元求和思想，将横坐标分割成无限小的间隔，每一个小的时间间隔里加速度可认为基本不变，这样，对每一个小的时间间隔，横坐标 t 与纵坐标 a 的乘积（即图像的面积），都可以代表这个时间间隔内的 $\triangle v$（$\triangle v=at$），最后再把这些面积加起来，就可以代表整个运动过程中的速度变化量，即可求解。

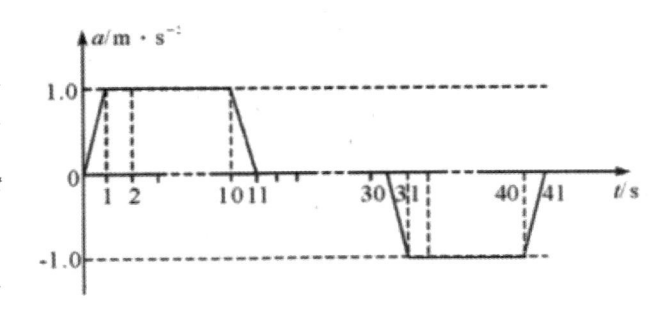

图 4.2.21 车在运动过程中的 a-t 图像

微元与求和思想是分析和研究连续分布的对象，或受到非线性变化的外力作用，或经历不均匀变化过程等情况的强有力的思想，与微积分的精髓一脉相承。"微元"在解决具体问题时通常分为"时间微元"和"空间微元"。通过所选取的"微元"，可以使原来连续的分布转化为一系列不连续的"微元"组合；使原来总体上变化的外力、不均匀的变化过程通过"微元"转化为恒定的外力和均匀变化的过程，从而就有可能应用高中物理范畴内的相关规律分析、解决问题。本题属于"时间微元"范畴，还可以可用于位移、功、弹簧弹性势能等物理量的求解。

3. 教学效果与反思

本节课实施效果较好。教师在上课过程中，观察到在课堂互动中较平时其他课型有更多的学生参与。在教学中，教师通过课前让学生建构自己的知识结构概念图、课上展示自己的概念图、点评其他同学的概念图、运用思想方法解决新问题等各个环节，充分调动了学生的学习主动性，也提升了学生的思维品质。根据课后作业的反馈情况，对比学生课前的概念图，学生都取得了不同程度的进步。特别是在第二单元复习时，有学生主动采用概念图的方式对所学知识点和涉及的思想方法进行总结，说明学生的确习得了这种复习方法，并且开始主动关注知识点背后蕴含的物理思想方法。

（四）总结与展望

本部分意图提供一种单元复习课型的设计与实施策略，以完善"以知识为载体，以素养为导向"的课堂教学体系的建立，并落实了单元整体教学设计的实践。本部分选择面向高一新生的第一节物理单元复习课为例，目的为让学生习得高中物理学习中单元复习的方法，实现从关键概念学习到物理思想方法学习的跃迁。基于本次创新实践，本部分总结提炼出以下开展"聚焦思维方法的物理单元复习课"的具体策略。

1. 明确思维发展目标

在复习课的课时目标设计中，应显性化物理思维方法学习的目标。首先教师应该有意识地基于课程标准，从大单元的角度，明确本单元构建关键知识时使用的物理思想和方法有哪些；并根据学生的学情，设计合适的课时学习目标。

2. 借助思维可视化工具

在教学活动设计时，可以借助思维可视化工具助力学生从知识学习到方法习得的提升。在本节课中，概念图的使用不仅帮助学生把抽象的概念和方法之间的关系直观地表达出来，建立了学生从理解关键概念到掌握背后思想方法的桥梁；并且学生通过对概念图的设计制作、评价、比较和修订，经历了一次"精加工"的认知过程，加深了他们对概念和概念间关系的理解。

3. 唤醒—完善—提升

作为单元复习课，基于"以学生为中心"的教学理念，本部分认为要为学生提供从唤醒到概念梳理、案例分析、迁移应用的完整闭环设计。首先，引导学生，帮助他们回忆已经学过的知识；其次，通过教学活动完善他们的认知结构；再次，通过设计具体的情境任务加强他们的理解和应用能力。以本节课为例，课堂中没有把物理思想方法当作新知识进行引入和讲解，而是充分启发学生，从他们熟悉的关键概念引出概念建立过程中使用过的思想方法。之后，情境化习题提供给学生对物理思想方法的迁移应用机会。通过情境化的问题解决，使学生将已学知识以及知识建构中蕴含的思维方法迁移到新情境中来灵活解决综合、新颖、不确定性问题，以及基于原有认知探寻新知识和新方法的认知过程。

参考文献

[1]RAMOS J L S,DOLIPAS B B,VILLAMOR B B.Higher Order Thinking Skills and Academic Performance in Physics of College Students:A Regression Analysis[J].2013(4).

[2] 张宪魁著.物理科学方法教育[Z].青岛：中国海洋大学出版社，2015.

[3] 邢红军.论中学物理教育中的科学方法教育[J].首都师范大学学报(社会科学版)，2002（S1）:134-139.

[4] 赵国庆，孙兴艳，盛海曦，等.显性直接教学的概念演进、核心内涵与实践启示[J].远程教育杂志，2023，41(05)：28-37.

[5] 蒋炜波.物理教学中科学思维发展层级模型的构建初探[J].物理教学,2021,43(10)：5-9.

[6] 应俊. 创设教学情境激活课堂思维发展核心素养——以高中物理"超重与失重"教学为例[J]. 物理教学，2020，42（04）：12-14.

[7] 陈伟孟，张玉峰. 基于科学思想方法专题的单元教学设计[J]. 物理教学，2023，45（05）：14-19.

[8] 张健，王华，李春密. 基于物理思想方法的专题复习单元设计——以"守恒思想"教学为例[J]. 物理教学，2023，45（03）：12-15.

[9] 赵国庆，杨宣洋，熊雅雯. 论思维可视化工具教学应用的原则和着力点[J]. 电化教育研究，2019，40（09）：59-66+82.

[10] 邓宗茂. 例谈学科思维导图在高中物理教与学中的应用[J]. 物理教学，2020，42（07）：19-22.

[11] 张鹉. 论可视化教育理论与高中物理教学创新[J]. 物理教师，2018，39（12）：23-25+29.

[12] 陈显灶，周玲. 基于项目驱动的思维可视化教学实践——以"特殊方法测密度"教学设计为例[J]. 物理教学，2023，45（08）：24-27.

[13] 沈启正. 物理思维课堂中的情感激活途径[J]. 物理教学，2022，44（09）：47-51.

[14] 肖丽芙. 高中物理教材中"瞬时速度"极限思想渗透的研究[J]. 物理教学探讨，2022，40（04）:24-26.

[15] 钱志华. 微元与求和思想在高中物理解题中的典型应用[J]. 湖南中学物理，2022，37（01）：90-92+38.

八、课程思政视域下高中英语阅读教学的实践研究
——以《高中英语》必修一（北师大版）
Unit 2：Lesson 1 The Underdog 为例

刘 啸

【摘要】 随着课程思政理念在基础教育课程改革的不断推进，越来越多的教师积极融合思政教育元素于教学活动中。基于课程思政理念，笔者以北师大版高中英语必修一课文 TheUnderdog 的教学为例，在教学目标的确定、题材的选择、阅读过程的设计、读后的反思讨论以及作业布置中融入思政元素，整合阅读内容和提升学生阅读能力，推动英语课程育人价值的实现和立德树人根本任务的落实。

【关键词】 课程思政；高中英语；阅读教学

引言

"课程思政"是将思想政治教育融入专业课和通识课当中，以隐性的方式对学生进行思政教育。高中生作为未来要担当民族复兴大任的时代新人，处于思想政治教育的关键时期。英语教师应发挥高中英语的学科优势，深挖蕴含在教材中的思政资源，通过课堂教学实现英语学科的思政功能。[1]这样的课堂教学，势必要做到巧妙地融入思政元素，让价值引领在教学设计和课堂教学中如盐在水，达到化雨春风、潜移默化的育人效果。英语教学的本质是人文教育，兼具培养学生心智训练和情感陶冶的双重目标。英语阅读在中西语言、文化、意识形态中极易产生碰撞，是"课程思政"的前线阵地，也是弘扬中国文化、树立文化自信、讲好中国故事的中坚力量。以课程思政为指导中心，能够帮助高中教师合理设置英语阅读教学目标，能够鼓励教师积极融合思政教育元素于阅读教学活动中。高中英语教师可以从课程思政的理念出发，帮助学生寻找阅读过程中的问题，设计贴合生活和思政培养的阅读教学设计，这样有助于帮助学生形成开放包容的态度，激起学生的文化自信心和文化自豪感。

1. 课程思政融入高中英语教学的必要性

（1）课程思政融入高中英语教学是新课标的要求

《普通高中英语课程标准》提出"普通高中英语课程具有重要的育人功能，旨在发展学生的语言能力、文化意识、思维品质和学习能力等英语学科核心素养，落实立德树人根本任务。实施普通高中英语课程应以德育为魂、能力为重、基础为先、创新为上，注重在发展学生英语语言运用能力的过程中，帮助他们学习、理解和鉴赏中外优秀文化，培育中国情怀，坚定文化自信，拓展国际视野，增进国际理解，逐步提升跨文化沟通能力、思辨能力、学习能力和创新能力，形成正确的世界观、人生观和价值观。"英语阅读教学具有独特的育人功能，其对学生英语核心素养的形成具有重要作用。在英语阅读教学过程中，通过解读文本，创设情境，挖掘文本中所蕴含的思政元素，帮助学生理解文本，达到与原文作者的诚恳交流。在这种交流与感悟中，学生的语言知识水平得以提高，同时其思维品质、跨文化意识也得以提升。因此在高中英语阅读教学中融入思政元素是很有必要的。

（2）课程思政融入高中英语教学是实现立德树人的要求

在现实情况中，英语教学过度集中于高考升学率，忽略社会、国家对人才培养需求，忽略了英语学科对青少年进行核心素质教育，忽略了学生思想成长。蜂拥而至的外来文化通过网络、媒体、书籍等方式进入校园，给高中学生的道德判断甄别带来了极大的挑战。此外，部分英语教师只注重应试教育，认为德育和英语学科教学是不相关的。然而在新形势下，如何实现课程思政理念与学科教学的融合已成为高中英语教师需要深思的问题。

语言承载着思想，思想借助语言进行传输。针对我国当前高中英语阅读教学现状，旨在培养学生的阅读素养能力，尝试将课程思政融入高中英语阅读教学中，结合单元主题，挖掘教材思政点，将思政育人目标与高中英语教学目标无缝连接，从现实问题入手，基于社会主义核心价值观和中国传统文化价值观，培养学生的家国情怀和世界眼光。以求实现英语与思政同向同行、同频共振，形成协同效应，使英语阅读课上出"思政味"，让英语教师挑起"思政担"，探索构建英语阅读教学与思政有机融合模式。

2. 课程思政视角下的高中英语阅读教学设计

有学者通过对教材的梳理和分类，发现教材中涵盖着广泛的思政内容，如科技、地理、名人等多方面。如表4.2.4所示，教材的"思政元素"非常清晰明了。

表4.2.4 高中英语教材中思政元素分类

分类	思政元素的具体分类		占比	总占比
"思政元素"分类	人与自我	健康生活	5.1%	20.5%
		自我价值	15.4%	
	人与社会	和谐共处	23.1%	35.9%
		社会实践	12.8%	
	人与国家	中国精神	7.7%	43.6%
		国际视野	35.9%	

北师大版（2019年版）高中英语教材依据《普通高中英语课程标准（2017年版）》编写，反映了社会发展新变化和科技进步新成果，展示了丰富多彩的中外文化和优秀的中华文化（刘道义、郑旺全，2019）。该教材具有丰富的思政素材，为高中英语教师开展课程思政提供了充足的资源。英语教师要充分挖掘教材中的思政资源，将其融入课堂教学的全过程，以语言为载体，在听、说、读、看、写等技能培养中融入思政教育，在培养学生综合语言运用能力的过程中提升其用英语讲好"中国故事"的能力。下面以北师大版（2019年版）高中《英语》必修一 Unit 2: Lesson 1 The Underdog 为例，探究如何在分析语篇、学情的基础上进行阅读教学设计，依据英语学习活动观，通过融入课程思政的教学活动实现育人目标。

（1）教学内容与思政元素高度融合

本单元围绕 Sports and Fitness 运动与健康展开，属于"人与社会"主题下的"体育活动、大型体育赛事、体育与健康、体育精神"。本单元以记叙文、说明文、公告、对话、海报、邮件回复、采访视频等不同形式的语篇呈现了各种不同的运动项目、运动规则、科学运动的方法、运动给人带来的益处以及运动精神等内容。本单元旨在丰富学生对运动项目和规则的认知，教会学生科学运动的方法，引导学生认识到运动给身体健康和心理健康两方面带来的益处，感悟运动精神，培养体育品格。

"The Underdog"中文译为"劣势者"，本文为阅读语篇，属于记叙文。整个语篇被分为两部分。作者通过以第一人称的口吻，讲述了他的队友 Paul 虽然在身高和体型方面不占优势，但一样可以通过自己坚持不懈的训练，在篮球比赛中取得成功，体现了永不放弃、抓住机会逆袭的体育精神。从语言特点上来看，文章用了大量的人物间的对话，反映出不同人物的不同心理状态。同时文章使用了大量适切的动词、副词、形容词等，将人物的性格特点以及当时的心理描写都淋漓尽致地表现出来。

本节课是阅读的第二课时。在第一课时学习后，学生已能够复述故事情节，因此本课通过让学生提取、概括比赛前后教练对 Paul 态度的转变过程，逆向促动学生回到文本中体会语言并设计问题，将要理解的语言点作为切入点，让学生重回文本，总结、体会作者在描写人物时用到的写作手法。

（2）对学情进行科学分析

授课对象为高一学生。从相关知识的储备方面来看，大多数学生生活中都对篮球比赛有简单了解，对运动员的了解局限在"追星"层面，不清楚运动员身上所体现的不屈不挠、积极进取的人生态度和精神品质。从阅读技能方面，学生已经掌握基本的阅读技巧，如 skimming,scanning 等，在篇章阅读时有一定的获取信息的能力，但学生对文本的深入理解能力还有待挖掘，在分析人物情感态度方面还需引导。从语言表达方面，学生基于第一课时的学习，能够复述故事情节，并且在本单元 Topic Talk 积累了关于体育赛事和体育运动的词汇和知识，但学生对于文中出现的一些长难句以及生动描写的动词、副词、形容词等还需要再进一步理解内化。在鉴赏语言、运用生动的语言表达方面还需要指导。

（3）明确英语知识与思政教育目标

知识目标：通过梳理文章故事线和情感线，提取有关主人公 Paul 的主要信息；

能力目标：通过列举课文中的句子，结合正面描写，并对比教练前后态度的变化，从侧面描写中推断、总结 Paul 的品质；

思政目标：通过小组讨论，鉴赏、体会、内化文中描述人物时所使用的不同语言、动作、心理描写，灵活运用所学语言讲述身边的体育故事，表达自己坚持不懈、努力追求梦想的决心。

（4）优化思政渗透的教学过程

读中环节是"课程思政"融入英语阅读课堂活动的重点阶段，在这个环节，教师不仅要锻炼学生的阅读理解能力，还要加强学生对中国文化的认同感。一堂完整的英语阅读活动课，除了要有探索和分析的学习过程，还要有总结和内化的巩固阶段。教师可以选择分析比较深刻、见解独特的学生上台发言，进一步营造"课程思政"的讨论热情，将思政的育人价值充分发挥。以下便是本节渗透课程思政理念的阅读课的教学过程：

Lead-in and Revision 导·思

Teacher shows the picture of Paul and then leads in the topic :Who is he?

Teacher asks three related questions and asks students to say something about Paul based on the summary.

Teacher asks questions:

What kind of person is the coach?

【设计意图】引入主题，在语境中复习第一课时内容，为后续活动铺垫语言。引入后续对人物态度的分析，引导学生思考。（课程思政点：通过让学生评价"文章中的篮球教练是什么样的人"，引导学生要理性、客观、动态地评价别人，锻炼学生的批判性思维，使其学会辨别人性）

Reading and Thinking 读·思

Note down the coach's attitude with evidence according to the given events.

Teacher asks students what the coach might have learned from his experience with Paul.

Teacher asks students to conclude Paul's qualities and find evidence from the text to support their opinions.

I think Paul is _____ because he _____.

Teacher asks students two questions: What can you learn from this passage? Is it a well-written story?

板　书：Attitude：doubtful-worried-negative-hesitant-hopeful-proud Qualities：skillful/devoted/confident/hardworking/determined.

【设计意图】基于对文章的理解，分析、评价教练对 Paul 态度的变化，侧面衬托出 Paul 的品质。概括总结 Paul 的精神品质，培养学生高阶思维能力。（课程思政点：通过教练反衬主人公 Paul 作为篮球队替补队员的乐观、顽强，学生也能从中学到坚持提升自我、永不服输、心怀坚定的信念和梦想。通过让学生找到 Paul 的所作所为所言，以及旁人对他的高度评价，提炼他的优秀品质，向学生渗透看似没有优势的人，也可以通过努力，最终成为闪闪发光的人的观点）

Reading and Appreciating 读·赏

Teacher asks students to find the writing techniques the author uses when describing Paul. Students choose any technique and explain.

A. 正面（positive description）

B. 侧面（side description）

C. (contrast)

D. 照应（correlate）

E. 悬念（suspense）

Teacher asks students to read these sentences below and discuss the effects of using descriptive words and build a word bank.

① He was still usually on the bench, being just a replacement, which was really tough on him.

② Everyone knew Paul had real skills, and was someone who worked really hard and had a strong desire to play for the team.

③ Suddenly, a player and I crashed into each other. Pain raced through my body. My knee hurt badly. The team gathered around, looking worried.

④ Paul jumped up and rushed onto the court. And clearly, all the extra hours that he'd spent practising alone paid off. The other team just couldn't keep up with his energy and speed. He made shot after shot, and the crowd couldn't stop clapping and cheering.

Descriptive words	Effects

板书：正面描写：appearance,action&mind,personality,speeches

【设计意图】深入挖掘文本，从写作手法上学习作者在描写人物时所用的正面描写、侧面描写等方法。赏析文中出现的语言现象，比如动词、形容词、副词的使用使语言更加生动形象，帮助学生内化吸收，提升语言能力。（课程思政点：引导学生感受语言的力量，赏析文本表达的语言美，将价值观渗透内隐到句子的赏析中，如句①中副词 still,usually,just,really 的运用，形容词 tough 的使用，描写出主人公不被教练看好的艰难处境；句②中，had real skills,worked really hard,had a strong desire 等动词词组的连用，又表现出了 Paul 球技高超，以及自信努力、坚持不放弃的品格；句③中，Suddenly,crashed,raced,hurt,badly,gathered,worried 等词的选用，描绘出了赛事的紧张激烈，为 Paul 大展风采做了铺垫；句④中，jumped up,rushed onto 表现出了 Paul 对于上场比赛的迫切，clearly,practise alone,pay off 体现了 Paul 的成功是靠自己的努力得来的，couldn't keep up with,made shot after shot, couldn't stop clapping and cheering 表现了 Paul 的球技高超，得到了所有人的认可）。

Story Sharing 言·悟

Campus broadcasting station in our school is calling for the most touching sports story in our school. Please describe a scene or a person in our sports meeting.

【设计意图】创设贴近学生生活的校园运动会的真实情境，落实巩固课上所学语言，激发学生创新思维能力。（课程思政点：讲述自己或者身边的同学发生

的故事，进一步深刻体会什么是体育精神。使学生体会不畏先天条件，努力坚持、永不放弃、超越自我的运动精神）

Students and Teacher together reflect and summarize what has been learned.

Good sportsmanship goes beyond the game and shines on our way forward（良好的体育精神超越比赛，照亮我们前进的道路。）

God helps those who help themselves.（天助自助者）

Never give up. Keep on trying, and you will earn your place someday.（永不放弃，继续努力，总有一天你会赢得一席之地的。）

【设计意图】将课上所学迁移运用到生活中。（课程思政点：用到英语中的谚语，充分发挥英语课堂的育人功能：No matter what difficulties we have, we must be positive!）

(5) 合理布置课后作业

Write a speech titled "My sports meeting". You should use words and expressions learnt in class.

【设计意图】内化与应用：运用创设的情境，引导学生以书面的方式内化、巩固和迁移课上所学。

(6) 教学反思

本堂课通过英语学习活动观倡导的学习理解、应用实践和迁移创新三类活动将思政教育融入阅读教学，基本达成了预设的育人目标。在教学设计中，首先通过让学生重新讲上节课文故事中的主要活动，回顾已学知识，建立起第一、二课时之间联系，接下来通过文中语言描写，分析教练态度变化，探究转变原因，为分析 Paul 的品质做铺垫。之后回归主题，让学生分享 What can you learn from the story? 挖掘出本课的主题意义——看似没有优势的人也可以通过努力获得成功。读后活动通过对写作手法的分析、实践练习实现语言的内化，一步一步引导学生去细致琢磨品味语言的力量。最后创设贴近学生生活的校园运动会的真实情境，落实巩固课上所学语言，激发学生创新思维能力，进一步深刻体会什么是体育精神。教学目标科学、具体、明确、可操作，教材处理和教法选择上突出了重点，突破了难点，很好达成了教学目标；在活动中和语言赏析中育人，引导学生感受语言的力量，实现了在高中英语教学中渗透德育润物无声，语言学习雁过留声，发展了学生英语学科核心素养，落实立德树人根本任务。

结语

教育的根本任务是立德树人，各学段各学科的教师应承担起教书育人的重担，把思想政治教育贯穿教育教学的各个环节。英语教师要守好英语"这段渠"，种好"责任田"，使英语课程与思政教育同向同行。[6]在高中英语阅读教学中，融入正确的课程思政理念，是一项长期而艰巨的任务，不能一蹴而就，欲速则不达。践行思政教育，需要英语教师以"润物无声"又"雁过留痕"的方式将思政元素融入课堂教学，在教授知识的过程中耳濡目染地对学生进行思想和价值引导。

参考文献

[1] 项思琪，江玉娥.基于课程思政的高中英语阅读教学——以人教版必修 1 Unit3 "Living Legends"为例[J].校园英语，2021，(41)：186-187.

[2] 中华人民共和国教育部制定.普通高中英语课程标准（2017年版，2020年修订）[A].人民教育出版社，2020.

[3] 张颖，张亚妮，邵晓霞.在高中英语阅读教学中融入思政元素[J].今日教育，2022(03)：56-59.

[4] 姚楚玉，陶竹.高中英语牛津版教材阅读课文课程思政元素分类研究[J].海外英语，2020(06)：206-207.

[5] 乔水清.高中英语阅读教学与"课程思政"的融合——以译林版高中英语必修一Unit1为例[J].英语画刊（高中版），2021(16)：108-109.

[6] 吴伟萍，胡娟.课程思政视角下的高中英语阅读教学设计——以 Unit 5 The Chinese Writing System:Connecting the Past and the Present 为例[J].英语教师，2022，22(12)：39-43.

第三节　实践反思能力提升

一、探"生命"课程，促"研"途生花

——生物教研组建设的路径探索

曹丽娜

教研组是教师专业成长的"家"。如何能通过教研组的活动，更好地促进教师的发展，让教研组的每一个成员都得到更好的发展，一直是我们探讨的话题。

我校生物教研组是一个温暖的大家庭，由14名有活力、有理想、有素养的生物教师组成。每一个生物组人都有着追求卓越之心，努力让自己的催化作用更高效，但同时又都能踏实肯干，甘于平凡，像酶一样默默地做着成就他人（学生）之事。

1. 文化引领，"酶"文化的生物教研组

（1）文化引领，做有魂的"生物"人

那么，什么是酶文化？说起酶文化，得从酶说起，酶，至关重要。每一个生物体的每一个细胞的每一个代谢反应都需要酶来催化，酶无处不在，离开了酶，生命会立即终结。就像生物学科教育一样，不仅仅存在于课本，更多存在于生活，生物教学无处不在。

所以作为生物组，我们选择了酶的锁钥结合作为我们文化标识。酶更高、更快、更强的特性，体现教育追求不断进步。以"三新"生物教研组促进学科教育和学科育人，酶反应前后性质不变，象征教育初心恒久远。

（2）教研组长的职能解读

在生物教研组团队中，教研组长发挥桥梁的作用，做着催化与服务的工作，将外界的资源转化为成长的沃土，服务好每个人，带领好精英的组。组长需要了解每个人，熟知每个人的优势、短板和需求，从而实现成就每个人。教研组长要充分发挥酶的强大的催化作用，催动备课组长，再协同备课组长一起督促组内骨干教师、青年教师、新教师的成长与进步，共同促进学生的全面发展，包括学科成绩，学科能力和核心素养。为了实现这个目标，我们坚持以研促教，研究课程、课堂、管理和评价，大胆进行教学改革、成就学生、成就自我。

"教而不研则浅，研而不教则空；教乃研之基础，研乃教之利器。"以研促教，以教立研，教研相长，让教育理想落地，这是我们的教研活动的核心。

2. 管理优化，提升教师队伍凝聚力

①三年规划、有序发展。为了促进教师的个人发展，制定教师三年职业规划、让教师发展有迹可循。

②骨干讲堂，示范引领。开设骨干教师讲堂，充分发挥骨干教师示范引领作用。

③师徒互助，青蓝共促。

④互听互评，深化研讨。我们积极开展了骨干教师展示课、党员先锋示范课、区级研究课、校级展示课、年级常态课、师徒互听课……智慧的火花在交流中闪耀。

3. 课程研发，提升教师课程理解力

（1）课程研发的缘起

开始，我们立足如何"教"才能更适合学生"学"的目标，对国家生物课程进行解析，其中，必修1分子与细胞主要讲一些看不到摸不着的微观的结构，而教学资源多是平面的图，但是平面的图一定不如立体的物更容易让学生理解，于是我们开始进行物理模型建构。为了减轻课堂教学负担，我们开设了"生命的力量——微观世界"的选修课。随后为了丰富其他模块的学习，相继开设了生命的力量——珍爱生命（疾病与健康）、逆境生长（植物抗逆性培养）、"菌"临天下（微生物方向）、克隆植物（植物组织培养方向）等系列选修课。就这样，我

们的校本选修课程体系逐渐完善。

但是，随着学生能力的提升，我们就发现单纯的校内活动没有办法满足学生的需求，于是，在学校的引领下，我们开始进行校本实践课程的开发。最终，形成了我校极具特色的"绿水青山"课程。

（2）"绿水青山"校本课程的内容

"绿水青山"校本课程主要以课程和活动为载体，借助信息化平台（VBOOK），利用密云区优异的环境条件，以保护家乡绿水青山为切入点，面向全体学生，以学生为主体，以问题为导向，以创新为引领，开展与生命科学相关的项目式课题研究，引导学生掌握科学研究的一般路径，促进学生学习力、思维力提升，培养学生科学素养，助力学生的可持续发展教育。通过本课程学生先后撰写了200多篇调查研究报告，获奖百余人。我校的行走在绿水青山间多元融合型校本课程被评为北京市普通高中特色课程。

其实"绿水青山课程"是隶属于我校整体格智课程体系下的一个分支，格智课程体系分为三层，五面，而我们的"绿水青山"课程属于"五面"中的数理与科技领域。而三层中，第一层，以国家课程为基石的启智课程（面向全体学生）；第二层是基于学生个性的需求和兴趣，开设的校本选修课程，设置"达·智"课程；而第三层，是基于学生个性化发展开设的，主要以社团的形式开展、设置的创新性睿智课程。

这是生命科学方面的部分初阶社团。通过初阶社团的开展，我们从中选拔部分优秀生进入以项目式学习为方式的生物高级社团。在高阶社团里，学生自主选题进行课题研究，先后完成了数十个项目。

（3）"绿水青山"校本课程的效果

在课程实施的过程中，我们切身感受到学生科学思维、科学探究等综合能力得到了提升，学生学科知识的迁移与应用能力提升，学生语言表达能力、沟通能力和自信心增强，学生爱祖国、爱家乡的社会责任感增强。

此外，学生的成绩也提升了，不仅仅是生物成绩而是整体成绩都得到了提升。

这也验证了我们的课程实现了反哺课堂。

与此同时，在课程研发的过程中，教师对课程的理解力不断地提升，对教育的本质有了更深的理解。但是教师的主阵地依旧是课堂。所以我们的研究一直在路上。

4. 以研促教，提升教师教学实施力

（1）以学习促发展，更新教学理念

1）关注国家教育政策变化

首先我们关注国家教育政策变化，寻找教学变革的理论依据。思考教研组的发展，边学习、边研究、边实践。从问题出发，以课题的形式进行学习、研究和实践，最终形成教研组研究成果。

2）专家引领提升理论知识高度

感谢区教委、研修学院、学校给我们提供的各种平台和机会。让我们有机会邀请生物学界的专家给我们指明方向。同时感谢研修学院李秀军老师的倾心指导。

3）走进科学院所，感受到科学的魅力

我们走进科学院所，了解科学前沿，感受到科学的魅力。在参观的过程中，我们深深被震撼，最大的感受是骄傲，作为中国人的骄傲！

4）名师指导、教备联研

我们向高校教师、知名专家和区域名师学习，借助特级教师工作室，与导师和成员进行学习和交流，此外，我们还与育英学校的备课组进行联研活动。

5）线上学习，优势多

这是"双进"助力"双减"的一个活动。几年的线上给我们带来了很多的不便，但也给我们提供了很多学习机会，让学习无界限。

当然学习是为了实践！在实践中，我们最先研究的是课标！

（2）研读课标，剖析生物学的本质，进行情景化教学研究

课标是教学的指南，所以，每个教研组都不会忽视，通过研读课标，我们寻求答案，阐述什么是生物学，我们熟知生物学是研究生命现象和生命活动规律的

科学。但如何让学生理解呢？生命源于生产和生活，又该如何将生产和生活与生物教学相联系呢？我们想到了情景化教学，于是我们成立了课题小组，创设区级课题：《基于高中生物学学科核心素养的情景化教学实践研究》。

情境化教学的研究让我们实现了教育学方式的改变，情境化教学是遵循建构主义学习规律，即创设情境，在教师引导下学生发现问题，学生通过交流讨论提出解决问题的方法和依据，并在交流过程中进行师生和生生互评。通过创设情境，探索发现问题和解决问题的途径，培养科学探究能力，促进科学思维的发展，进而形成生命观念，最终增强社会责任。

这是我们情境化教学研究的成果之一，形成了适合情境化教学的教学模型。还对情境化资源进行了整理，形成部分具有密云特色的情境资源。

作为高中，我们不得不谈高考。于是我们研读高考评价体系，进行四层解构，指导教学与命题。

（3）研读高考评价体系，进行四层解构，指导教学与命题

在教研组活动中，集体对高考题进行关键能力解构，让能力与知识对号入座；并对高三的每一场考试进行能力解构，指导高三复习；在编制学案时，关注问题设置，能力渐进培养。最终形成了符合我校学生学情的学案集。

但是教学实施过程中，我们发现虽然对四层解构得很透彻，教学方法一变再变，但是从学科教学到学科育人的转变依旧很难。那么，如何通过学科教学来实现学科育人，最终达到立德树人的教育目标，变传统的育分为育人呢？我们开始进行课堂教学的研究。经过长期的思考与尝试，我们进行思维发展型课堂研究。

（4）以能力培养为核心的思维发展型课堂

从开始的教师用图、学生感知发展为教师设计、学生绘图，再到教师定标、学生讲图。最终形成了不同课型的思维发展型课堂一般模型。

思维发展型课堂，让学生思维力提升了，但是对于育人效果的达成依旧没有达到我们预期的目标。于是我们依据"W模型"和生活实践场域支撑系统，进一步探索出"场域－课堂"互动协同的育人路径。在这个路径下，我们组进行了深

入的探索与实践。

(5)"场域－课堂"互动协同的育人路径下的生物教学

首先教师引导学生观察生活和社会现象，用科学研究的眼光在广阔的生活实践场域中发现问题、提出问题；学生带着问题进入课堂，从教材和教师所给资源中寻找、学习、获取解决问题所需要的学科必备知识（通过这个环节激活学生内驱，实现变被动学习为主动学习）；然后，引导学生以合作学习的方式，通过交流讨论，运用获得的学科知识，尝试提出解决问题的办法，并回到生活实践场域中进行验证，也让学生深刻地理解学习知识是为解决问题而服务的。随后，教师对学生学习成果进行评价，引导学生进行逆推总结，进行反思；再进行应用迁移，将所学知识和能力放到复杂多变、充满不确定因素的密云生活实践场域和社会实践场域中去实践，为了提升学生的知识的综合应用能力，一般我们会开展跨学科实践活动。在实践过程中，学生的科学思维、科学探究、辩证思维、语言表达等关键能力都能得到了提升。最终，通过引导学生依据实践活动的成果和活动中的感受提出保护和建设家乡的科学建议或提案，潜移默化地增强了学生爱祖国爱家乡的社会责任感。这种场域－课堂模式下的教学，自带情感，自带温度，学生用具体行动代替传统价值认同。

近年来，我们以此为模型积极开展生物教学，努力实现从学科教学到学科育人的目标，尝试为祖国培养创新型人才。在《光合作用》的单元教学设计时，从糖度测试到黄土坎贡梨综合实践活动。在《生态系统的稳定性》课时设计时，从生态瓶制作到校园内荷花池调查演练，再到密云水库综合实践调研，都实现了学以致用。

在"场域－课堂"互动协同的育人模式下，教师教会了学生独立思考的勇气、终身学习的方法、解决问题的思维、敢于创新的能力以及正确的社会价值观，将使他们受益终身，这便是教育的真谛。

5. 以研促教，"研"途生花——教研组成果

我校的"从学科教学到学科育人：普通高中生活场域的建构与实施"获得全

国基础教育成果二等奖、北京市一等奖。

"研"途走来经历了风风雨雨,但也收获了无数的精彩。近5年里,生物教研组共做区级及以上教材分析讲座73次,各级各类课例118节,论文发表9篇,各类获奖52篇,主编出版教辅材料6本。这些成绩的取得离不开我们持之以恒的教研组活动。

一个人会走得很快,一群人会走得很远。教研我们一直在路上,希望更多的教师可以品尝到教研的甜,收获教研的果,为祖国培养具有核心素养的创新型人才贡献力量。

(此文为"云教论坛"暨中小学教育教学展示月活动总结会主题发言稿〔2023年12月〕)

二、思维研究促我成长

——个人专业成长之路

柴丽苹

成为一名优秀的人民教师是我的梦想，我一直为这个梦想不断努力着。2018年，是我来到首师附密云中学工作的第十年，作为一个有10年工作经验的青年教师，本应对自己的专业教学驾轻就熟，而我却在这时有了很大的困惑：面对新教材的变化，面对新高考的变化，面对学生学习心态的变化，我突然觉得不知道该教什么、怎么教才能提升学生的学科能力，培养学生的学科素养，使其能应对新高考的变化。

在我非常困惑时，学校带领着教师们开展"思维发展型课堂"教学模式的探索和研究，在改革的浪潮中，学校给我们提供了向专家导师和优秀教师深度学习、交流的机会，在一次又一次的学习、实践过程中，我从迷茫到理解，并渐渐地明确了努力的方向，重拾了教学专业的自信心，并获得专业幸福感。

1. 学习研究转变教学理念

在"思维发展型课堂"教学改革初期，学校为教师们搭建了优质的学习平台，请来了赵国庆博士和王晓玲博士作为导师，为教师们做关于思维可视化的专题讲座，带着我们学习如何运用思维工具将思维进行可视化。高中物理课程标准中明确高中物理学科的核心素养包含：物理观念、科学思维、科学探究、科学态度与责任。其中"科学思维"涵盖了从物理学视角对客观事物的本质属性、内在规律及相互关系的认识方式。怎样提升学生的"科学思维"是我在教学中非常困惑的问题，我个人觉得它很"虚"，没有抓手。赵博士讲授的"思维可视化"理论，注重从学生认知出发，教我如何挖掘知识或方法之间的内在逻辑关系，并选择恰当的思维图示清晰地将他们的内在逻辑关系呈现出来，使其思维路径清晰可见，帮助学生突破思维难点。

这样的教学理念，深深地吸引着我，使我非常珍惜每一次和导师交流、学习的机会，为了更好地掌握所学内容，我会认真将重点的内容用笔记的方式记录下来，并对所学内容进行整理，这样在设计教学内容的时候，有记不清的内容就可以随时翻看笔记找到。

我很荣幸地成为学校"直接思维课"的老师，在教与学的过程中，和学生一起逐层深入地理解并使用八大图示和思维导图分析物理概念及规律之间的逻辑关系。经过直接思维课的学习，学生们可以借助思维导图梳理一个单元中物理量的关系。在为学生们成长进步而喜悦的同时，我也迎来了新的问题：对学生绘制的思维导图，我不能进行准确的点评，也不能提出有用的建议，学生渐渐地就把图画成花里胡哨的形式，而没有真正得到思维能力的提升。针对这个问题，我们教研组探讨出两个点评的方向：一个是从作图是否规范；一个是知识之间的内在关系找得是否正确、全面。于是我开始尝试对学生的思维导图进行点评，例如：让学生反思核心概念找得是否准确，让学生关注各个子概念、规律之间的关联，学生建立的分类框架是否合理，涉及的单元内容是否全面等。在学生修改之后，我会给学生展示出我做的相同内容的思维导图，请同学们对我的导图进行讨论点评。在和学生一起学习的过程中，我们对思维图示的使用都有了更深刻的认识，并在绘制的过程中提升了学生的概括关联能力，培养其高阶思维。我也体会到了与学生们教学相长的快乐。

2. 实践探索提升专业能力

（1）实践——让思维课成为日常教学的思想引领

经过系统的理论学习过后，学校又给我们搭建思维展示课的平台，以教研组为单位进行思维发展型课堂教学实践的课题研究。我很荣幸陆续参与了几次思维课堂的研究课展示活动。为了准确地找到学生在本节课的思维增长点，并应用图示落实，我们教研组的教师们和我一起反复打磨、研讨教学设计，学校领导和王晓玲博士来听试讲课，并给我的课堂设计做了高位的指导。

这样的"实战演练"，让我成长得很迅速。在 2020 年我有幸带着课例《超重和失重》，代表学校去成都参加第十七期全国思维发展型课堂现场观摩会的展示并得到与会评委的肯定。

2021年我的一节《功和功率》的思维课，参加北京物理学会举办的精品课展示活动荣获一等奖，并进行说课展示。

作为一线教师，我要做的是用学到的这些理念指导我的教育教学工作，学以致用，让我的学生们受益。思维发展型课堂指导我将学生"科学思维能力"的培养，在课堂教学中落地。我的备课过程不再像以前那样只顾备一节课知识和零散的知识，而是从整个单元的视角出发构建思维图示，确定本节课在整个单元中的位置，关注学生的思维生成，设计恰当的学习活动，提升物理学科素养。我在板书设计中借助思维图示，体现出知识之间的关联。在单元复习时，我会和学生一起绘制思维导图，整理归纳物理概念、规律之间的联系。在教学实践中，学生的成绩和优秀表现给了我莫大的鼓舞。

思维发展型课堂的教学改革，指导我们提高了备课组集体备课的效率。我们借助思维工具，整合单元知识结构图。讨论本节课学习的重点内容，设计学习任务，优化作业设计。教师们通过对这些问题的思考，提升对教学内容的认识，明确能力培养的目标，提升课堂效率。

（2）整合——让思维工具成为大单元设计的内在根底

在经历了"可视化""情景化""整体化"的理论学习和课堂实践之后，学校为使理念更好地指导各个学科的教学，为我们请来了学科专家，对我们进行思维引领的单元教学设计指导。同时鼓励、支持教师进入研修学院的教师工作室学习。专家教师指导我们梳理物理学科单元教学设计框架、内容等，并以概念图为核心，组织教师们尝试撰写单元教学设计。在2019年北京市高中骨干教师新教材培训会上，我有幸代表学校为全市的物理教师代表们做单元教学设计撰写的成果汇报，获得了与会教师们的肯定。2023年8月我有幸代表学校在中国教师研修网录制了"学生推理论证能力和质疑创新能力提升——电磁感应及其应用的单元复习策略"的师训材料。

其间我还有幸参与了《基于核心素养的高中物理单元教学设计》一书和人教社电子版物理教学参考的编写。这些经历为我今后应用大单元设计理念指导教学实践做了充电准备。

(3) 融合——让思维意识渗透在学生参与的校本活动中

渐渐地我发现应用思维工具已成为一种工作和学习的习惯。

学校为了培养学生物理学科关键能力，提升学生社会责任感，在新冠疫情背景下，开展线上"格智课程"的探索与实践活动。我们备课组的教师们为了培养学生的科学思维和实验研究能力，带领学生从生活情境问题出发，开展利用理想化模型研究飞沫传播的距离。我们用思维导图梳理出研究的目标和活动任务，有了清晰的任务流程，带领学生有条不紊地开展研究。学生运用家里的网球模拟飞沫飞行的过程，用手机记录飞行轨迹，学生分析找出运动的规律，计算出飞沫飞行的距离，做出误差分析。学生的研究成果论文在《密云教育》中发表。

为了提升学生们的归纳、反思能力，我们组的教师们带领学生围绕学习诊断理论中的四个要素，开展自我诊断的实践研究，在拓展整合这一环节中我们加入思维图示的使用。学生会针对错题，绘制出思维导图，标记出自己存在的问题的位置，实现从错题出发，进行查漏补缺，建构完整的知识体系，并在反思中发现不足，为后续学习提供反馈信息。学生们的研究成果在"物理学习研究"公众号中发表。

3. 收获成果我与学生共成长

参与学校课程改革的过程中，在学校一次次的任务驱动下，助力了我快速成长，给我带来了许多成绩和荣誉：我多次获得承担区级以上教法分析和研究课的机会，课例获得全国、市、区级的一等奖，辅导教师、学生获奖，并能参与市规划课题的研究。

4. 结束语

在与其他教师们一起学习的过程中，我有幸领略了学校许多优秀的教师的风采，他们就像一面镜子，让我意识到自己的差距，这也激励着我更加努力。今年我有幸成为我校的物理教研组长，我希望和我们组的教师们在思维发展型课堂的助力下一起学习、研究、成长！

在以后的职业生涯中，我会面对很多挑战，但我毫不惧怕，因为在学校思维发展型课堂探索学习过程中，让我感受到了学校高站位的支持和帮助，也让我积攒了通过努力战胜困难的经验，这些宝贵的财富会鼓励我不断提高自己，为成为一名优秀的教师而努力前行！

（此为国家社科基金"十四五"规划课题：信息化思维教学的理论构建与实证研究（〔BCA210092〕）研讨会暨第二十四期思维发展型课堂现场观摩会上发言稿）

三、撬动思维发展引领智慧生长

索安安

1. 从被动学习到主动构建，思维撬动教师专业成长

（1）在学习中认同

思维发展型课堂是指课堂教学中以思维发展为目标的由低阶思维、高阶思维活动共同构成的，从低到高递进式促进思维发生、发展的课堂。于我而言，对思维发展型课堂的认识，是从思维可视化工具开始的，思维可视化工具是我推动思维发展型课堂的重要抓手。

学校通过培训、检测、复训、考核的方式，帮助我认识并掌握了八大思维图示、思维导图、概念图的应用着力点使我在学习和运用的过程中初步感受到思维可视化工具与政治学科的融合点。比如双气泡图对于辨识和厘清政治学科中易混易错点很有帮助；思维导图对于有结构、有规律地整理知识，提高思考效率很有帮助；概念图对于建立和挖掘学科概念间的内在关系，实现思维过程和结果的精准化和系统化很有帮助。从模仿到结合教学实际进行加工和创造，不仅加深了对知识的理解，还提升了自身的思维水平和学科的专业素养。

（2）在践行中内化

学校在教师和教研组层面推动和实施思维发展型课堂的过程中创立思维发展型课堂的基本范式，我很荣幸地成为我校第一批思维发展型课堂的参与者。先后在2019年"立足学生发展探索深度学习"研讨活动中，做研究课《政治学视角下如何破解外卖垃圾环保困局》；在2022年思维教学展示活动中，执教了题为《保护知识产权，赋能高质量发展》的观摩课；在2023年第二十四期思维发展型课堂现场观摩会上，执教了题为《运动的规律性》的观摩课。

从最初僵化机械地套用范式到思维发展顺理成章地自然发生，在践行中开启了我对思维发展型课堂的含义、模式以及价值的再认识再思考，我开始思考思维发展型的思想政治课的实施路径是什么？如何在政治教学中借助思维可视化实现思维发展？如何在政治教学过程中判断学生思维是否发展？

同时在此过程中，我担任了高三备课组长，遇上了新高考，2020年《光明日报》发表《未来的高考考什么，怎么考》，阐明高考在教育功能、评价理念、评价模式上有所转变。考什么？具体来说，就是考查考生是否具备良好的政治素质、道德品质和科学思想方法；是否能在面对生活实践或学习探索问题时，合理运用科学的思维方法，有效整合运用学科相关知识和能力，高质量地认识问题、分析问题和解决问题。这使我意识到长能力、升思维迫在眉睫，我开始在探索中建构。

(3) 在探索中建构

在高三教学实践中，我发现学生不能构建起所要解决的问题、所要选用的知识、所提供的情境之间的联系。于是引发我思考如何使学生从解决问题出发，而不是知识出发？如何使学生生成解决问题的逻辑、层次、维度？我尝试在教学中借助思维可视化，探索学科思维模型。

思维可视化是对思维过程的一种抽象化呈现，是思维路径的可视化表达。思维可视化手段有利于学生形成学科思维模型，比可视化的思维更有利于理解和记忆，因此可以有效提高信息加工及信息传递的效能。

这里的思维模型，指的是针对某一类具体教学问题的共性思维结构。

首先，针对教学中不同问题类型，形成规范的思维模型。就思想政治学科而言，可用"是什么、为什么、怎么做"归类教学问题。问题类型不同，思维模型会有差异；问题类型一致，思维自然会有共性，呈现基于共性的思维模型。

其次，从解决问题出发，以热点话题为载体，重构知识体系。增强知识体系的开放性、流动性、有效性。

最后，借助思维模型，建立起问题、知识、情境间的联系，形成清晰完整的解决问题的思维路径。举一反三，在共性的思维模型指导下解决一个又一个具体的个性化的问题。

一以贯之的思维模型训练，不是培养学生应试答题的套路，不是形成思维定式，而是让学生掌握思维规律，形成运用思维模型的自觉，在自觉运用中形成终生受用的思维能力和核心素养。

2. 从传授知识到启发智慧，思维撬动学习真正发生

（1）外显学生思维路径

杜威在《我们如何思维》中对"学习"做了解释——学习就是要学会思维。让学习真正发生，就是让思维真正发生；让学习看得见，就是让思维看得见。借助思维可视化，让学生的思维得以外显，以便使教师精准把脉学生的思维现状，找准学习发生的起点。

①让学生自主构建知识体系，展示收集、整理、加工知识的思维过程，探索知识的内在联系。教师可以借此发现在知识掌握上的问题，也可以发现一些惊喜。

②让学生利用思维图示解读时政热点，重构知识，教师可以借此发现学生对知识的准确理解和恰当运用以及解决问题的维度等方面还存在问题。

③让学生展示解决问题的思维路径，教师可以借此了解学生解决问题的思维过程和维度，以及发现学生思维的起点、堵点、断点、重点，随后通过师生相互质疑、纠正、补充、完善思维路径，厘清问题、知识、情境之间的内在联系。

（2）搭建学生思维阶梯

①可以通过创设学习情境，为学生思维活动提供恰当的场域。让学生在教师创设的合理情境中能提出问题、寻找证据、解释论证，为接下来的探究学习作铺垫。

巧用教材内容创设情境。

在《运动的规律性》一课中，借助已学的必修一《中国特色社会主义》的知识，拉近学生与抽象的哲学知识之间的距离，同时实现不同模块知识的融通。

贴近实际生活创设情境。只有将知识还原到生活中，才能让学生经历和知识提出者一样的心路历程，达成知识的内化。

在《如何破解外卖垃圾环保困局》一课中，学生分享通过课前走访、问卷调查、网上搜集资料等方式得到的结果，感受外卖垃圾对环境的影响，明确治理外卖垃圾现存的突出问题。

把握时代脉搏创设情境。只有善用社会实践中学生可触可感的丰富案例、鲜活故事，才能把抽象的道理讲新讲活，不断增强对新时代党的创新理论的认同。

在《保护知识产权赋能高质量发展》一课中，通过"看图'猜'时事"，展示党的十八大以来，我国知识产权保护工作取得的重大成效，讲述以高质量立法为高质量发展保驾护航的重要性和必要性。

②可以通过设计问题链，推动学生思维进阶。思维是由特定的问题引起的，问题是激发思维的关键。通过设计环环相扣、层层递进的问题，为学生的思维发展搭建阶梯，在一次次"立"与"破"的动态过程中，学生思维的深刻性和批判性得到不断发展，逻辑思维得到不断进阶。

在政治教学中，可以通过设计问题链，形成一个贯穿教学全过程的探究链条。在《保护知识产权赋能高质量发展》一课中，针对"为什么保护专利？为什么对发明专利的保护是有限的？为什么不同专利保护期不同？"三个问题，也可以通过设计问题链，串联一个完整的单元知识网络，还可以通过设计问题链，对设问做结构化分解，厘清解决问题的维度。

（3）激发学生思维创造

①可以通过创设认知冲突，促进学生深度参与到问题的判断、分析和讨论之中，在比较、鉴别中提高认识，在质疑、争辩中拓展思维空间，引领价值认同。

②可以通过创设延展性活动，让学生思维一直处于学习道路上。美国心理学教授麦吉尼斯认为高质量的思维需要设计非常规的学习任务，这些学习任务具有一定的开放性，允许学习者根据自己的理解和判断产生多样化的解决方案。调动学生积极参与，培养学生思维的想象力和创造力。

③可以通过创设参与式场域，实现知识"内化"与行为"外显"的统一。现代学习理论认为，学生是学习的主体，只有学生主动思考，参与实践，学习才可能发生。依托课堂活动、校园生活、家乡和社会生活，使学生在"观、察、体、悟、思"的过程中，加强对学科知识的理解与学科思维内化，提升学习兴趣与综合素养。

3. 从迎接挑战到突破创新思维撬动教育质量提升

教育高质量发展，核心要义在于突出立德树人导向，坚持德智体美劳五育并举,把基础教育的发展重心从"育分"转向"育人"。

近年来,新课程、新课标、新教材、新高考、"双减"等一系列的课堂教学改革组合拳,对教师的课堂教学、综合素养、育人能力等提出了更高的挑战与要求。

我校一直秉承可持续发展教育理念,致力建设"教育品质一流,以自主发展、实践创新为显著特征的现代学校"。围绕办学特色确定培养学生成为"崇德尚智的现代萤火青年"的育人目标,即培养具有"自尊自信、自我认知、自主实践"精神的时代新人,基于育人目标构建了助力学生全面个性发展的"格·智"课程体系。

秉承学校"格·智"课程突出的实践育人理念,结合国家课程内容和学科核心素养目标,我校政治学科积极探索国家课程校本化实施路径,构建"知行合一:多场域协同的'参与式'思政课程"。课程通过所构建的丰富而有特色的实践场域回应育人本质和高中学习方式的变革。拓展了高中学生思政课学习的空间,为学生提供智慧生长真实平台,让学生在多场域资源协同作用下,成为具有高水平政治素养、理论素养的家乡建设者和社会发展推动人。

多年的实践证明学生主动发现问题、解决问题的意识不断增强,助力家乡发展、社会发展、为人民服务的担当意识不断增强,科学研究的能力和水平不断提升。2020年学生的"绿水青山"生态密云建设调研报告走进了密云区政协会议,2021年学生提交的"关于建立社区托老所的提案"被带上了北京市政协会议。在密云区的大街小巷,经常能够看到我校学生志愿服务的身影。

2022年本课程被认定为北京市普通高中特色课程,课程为思维的培养和发展提供土壤,思维的发展也撬动了课程和教育质量的提升。

6年前,思维发展型课堂的理论在我的心中埋下了种子。如今,它深深扎根、发芽。未来,期待结出累累硕果。

(此为在国家社科基金"十四五"规划课题:信息化思维教学的理论构建与实证研究〔BCA210092〕研讨会暨第二十五期思维发展型课堂现场观摩会发言稿。)

后记

近年来，在校本研修实践探索过程中，我们努力做到心系立德树人初心不忘本，服务师生终身发展不缺位。无论是团队研究成果，还是教师个体专业发展，均取得了一些成果，积累了些许经验，梳理如下。

1. 学校顶层设计必须定远、超前。

结合新时代教育改革背景，依据相关政策文件，参照具体校情、学情，学校层面必须拿出前瞻性强、可行性强、实效性强的研修方案。引领、护航校本研修工作，确保长期有战略蓝图、中期有五年规划、近期有行动计划、眼前有工作重点。从 2008 年开始学科核心基础知识研究到新型教与学方式变革，从自主—互助教学模式的探究到思维发展型课堂的深度实践，从一班一品的班级文化建设到"萤火"德育体系的建构，学校跟随国家教育变革脚步，强化顶层设计，引领教师从教什么、怎么教到学什么、怎么学，回归育人初心，不断走近学生、走近教育本质，为切实承担好铸魂育人的时代重任奠定坚实基础。

2. 个体、团队之间必须相融、共进。

最大化释放教师个体潜力，全领域跟进团队引领和辐射，确保个体不各自为战，以"团队前瞻化引领教师个体、个体能动性融入团队"的"双 S"型校本研修共同体模式，汇聚校本研修的最大合力，实现个体与团队之间的相融、互生、共进。

3. 策略必行之有效，评价须全程到位。

以高效、有力的研修策略，全程、全域的评价机制，实现校本研修工作从偶尔的露面到常态化亮相、从一时的惊艳到持续的输出、从一片的忙碌到全域参与的蜕变，进而唤醒师生内生动力、破解学科育人难题、厚植人才培养土壤，使平凡的教育工作荡漾着激情与快乐、闪现着创意与智慧。

与此同时，展望新时代校本研修的未来发展，我们也清醒地意识到我们的实践探索仍存在着盲区和堵点，如智能化研修工具的应用不深、跨学科与综合化的校本研修不足等。在新时代新阶段，我们会在发展在线研修平台等方面加强与数字化技术、智能化领域的融合，加深跨场域、跨区域的交流与合作。

但不可否认的是，"研"途揽胜，我校校本研修工作为教师专业发展和育人水平的提升开辟了一条大道，为郊区孩子、为普通高中多样化特色发展、高质量发展点燃了一盏明灯，让我们的师生在星辉斑斓里放歌，于晨曦微光中前行，向美而生，助美成真。

一路走来，特别感谢"北京市中小学卓越校长培养项目"搭建的可持续发展平台。感谢以首都师范大学教育学院张爽院长、王寰安主任为核心的理论导师团队的悉心指导和智慧点拨；感谢以北京师范大学教育学部楚江亭教授、原北京四中刘长铭校长为代表的实践导师团队的耐心帮扶和行动指南；感谢密云区教育两委、密云区教师研修学院各位领导和相关部门的倾力支持和深切厚爱，让我们继续"研"途绽放、"研"路聚慧、"研"途揽胜！

参考文献

[1] 潘岳祥. 成人学习理论与教师继续教育 [J]. 湖南师范大学教育科学学报，2005(04)：86-88.

[2] 程明喜. 诺尔斯成人学习理论及对我国中小学教师培训的启示 [J]. 成人教育，2017，37(12)：75-78.

[3] 卢维兰. 成人学习理论对教师培训的启示 [J]. 继续教育研究，2010(01)：104-105.

[4] 耿娟娟. 基于成人学习理论的教师培训有效性研究 [J]. 中国成人教育，2017(05)：135-138.

[5] 刘锴, 孙燕芳. 基于OBE教育理念的高校教师培养研究 [J]. 黑龙江高教研究，2017(06)：59-61.

[6] 包敏. OBE教育模式下的教师教学专业素养需求分析 [J]. 陕西教育(高教)，2023(10)：61-63.

[7] 赵永峰, 郑慧. 基于OBE理念的教师教育课程体系构建研究 [J]. 中学地理教学参考，2023(29)：9-13.

[8] 徐宪斌. 基于《中学教师专业标准(试行)》的普通高中教师专业发展评

价——以宁波市的调查为例[J].宁波教育学院学报，2017，19(05)：50-53+71.

[9] 崔世泉.促进教师专业发展的教师激励政策分析[J].教育导刊，2023(06)：26-33.

[10] 吕星宇.基于教师能力提升原理设计校本研修活动[J].现代教学，2023(22)：51-53.

[11] 柯昌平.基于校本研修的校本培训实施策略[J].曲靖师范学院学报，2011，30(03)：83-86.

[12] 彭庚，王帅.新中国成立以来中小学教师培训课程标准化建设：政策演进与前瞻[J].当代教育与文化，2023，15(03)：71-80.

[13] 严华银."教师培训课程指导标准"与教师培训专业化[J].江苏教育，2018(30)：7-10+20.

[14] 程明喜.基于库伯学习圈理论的教师培训师培训课程设计[J].中小学教师培训，2020(02)：1-5.

[15] 杨九诠.论五级教研体系的校本教研[J].课程教材教法，2023（04）：58-66.

[16] 克里斯·阿吉里斯.组织学习[M].北京：中国人民大学出版社，2011.

[17] 李政涛.提升教师教育质量的关键路径在哪里?[J].中国教育学刊，2023(11)：1.

[18] 李瑾瑜.教师培训的"学用之困"及其破解之策[J].中国教育学刊，2023(11)：7-13.